여자떼 공포, 젠더 어펙트

 aff-com총서05

여자떼 공포, 젠더 어펙트
Fear for Bandit of Women and Gender Affect

지은이 권명아

펴낸이 조정환
책임운영 신은주
편집 김정연
디자인 조문영
홍보 김하은

펴낸곳 도서출판 갈무리 **등록일** 1994. 3. 3. **등록번호** 제17-0161호
초판인쇄 2019년 2월 7일 **초판 발행** 2019년 2월 11일
종이 화인페이퍼 **인쇄** 예원프린팅 **라미네이팅** 금성산업 **제본** 은정제책

주소 서울 마포구 동교로18길 9-13 [서교동 464-56] 2층
전화 02-325-1485 **팩스** 02-325-1407
website http://galmuri.co.kr e-mail galmuri94@gmail.com

ISBN 978-89-6195-198-2 03300
도서분류 1. 페미니즘 2. 여성학 3. 문학 4. 문학비평 5. 사회학 6. 철학 7. 정치학

값 24,000원

이 도서의 국립중앙도서관 출판예정도서목록(CIP)은 서지정보유통지원시스템 홈페이지(http://seoji.nl.go.kr)와 국가자료공동목록시스템(http://www.nl.go.kr/kolisnet)에서 이용하실 수 있습니다.(CIP제어번호 : CIP2019000620)

여자떼 공포, 젠더 어펙트

부대낌과 상호작용의 정치

권명아 지음

갈무리

차례

"삶-연구-글쓰기의 인터페이스"를 표방하면서 아프꼼 총서를 내기 시작한 것이 2012년이다. 아프꼼 총서 1권으로『무한히 정치적인 외로움:한국 사회의 정동을 묻다』를 출간하고 6년 만에 다시 정동과 페미니즘에 대한 후속 연구서를 내게 되었다. 아프꼼 총서는『정동 이론』,『정동의 힘』,『마이너리티 코뮌』까지 겨우 네 권을 내었고,『페미니즘과 젠더 어펙트』는 아프꼼 총서 5권이 된다. 정동 연구를 시작할 때 한국에서는 감정에 대한 연구가 한창이기도 해서 정동 연구도 감정 연구로 받아들여진 측면이 강하다. 한국의 거의 모든 이론 기반 연구가 그러하듯 번역어에 대한 논란이나 비판, 이론적 원천에 대한 훈고학적 논의를 맴도는 경향은 정동 연구에서도 유사하게 나타나기도 했다. 한국에서 정동 연구는 마르크스주의 계보학의 '족보' 속으로만 제한적으로 수용되고 정동 연구의 주요한 이론적 원천인 페미니즘과 젠더 연구는 이론적 원천으로서조차 배제되었다. 또 정동 연구의 실천적 함의는 흐릿해지고 현실 개입의 자리를 상실한 지 오래된 강단 좌파 이론의 훈고학적 논쟁 대상으로 간주되기도 한다. 페미니즘 논의에서 정동 연구는 혐오 담론으로 환수되어, 활발하게 이론적 실천의 장으로 불러들여졌지만 아쉽게도 정동 연구는 혐오 논의의 전제로만 반복되어 호출되고 있다.

　이 책에서 나는 한국에서 정동 연구가 도입되는 과정의 여러 논의와 논쟁에 적극 개입하고 어떤 때는 과도하게 날카로울 정도로 비판의 날을 세우며 논의를 전개하고 있다. 특히 정동 연구가 이론과 실천에 개입할 때 발생하는 여러 효과에 대해서는 더욱 논쟁적으로 날 선 논의가 이어진다. 보수적인 정치가나 담론 흐름에 대해서도 정동 정치의 차원에서 비판과 문제제기의 강도를 높였음은 물론이지만, 좌파 이론이나 페미니즘 이론과 실천에 대한 비판과 논쟁도 이 책에는 강하게 드러난다. 어느 때보다 페미니즘이 활발하고 그만큼 반페미니즘의 공격도 점점 더 강해지고 있다. '백래쉬'가 오늘날 주요 키워드로 부상하고 있지만, 한국에서 페미니스트로 산다는 것은 평생 백래쉬를 일상처럼 견디고 백래쉬와 맞장뜨는 게 삶 그 자체라고 할 만큼 괴롭고 투쟁적인 삶을 살아야 한다는 의미이다. 글을 쓰기 시작하면서부터 '맞장뜨는 여자'로 이 세상과 싸워왔기에 비판과 이론적 논쟁, 실천적 대응을 둘러싼 갈등과 대립이 페미니스트 이론가로서의 삶 그 자체였다.

　안과 바깥을 가리지 않고 비판과 논쟁적 개입을 하는 것이 더 나은 삶을 향한 운동과 실천에서 가장 중요한 일이라고는 생각하지 않는다. 서로를 돌보고, 또 자기를 돌보고 보듬는 그런 시간들이 '운동의 삶'에서 어쩌면 더 중요할지 모르겠다. 이 책의 많은 부분은 그렇게 '운동하는 삶', '더 나은 삶을 위해 함께하는' 일이 서로를 소진하고 닦아세우는 일이 되어버려, 함께하는 일이 오히려 아픔이 되는 그런 과정에 대해서도 살펴보고 어떤, 가능한 이론을 통해 사유해본 과정을 담았다. 이 책에서 페미니즘과 젠더 어펙트에 대한 이론적 탐색과 실천적 개입은 하나의 몸과 다른 하나의 몸이 부대껴 만들어내는 힘, 마찰, 갈등에서부터, 개별 존재의 몸과 사회, 정치의 몸들이 만나 부대끼는 여러 지점들까지, 그리고 이런 현존하는 갈등 너머를 지향하는 '대안 공동체'에서도 피할 수 없는 부대낌과 '꼬뮌의 질병'을 관통하면서 진행된다. 때로는 강한 비판의 어조로, 때로는 끝을 가늠하기 어려운 소진의 상태로 말들은 이론과 현장과 사건을 경유하여 반복되기도 하고 새롭게 태어나기도 했다.

이 책은 정동과 페미니즘, 페미니즘과 젠더 정치의 정동 효과들에 대한 이론적 연구이기도 하지만, 동시에 온 힘을 다해 무언가 '다른 삶'을 만들어보기 위해 부대낀 날들의 기록이기도 하다. "삶-연구-글쓰기의 인터페이스"라는 아프꼼 총서를 시작할 때 가고자 했던 어떤 방향이 이 책에서 조금은 그 꼴을 드러내고 있다고도 할 수 있겠다.

최근에는 아프꼼의 이름으로 그전처럼 많은 활동을 하고 있지 않다. 아프꼼은 오래 '꼬뮌의 질병'을 앓다가 헤어지고 만나고를 반복하며 현재는 쉬고, 공부하고, 함께하는 호흡을 다시 만들고 있다. 운동, 꼬뮌, 실험, 발명 등에 매달려왔지만, 아니 그렇게 매달려 왔기에 모두 저마다, 그리고 함께 소진되기를 반복해 왔다. 소진의 정동과 꼬뮌의 질병은 아프꼼만의 것은 아니었고, 비슷한 시기 대안 인문학 운동 단체들 역시 운동과 관계의 막장에 다다르고 있었다. 아프꼼은 다른 대안 인문학 운동 단체보다, 좀 더 오래 앓았다. 분열하고 분열하는 꼬뮌과 분열하는 몸들 사이의 부대낌에서 촉발되는 증오와 원한의 정동과 마주하며, 헤어지기보다 더 오래 앓기를, 원한 것은 아니었지만, 그 길뿐이었다.

그렇게 오래 앓으며, 다시 어떤 자리에서 시작할 수 있을까 원점을 맴돌던 중에, 먼 길을 돌아 다시 돌아온 페미니즘 운동과 부대끼며 다시 나아갈 수 있게 되었다. 꼬뮌주의 운동의 막장과 대안 운동에 투여된 신체들의 소진 상태는 아프꼼의 일만은 아니어서, 이런 소진 상태는 다른 삶을 향한 운동의 어떤 역사적 전환점을 보여 주는 것이다. 시간상으로 이 책의 출발점에 서 있는 4부에서는 꼬뮌과 대안 운동이 도달했던 정동의 역사를 탐색하고 있다. 1990년대 시작하여 2000년대까지 한국의 대안 운동, 혹은 대안적인 삶을 향한 이론과 실천을 표방한 어떤 운동의 막바지, 그 막장의 부대낌을 나는 꼬뮌의 '질병'이라고 표현했다. 그 질병은 신체들의 병리적 이행을 뜻하기도 하지만 어쩌면 대안 운동에 '몸담은' 신체들이 어쩔 수 없이 도달하게 된 "함께 함을 앓는 상태"이기도 하다.

그리고, 아니 이런 연결어미로 표현될 수 있는 어떤 인과관계도 없지만, 그리고 페미니즘 운동이 '다시' 도래했다. 대안 운동이 막장에 이르러 페미니즘이 도래한 것인지, 페미니즘 운동이 도래하면서 기존의 '대안 운동'이 막장에 도달한 것인지는 그 전후 관계를 굳이 파악할 필요는 없을 것 같다. 다만 기존의 대안 운동의 막장에 페미니즘이 도래한 것은 우발적이지만 역사적이고 그런 의미에서 사건적이다. 이 책은 이렇게 서로 다른 정치적 운동이 교차하는 지점에서 발생하는 어떤 정동을 뒤따르고 쫓아가고 되새기며 분석한 결과물이자 그 과정의 기록이다.

이 책은 정동에 대한 논의의 역사를 따라 18세기까지도 올라가지만, 주요 연구 대상은 박근혜 정권이 성립되던 시점에서 시작해서 세월호 사건, 백남기 씨 살해 사건, 역사 교과서 국정화, '최종적 불가역적인' 12·28 한일 위안부 합의, 페미니즘 운동의 부상, 문화계와 문단 등 〈○○계 성폭력 해시태그 운동〉의 부상,『시사인』절독 운동, 메갈리아 파동, 촛불집회, 탄핵, 대통령 선거, 정권 교체, '촛불 혁명' 이후, 그리고 미투 운동을 경유하는 시기의 한국 사회의 여러 사건들을 다루고 있다. 한국 사회는 어떤 사회보다 정동적이고, 언제나 짧은 시기에 이행과 변화의 강렬도가 매우 높다. 그러나 박근혜 정권 출현에서 탄핵, 그리고 미투 운동에 이르는 이 시기에 한국 사회의 정동은 강렬도의 차원에서나 특이성의 차원에서나 이례적이다.

이 책의 1부는 시간적으로는 가장 최근인 미투 운동과 이에 대한 이른바 '진보 진영'의 반페미니즘 공격을 다루면서 시작해서 대학 내 성폭력 고발운동과, 문단 내 성폭력 고발 운동을 이끈 해시태그의 정동을 고찰한다. 이러한 운동의 과정에서 페미니즘 운동이 하나의 몸(개별자로서의 몸)을 매개로 한 정치를 통해 기존의 사회적 신체the social body와 정치적 신체the political body에 각인된 권력구조(카리스마)를 붕괴시키고 재구성하는 과정을 살펴보았다. 해시태그를 매개로 시작한 페미니즘 운동은 문학, 대학, 정치 제도에 내재한 젠더화된 권력 관계를 비판하는 데 그치지 않고 기존의 권력 관계를 지탱하던 카리스마를 붕괴시키고, 새로운 권력의 도래를 촉구하고 있다. 진보 진영의 유망 대선 주자들이 페미니즘 운동에 의해 정치계에서 사라지는 것을 음모론으로 몰아가는 진보 논객의 집요한 담론 투쟁은 그런 점에서 상징적이다. 자신의 작품의 정치성을 가장 잘, 빨리 알아차린 것은 좌파 비평가보다 검열관이었다고 했던 베르톨트 브레히트의 말은 이 사례에도 잘 적용될 것 같다. 페미니즘 운동의 정치성을 가장 잘, 빨리 알아차리고 있는 것은 그러니까 바로 그 '검열관들'인 것이다. 페미니즘 운동은 기존의 무수한 '계'(문학계, 정치계 등)의 권력 핵심의 카리스마를 붕괴시키고 새로운 권력의 도래를 촉구하고 있다.

한국의 페미니즘, 젠더 연구의 역사는 짧지 않지만, 인적 재생산이나 제도적 지속성이 없다 보니 매번 처음부터 다시 출발하는 일이 반복된다. 이는 페미니즘 자체의 문제가 아니라, 한국에서 페미니즘이 '역사'를 갖지 못했던 젠더 불평등한 사회 구조의 산물이다. 2020년을 앞두고, 4차 산업혁명 담론이 유행이고, 인공지능 로봇의 현실화를 앞둔 시대에도 한국의 페미니스트들은 '젠더가 뭐예요?'라거나 '젠더는 동성애 옹호'라는 문장의 논리적 구조도 통하지 않는 기이한 말들과 다퉈야 한다. 이런 시대착오도 문제지만 페미니즘 내에서도 이론과 역사를 무시한 마구잡이 라벨링에 휩쓸려 씁쓸한 정체성 심문의 법정에 세워지곤 한다.

이론적으로나 실천적으로나 무의미한 구별이고 논법이라고 생각하지만 기록을 위해 언급하자면 최근 페미니즘 운동은 "쓰까"와 "래디컬"이라는 기이한 정체성 판명 기준을 중심으로 분류된다. 이 책의 서문을 쓰기 위해 오래전 출간되었던 책의 서문을 다시 살펴보았다. 2009년 출간한 『식민지 이후를 사유하다』의 서문에 나는 이런 구절을 남겨두었다.

이 책에서 말하는 젠더화된 주체화 과정이란 이런 의미이다. 젠더화된 주체화 과정이란 국민화에만 해당하는 개념은 아니다. 예를 들면 시민이나 노동자, 민중 등의 정체성 범주 역시 젠더 중립적인 범주가 아니다. 따라서 젠더사 연구는 이와 같이 표면적으로 마치 젠더와 무관한 듯 보이는 범주와 그것의 작용이 실제로는 젠더적 차이(화)에 의해 규정되고 구성된 것이라는 점을 고찰하는 것을 목표로 한다. 또 이러한 고찰은 주체화가 진행되는 역 사적 과정과 차이(화)에 대한 규명을 통해서 이루어진다. 달리 말하자면 1930년대 국민화 과정과 2000년대 국민화 과정이 '국민화'라는 이름으로 동일하게 다루어질 수는 없다는 것이다. 젠더사 연구는 1930년대 국민화 과정과 2000년대 국민화 과정의 역사적 차이를 규명함으로써 주체를 본질적인 속성의 무역사적 반복으로 다루는 것이 아니라 근본적으로 차이를 지니는, 차이화로서의 주체화-주체 구성의 과정이라는 점을 명확하게 제기한다.

물론 젠더 연구가 대상으로 하는 것은 단지 정체성 범주에 국한된 것은 아니다. 예를 들면 교양과 같은 범주는 근대적인 시민의 범주와 밀접한 관련을 맺고 있어서 본질적으로 이른바 '중산층 성인 남성의 윤리'를 토대로 하고 있다. 따라서 교양은 모두에게 보편적인 어떤 이념이 아니라, 본질적으로 젠더적 차이와 연령 차이, 계급 차이에 의해 구성된 것이다. 그러나 이러한 차이를 지움으로써 교양은 마치 누구에게나 필요하고, 계급과 연령, 성차를 막론한 '보편적인 것'으로 정립된다. 따라서 젠더 연구는 이렇게 보편적인 것으로 정립된 이념과 이데올로기가 실제로는 다양한 차이들에 의해 구성되어 있으며 이 차이들을 배제함으로써 만들어진 것이라는 점을 규명하는 방법론을 토대로 한다. 또 젠더 연구는 본질적으로 이러한 방법론을 통해 이러한 '보편성'의 이름하에 억압되고 배제된 차이를 지니는 존재들의 존재 의미(그들의 삶의 방식, 가치, 윤리 등)를 복권하고 해방하는 것을 목표로 한다.

그러나 매우 아쉽게도 한국에서는 젠더 연구를 '여성의, 여성에 의한, 여성을 위한' 연구 정도로 안이하게 이해하며 소통하는 경우가 많다. 젠더 연구란 여성 문제를 연구하는 학문이라는 소박한 신념이 담론장에서 자연스럽게 소통되고 있는 형편인 것이다. 그러나 젠더 연구는 단지 여성 문제를 규명하는 이론적 실천이 아니라 계급, 연령, 지역, 인종 등 다양한 차이를 지닌 존재들의 해방을 지향하는 실천이다.[1]

2009년에 출간된 책의 서문을 새삼 언급하는 것은 개인적인 회고를 위해서가 아니다. 페미니즘이 활발했던 1990년대에도 '여성적인 것'과 '페미니즘적인 것'에 대한 논쟁과 이론과 실천에서의 대립은 강했다. 학문 연구 아카이브를 조사해 보면 여성학, 여성문학, 여성사가 주류를 이룬 편이다. 여성 단체나 조직도 마찬가지여서 이론적인 페미니즘 조직은 소수였으나 여성 단체는 페미니즘과 무관하게 다양한 정치적 경향성을 바탕으로 구축되었다. 즉 여성주의와 여성적인 것이 어떤 설명도 필요 없이 즉자적이고 생물학적으로 연결되는 일은 페미니즘 역사상 별로 없었다. 오히려 페미니즘을 여성적인 것으로 한정하면 페미니즘을 사상이나 이론으로서보다 즉자적인 생물학적 속성의 문제로 환원해버리게 된다. 물론 여성, 소수자로서의 신체적 경험은 페미니즘 사상이 출발하고 나아간 가장 큰 기반이었다. 정동 이론이 페미니즘과 젠더 이론에서 가장 많은 영향을 받은 이유도 바로 그 때문이다. 정동 이론은 신체에 대한 새로운 유물론이자, 신체들과 신체들의 연결과 부대낌 즉 사회적인 것에 대한 새로운 이론이다. 그리고 신체에 대한 유물론적 사유와 실천에 거의 유일한 지적 원천은 바로 페미니즘과 젠더 이론이다. 또한 젠더 연구는 경험을 신체의 유물론의 차원에서 고찰하는 연구 방법을 축적해 왔고, 정동 이론은 젠더 연구의 이러한 경험 연구 역시 이어받고 있다.

오늘날 '여성만'이 페미니스트가 될 수 있다는 주장은 여성의 경험과 신체적 경험의 환원불가능한 고유성을 강조하고자 하는 절박함에서 비롯되었다고 볼 수 있다. 그렇다면 이런 정치적 절박함을 의제화하기 위해서는 다른 소수자에 대한 배제를 통해 자기 정당성과 정치적 근거를 마련할 일이 아니라 오히려 기존의 페미니즘 연구가 구축해놓은 경험과 신체에 대한 유물론적 통찰을 이론적 기반으로 다시 소환하여 실천의 기반으로 정립하는 게 우선일 것이다. 또 페미니즘이 '여성학'이 아니라 계급, 연령, 지역, 인종 등 다양한 차이를 지닌 존재들의 해방을 지향하는 실천이라는 인식은 최근의 '교차성' 이론에 의해 발견된 것이 아니라, 페미니즘 역사에서 이미 오래전부터 논의되어온 기본적인 정치적 지향성이다. 모든 사상과 이론은 정치적 지향성에 따라 입장을 다투고 실천적 갈등을 통해 분화된다. 페미니즘 역시 어떤 의미로든 사상과 이론의 갈등과 대립을 피할 수 없다. 페미니즘 역시 사상이니 말이다. 그러나 갈등과 대립도 사상과 이론으로서, 그 바탕에서 이뤄질 때 페미니즘의 역사를 통해 축적된 지적, 이론적 원천들이 오늘, 여기를 설명하는 풍부한 담론으로 소환될 수 있을 것이다. 그런 점에서 "쓰까"와 "래디컬" 사이의 갈등과 대립이 혐오만 풍부하게 만들지 말고, 페미니즘과 젠더 연구의 담론을 더욱 풍성하게 하는 방향으로 나아가면 좋겠다. 이 책이 그런 나아감에 도움이 될지는 모르겠지만, 그런 '마음'은 담아 이 세상에 내보낸다.

여성적인 것, 여성 정치, 페미니즘 이론과 실천 사이의 딜레마는 이 책의 주요한 연구 주제이기도 하다. 1부에서는 미투 운동, 권력형 성폭력 고발 해시태그 운동의 정치적 의미를 살펴보았다. 권력형 성폭력을 비판하는 페미니즘 정치를 정치적인 것이 아니라, 미쳐 날뛰는 떼거리들의 분탕질로 간주하고, 성폭력 비판을 음모론이나 '꽃뱀'의 범죄적 행각으로 매도하는 것이 아주 오랜 역사를 거쳐 반복되었다는 점을 자세하게 살펴보았다. 특히 기존의 성적 지배에 저항하는 세력을 매우 하찮은 벌레 떼처럼 여기면서, 이 하찮은 여자떼들이 국운을 위협하는 위험한 세력이라고 매도하는 이중적인 방식은 한국 현대사의 모든 장면에서 반복된, 낡고도 낡은 관성이다. 또한 성적 지배에 대한 여성의 저항을 비이성적인 떼거리가 날뛰는 위험한 일로 환원하고 이를 다스려져야만 하는 위협적인 힘으로 배치하는 방식은 이른바 근대적인 '성찰적 주체'가 구성되는 역사적 과정에서도 발견된다. 이러한 역사적 과정과 현재의 페미니즘 정치와 관련된 논의는 2부에서 더 자세하게 논한다.

1부의 마지막에서는 박근혜 팬덤과 여성 정치의 딜레마를 「소녀의 죽음과 퀸의 미로」라는 주제로 살펴보았다. 여성 정치 세력화와 여성적 카리스마의 교착이라는 문제는 박근혜의 상징에서도 드러나듯이 페미니즘 정치가 파시즘의 유산을 어떻게 다뤄나갈 것인가 하는 문제와 매우 밀접한 관련을 맺고 있다. 오늘날 페미니즘이 "쓰까"와 "래디컬"로 분류되어 갈등하는 나름의 여러 과정과 이유가 없지 않다. 그러나 이런 분류 자체도 페미니즘이 걸어온 길과 역사에 비춰 보면 무의미하다. 페미니즘 운동과 이론이 이런 무의미한 분류와 라벨링에서 이제는 벗어나서, 각자 그리고 같이 나아가기를, 아마도 오늘날의 페미니스트 모두가 바라고 있지 않을까. 모두 간절히 바라는데도 벗어날 수 없는 이 부대낌은 어쩌면 오늘날 페미니즘 운동, 그 함께-함을 앓는 또 다른 양태이리라. 이 앓는 몸의 정동에 대해 기록하고 언어를 남기는 일도 오늘날 페미니스트 모두의 몫이라 생각한다. 이 책에서는 이 지점에 대해서는 아직은, 다루지 못하고 있다. 그 기록은 아마도 결국 남겨진, 남겨둔 이야기가 될 것 같다.

2부 '여자떼 공포와 시민성의 경계'에서는 정동(어펙트)과 민주주의, 그리고 젠더 정치의 역사와 현실을 살펴보았다. 1장과 2장에서는 공론장과 민주주의, 정치적인 것에 대한 오래된 논쟁에서 시작해 보았다. 먼저 독서 대중을 기반으로 한 공론장에 대한 논의와, 이런 입장과 대립하는 '군중'에 대한 논의를 살펴보았다. 근대 공론장의 의미가 주로 신문을 읽는 독서 대중을 중심으로 구축되면서, 신체적 접촉을 통해 부대끼는 힘관계(군중)는 '무지몽매한 떼거리'로 환원된다. 이 과정에서 근대 공론장은 독서 주체를 중심으로 구성되는데 독서 주체가 주로 부르주아 남성이었다면, 신체적 접촉을 통해 상호작용을 하는 주체들의 의미 생산은 이러한 공론장에서 추방되었다.

신체적 접촉을 통한 상호작용과 의미생산은 '군중심리'라는 말로 환원되어 무지몽매한 떼거리들의 소란과 소음으로 매번 평가 절하되었다.

일제 시기 조선의 엘리트들이 '자기'를 성찰적 주체이자 근대적인 개성을 지닌 존재로 인식하는 과정은 자기에 대한 타자로서 여성, 비엘리트, 소수자를 '벌레, 홍수, 떼거리'로 인지하는 '동일화의 변증법'의 산물이었다. 이는 바로 근대적 공론장 주체가 출현하는 순간 작동하는 젠더 정치를 명확하게 보여 준다. 이런 이유로 아주 오래 공론장의 주체에게 젠더화된 타자들은 '벌레, 홍수, 떼거리'로, 위협적이며 제압하고 다스려야만 하는 존재로 인지되었다. 그리고 '벌레, 홍수, 떼거리'라는 표상은 문화와 지역을 막론하고 근대 체제에서 정동의 힘이 '이성적 주체'와 '다스림의 주체'에게 인지되고 포획되는 방식이었다. 이광수나 염상섭 같은 근대 공론장 주체에게 근대 도시를 무너뜨리며 범람하는 '홍수'는 식민지 토목 권력의 힘을 통해서 혹은 문명개화를 통해서 반드시 다스려져야 하는 '미개'와 '야만'의 상징이었다. 그리고 이들 식민지 공론장 주체가 개화시키고 문명화시켜야 할 '식민지 대중'은 바로 이런 '홍수'의 표상과 거의 분리되지 않는 '자연 상태'로 인지된다. 분출하는 정동적 힘과 그 주체는 홍수, 벌레, 떼거리로 반복해서 출현한다.

이 범람하는 힘의 불순함은 비엘리트 주체의 정념이나 여성의 신체적 힘으로 육체화되어 현현했다. 엘리트 주체가 '이성'

으로 표상된다면 비엘리트, 여성 주체는 '신체'로 표상되었고, 그 신체는 다스려지지 않은 자연상태의 잔여물로 사회적인 것을 위협하는 힘으로 여겨졌다. 일제 시기 근대 엘리트 주체에게 '홍수'는 식민지의 야만을 상징하는 것이었고 반드시 다스려져야 하는 '범람하는 힘'이었다. 반면 냉전 체제에서 이질적 힘에 의해 더럽혀진 여성 신체는 분단된 국토(대지)와 등가를 이루고 분단된 국체의 상징으로 반복해서 호출되었다. 특히 분단을 이질적 힘에 의해 순수한 국토와 국체가 오염되거나 상실된 것으로 상상하는 방식에서 여성 신체는 오염된 국체의 상징으로 반복해서 호출되었다. 국체가 오염된 여성의 신체와 등가를 이루면서 오염된 신체를 정화할 수 있는 주체의 자리가 요청되는데, 그 자리가 바로 냉전 남성 주체의 자리이기도 했다. 즉 냉전 남성 주체는 이렇게 오염된 여성의 신체와 그 확장태인 오염된 국체를 정화해야만 하는 소명을 스스로에게 부과하면서 구성된다.

정동적 힘과 공론장 주체인 시민성 사이의 경계 설정은 오늘 여기 페미니즘의 현장에서도 반복된다. 『시사인』 절독 운동은 공론장 주체가 통상적으로 논의되듯이 '자유로운 개인의 판단에 입각한 민주적 공론장'이라기보다 가까움과 유사성에 기반한 동일성의 정치를 강화한다(타르드)는 역사적 진실을 다시 연출했다. 이와는 많이 다르긴 하지만 인터넷 기반 페미니즘이 공론장을 파괴하는 '위험세력'이라는 페미니즘 내부의 공포심과 경계심을 담은 우려들에서도 이런 공론장 주체와 정동적 힘 사이의 경계설정의 역사는 반복되고 있다.

3부에서는 최근 몇 년간 계속 논쟁을 거듭하는 '위안부' 피해자에 대한 기억과 기념의 정치를 다루고 있다.『식민지 이후를 사유하다』에서부터 오래 연구해온 근대 국민 국가의 기념 정치의 한계와 반기념 정치의 가능성에 대한 논의를 좀더 집중해서 나름의 대안을 제안하고 있다. 특히 한국 전쟁, 민간인 학살 피해 생존자의 증언 서사를 연구하면서 이들의 경험의 특이성을 규명하는 일에 오래 매달렸다. 이 책에서는 이 경험의 특이성을 "전쟁 상태적 신체", "증강 현실적 신체"나 "홀로-여럿의 몸", "서로 여럿의 몸" 등의 개념으로 풀어보았다. 위안부 서사에서 반복해서 나타나는 '죽은 자'를 보는 살아남은 자의 신체적 감각은 민간인 학살이나 국가 폭력 피해 생존자의 증언과 경험 서사에서도 거의 유사하게 반복된다. 이런 현상은 '자신의 경험을 객관화하거나 역사화하지 못해 개인적이거나 우회적인 방식으로 상처를 치유하기 위해 동원된' 주술적인 회피나 역사를 유령적인 것으로 재현하는 관성으로 해석되었다. 또 여기서 조금 나아간 해석으로는 주로 트라우마 용어를 통한 설명 정도가 있다. 필자 역시 오래 이런 설명의 근본적 한계를 느꼈지만 언어화하기 어려운 한계에 봉착해서 넘어서지를 못했다. 이번 책에서는 나름 새로운 논의를 제시해 보았고 기회가 되면 기술적인 구현도 해 보고 싶은 마음이다.

4부에 대해서는 앞서 미리 설명을 한 터라 간단하게만 소개하려 한다. 4부 전체는 꼬뮌 운동, 대안인문학 운동과 페미니즘 운동에 대해 정동 이론의 관점에서 해석하고 사유하면서 운동의 막바지를 이론과 사유로 넘어 보려 했던 시도들을 담았다. 운동의 막바지에서 이론을 통한 사유로 그 곤경을 넘어서 보려 한 건, 안간힘에 가까웠고 실천의 한계를 이론으로 회피한 것일지도 모른다. 그러나 동시에 이론은 운동의 막바지에서도, 나 자신과 그리고 함께했던 동료들에 대한 증오와 환멸을 최소한으로 삼가게 하면서, 다시 한번 더 나아가도록 부추긴 힘이기도 했다. 이 책에 담긴 페미니즘과 젠더 어펙트에 대한 이론은 그런 점에서 너무나 현실과 실천적 경험에 밀착되고 부대낌의 강도가 높은 것일 수 있다. 이론으로서의 거리감이나 투명함이 더 필요한 것인지 모르겠다. 흔히들 이론은 현장에서 거리를 두어야 한다거나, 현장 비평은 이론과는 또 다르다고 말한다. 과연 그런 이론과 현장의 자리는 도대체 어디일까에 대한 질문 역시 4부에 담아보았다. 누군가 4부에 실린 글들을 보고, "너무 멀리 나아가지 않는 것도 방법"이라고 해주었다. 그간 어떻게든 나아가고, 나아가기 위해 애를 쓰기를 반복해 왔다. 이제는 너무 멀리 나아가지 않도록 애쓰는 게 필요할까?

그런 질문을 이제는 독자들에게 전하고 싶습니다. 독자들의 응답을 통해 저도 앞으로의 길을 찾고자 합니다. 계속 나아갈 것인지, 이제 너무 멀리 나아가지 않는 것이 좋은지 말입니다.

◇◆

　언제나 제 책의 첫 독자이자 애독자이셨던 아버지(권영각)를 그리며

　지금도 여전히 든든한 후원자이고 애독자이신 어머니(박민자)의 건강한 날들과 오래 함께하는 삶을 기원하며, 이 책을 두 분께 바칩니다.

2019년 2월

권명아 드림

1부

페미니즘의 신체 유물론과
젠더 어펙트

몸들과 카리스마의 재구축

1장

미투 운동과 페미니즘의 신체 유물론

1. 성폭력과 합법화된 폭력

2019년 2월 1일 안희정 전 충남지사가 2심에서 징역 3년 6개월의 실형을 받고 법정구속됐다. 앞서 무죄를 선고한 1심 판결이 뒤집혔다. 안희정 전 지사 성폭력 사건은 페미니즘운동이 온 힘을 다해 싸워온 대표적 사건이다. 그런 점에서 이 판결은 미투 운동에 전력을 기울여온 페미니즘 운동이 얻어낸 성과이다. 2019년 1월에는 안태근 검사장에 대한 유죄 판결도 내려졌다. 미투 운동의 성과임이 틀림없다. 두 사건은 모두 미투 운동의 상징으로 주목을 받았고 사회적 관심이 쏠린 사건이기에 향후 성폭력에 대한 법적 판결에 지대한 영향을 미치지 않을까 많은 기대가 쏟아지고 있다. 안희정 전 지사에 대한 2심 판결에서는 위력의 범위를 폭넓게 판단했고, 피해자 진술의 신빙성도 인정했다. 이번 판결이 이후 성폭력 사건에 대한 법적 해석과 판단에 근원적 변화를 이끌어낼 수 있기를 바랄 뿐이다.

언론 보도에 따르면 안희정 전 지사에 대한 2심 판결을 내린 같은 재판부가 여중생을 성폭행한 60대 남성에게는 무죄를 선고했다고 한다. '피해자다움'이나 진술의 일관성을 법적 판단의 근거로 삼는 것을 비판했던 안희정 전 지사 판결과 달리 이번 판결에서는 피해자 진술이 일관성이 없다는 이유로 무죄가 선고되었다고 한다.[1] 이번 판결은 2015년에 있었던 연예 엔터테인먼트 사장의 여중생 성폭력 사건에 대한 판결과도 유사하다. 판결의 변화도 중요하지만, 변치 않는 관성과 반복에도 주의를 기울일 필요가 있다.

현재 성폭력 사건에 대한 법적 판결은 그 낙차가 커도 너무나 크다. 변화된 판결은 환영할 일이지만, 사건마다의 낙차와 자의성을 해소하기 위해서도 제도적 변화가 절실하다.

중요도에 따라 판결에 낙차가 큰 것은 법적 판단 자체가 젠더 차별적인 인식과 절차에 바탕을 두고 있기 때문이다. 유죄 판결을 얻어내는 일이 너무나 중요하지만 동시에 법의 근간을 이루는 인식 구조와 절차를 변화시키기 위한 이론 투쟁 역시 중요하다.

안희정 1심 판결은 2015년 십 대 여중생에게 취업 사기와 성폭력을 자행한 40대 연예 엔터테인먼트 사장에게 '성폭력'이 아닌 '사랑'이었다며 무죄를 선고한 판결과도 아주 흡사하다.[2] 성폭력 사건은 한편으로는 '사랑'·'애정'·'신뢰'·'존경' 같은 친밀성의 영역과, 한편으로는 취업 사기, 위력을 통한 부당한 권력 행사 등 노동과 계약관계를 넘나들면서 정당화되거나 뒤얽혀 있다. 피해자들은 '취업'이나 노동 계약관계에서의 명백한 권력적 위계로 인해 원치 않아도 어쩔 수 없이 가해자에게 친절하거나, 애정이 넘치는 태도로 말과 행동과 처신을 해야만 했다고 반복해서 주장한다. 피해자와 가해자는 친밀성을 바탕으로 한 관계를 맺을 수 없는데도 불구하고, 노동계약과 여기서 발생하는 위력 및 위력행사로서 친밀성을 강제하는 것이 법적으로는 '사랑'이나 '존경'의 의미로 전도되어 해석되고 있다.

조금은 다른 문제지만 한국 사회의 고질적인 성폭력과 성착취의 산물인 불법촬영 산업에서도 이런 문제는 반복된다. 최근 불법촬영에 대한 성 편파 수사에 대한 항의가 이어지면서 인터넷의 불법촬영 관련 커뮤니티에 대한 문제제기가 이어지고 있다. 이른바 '지인 몰카'로 분류된다는 친밀한 관계에서 이뤄지는 불법촬영과 유포과정을 보면 한국 사회에서 친밀성의 영역이란 성폭력과 구별되지 않는 지경에 도달했다고 볼 수 있다. 본인의 여자친구를 직접 '성노예'로 만들어서 불법촬영하여 유포하는 '여친갤' 등에 올라온 글들을 보면 이들에게 '여자친구'·'사랑'이란 비인간적 폭력, 노예화와 정확하게 같은 말이다. 그러니까 오늘의 한국 사회의 법은 바로 '여친갤'의 논리와 다르지 않다고 해도 과언이 아니다.

이들에게 '여자친구'라든가 '사랑'이라는 말은 그러니까 이런 비인간적 폭력, 노예화, 그리고 그것을 공공연하게 자랑하고 공식적으로 인정받음으로써 남성 연대에 '핫한' 자리를 차지한다는 뜻이다. 그리고 지금 보고 있듯이 한국 사회에서 이런 비인간적 폭력은 불법이 아니라 사랑으로 찬양되고 합리화된다. 성폭력과 노예화를 자행하고 이런 불법촬영을 생산하고 유통하는 이들에 대해서 경찰, 행정, 사법, 입법, 대학 당국, 기업, 병원 등 모든 제도와 기관에서는 가벼운 처벌로 일관한다. 이런 총체적인 상태에서 불법촬영은 '재미, 장난 또는 정신 차려야 할 일' 정도로 합리화되고, 성적인 노예화가 사랑 혹은 동의에 의한 성관계로 정당화되기를 반복한다. 마찬가지로 안희정 전 지사에 대한 무죄 판결은 성폭력을 '다시 태어나야 할 일' 정도로 정당화하고, 권력관계의 위력을 통해 노동력을 착취하는 것을 넘어 애정, 헌신, 보살핌, 전심전력의 수발을 노예적으로 강요한 것을 '존경'에 의한 행동으로 합리화했다. 이 논리는 불법촬영물을 둘러싼 논리·인식 구조와 전혀 다르지 않다.

안희정 지사 1심 판결의 주요 요지는, 60대 남성에게 무죄를 선고한 판결에서도 반복되었다. 성폭력 사건 전반에서 나타나는 현상이기도 하지만, 특히 권력형 성폭력에서 가해자들은 피해자가 자신을 좋아했다거나 애정을 표시했다는 식의 정당화를 반복한다. 이는 노동 계약관계에서 섹슈얼리티가 처리되는 방식과 여성 노동에 있어서 섹슈얼리티가 남성 주인의 처분에 맡겨지는 노예화 상태라는 문제를 명확히 하고 논점으로 만들 때 비로소 문제의 소재를 분명하게 할 수 있다.

성폭력이 합법화되고 정당화됨에 따라 권력관계에서 여성화된 노동이 노예화 상태로 '정식으로' 합법화되고 있다는 점에 주목할 필요가 있다. 문화계나 정치계 어디를 막론하고, 서비스 노동, 감정 노동은 여성이 맡거나 수발을 드는 식으로 노동이 아닌 노예 노릇으로 실행되며, 이것이 여성화된 노동이다. 권력관계의 갑에 있는 남성들이 권력의 하위에 있는 서비스 노동, 감정 노동을 해야 하는 이들(대부분 여성)의 노동을 노동으로 인지하고 관계를 맺지 않고 주인(갑)이 자기 마음에 따라 처분할 수 있는 것으로 인지하고 행동할 때 노동착취와 성적 노예화의 경계가 모호해진다. 이번 판결은 이처럼 노동착취와 성적 노예화의 모호한 경계를 법적으로 합리화하고 정당화했다는 점에서 더욱 문제다. 이는 한국의 법 체제가 여전히 파시즘 법제의 유산을 벗어나지 못한 점과도 무관하지 않으며[3] 본질적으로는 성적 계약과 사회계약의 차별적 공존, 즉 시민적 노예화를 바탕으로 한 근대 시민 주체화의 한계와도 밀접한 관련이 있다.

합법화된 폭력의 대표적 형식으로는 근대 국민국가의 전쟁과 파시즘이 전형적 예로 거론된다. 또 남성과 여성을 노동(생산)과 가정(재생산)이라는 다른 영역에 합법적으로 할당하여 차별을 자연화한 근대의 젠더화된 차별과 폭력, 소수자에 대한 배제, 시민권이 없는 자를 추방하는 제도 등도 합법화된 폭력의 하나다. 물론 이렇게 범위를 넓힌다면 성폭력의 고유성을 사유하거나 현실적으로 대처하는 데 어려움이 크다고 할지 모르겠다. 그런 비판 역시 타당하다. 그러나 동시에 성폭력은 단지 남성과 여성 개인 사이에서 벌어지는 일이 아니며 이러한 법, 사회, 제도, 구조의 젠더화되고 성차별적으로 구축된 모든 차원과 관련된다. 그러하니 성폭력 사건을 해결하기 위한 현실적인 정책과 방안뿐 아니라 젠더화된 성차별적 사회구조와 역사에 대해서도 생각할 필요가 있다.

성폭력과 노동착취, 성적 노예화를 합법적인 것으로 정당화한 역사는 반복되고 있다. 지금 벌어지고 있는 일들이 낯설지 않은 이유이기도 하다. 성폭력을 '무죄'라며, 혹은 '꽃뱀의 음모'라며 가해자를 두둔하는 수많은 '지성'을 보며 지난 역사의 낯익은 장면과 담론을 떠올리는 것은 어렵지 않다. 합법화된 폭력을 국가 운영의 초석으로 정초한 박정희와 전두환은 "성공한 쿠데타는 반역이 아니라 혁명이다"라고 했다. 이 말의 역사적 원천은 박정희가 탐닉했던 일본 파시즘에 있다. 일본의 대표적인 파시스트 집단인 역사수정주의자들은 "일본 제국이 전쟁에서 지지 않았다면, 전쟁 책임을 져야 할 일이 없다. 그것은 합법적인 일이었다."라며 지금까지도 반복해 주장하고 있다. 또한 그들은 위안부 동원에 대해서 "거기에는 어떤 강제도 없었다. 그녀들의 자발적 돈벌이 방편이었다."고 주장하고 그녀들의 목숨을 건 재판과 소송에 대해 "돈을 노린 일"이라고 매도한다. 안희정 무죄 판결은 합법화된 폭력의 역사가 어떻게 반복되는지, 오늘 우리가 서 있는 역사의 시계가 어디로 향하고 있는지 잘 보여 준다.

2. 성적 계약과 폭력 비판

'더는 사과하지 않겠다.'는 일본 역사수정주의자와 일본제국의 유산을 떠받드는 집단의 언표가, 여기 이곳에서 이른바 '진보집단'의 대표 표상인 집단에서도 공언되고 있다. 20세기 초반 파시즘 정치에 대해 다양한 논의가 이뤄진 바 있는데, 특히 파시즘이 자발적 동의와 억압적 강제의 이율배반적 모순을 특성으로 하는 근대의 정치체제 즉 의회주의적 대표 체제를 극대화한 형태로 실현한 것이라는 비판은 널리 알려져 있다. 그러나 이 논의의 구체적 함의가 무엇인지는 별로 주목되지 못했다. 또한 자발적 동의와 억압적 강제의 모순적 공존을 통해 구축된 근대정치의 젠더화된 특성과 파시즘의 관계에 대해서도 논의의 축적이 많지 않다. 대표적인 페미니스트 정치학자인 캐럴 페이트먼은 이른바 근대의 시민적 주체화란 자발적 동의와 억압적 강제가 모순적으로 공존하는 시민적 노예화라고 규정한 바 있다.[4]

캐럴 페이트먼의 시민적 노예화 규정은 노동과 착취에 있어서 신체의 물질성이 작동하는 방식에 대해 마르크스주의와 논쟁을 벌이는 과정에서 구축되었다. 마르크스주의에서는 근대 자본주의 체제의 노동이 전근대 노예노동과 다르다고 본다. 농민은 전근대적 노예화에서 벗어나지 못하고 '땅'이라는 자연에 속박되어 있지만, 대공장 노동자인 프롤레타리아는 근대적 계약관계를 통해 이러한 전근대적 노예화와 예속관계에서 벗어나 있기 때문에 농민보다 의식화와 해방의 가능성이 높다는 것이다. 1920~30년대 코민테른에서 시작되어 지금까지

도 공식화된 '농민의 두 개의 혼에 대한 레닌의 테제'는 전형적인 사례다.[5]

또한 마르크스주의에서는 자본주의 체제의 노동이 전근대적인 노예노동과 달리 몸과 마음이 주인의 소유가 되지 않으며 무엇보다 주인의 처분에 따라 임의로 몸과 마음이 부려지지 않고 계약관계에 의해 '자발적'이고 '주체적'으로 관계가 성립된다는 점에 있다고 주장했다.

그러나 캐럴 페이트먼은 이러한 논의에 대해서 그렇다면 왜 프롤레타리아는 일정한 시간 몸을 근무지에 두어야 하고, 근무지를 이탈할 수 없으며, 그냥 일하는 게 아니라, '열정을 다해서', '헌신적으로' 노동할 것을 요구받는지는 설명되지 않는다고 비판한다. 프롤레타리아 역시 계약관계를 통한 자발적이고 주체적이고 해방적인 노동을 하면서 동시에 '몸과 마음'을 구속받는다. 자본주의 노동과 주체화의 관계를 규명하기 위해서는 근대적인 착취와 해방의 변증법으로는 충분하지 않으며 시민적 노예화라는 젠더가 기입된 문제설정을 도입해야만 한다. 이는 캐럴 페이트먼의 주장이자 페미니스트 정치사상의 중요한 이론적 근간이기도 하다. 또한 '해방적이며' 자발적인 계약관계를 통해 수행되는 프롤레타리아 노동은 주로 남성 부양자 모델을 통해 구축되지만 이른바 '여성의 일'로 간주하는 가사노동, 불안정 고용 노동, 서비스 노동은 근대 자본주의의 착취가 아닌 근대적 노예화의 형태를 강화한다. 그러나 마르크스주의 이론에서는 이러한 노예화와 노예화된 주체를 근대시민성에 미달한 사적인 영역이나 전근대성으로 규정하여 근대시민성과 정치의 영역에서 배제했다. 달리 말하면 근대시민성과 정치 영역은 시민적 계약(시민성)과 '착취와 해방의 변증법'(프롤레타리아 노동자)에 의해 구축되는 부르주아 남성 주체와 남성 부양자 프롤레타리아를 '지배적 주체 모델'로 매번 구성하고 정당화함으로써 만들어지고 재생산된다. 그리고 이러한 근대 주체성과 정치 영역은 바로 그 재생산을 위해서 노예 상태=근대적 노예화를 생산하고 배제한다. 이는 근대 시민적 노예화 과정에서 '여성의 일'이 노예화된 영역에 할당되어온 과정이기도 하다.

이러한 페미니즘 정치사상의 문제설정은 미투 운동에 대한 실비아 페데리치의 논의에서도 찾아볼 수 있다. "이것이 사회적으로 자본주의 사회에서 우리가 받아들여만 한다고 이해되는 조건입니다. 그래서 종종 지적되었듯이, 임금체계를 통해서 [구성되는] 프롤레타리아트의 특정 부문들과 자본 간의 소위 사회적 문화가 있을 뿐만 아니라, 성적 문화, 성적 거래가 있고, 이 성적 거래를 통해서 남성들이 어떤 종류의 생존 조건, 예컨대 결혼 관계를 통해 경제적 지원을 여성들에게 제공하는 대신 여성의 신체에 대해서 [통제권을] 갖게 되는 것입니다."[6] 실비아 페데리치는 결혼계약을 통한 여성에 대한 성적 지배와 여성의 성적 서비스 노동이 최근의 자본주의 변동을 거치며 사회화되고 가정의 영역을 벗어나 확장되고 있다고 논한다.

한편 『공통체: 자본과 국가 너머의 삶』[7]의 저자들은 신자유주의 이후 노동 유연화가 바로 이처럼 그간 '여성의 일'로 간주되던 것이 '모두의 일'이 되었다는 뼈아프고 뒤늦은 자각을 안겨주었다고 본다. 그러나 이러한 '전화'된 인식은 한국 '진보진영'에는 아무런 영향을 주지 못했다. 여기서 '여성의 일'이란 가사노동, 서비스 노동, 불안정 고용 노동, 감정 노동과 같이 '착취와 해방'의 변증법과는 거리가 먼 근대적인 노예노동을 뜻하는 동시에, 이러한 근대적 노예노동에 할당되어 시민으로도 인정받지 못하며, 시민의 권리(법에 의한 보호), 노동자의 권리(해방의 주체로 정치화하고 조직화하며 노동권을 인정받을 권리)에서 배제되는, 여성들이 경험했고 경험하고 있는 모든 일을 뜻한다. 여성들은 몸과 마음을 노예와 마찬가지로 처분당해 왔다. 그러나 노예 상태에서 벗어나려는 해방의 요구는 '시민의 자유와 권리'와 '노동해방'을 위해 언제나 '아직은 아닌 미달된 상태의 발현'으로 배제되었다. 여성들의 노예 해방에 대한 요구는 정치적 요구에 미달한 어리석고 미숙하고 과격하거나 흥분된 상태로 날뛰는 몽매하고 음란한 년들의 난동으로 간주되어 왔으며 여전히 그렇다.

　　페미니즘에 대한 반격은 세계사적으로 공통성을 보이지만, 한국 사회는 세계 자본주의 체제의 변동, 그리고 이에 따른 이른바 열강의 세력관계 재배치, 그리고 이와 대비하여 '취약한 조국의 국체'라는 주체화의 삼각형을 매번 호출하면서 진행되었고 이에 따라 매우 독특한 '한국적 반페미니즘 담론'이 구성되었다. 국제관계 재편 속에서 미투 운동을 음모론으로 계속 할당하는 담론은 한국의 역사 속에서 근대 초기 이래로 반복되어 왔으며 결코 새롭게 등장한 것이 아니다.

한국 사회에서 근대적 노예 상태에서 벗어나려는 여성들의 해방에 대한 요구가, 역사를 반복하면서 '시민성'과 '노동 해방'을 위협하는 이중의 위협으로 치부된 것은 바로 이러한 맥락과 닿아 있다. 해방을 향한 여성의 요구는 문명, 정치, 시민성, 합법, 그리고 국가의 정상성을 위협하는 음험하고 정체를 알 수 없는 모호하고 의심스러운 주장으로 취급되어 왔다.[8] 전근대적·근대적 가부장제에서 이탈하려는 여성의 힘이 분출하면 여성범죄에 대한 담론이 급증하는 양태가 역사를 통해 반복되었다. 문란하고 위험한 여성에 대한 공포는 일상적이었으나 이런 공포가 여성범죄에 대한 공포로 전환하는 국면은 한국 사회의 전환과 이행 시기에 특징적으로 나타난다. 한국 사회에서 전환과 이행은 '내재적 힘'에 의해서보다는 '외부적 힘'의 압력에 의해 이뤄지곤 했다. 물론 이런 이분법적 구별은 명확하지 않다. 그러나 전환과 이행기에 가장 먼저 등장한 것은 이렇게 힘의 '정체성'을 구별하고 판별하려는 강박이었다. 이행과 전환을 향한 '내재적 힘'이 부재하지는 않았으나, 언제나 강력한 국제적 힘 관계에서 '내재적 힘'은 무력하고 왜소해지곤 했다. 가부장 체제를 벗어나려는 여성의 힘은 한국 사회를 내부적으로 변화시킬 수 있는 중요한 '내재적 힘'이었으나, '내재적 힘'과 국제적 힘 관계가 부대끼는 전환기에서 여성의 힘은 '내재적 힘'을 붕괴시키거나 거세하는 위협적 힘으로 치부되었고, 이런 배제 과정은 여성의 힘을 '외부 세력'과 공모한 불순한 힘으로 몰아세우면서 정당화되고 내면화되었다. 힘 관계를 둘러싼 '내재적 힘', '외부적 힘', '공모한 힘'이라는 정체성 강박은 명확하게 신체의 문제로 드러났고 인지되었고 유통되었다. 여성의 신체는 '외부 세력과 공모한 힘'과 등가물이 되었으며 내재적 힘은 남성 신체, 사회의 신체social body, 조국의 신체 National body로 상상되고 인지되었다.

'외부 세력과 공모한/연루된 힘(여성 신체)'과 '내재적 힘(남성 신체와 남성화된 사회적, 정치적, 국가적 신체)'이 부대끼고 충돌하는 사건은 여성의 '사적이고 음험한' 욕망이 조국의 운명과 미래 그 자체인 남성 신체를 파괴하고 거세하는 일로 여겨지고 해석되었다. 그 역사는 한국사 모든 장면에서 반복된다. 달리 말하면 국제적 힘 관계가 변화되는 역사적 국면에서 내재적으로 전환의 동력을 만들어가지 못한 남성 주체의 집단적인 거세 공포와 자기방어로 인해 '외부 세력과 공모한 힘(여성 신체)'에 대한 공포가 여성범죄에 대한 집단적 패닉으로 부상하고 반복되었다. 역사가 주는 교훈은 여성범죄에 대한 집단적 공포가 만연할 때 한국 사회는 전환과 이행을 향한 힘 관계의 변화가 필요한 시기였다는 점이다. 기성 권력이 된 남성 주체는 변화를 위한 힘을 상실했고, 새롭게 등장한 힘(여성, 소수자, 비엘리트 등)의 강렬도는 높아졌음에도, 내재적인 힘의 이행이 이뤄지지 못하고, 기성 힘 주체가 새로운 힘 주체를 억압하고 배제하면서 기성 권력을 고수하려는 보수 반동이 반복되어 온 역사였다. 또한 이행과 전환을 향한 여성의 힘을 '여성범죄'라는 담론으로 포섭하여 현실적으로도 범죄로 만들고 제어하는 과정은 언론 보도, 의료적 진단, 지식인의 윤리적 계몽, 경찰력의 집행과 사법적 정당화 등이 결합한 총력전이었다.

예를 들어 조선 후기에서 일제 시기까지 팽배한 여성범죄 담론은 '본부 살해' 담론이었다. '남편을 독살한 악독한 여편네'라는 담론은 훈육으로 정당화된 남편에 의한 여성 살해, 조혼 제도로 정당화되고 합법화된 여성 아동 매매와, 결혼으로 정당화되고 합법화된 여성 매매와 노예화라는 현실을 완벽하게 가려버리고 가부장을 살해하는 음험한 힘으로 여성을 표상한다. 조선 후기에서 일제 시기에는 '본부 살해'가 여성범죄 담론의 지배적 유형이었다면 해방과 전쟁을 거치며 '이브의 범죄'라는 '서구화된' 이름을 얻게 된다.[9] 또 위기에 처한 '조국'의 운명을 풍전등화로 만들면서 밤마다 풍악을 울리며 문란한 행각을 일삼아 남성/왕/정치 주체를 거세한 문란녀(이른바 '민비'에 대한 1900~1990년까지의 재현 방식),[10] 급박하게 돌아가는 국제정세와 열강의 '조국' 침탈 전략 속에서 조국의 운명을 위협하는 정체를 알 수 없는 여성 스파이들(1차 세계대전과 2차 세계대전 시기, 그리고 한국전쟁과 냉전체제까지 이어진)에 대한 담론 구조는 바로 근대적인 시민적 노예화와 여성해방의 구조에 대한 정치사상적 재해석을 통해서 비로소 이해될 수 있다.

최근 이른바 '진보 논객'들이 권력형 성폭력에 대한 여성들의 집단적 문제제기를 "엄혹한 국제정세 속에서 조국의 운명을 위협하는 음험한 음모"[11]로 간주하는 것은 그런 점에서 너무나 역사적이고 전형적이다. 여성 피해자를 '꽃뱀'이나 다른 이해관계를 위해 위장된 피해자로 간주하는 것은, '여성 스파이'에 대한 경계와 집단적 불안감을 조성해 여성 해방의 집단적 힘을 '조국을 배신하고 위협하는 음험하고 위장된 힘'으로 억압하고 매도해 왔던 역사를 전형적으로 반복한다.

그리고 여성 스파이에 대한 불안은 바로 파시즘이 전 세계를 휩쓸고 불태운 원동력이 되었기에, 파시즘이 도래한다는 역사적 지표로 간주되었다. 파시즘은 '약자의 해방의 정치'를 표방했다는 점에서 전체주의와 구별된다. 파시즘 정치가 (무언가의) 위기, (무언가의) 몰락, (무언가의) 파국을 자양분으로 삼는 이유다. 여기서 (무언가의) 자리에 기생하고 서식하고 증식하는 것이 바로 신체에 대한 가부장적인 수컷 판타지이다.[12] 파시즘에서 해방의 가능성을 발견한 남성들은 자신들이 차별받고 있고 권리를 박탈당하고 있다고 느꼈다. 최근 미국을 중심으로 등장한 백인 남성중심주의가 백인 남성의 상처받고 박탈된 취약성vulnerability을 증오정치의 동력으로 삼는 것은 바로 이런 파시즘 역사에 원천이 있다. 또 남성의 '약자로서의' 취약성은 역차별 주장에서 나타나듯이, '우리도 약자다', 혹은 '우리는 이제, 약자다'라는 권력 박탈의 서사를 바탕으로 한다. 즉 스스로를 '약자'로 설정했던 집단들이 파시즘에 매혹된 과정은 동시에 독특한 자기 서사를 구성하는 과정이기도 했다. 이 자기 서사에서 '약자'라는 자리는 과거의 영광과 현재의 몰락이라는 '권력 박탈'의 서사를 바탕으로 생산되고, 이러한 권력 박탈의 서사는 '회복의 서사, 즉 빼앗긴 권력을 되찾아야 한다는 서사를 적극적으로 구성한다. 파시즘과 약자라는 주체성이 퇴폐와 재생, 몰락과 신생과 같은 '데카당스' 서사를 동반하는 이유다.

"베르사유 조약의 사슬을 끊자"며 몰락한 조국의 위기를 강조한 독일과 이탈리아 파시즘은 "잃어버린 제국을 되찾자"는 영토 탈환의 기획과 퇴폐 집단 척결을 주요 정치기획으로 내세웠다. 또 이렇게 '잃어버린 권력과 영토'를 회복하자는 주장은 "취약해진 남성성"을 회복하자는 집단적 자기 복원 의지와 분리불가능하다. 파시즘에서 "피와 대지"가 분리 불가능한 이유다. "전후 70년 체제의 사슬을 끊자"는 아베 총리의 구호는 바로 "베르사유 조약의 사슬을 끊자"는 파시즘의 구호를 정확하게 인용하고 있다. 일본 제국의 경우 파시즘의 몰락과 위기 서사는 "아시아 몰락"과 "대동아 공영권"과 같은 아시아주의 서사를 바탕으로 했다. 파탄 난 중국과 '사회주의' 소련을 대신해 몰락한 아시아 제국의 영광을 회복할 주체로 일본 제국의 자리와 역할이 강조되었다. 국제 관계의 요동 속에서 위협받는 취약한 '조국'의 국체와 이를 위협하는 여성 신체라는 차별적 할당의 담론 구조는 이처럼 역사적으로 파시즘 정치를 통해 만들어졌는데 최근의 사례인 '해일과 조개'에 대한 담론에서도 이런 할당은 반복된다. 국체/정치체/남성 신체를 위협하는 거대한 외부적 힘(해일)이 몰려오고 있음에도 여성들은 '사소한 문제'로 위기 앞에서 국체/정치체/남성 신체를 더욱 무력하게 만든다. 조개를 줍는 일은 너무나 사소하고 무의미한 일인데 동시에 국체/정치체/남성 신체를 붕괴시킬 수 있는 위협적 힘이 된다. 사소한데 과잉된 힘, 아무것도 아니지만 모든 것(국체/정치체/남성 신체)을 모두 붕괴시킬 수도 있는 과잉된 힘, 그것이 여성의 힘이다. 해일과 조개의 변증법은 이렇게 완성된다.

단어 선택, 문장 구성 그리고 이를 통해 구축되는 인식, 인지가 개인의 이성, 앎에 의해 만들어지는 것이 아니라 집단적 서사와 힘에 의해 구축된다는 것을 이 사례에서도 다시금 확인할 수 있다. 이런 발언과 인용으로 재생산되는 남성 주체는 자기 앎에 대한 확신과 숭배를 갖고, 모든 것에 대한 통찰을 자기 정당화의 근거로 삼는다. 그러나 이러한 남성 주체의 앎과 발언, 이성은 자신도 의식하지 못하는 역사적 힘과 집단적 지식의 산물이다. 그러나 이들은 오히려 축적된 파시즘 정치를 신성한 지식으로 떠받들기를 반복한다.

취약해진 남성의 신체를 회복하는 일은 상실한 영토, 잃어버린 권력을 찾고자 하는, 과거에는 권력을 가졌으나, 이제는 모든 걸 상실한 '약자' 해방 정치의 근간을 이룬다. 물론 이 과정에는 기존 정치 체제에 자리를 갖지 못했던 여성의 권력 투쟁 서사도 기입되어 있다. 파시즘은 당시 새롭게 부상하던 페미니즘을 부정하면서 동시에 사회주의적 여성 주체도 부정했다. 파시즘 정치에서 여성의 자리는 탈정치화된 채 철저하게 체제를 재생산하는 기능으로 할당되었다. 일본 제국을 통해 식민지 조선에 기입된 파시즘 정치에서 여성은 재생산과 후방에 대한 전시 선전, 보국 기능에 할당되었다. 파시즘 정치에서 여성의 자리는 어머니 조직, 부인회, 애국반 조직을 통해 구성되었다. 식민지였던 조선에서 여성의 자리는 이마저도 제한적이었다. 일본 제국에서 여성의 법적 지위에 비해 식민지 조선에서 여성의 법적 지위는 여전히 보장되지 않았다. 여성은 결혼과 동시에 '처'가 되어 남성 가부장의 소유물이 되어 금치산자가 되었다. 이런 법적 구조에서 정조 유린 죄는 여성의 성적 자기결정권과 관계없이 '남성 가장의 소유물을 침해한 죄'였다. 식민지 조선의 여성은 파시즘 정치에서도 어떤 지위의 변화도 갖지 못했다.

그러나 한국 사회에서 해방 이후 한국 전쟁을 거치며 일제 시기 파시즘 전시 동원에 참여하고 적극 협력했던 여성 조직과 집단이 '남한'의 여성 정치권력을 형성하는 바탕이 되었고, 이들 여성 정치권력이 한국 사회에 극소수로 제한된 여성의 자리를 도맡았고 유구하게 상속, 계승되었다. 한국 사회에 세력을 가질 수 있었던 극소수 여성 조직과 주체는 현실적으로나 상징적으로 남성 정치 세력의 부인이나 딸의 역할로 할당되기를 반복해 왔다. 파시즘 정치에서 여성 조직이 어머니회, 부인회, 건전한 가족 만들기, 건전한 사회를 위한 모임 등의 가족 재생산을 위한 교화 조직 형태로 재생산되는 것은 바로 이 때문이다. 또 이들 조직은 건전한 가족의 이념을 바탕으로 신체에 대한 파시즘 정치(개인의 몸, 사회의 몸, 국가의 몸)를 반복하는 핵심 세력을 이루고 있다.

한국 사회에서 페미니즘 정치는 이렇게 파시즘 정치가 할 당한 여성의 자리와 역할에서 해방되고자 하는 투쟁이기도 했다. 이론, 조직, 인적 주체 모든 면에서 말이다. 낙태죄 폐지, 차별금지법 제정, 성폭력 비판, 여성의 신체적 자기 결정권(탈 코르셋, 불법 촬영 철폐)에 대한 현재 페미니즘의 대표적인 정 치적 주장은 바로 이런 한국 사회에서의 페미니즘 정치의 역 사를 정확하게 반영한다. 페미니즘과 파시즘의 연루를 논하는 증거로 제시되는 난민 거부 문제는 그 추동 세력이 기존 파시 즘 조직 및 정치 세력과 밀접한 관련이 있다는 것이 여러 면에 서 명확하게 밝혀지고 있다. 이런 사태가 페미니즘 정치의 한 계에서 비롯되었다고 해석하는 논의나, 혹은 이런 사태를 페 미니즘이 결국 파시즘으로 기울게 될 징후라고 해석하는 방식 은 여성 정치 세력 내부의 다양한 차이를 무시하고 동질화해 버리면서 매도하는 담론 전략으로 페미니즘 정치를 오히려 협 소하게 만든다.

이런 점에서 해방에 대한 여성의 요구가 '대표'되지 않으면 여성들이 파시즘으로 경도될 가능성이 있다는 주장에는 아주 일부분만 동의할 수 있다.[13] 파시즘의 역사를 볼 때 지금 파시 즘으로 경도되고 있는 것은 '합법화된 폭력'을 정당화하는 정 치 체제와 전문가 집단, 자칭 '진보 집단'과 정세 분석을 내세 워 여성 해방의 힘을 진보 남성 주체의 정치성을 위협하고 거 세하려는 거대한 국제적 음모라고 주장하는, 오래된 '여성 스파이' 담론을 반복하는 집단들이다.

이번 안희정 무죄 판결은 그런 점에서 한국 사회에 축적된 적폐의 총집합이다. 무죄 판결에 대한 논의는 사법부와 입법부 간의 책임 공방으로 전가되고[14] 언론 보도의 대부분과 비판 담론도 주로 법적 쟁점을 중심으로 전개되고 있다.[15] 이후의 피해자 지원과 재판 진행을 위해 법적 쟁점과 이후의 법 개정을 위한 논의는 물론 매우 중요하다. 반성폭력 운동에서 법 제정과 제도 개혁은 여전히 중요하다. 그러나 한편으로는 성차별과 성폭력은 노동, 권력구조, 문화산업, 정치제도, 예술생산, 문학의 가치 등 매우 이질적으로 보이는 사안을 가로지르며, 그 자체로 한국 사회 전반의 구조와 제도, 역사와 사상적 기반 모든 문제에 걸쳐 있다. 앞서 살펴본 글에서 실비아 페데리치 역시 법적 대응은 초기적 대응일 뿐이며 거기서 더 나아가 사회 전체를 변화시키기 위한 논의가 필요하다고 말한다.[16]

3. 노예화된 권력관계가 젠더화된 방식으로 발현된 결과인 성폭력, 착취/노예화/예속 상태의 산물인 권력형 성폭력[17]

"#○○내 성폭력 고발" 해시태그 운동과 미투 운동을 거치며 여러 분야에서 성폭력 고발이 진행되었으나 지금까지 제대로 해결된 사안은 그리 많지 않다. 물론 법적으로 중형이 내려진 사례도 있고, 이후 유사 사례를 해결하기 위한 중요한 선례와 판례도 계속 나오는 중이다. 그러나 그간 고발된 사례의 대부분은 제대로 해결되지 못한 채 방치되어 있고, 한국 사회 성폭력 문제를 해결해 나갈 제도적·구조적 방안은 논의조차 잘되지 못한다.

성차별을 비롯한 차별의 구조는 단일하지 않고 분야나 관계 형식, 노동과 고용 형태 등에 따라 다를 수밖에 없다. 그러므로 가능한 한 여러 지점에서 구체적인 대안과 제도적 버팀목을 만드는 방법을 고안하고 만들어가는 일이 중요하다. 그간 진행된 몇몇 사례를 통해서 해시태그 운동과 미투 고발 운동이 남긴 과제를 몇 가지 살펴보려 한다. 법적으로 피해자의 요구가 잘 받아들여진 경우에도 해시태그 운동과 미투 운동이 발생하게 된 구조적 문제는 잘 가시화되지 않거나 공론화되지 않는 경우가 많다. 개별 사례마다 특수성이 존재하기에 개별 사례를 충실하게 해결하고 조명하는 것이 중요하다. 한편 그 사안을 해결하는 것과 직접 관련은 없으나 성폭력이 발생하는 구조를 규명하기 위해 살펴보고 의제화해야 할 지점들은 여전히 남게 된다.

첫 번째, 비상대책위의 헌신적인 활동과 학교 당국의 '협조'를 통해 가해자 해임 처분이 내려진 B대학 사건을 살펴보자. 이 사건에서 가해자는 박사논문 심사에 큰 권력을 가진 심사위원장이다. 그런데 흥미로운 점은 절차적으로 심사위원장은 박사논문 심사가 진행되고 심사위원이 선정된 후에 정해진다는 사실이다. 이 사례에서는 박사논문 심사가 진행되지도 않았는데 가해자 자신이 "박사논문 심사위원장이다"라고 공표하고 박사논문 심사를 빙자한 술자리에서 성폭력을 행사했다. 절차적으로 심사위원장으로 선정되지도 않았는데 실제로는 심사위원장으로서의 권력, 그것도 부당한 권력을 행사한 결과가 성폭력으로 나타났다. 이 과정에는 박사논문 심사와 심사위원 선정 등의 절차에 박사논문 심사를 받아야 하는 박사과정 학생이 아무런 결정권도 갖고 있지 못한 제도적 폭력성이 근원에 놓여 있다. 아직도 많은 대학에서는 대학원생이 지도교수를 선택할 수 없고, 교수들의 협의에 의해 지도교수가 할당되며, 논문 심사 과정에서 심사위원 선정, 혹은 특정 심사위원을 기피할 수 있는 최소한의 권리가 없다. 또 이를 비판하거나 감시할 수 있는 기구 또한 전혀 없다. 즉 대학에서 대학원생이 자신의 일생을 좌우하는 지도교수 선정, 논문 심사 과정 등 제반 과정에 아무런 결정권도 갖지 못한 채 교수의 처분에 맡겨진 노예상태에 빠져 있고, 무수히 드러나는 폭력, 구타, 폭언은 성폭력과 마찬가지로 이러한 노예 부리기의 연장선상에 있다. 즉 대학 내 성폭력은 교수와 대학원생 및 학생 사이의 노예화된 권력관계가 젠더화된 방식으로 발현된 것이라고 보아야 한다. 그런데 현재로서는 이렇게 노예화된 권력관계가 젠더화된 방식으로 발현되는 성폭력 사례들에 대해 그 근원적 구조 자체를 비판하거나 문제를 제기할 수 있는 방법이 전혀 없다. 대학사회 내에서 성폭력 자체를 문제시하는 것만으로도 계속 살아남을 수 있을지 불투명한 현실에서 논문 심사와 대학원생이 처한 구조적 문제를 공론화하는 것은 대학에서 추방되는 지름길이기 때문이다.

그렇기 때문에 가해자 해임과 같은 해결을 얻어내는 것도 매우 어려운 일이고, 이런 '해결'조차 대학원생을 중심으로 한 비상대책위원회에 맡겨진 현실에서 비상대책위원회나 피해자가 대학의 구조적 문제를 제기할 수는 없다. 이런 구조적 문제는 대학 구조를 잘 알고 발언을 할 수 있으며 제도를 변화시킬 수 있는 교수나 대학 당국, 교육 행정 차원에서 변화를 위한 논의가 이뤄져야 한다. 그러나 현재와 같은 상황에서는 대학 내 성폭력 고발 사건 자체를 해결하는 것조차 거의 불가능한 상황이고, 가해자의 해임이나 출강 금지 같은 제도적 제재에 이르는 데도 몇 년에 걸친 싸움을 당사자와 비상대책위원회에서 감수해야 한다. 그리고 그러한 제재를 얻어내더라도, 대학 내 성폭력이 발생하는 구조적 문제가 가시화되거나 공론화되지 못하는 지금과 같은 상황에서는 근원적인 해결은 요원한 것이 현실이다.

전국대학원생노동조합(이하 대학원생노조)에 의하면 최근 5년간 보도된 성범죄 기사에서 가장 많이 거론된 가해자는 대학교수라고 한다.[18] 대학 구성원들 사이의 권력관계는 성폭력이 발생하는 구조적 요인이자 해결을 어렵게 만드는 걸림돌이다. 현재 대학 내 미투 고발이 이뤄지는 경우는 사회관계망서비스SNS를 통한 공론화, 인권센터나 성평등센터를 통한 고발이 주를 이룬다. 인권센터나 성평등센터조차 없는 대학에서는 제도적으로 도움을 청할 방도가 없는데, 그나마 인권센터가 있어도 형식적이어서 더 문제를 일으키기도 한다. 대학마다 인권센터와 성평등센터를 의무적으로 마련해야 하고, 실효성 있는 운영을 위해 관리 감독이 필요하다. 무엇보다 인권센터와 성평등센터를 반차별 인권과 페미니즘 전문가가 운영해야 하고, 이를 계기로 대학 내 인권 전문가와 반차별 윤리 교육을 할 수 있는 전문가를 육성하는 제도적 바탕이 마련되어야 한다.

현재 대학 내 미투 고발의 대응과 해결은 비상대책위원회와 성폭력상담소, 여성단체의 긴밀한 연대와 협력을 통해 이뤄진다. 이 주체들의 역할은 매우 중요하지만, 좀 더 제도적이고 전문적인 해결 주체를 구축할 필요가 있다. 비상대책위원회는 대부분 고발자의 주변인이어서 고발자가 해결하고자 하는 방향을 가장 잘 알고, 문제를 해결하고 연대할 수 있는 최적의 주체이기도 하다. 그러나 이들은 성폭력 문제나 반차별 윤리 교육, 혹은 법적 대응이나 제도적 대안을 마련할 수 있는 전문적 주체가 아니라서 한계가 있다. 반면 성폭력상담소나 여성단체는 여러모로 전문적 지원을 하는 중요한 해결 주체이지만, 분야별 특성이나 권력관계의 특이성, 여기서 비롯되는 추가 피해의 구체적인 지점을 예상하고 대응하는 데 한계가 있다. 따라서 대학 내 성폭력 문제에서는 대학원생노조 같은 조직이 가장 중요한 해결 주체인데 노조 가입 여부나 분회 유무와 관련 없이 대학원생들이 직면하는 문제에 해결 주체로 개입할 방안을 마련하는 것이 시급하다. 어쩌면 대학 내 미투 운동을 통해서 대학원생노조는 어디에도 없던, 전혀 새로운 형식의 노조를 발명할 수 있을지도 모르겠다. 대학 내 성폭력은 교수와 대학원생 및 학생 사이의 노예화된 권력관계가 젠더화된 방식으로 발현된 것이기에 대학 내 성폭력에 대한 대응과 대처 방안은 이러한 근원적이고 제도적 차원의 폭력을 해결하고 변화시킬 수 있는 장·단기적 계획과 대응을 마련할 수 있는 주체를 만드는 데서 시작되어야 한다.

두 번째, 해시태그 운동에서 미투 고발 운동까지, 성폭력과 권력형 성폭력에 대한 문제가 지속적으로 이어지는 문화예술계의 경우를 살펴보자. 성폭력 자체가 젠더화된 권력관계의 발현이기에 권력형 성폭력과 성폭력은 근본적으로 다르지 않다. 성폭력이 젠더화된 배치와 할당, 차별이 합리화된 젠더 권력관계의 산물이라면, 권력형 성폭력은 젠더화된 노동착취다. 문화예술계 성폭력과 권력형 성폭력은 문화예술 생산과 노동, 노동착취를 넘어선 노예화된 노동의 정당화, 그리고 이를 내버려두거나 오히려 부추기는 역할을 반복해온 국가지원 시스템의 문제가 복합적으로 결합해 발생하는 것이다. 문화예술계 성폭력은 문화예술 노동의 특수성과 생산·재생산 구조의 문제에서 비롯한다. 문화예술계에서 성차별적 권력구조는 고용과 계약에 근거한 노동 관리에서 사각지대에 놓여 있고, 공공·민간 차원의 예술 교육에서 발생하는 권력 남용과 성폭력에 대한 국가기관의 관리도 형식적이다. 문화예술에 대한 공공지원은 지원 대상 집단의 착취 구조와 성폭력 문제를 전혀 고려하지 않은 채 진행되었다. 문화예술계에 만연한 성폭력은 고용·노동 관리 기관, 예술 지원 주관 부처, 예술 교육 관리 감독 기관에도 분명한 관리 감독의 책임이 있다.

또한 문화예술계 성폭력 사건은 성폭력이 문화와 예술의 아우라로 합리화되고, 착취가 수련의 명목으로 정당화된다는 점에서 특수성을 갖는다. 따라서 문화예술 생산 구조에서 발생하는 성 착취와 성폭력을 노동착취와 노예적 예속화의 차원에서 관리하고 감독해야 한다. 여기에는 지방자치 단체, 공공기관, 국가 기구 전반이 개입해야 할 책임이 있다. 한국의 문화예술 생산은 시장경쟁력보다는 공공지원 체제와 그에 밀착된 권력 네트워크를 통해서 규모를 키워왔다. 출판·문학·연극·사진·미술 등 문화예술계가 전반적으로 규모가 작고 인적 네트워크가 협소하며 고용상태가 열악한데, 이에 비해 각 집단이 집행하는 공공사업과 예산 규모는 막대하다. 노예노동과 제왕적 군림으로 이뤄진 문화예술 생산에 막대한 공공사업과 예산이 결합하니 그 힘으로 노예적 착취는 더욱 강화된다. 공공지원 예산은 집단 구성원의 노예적 상태를 완화하고 노동 상태와 여건을 개선하는 데 쓰이기보다 대표성을 가진 그룹의 제왕적 권력을 강화하는 데 쓰였다. 따라서 이제 지방자치단체, 공공기관, 국가기구는 문화예술 생산에 대해 지원과 협업을 담당하는 주체로서 노예적 착취, 성 착취, 성폭력을 감시·조사하고, 문제 영역과 집단, 개인을 지원과 협업에서 배제해야 하는 의무를 다해야 한다. 이미 집행된 사업에 대해서도 해당 집단의 노예적 착취와 성폭력을 조사해야 한다.

성폭력은 예술 교육이나 예술가 양성의 명목으로 수십 년 간 정당화되어 왔다. 문화예술계의 기존 권력 네트워크는 주로 교육과 양성 등의 재생산 기제를 통해 확대, 강화되는데 이때 공공·국가 지원에 기대 가까스로 생산을 지속한다. 예술단체와 양성기관에서 십여 년이 넘게 성폭력이 만연하도록 교육 관리 감독 기관과 지원 기관은 방관해 왔다. 무엇보다 노예적 착취와 성폭력 문제가 있는 집단과 영역이 예술교육을 비롯한 재생산 체제에 진입할 수 없도록 감시해야 하는 것은 국가 기구의 의무이자 책임이다. 문화예술계 성폭력 구조를 근본에서 변화시키기 위한 책임이 있는 여러 주체의 대안과 정책이 시급하다. 정부와 여성가족부, 문화체육관광부 등은 성폭력 관련한 제도, 대응책, 인력, 예산 등을 마련하겠다고 공언했으나, 이러한 최소한의 약속조차 묵살하고 있다. 최근 보도에 따르면 정부 차원에서 성폭력 관련 정책, 예산, 전담 기구는 계획 자체가 무산된 것으로 보인다.[19]

구조적 변화를 위한 주체를 마련하여 성폭력이 발생하는 권력구조를 변화시키지 못한다면, 피해자에 대한 가해자의 역고소(최영미 시인 건을 비롯하여), 법적으로 가해자가 무죄 판결이나 가벼운 판결을 받고 해당 분야와 제도로 복귀했을 때 피해자에게 가해질 또 다른 형태의 폭력을 방지할 아무런 방편이 없다. 재판과 여론전에서는 이겼지만, 현실적으로는 패배하는 싸움을 반복하게 되는 것이다. 또한 현재 몇 가지 상징적인 사례를 제외하고는 법적 차원에서의 해결은 말 그대로 아주 기초적인 해결에 그치는 경우가 대부분이다. 최근 몇 년간 진행된 문화예술계 성폭력 사건의 추이를 보면, 공론화 열기가 사라지고 법적 소송이 진행된 후 가벼운 처벌이나 '합의에 의한 성관계' 등의 판결이 나오고, 그에 따라 가해자가 복귀해서 피해자에게 여러 형태의 보복을 가한다. 소송비용 등을 지원받는다고 해도 장기적 소송과 시달림에 대해 피해자는 무방비 상태다. 또 공론화 과정에서는 집단 대응이 가능하지만, 소송 단계는 사건별로 개별 대응이 되어 파편화되고 고립된다. 따라서 사실관계나 법적 판단의 필요성을 존중하되 권력형 성폭력 사건에서 반복되는 이런 악순환 고리를 끊어야 한다. 권력형 성폭력은 특정 집단의 구조적 문제인데도 법적 소송으로 이전될 때는 개인 간의 문제로 환원된다. 집단의 구조적 책임은 법적 판단과는 별도의 영역에서 추궁되고 비판되어야만 한다. 피해자 보호와 집단의 구조적 책임을 지속해서 감시하고 공론화할 수 있는 공적 기구의 역할이 필요하다.

여러 사례에서 나타나듯 법적 해결은 성폭력이 발생한 권력관계 '내부'의 구성원들이 피해자에게 연대하지 않고 '중립'의 외피 아래 윤리적 책임을 방관하게 만드는 알리바이가 되는 경우가 많다. '당사자끼리 법으로 해결하라'는 식으로 법에 의존하는 해결을 최선으로 여기는 분위기가 팽배해지면서, 성폭력을 개인과 개인 사이의 '친밀성'이나 '사적' 문제로 환원시켜 성폭력이 발생하는 권력관계와 해당 분야의 생산·재생산 구조 등과 성폭력 문제를 분리해서 책임을 면하게 하는 자기합리화와 윤리적 회피가 빈번하게 발생한다. 게다가 이렇게 권력 관계 '내부'의 구성원들이 피해자에게 연대하지 않고 '법적 해결'에 모든 것을 맡기고 책임을 전가해버리면, 막상 재판 과정에서도 해당 영역 내에서의 성폭력의 '위력 행사'와 권력 작용을 입증하는 것이 거의 불가능해진다. 이렇게 해서 재판에서 가해자가 무죄나 가벼운 판결을 받으면 그들은 다시 해당 영역으로 돌아오고, 그 내부 구성원들은 '법의 판결'을 근거로 피해자를 '합법적으로' 해당 영역에서 배제하는 사회적 살인을 죄의식 없이 반복한다. 이러한 현실적 맥락에서도 성폭력 비판과 권력형 성폭력 비판은 법적 해결을 넘어서, 젠더화된 권력구조와 사회 각 분야에서의 착취·노예화·예속상태를 비판하고 변화시키기 위해 이론과 실천을 강화하고 지속해야 한다.

페미니즘 사상에서 논의되어온 시민적 노예화에 대한 규정이나 근대 자본주의 노동에서의 노예화와 착취의 모순적 구조에 대한 비판과 개입은, 바로 이렇게 노동·정치·교육·문화·예술 등 이른바 생산과 재생산, 공적 영역과 사적 영역을 가로지르며 작동하는 젠더화된 권력관계와 '착취'라는 개념으로 다 설명되거나 환원되지 않는 젠더화된 예속관계를 규명하기 위한 이론적·실천적 작업이었다. 신자유주의 이래 노동착취로 다 설명되지 않는 문제들이 '갑질'이라는 새로운 별칭을 얻게 되었듯이, 성폭력 규정 역시 착취라는 개념으로 포괄되지 않는 예속관계와 노예화를 규명하려는 반성차별 투쟁에서 도출되었다. 따라서 성폭력을 비판하고 사회구조를 변화시키기 위해서는 사회 모든 방면에서의 젠더화된 권력구조를 변화시키기 위한 대안과 방법이 논의되어야 하고, 권력형 성폭력에 대한 비판과 대응 역시 노동착취와 계약관계·교육·수련 등의 명분으로 반복되는 예속과 노예화 구조를 변화시키기 위한 제도적 방안과 이론적 논의를 더 풍성하게 진행해야 한다.

또한 사회 전역을 가로지르며 작동하는 젠더화된 권력관계, 그리고 착취 개념으로 환원되지 않는 젠더화된 예속과 노예화 구조를 규명하고 이에 대처하는 대안을 마련하는 인적 기반과 제도적 기반이 마련될 필요가 있다. 그래야 성폭력 비판과 권력형 성폭력 고발 운동이 한국 사회의 전반적인 권력구조와 착취, 노예화와 예속관계를 변화시키는 장기 지속적인 정치적 실천으로 이어질 수 있다.

4. 기억 투쟁과 증언의 정치에서 신체의 새로운 유물론으로

'남성을 성적으로 유혹하여 끌어들여 결국 파탄에 이르게 하는 여성'이 팜파탈이다. 팜파탈은 근대의 주체화 정치가 신체를 젠더화된 방식으로 분할통치하는 과정에서 생산된 여성 표상이다. 팜파탈의 성적 유혹이 위험한 것은 그녀의 몸이 '정체불명'이기 때문이고, 정체불명의 여성의 몸은 역시 정체불명의 '외부 세력'을 출처 없이 받아들이고 뒤섞는다. 분명한 정체를 지녀야 할 남성의 몸은 이처럼 정체불명의 불순한 여성의 몸에 의해 정체를 훼손당한다. 팜파탈의 표상이 아주 빈번하게 여자 간첩, 스파이, 건강한 남성 신체를 병들게 하고 오염시키는 '병리적인 몸'이자 '오염된 몸', '의심스러운 몸'으로 확대되는 이유다. 여성의 신체에 대한 불안과 정체성 불안이 개별적 몸에서 정치적 몸에 대한 불안과 공포로 확대된 것은 전쟁과 파시즘, 학살과 같은 집단화된 공포가 지배하던 시기였다. 근대 초기 등장한 팜파탈 표상은 페미니즘의 부상과 밀접한 관련을 맺는데, 1917년 소련의 사회주의 혁명을 경유하면서 팜파탈은 (로자 룩셈부르크로 상징되는) '레드 우먼'에 대한 공포로 확대 재생산되었다. 흥미롭게도 세계대전 시기에 팜파탈에 대한 공포와 레드 우먼에 대한 공포가 모순 없이 결합하면서 여성 스파이단(집단으로서의 여성 스파이)에 대한 공포와 불안을 실어 나르는 담론이 전 세계에 널리 퍼지게 되었다.

최근 몇 년간 한국 사회는 박근혜 정권의 온갖 부정부패와 촛불혁명, 탄핵, 그리고 정권교체, 권력형 성폭력에 대한 비판, 페미니즘 운동의 부상이라는 사태를 지나오면서, 여성 신체에 대한 불안과 공포가 기이한 방식으로 급속도로 변형되고 이질적인 것들이 결합되어 사회 전체를 사로잡고 있다. 이 과정에 대해서는 다음 장에서 더 자세하게 살펴보고자 한다. 이명박, 박근혜 정권 십여 년간 체제에 대한 비판을 봉쇄하기 위해 반복했던 '배후세력의 준동'·'음모론' 발화가 오늘날 권력형 성폭력 운동에 직면한 '진보진영'에서 반복되고 있는 점에 주목할 필요가 있다. 앞서 살펴본 바와 같이 성폭력 담론이 음모론과 결합된 역사는 유구하다. 최근의 음모론은 댓글 조작, 정보 조작에 대한 논란의 연장에서 도출되고 있고, 세계 체제 재편에 따른 위기론을 동반한다. 장자연 사건으로 상징되는 문화산업 내의 성폭력 사건 역시 오랜 기간 음모론으로 떠돌아다녔다. 장자연 사건은 이미 1990년대부터 본격적으로 시작된 문화산업 내의 성폭력과 노예화에 대한 무수한 문제제기의 연장선상에 있다. 1990년대 문화산업이 부상하면서 문화산업 내의 성폭력과 노예화에 대한 문제제기가 이어졌지만 어떤 해결도 되지 않았다. 성폭력 피해를 호소하는 여성들은 이제 막 부상하기 시작한 인터넷 사용자들에 의해 '꽃뱀'으로 치부되거나 구경거리로 소비당하고 모욕당하고 살해되었다. 여성 연예인에 대한 불법촬영물을 보기 위한 남성들의 집단적 광기가 한국에 개인 컴퓨터 보급을 늘렸다는 진단이 나오기도 했다. 이 사태는 문화산업과 여성 살해, 불법 촬영물, 그리고 이른바 '정보 지배'를 둘러싼 성차별적 폭력과 광기를 적나라하게 보여 준다. 당시 성폭력 담론 역시 음모론이 지배적이었는데, 이는 정보 부족으로 인한 앎에 대한 의지가 작동하는 측면도 존재했으나, 결과적으로 여성 살해의 현실을 반복하는 데 일조했다.[20]

무엇보다 일제강점기에서 냉전체제 그리고 이명박, 박근혜 정권기를 거치며 긴 역사를 통해 극우의 자기 수호를 위한 폭력적 전략이었던 '배후세력의 준동'·'음모론'이 촛불혁명을 지난 지금 여기에서 '진보'의 자기정당화를 위해 다시 호출되고 있다는 점은 매우 심각하게 살펴야 할 대목이다. 한국사의 길고 긴 파시즘, 독재 정권이 자신을 신성화하고 절대화하기 위해 모든 비판을 억제하고 말살하기 위해 사용된 전략이 바로 '배후세력'에 대한 음모론이었다. '배후세력의 준동'을 의심하는 저 발화자의 배후는 왜 물을 수 없는가? 배후를 추궁할 뿐 추궁당하지 않는 그 자리는 바로 모든 정보의 독점, 앎의 절대성을 선포할 수 있는 특권을 통해 만들어진다. 냉전 한국에서 '배후세력'을 추궁하는 발화가 표적집단의 생사여탈권을 손아귀에 쥐게 된 것은 바로 이런 신적 권력이 정당화되고 세습되어 왔기 때문이다. '배후세력의 공작'을 추궁하는 발화는, 어떤 실제적 조치가 없이도, 발화만으로도 모든 존재의 생사여탈권을 손아귀에 쥐고 목소리를 빼앗고 유서 조각도 불살라버린 냉전 최대 적폐, 신적 권력이 현현하는 대표적 방식이다.

앞에서도 보았지만 권력형 성폭력 운동에 대해 특히나 '진보진영' 아니, 집권정당을 지지하는 세력에서 음모론과 배후세력 공작설이 끊이지 않고 있다. 무엇보다 '진보진영'의 이름으로 등장하는 음모론과 배후세력 공작설은 여러모로 분석이 필요한 징후다. 극우집단이 활용해온 '배후세력 공작' 발화는 행위 자체만으로 여러 몸을 특정 위치에 강제로 할당한다. 발화 주체는 모든 정보를 다 아는 절대적 앎을 근거로 신의 자리에 등극하며 동시에 사회는 이 신의 보호에 맡겨져야 할 성지가 된다. 반면 발화 표적집단은 성지의 신성을 침해하는 불순물, 오염물로 정화 대상이 된다. 표적집단이 불순물, 오염물이 되는 건, 그들이 바로 배후세력 공작에 의해 순수성을 상실한 혹은 상실할 존재이기 때문이다. 이 발화 프레임에서 표적집단은 항상 '외부 세력'에 의해 오염되거나, 침투 가능한 취약성을 지닌 존재로 할당된다. 이런 취약성의 함의는 거의 항상 여성 신체의 상징적·실제적 의미로 확대되었다.

근대 역사에서 취약한 여성의 신체는 사회와 정치에 부적절한 것으로 취급되어 왔다. 팜파탈 표상은 젠더 차별에 입각한 시민 주체 할당의 산물이다. 클라우스 테벨라이트는 급진적이고 '해방된' 여성을 사회를 무너트리고 오염시키는 '홍수'나 '범람하는 불순물'로 상상하는 남성 판타지가 나치즘의 흥미로운 특성이라고 규명했다. 나치 전위조직 남성들은 이런 범람하는 오염물로부터 아리안 남성의 순수한 몸과 영토를 지키는 것을 소명으로 여겼다. 한국의 경우 종북과 자유진영의 적대적 할당은 오염된 여성 신체와 순수한 남성 신체/영토의 내적 대립으로 반복된다.[21]

미투 운동의 배후를 염려하며 오남용을 주의하라는 '진보 집단'의 발화가 '예언'의 이름으로 선언되고 유포된 것은 그런 점에서 흥미롭다. 극우집단이 배후세력을 추궁하며 주민들의 삶과 죽음 모두를 마음대로 처분할 수 있었던 것은 '모든 정보는 우리가 알고 있다'는 자기 앎의 절대화에 의해 가능했으며 정보 통제 역시 이러한 절대화의 산물이다. 정보 통제를 염려한다는 명분을 띠고는 있으나, '모든 흐름을 아는 자'가 미투의 배후세력이 등장할 것이라며 경고하는 '예언'은 말 그대로 발화 주체를 절대적 앎을 지닌 신의 자리로 등극시킨다. 그리고 신적 권력을 통해 추궁당하는 집단의 목소리를 빼앗고, 말들의 조각도 불태워버리고 있다. 배후세력을 추궁하는 발화가 어떤 후속 조치가 없이도 이미 주민들의 삶과 죽음 모두를 마음대로 처분할 수 있듯이, 예언은 실현됨으로써 힘을 갖는 것이 아니라 발화의 자리, 즉 예언자의 신적 자리를 통해 힘을 갖는다.

근대와 파시즘의 내적 전개를 연구하는 학자들은 진보의 이름으로 황야에서 울려 퍼지는 메시아주의의 위험성을 비판해 왔다. 좌파 이론의 내적 성찰과 전화 과정 또한 진보를 미래에 대한 예언과 예정설로 환원시키는 종말론과 메시아주의와 결별하는 일이었다. 진보를 위협하는 것은 배후세력이 아니라, 바로 성지 수호의 메시아주의와 신성화인 것이다.

그러나 성폭력을 비판하고 권력형 성폭력을 고발하는 운동에 대해 음모론과 배후세력 공작설을 반복하고 있는 자칭 '진보진영'은, 세계 대공황과 전쟁위기 속에서 국민국가 내부의 축적된 문제를 해결하지 못한 채 내부에 쌓인 불만을 '소수자'에 대한 공포를 확산하여 해결하고자 했던 파시즘의 역사적 발전 추이와 매우 유사한 경로를 밟고 있다. 파시즘이 '불순세력'의 살과 피를 한 점도 남김없이 불태워 소각시키는 식의 학살을 '통치 전략'으로 정당화한 것은 정체불명의 불순한 신체에 대한 근대체제의 공포와 불안과도 관련이 깊다. 그리고 팜 파탈에서 레드 우먼, 여성 스파이에 대한 공포와 불안은 '비국민 소각'으로 이어진 인종 공포와 분리되지 않는다. 그런 점에서 권력형 성폭력을 음모론과 배후세력의 준동으로 간주하며 '국체, 정체, 사회체'가 오염되고 취약해질 것이라고 예언하고 공포와 불안을 부추기는 방식은 바로 이러한 신체에 대한 오랜 인식과 통치 전략을 반복하는 것에 다름 아니다. 달리 말하자면 성폭력과 권력형 성폭력에 대한 비판은 바로 이러한 오래 반복되어온 낡고도 낡은 근대적이고 파시즘적인 신체 관념과 통치에 대한 발본적인 단절과 신체에 대한 새로운 사상을 구축하는 일이다. 페미니즘이 이미 오래전부터 신체에 대한 새로운 유물론을 구축했다는 점은 여기서 매우 중요하다.

또 하나의 사례를 보자. 성폭력으로 고발당했던 정봉주 전 의원은 보도자료를 발표하면서 고소를 취하하는 등 여러 조치를 했으나 기자회견 당시에도 "저는 이 사건에 대한 기억이 전혀 없습니다."라는 주장을 반복했다. 정 전 의원 사건의 진실을 가리는 데 혈안이 된 일련의 소동을 보며 과연 폭력의 책임과 윤리를 고민해온 역사 속에서 '우리는' 무엇을 배운 것일까 자문할 수밖에 없었다.

페미니즘을 비롯한 폭력 비판 이론은 폭력의 경험을 주관적 기억의 차이로 전도하는 부정 방식에 대항해 이론과 실천을 구축해 왔다. 특히 고통과 기억의 물질성에 대한 논의는 대표적이다. 폭력의 시간이 지나고도 피해자의 몸에 남겨진 고통은 수치심으로 전도되고, 폭력을 실행한 가해자의 망각과 공감의 부재는 피해자를 이중의 수치심에 휩싸이게 한다고 프리모 레비는 말했다. 레비가 고통의 물질성과 신체에 남겨진 기억의 끈질긴 힘을 탐구한 것은 홀로코스트 생존자의 연이은 자살을 해명해 보려는 최후의 시도이기도 했다. 폭력의 경험이

'객관적 구체성'으로 인정되지 못할 때 폭력은 피해자의 몸에 머물러 몸의 물질성을 끝내 휘발시킨다.

즉 폭력은 신체의 물질성과 분리되어 기억되지도, 남겨지지도 않는다. 트라우마란 신체에 남겨진 검은 구멍이고, 성폭력 피해자에게 기억은 온몸으로 체현된다. 그런데 어떻게 가해자들은 성폭력 사건을 신체의 물질성과 분리해 온전히 '기억/의식'으로 환원할 수 있을까? 페미니즘은 기억을 의식의 작용으로 환원해온 자유주의적 관념론을 비판하는 사상적 실천을 통해 폭력의 기억과 신체의 물질성에 대한 특유의 유물론적 이론을 구축했다. 페미니즘을 부르주아 관념론이라 오래 매도해온 자칭 진보주의자들이 미투 국면에서 스스로 관념론과 정신혁명에 기꺼이 투신하는 장면은 인상적이다.

성폭력 사건이 거의 언제나 '진실 공방전'처럼 보이는 것은 폭력의 기억을 신체의 물질성에서 분리하고 허상으로 만든 결과다. 피해자의 물질적인 있음 그 자체가 증거가 되지 않고, 가해자의 기억나지 않음이 증거가 되는 것은 의식의 주체-남성이 모든 물질적으로 차이 나는 신체들에 앞서, 특권적 자리를 차지한다는 의미이기도 하다. 기억을 둘러싼 공방전이란 실은 성폭력 사건이 탈신체화된 의식의 자기 확신을 통해 구축되는 근대-남성-보편 주체의 정신혁명을 반복하는 터전이 되어버린다는 뜻이다. 정신혁명이라는 표현은 일본 파시즘에서 비롯되었고 박정희가 가장 애용한 표현이기도 하다. 근대의 주체성 정치가 의식주체를 특권화했던 방식이 파시즘에서는 정신

혁명으로 변형되어 계승된다. 성폭력 고발을 '꽃뱀'·'음모론'·'배후세력설'로 전도시키는 담론을 설파하는 주체들은 정확하게 정신혁명을 변형해서 계승한다.

미투 운동은 진실 공방으로 피해자임을 입증하거나 '정치적 올바름'을 교육하는 것이 아니다. 미투 운동은 의식주체의 관념론을 '진보'로 떠받드는 가상을 깨부수는 발본적 유물론의 정치를 제창하고 있다. 미투 고발을 정보 흐름을 들여다보는 '통찰력'에서 바라보아야 한다는 김어준의 논의 방식은 존재의 물질성에 대한 의식의 우위를 확신하는 관념적 정신혁명론의 전형이다. 음모론과 이면의 정보를 통해 물질적 현실의 이면을 밝힌다는 이들의 정보 숭배는 그런 점에서 신체의 물질성을 제거한 가상-리얼리티에 대한 열광과도 맞닿아 있다. 『우리는 어떻게 포스트휴먼이 되었나』에서 캐서린 헤일스는 인간의 의식을 신체에서 분리하여 컴퓨터에 이식할 수 있다는 식의 포스트휴먼에 대한 열광은 자아를 신체의 물질성에서 분리하고 그런 의식의 주체를 보편으로 특권화한 근대 자유주의 주체관을 계승한 것이라고 비판했다.[22]

미투 운동의 도래는 이러한 의식주체의 정신혁명과 대결해온 페미니즘 정치사상과 발본적 유물론의 궤적 속에서만 이해가 가능하다. 정신혁명의 상속과 계승이 '혁명'의 자리를 독식하는 바로 이 시점에서 봉기한 미투 운동이야말로 지금까지 한 번도 도래하지 않은 신체의 유물론 정치, 그 발본적 전환을 요구하고 있다.

2장

골품제 사회의 적자 재생산 구조와
권력형 성폭력

1. 벽돌문자, 권력형 성폭력, ISA, RSA

이 글에서 다루는 사건 가해자는 실명 적시, 사실 적시에 대해 명예훼손 고소로 시종일관 대처하고 있다. 피해자에 대해서도 고소를 제기했고, 적어도 피해자 고소는 취하하라는 요구를 거부하고 있다. 이에 항의하는 대항 행동이 해당 학교 대학원생들에 의해 이어지고 있다. 가해자의 명예훼손 고소 압박은 이 사건에 대한 담론 형성 자체를 검열하고 통제하는 수단이 되고 있다. 이에 이 글에서는 모든 실명과 단체명을 벽돌문자로 처리하여, 가해자와 가해자 편에서 함구하는 이들이 담론장을 어떻게 구멍투성이의 검열장으로 통제하는지를 가시화하고자 한다.

벽돌문자는 근대 초기 일본 제국주의의 언론 탄압에 대항한 조선 언론의 대응 방식의 하나였다. 정진석을 비롯한 일군의 검열 연구자들의 논의에서 이에 대한 다양한 논의가 이뤄졌다. 일본군 사령부의 사전 검열에 의해 삭제 처분이 이루어진 경우 그 난을 기사로 채워 넣지 않고 활자를 뒤집어 인쇄했다. 지면에는 활자가 아닌 직사각형 모양이 가지런히 인쇄되었다. 그 모양이 벽돌을 쌓아 놓은 것과 비슷하다고 하여 유래된 이름이 바로 '벽돌신문'이다. 최초의 벽돌신문은 1904년 2월 24일 자 『황성신문』이다.[1]

『대한매일신보』는 1908년 4월 26일 자의 「벽돌 신문을 닑는 법」이라는 제목의 논설에서 벽돌신문을 어떻게 봐야 하는지를 다섯 가지로 설명하고 있다. 벽돌 신문을 볼 때는 첫째 대한이라는 두 글자를 잊지 않으려는 사상을 가지고 볼 것, 둘째는 세계와 그 속의 한국이 어떠한 정황인가 하는 생각을 가지고 보며, 셋째로는 한국 신문 중에 조국 정신을 잃지 않은 것이 몇이나 되는가를 생각하면서 보고, 넷째 뒤집힌 말이 우리나라에 이로운 말일까 해로운 말일까를 생각하며 보고, 마지막으로는 삭제당할 내용을 게재하려 한 의도는 무엇일까를 생각하며 읽어 달라고 당부하였다. 이 논설은 말미에서 "이 신문을 보면 사름의 권리 회복홀 ᄉ샹이 졀노 발싱ᄒ리니 이 법으로 이 신문을 보면 비록 젼폭을 다 업혀노흔들 무슴 관계가 잇스리오."라고 덧붙이고 있다.[2]

벽돌신문을 읽는 법을 활용하여, 이 글의 벽돌 문자를 읽어보면 '사람의 권리 회복할 사상이 절로 발생하리니 이 법으로 이 글을 보면 비록 전폭을 다 엎어 놓은들 무슨 관계가 있으리오.' 부디 삭제할 내용을 게재하려 한 의도는 무엇일까 생각하며 읽어주시길 당부한다.

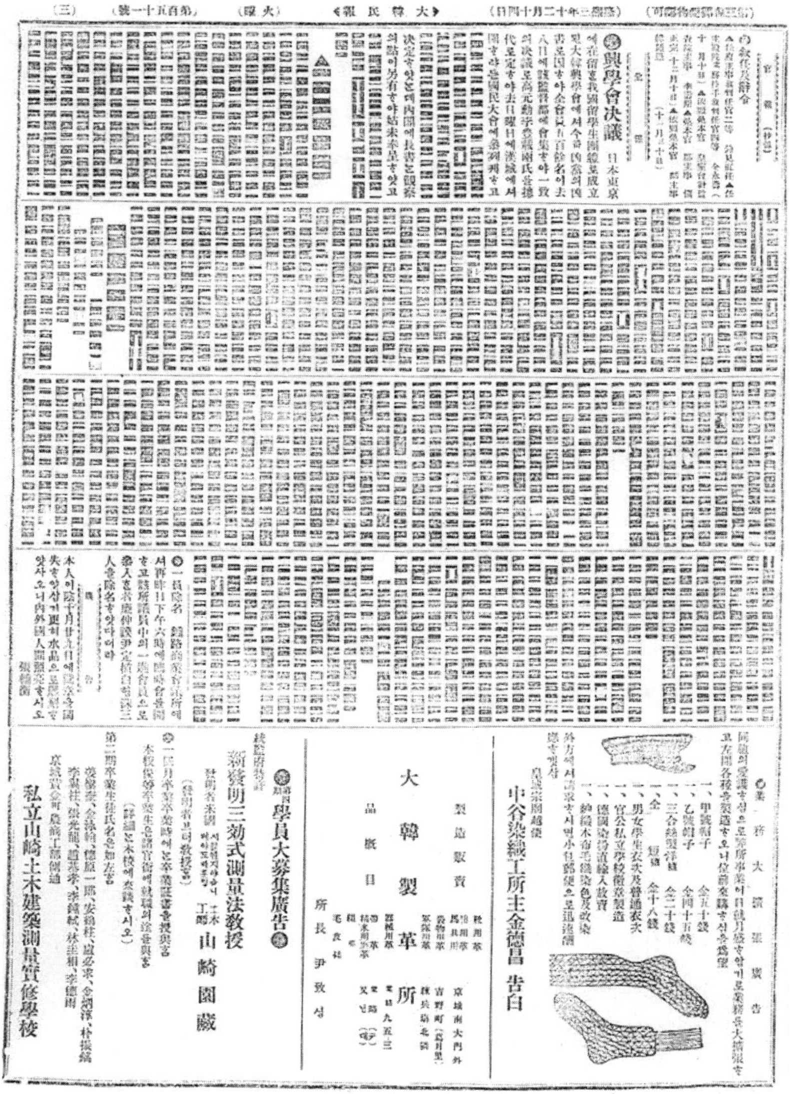
(三) (號一十五百第) (版大) 《報民韓大》 (日四十月二十年三熙隆) (可認物便郵種三第)

官報(抄錄)

敍任及辭令

興學會決議

日本東京에在留ᄒᆞᆫ我國留學生團體로成立된大韓興學會에셔今番內容의內訌으로因ᄒᆞ야全會員五百餘名이去八日에臨時總會를集ᄒᆞ야一致의決議로高元勳李恩雨兩氏를擯代로定ᄒᆞ야去日曜日에漢城에셔開ᄒᆞᆫ國民大會에參列케ᄒᆞ고

學員大募集廣告

新發明三劾式測量法教授

山崎園藏

私立山崎土木建築測量實修學校

大韓製革所

所長 尹致성

中谷染織工所主金德昌 告白

〈그림 1〉 벽돌신문, 『대한민보』, 1909년 12월 14일 자

가해자의 고소 압박은 피해자에게는 인생을 건 고통과 수치를 배가시키며, 해당 사건에 대응하여 합리적이고 절차적으로 문제를 해결하고자 하는 주체들을 검열과 법적 수단을 통해 이중으로 통제한다. 너무나 익숙해서 조금 지루할 수도 있는 표현을 굳이 들자면 억압적 국가기구Repressive State Apparatus 와 이데올로기적 국가 기구Ideological State Apparatus 모두를 동원하여 피해자, 피해자 연대 주체, 해결 주체를 검열하고 통제하고 있다. 또 이런 검열과 통제는 가해자를 직접 편들지는 않지만, 이런 상황을 해결하는 데 어떤 행동도 하지 않으면서 가해자를 비호하는 집단의 자기 합리화 논리가 되고 있다.

2. 권력형 성폭력, 규정보다 '대안'을 위해 : 당신들이 개입해야 하는 이유

□□□□ 전 편집위원 □□□사건이 진행되는 과정을 보면서 가장 문제적인 국면은 바로 개입해서 해결해야 할 주체들의 방관, 혹은 비호 행태이다. 최초 성폭력 고발과 전수 조사 과정에는 □□□ 인권센터 등 담당 기관이 조사 주체가 되어야 하는 것이 사실이다. 그러나 □□□은 전수 조사 기간에 피해자를 고소했고, □□□의 측근에서 이를 제지하거나 만류하고 다른 대응을 유도해야 할 책임이 있는 주체들은 방관하고 있다. 피해자가 학생으로 있었던 시기에 발생한 사건이므로 □□□ □□□□□□는 이에 대해 책임 주체로 나서야 하

지만, 비대위나 학생들만이 대응에 분주할 뿐 □□□에게 직접 영향력을 행사하고 권력을 위임했던 교수 주체는 전수 조사가 끝날 때까지 아무것도 할 수 없다는 말만 반복하고 있다.

이 사건이 대학 특히 학문 공동체의 권력구조와 재생산 방식에서 비롯된 권력형 성폭력임을 밝히는 것이 이 글의 주요 골자이다. 이런 논의는 단지 사건의 성격을 규정하려는 목적이 아니라, 누가, 왜 해결 주체로 나서고 책임 의식을 느껴야 하는지를 분명하게 하기 위해서다. 대학뿐 아니라, 여러 방면에서 대두하는 권력형 성폭력 고발에 대해 이 권력을 만들고 유지하고 있으며 현재도 그런 위치에 있는 주체들이 해결 주체로 나서지 않고 방관하는 문제가 반복되고 있다. 문단 내 성폭력 고발 해시태그 운동의 경우도 결국 '문단 내부 주체'가 문단의 권력구조와 권력형 성폭력 구조를 부정하고 침묵하면서 피해자들의 고통을 가중시키고 있다.

이 글에서 다루는 □□□□ 전 편집위원 □□□사건은 두 집단에서 피해자가 발생했다. □□□ 학부생 자치 활동의 하나인 □□□□□□와, □□□ □□□□□□ 두 집단이다. 두 집단 피해자 모두 형사 고발을 원치 않았고, 학문 공동체에서 해결해주기를 요청했다. 형사 고발을 원치 않은 이유는 피해자들이 형사 고발의 부담보다는 학문 공동체의 해결이 가해자와 피해자 모두를 위해서 필요하다고 판단했기 때문이다. 따라서 학문 공동체에서 가해자와 피해자에 대해 지도와 관리, 감독의 책임이 있는 주체는 피해자들의 요청에 의해 해결 주체로 호명appélation되었고 이에 어떻게 응답하는가가 해당 학문 공동체의 주체화 과정을 보여 주는 사례라 할 것이다.

그렇다면 해당 학문 공동체는 기왕에 어떤 호명 구조에 있었으며, 해당 공동체의 권력형 성폭력 고발 사건은 이 집단이 기존의 지배 이데올로기 포섭구조를 절단하는 계기가 되었는지가 이데올로기 비판과 '문화과학' 연구의 처음이자 끝이겠다.

골품제 사회의 이데올로기들 : 신자유주의 금융화 문화정치경제와 권력형 성폭력

학부생 자치 활동의 하나인 □□□□□□는 □□□이 만들었다. 통상 대학에서 학부생 활동은 자치 활동의 경우도 교수의 관리 감독이 필수적이다. 흥미로운 것은 □□□□□□는 □□□의 지배력이 절대적이었다. 어떻게 이런 지배가 가능할까?

이하로는 기술식이 아니라 핵심어 제시 방식으로 논의를 진행하겠다.

〈관련 요인〉

· □□□ 대학 구조조정과 □□□ 형성 과정; 특수 규정

· □□□ □□□□□□의 골품제 기반 적자 재생산 구조 및 이른바 '진보 학계'의 적자 재생산 구조

〈실험 : 학술 전문 검색 엔진 RISS를 이용, "신자유주의 금융화와 문화정치경제"를 키워드로 하여 검색〉

1) "신자유주의 금융화와 문화정치경제"라는 키워드가 100% 가깝게 일치하는 복수의 연구자'들'을 발견.
2) 복수의 연구자 중 2인은 가해자와 지속적인 비호 논란 주체로, 나머지 1인은 절대적 비가시화 신체로 존재함.
3) 적자 재생산 구조의 이데올로기들의 하나 : 연구를 이어 쓰고 받아쓰는 구조
4) 키워드가 겹치는 퍼센티지가 높을수록 적자로서의 혈통적 순수성이 높아짐. 100% 싱크로율은 적자 혈통성의 순혈도를 뜻함.
→ 보이지 않지만, 이미 작동 중$^{act on}$인 이데올로기들

〈실험 분석〉
1) 이러한 적자 재생산 구조를 알 수 없는 학부생들은 □□□□□□활동을 통해서 자연스럽게 이 구조에 포섭. 학부생 자치 활동이지만 제도적으로 상위 교수 주체와 기관의 관리 감독을 받고 있으나 학술 공동체 적자 재생산 구조에서는 오히려 이런 측면이 제도적으로 비가시화되고, 암암리에 작동함. 가해자 □□□의 절대적 지배 구조는 이런 비가시적인 구조에 의해 정당화되고 있음.

2) 대학원 '협동과정'의 모호한 책임 구조와 학술 공동체의 적자 재생산 구조의 긴밀한 순혈주의, 대학 구조조정의 중층 규정이 현재 학술 공동체를 어떻게 작동시키는 지 보여 주는 사례. 협동 과정은 문화연구, 예술 분야에 가장 많은데 학생 충원에 대한 대학의 필요를 충족하기 위해 모호한 협력 구조로 구축. 실제적인 권력구조가 있지만, 사건 발생 후 제도적으로 책임을 분산시키고 모호하게 만드는 합리화와 정당화 구조로 작동함.

3) 성폭력 고발 사건은 그런 점에서 이러한 지배 구조를 가시화시키는 모멘텀

4) 그러나 이런 학술 공동체의 적자 재생산과 지배 구조에 기입된 주체는 여전히, 스스로를 비가시화시키거나, 지배가 아닌 '학문적' 문제라며, 기존의 골품제 사회의 재생산 이데올로기를 반복함. 단절도 절단도 일어나지 않음. 도대체 어떤 문화정치경제를 주장하는 것인가?

골품제 사회의 이데올로기들 : '문화' '과학'과 적자 재생산 전쟁

그간 이 동네에서 진행된 흐름을 볼 때 이 사건을 계기로 그간의 지배 구조는 절단되지 않을 것이고, 오히려 이 사건에서 현재 학술공동체의 구조를 정당화하기 위해 앞장서거나, 적어도 침묵, 방관하는 이들이 적자 재생산 구조 내에서 혈통 순수성의 순혈도가 높아질 확률이 높다. 이는 단지 추정이 아

니라 이전의 사건과 비교를 통해 유추가능하다.

3. 문화정치경제학을 제대로 하라

젠더 폭력과 성차별은 권력과 지배 구조 그 자체이다. 특정 사회와 집단의 권력과 지배 구조와 동떨어진 성적 지배나 젠더 폭력은 존재하지 않는다. 문단 내 성폭력 사건의 '본질'은 문학의 이름으로 폭력을 재생산하고 성적 노예화를 정당화해온 권력구조이지 성관계가 아니다. 마찬가지로 학술 공동체, 특히 진보 학계 아니 문화정치경제를 연구하고 주장해온 집단에서 발생한 이번 사건은 스스로가 주장해온 문화정치경제가 실제로는 학술공동체에 대한 기이한 '순혈주의' 적자재생산과 지배 구조를 정당화해온 데서 비롯된 것이다. 성폭력 교육 백만 시간을 받아도 절대 이 사건의 본질을 이해할 수 없는 이유이기도 하다. 가해자 □□□이 보이는 태도, 비호하고 침묵하는 이들이 성폭력 고발을 반지성주의로 매도하면서 '학문적 해결'을 주장하는 것이야말로 자신이 해온 일에 대한 맹목, 자신의 이른바 지식작업을 절대화하는 반지성주의 자체이다.

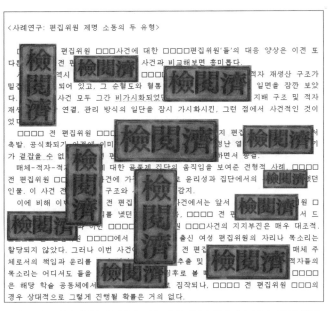

〈사례연구: 편집위원 제명 소동의 두 유형〉

〈그림 2〉 기존 담론 권력을 재생산하고 공고하게 만들기 위해 페미니즘 논의를 '검열'로 몰아세우는 방식은 학문, 문학, 예술의 이름 그 자체로 가해지는 검열이다. 이런 비가시화된 검열 권력을 가시화하기 위해 이런 이미지를 만들어보았다.

3장

해시태그의 정동이 재구축한 페미니즘 문학

1. 문단 문학이라는 이익 집단과 정치적인 것의 종말

표절과 문단 권력론, 그리고 이어진 문단 내 성폭력 해시태그 운동과 미투 고발 운동으로 이른바 '문단'의 맨얼굴이 세상에 공공연하게 알려졌다. 문단의 실상을 아는 이들에게는 그리 놀라운 일이 아니지만 문단과 한국문학, 혹은 문단과 문학적인 것을 동일시해 온 무수한 사람들에게 이 사태의 충격은 컸다. 일련의 사태를 지나며 문단의 안팎에서 한국 문학의 '위신'과 가치를 염려하는 목소리가 높기도 하다. 초등학교부터 대학까지 지속되는 문학교육과 대형 언론사의 권력을 매번 다시 높이는 역할을 하는 신춘문예, 지방자치단체마다 열을 올리는 문학관, 작가의 집, 문학 기념관, 작가 기념 축제와 행사, 대학, 출판사, 언론사, 백화점과 여러 자본이 합작해서 만드는 파생상품인 대중 문학 강좌와 시민 강좌까지. 문학 생산, 관리, 유통 영역은 너무나 방대한데, 출신 대학의 인맥과 몇몇 독점 출판사의 대를 이은 인맥으로 구성된 '문단'이 이와 같은 방대한 영역을 모두 주관하는 게 한국의 현실이다. 사정이 이러하다 보니 문학은 무엇인지, 그 가치와 상징을 담은 대표 작가는 누구인지, 문학 공부를 위해서는 어디에 가야 하는지, 무슨 책을 읽어야 하는지를 모두 이 협소한 '문단 세력'이 관장하고 지배해 왔다.

최근 신경숙 표절 사태로 인해 다시 불거진 문단 권력 비판은 이미 1990년대부터 지속되었다. 문단 세력이 문학 자체를 지배해온 것은 해방 이래 변치 않고 지속되었으나, 국가 주도의 문학 관리에 편승한 세력과 이에 저항하는 대안 세력이 적어도 1990년대까지는 각축전을 이루고 있었다. 그러나 1990년대 문화산업이 확대재생산 되고 국가, 교육 제도와 결합하여 독점화의 단계로 접어들면서 기존의 이른바 순수와 참여의 대립은 더 이상 무의미해졌다. 즉 1990년대 제기된 문단 권력 비판은 '문단 세력'의 독점자본화와 노골적인 이익집단화에 저항하는 거의 유일한 목소리였고, 문단 세력이 스스로 종말을 고할 수 있는 위기를 내적으로 성찰할 수 있는 최종의 시험대였다. 그러나 문단 세력은 이 최종 시험대 앞에서 독점자본이 되고 이익집단이 되는 길을 기꺼이 선택했다. 그리고 십여 년이 지나 다시 돌아온 문단 권력 비판을 통해 문단의 위상과 신뢰는 땅에 떨어졌다. 누군가는 문단권력론, 표절사태, 해시태그 운동과 미투 운동이 한국 문학의 위상을 떨어뜨리고 문학의 가치를 침해한다고 한탄하고 비판자들을 공격한다. 그러나 실제로 문학의 위상을 떨어트리고 한국 문학의 가치를 훼손한 것은 문단 세력 그 자체이다. 말을 바로잡자면 문제의 핵심은 지금까지 소수의 독점적이고 이익집단으로 세력화한 문단 문학이 한국 문학이나 문학의 가치와 이름을 독점하고 대표해온 사태이다. 그리고 사실상 '문학 내부'에서 이를 갱신할 수 있는 최종의 계기는 1990년대에 있었고 그때 만들어진 갱신의 기회를 내팽개친 것은 문단의 독점 세력이었다.

이런 사태는 문단 내 성폭력 고발 운동과 미투 운동에서도 거의 유사하게 반복된다. 문학이 젠더 중립적이지 않으며, 오히려 젠더 차별을 자연스럽게 만들고 공고화하는 방식을 비판하는 '문학의 젠더화engendering'로 개념화할 수 있는 페미니즘 연구는 1990년대 강력하게 활성화되었다. 문학적인 것과 증오정치, 젠더 차별과 민족 영웅 서사가 어떻게 긴밀하게 연결되어 있는지는 1990년대 페미니즘 연구자들의 주요 연구 주제였다. 식민성과 냉전과 남성성의 역사적 재구성, 여성성을 증오정치의 정체성 정치 전략으로 전유해온 역사 등 1990년대 페미니즘 연구는 다양한 지점에서 문학 비판, 그리고 한국 문학 비판을 이어갔다. 문학의 젠더화를 통해 페미니즘 연구는 한국 사회에서 문학적인 것이 증오정치와 젠더 폭력을 정당화하고 재생산하는 담론의 원천이자 이를 반복하고 정당화하는 담론 집성체corpus로 기능하고 있음을 비판하고 자기 성찰을 촉구했다. 그러나 페미니즘의 이러한 비판은 문학적인 것을 재구성하는 단절의 계기로 받아들여지지 않고, '여성문제'와 같은 분류 항목을 만들어 할당하는 방식으로 문학 제도 내에 배치되

었다.[1]

문학과 페미니즘의 역사를 잠시만 되돌아보아도 문단 내 성폭력 고발 해시태그 운동에 대해서 문단 문학 주체들이 '처음 듣는 소리'라며 당황하고 우왕좌왕하는 대응을 보인 것은 참으로 신기하고 흥미로운 일이다. 문학이 젠더 폭력과 성차별 담론의 원천이자 이를 정당화하는 합리화 기제로 작동한다는 페미니즘 연구자들의 비판이 지난 이십여 년 동안 이어져 왔으나 문단 문학에 큰 타격을 입히지 못한 채 체제 내화되거나 특정 카테고리로 분류 할당되어 관리되어 왔다. 다른 말로 하자면 문단 주체는 학문과 문학 제도 내부에서 제기된 비판 담론과 세력을 통제하고 처리할 수 있는 치안의 힘을 매번 잃지 않고 보유해 왔던 것이다. 이는 문단 권력 비판론에 대해서도 마찬가지이다.

그렇다면 최근 몇 년간 변한 것은 무엇일까? 무엇보다 대학이나 문학 제도 내부로 환원되지도 환수되지도 제어도 통제도, 관리도 되지 않는 힘과 주체들의 등장과 가시화, 세력화가 가장 큰 변화이다. 현재 인터넷 커뮤니티와 소셜 미디어 등을 통해 문단 문학이 증오정치와 젠더 폭력을 정당화하고 재생산하는 담론의 원천이자 이를 정당화하는 담론 집성체로 기능하고 있다는 비판이 폭발하고 있다. 이 비판은 때로는 거칠고 지난 수십 년간 연구자들이 구축한 페미니즘 비판의 이론적 논점에 무지하거나 이론과 무관한 방식으로 제기되기도 한다. 인터넷을 매개로 한 페미니즘 담론과 페미니즘 연구자들의 담론 성취와의 차이는 '이론적 수준'의 문제는 아니다. 오히려 이 어긋남을 발생하게 만드는 현실 맥락의 차이를 고민할 필요가 있다. 즉 문단 내 성폭력 고발 해시태그 운동에서 미투 고발 운동까지, 문학 권력에 의한 젠더 폭력을 고발하고 문학이 성차별과 성폭력을 정당화하는 헤이트 스피치의 담론 온상이 되고 있다는 비판이 이어지고 있고, '문단 권력'이 독점해온 문학적인 것의 정치성을 근본에서 뒤흔들었다. 그 위상과 신뢰가 종말을 고하고 있는 것이 문단 권력이라면, 문단 권력이 독점해온 문학적인 것의 정치성을 탈환해서 재구축하고 있는 것은 페미니즘 연구자나 페미니즘 셀럽이 아니라, 여기저기서 페미니즘 문화계, 문학계, 독서계, 출판계, 생태계를 구축하고 있는 저 무수한 페미니스트 다중들이다.[2]

2. '문단'과 페미니즘 정치, 반복과 차이

문단 내 성폭력 고발 해시태그 운동(이하 해시태그 운동)과 미투 운동 이후 제도 교육은 물론이고 광범위한 '문학 교육' 자체가 불가능하지 않겠냐는 진단이 나오기도 했다. 또 표절 사태와 문단 권력 문제로 가뜩이나 '한국 문학'의 위상이 실추된 상태에서 문단 내 성폭력 고발과 미투 운동이 '한국 문학'의 존립 자체를 위협하고 있다는 공포에 찬 말도 떠돌았다. 표절 사태와 문단 권력 문제에 직면해서 문단 권력으로 지목된 집단에서는 편집위원 전격 교체 등의 형식적이지만 '혁신'

을 위한 제스처와 후속 조치를 내놓았다. 그러나 해시태그 운동과 미투 운동에 대해서는 형식적인 후속 조치조차 없었다.

한국작가회의는 비판 여론에 마지못해 뒤늦은 사과문을 게재했으나 말 그대로 '사과문'에 그쳤다. 미투 고발에 대한 사과문이 간략하고 형식적인 데 비해, '건국 이래 최초'로 이질적인 문학 단체가 뭉친 '국립한국문학관 건립을 염원하는 범문학인 대책협의회'의 성명서는 분노의 목소리가 쩌렁쩌렁 울려 퍼질 것처럼 우렁차다. 성명서에 따르면 이 문학 단체들은 「한국문학사상 처음으로 함께 모여 한국문학에 신새벽의 여명이 비추길 간절히 염원한다」는 제목의 공동 성명서를 발표하고 국립문학관 부지 선정의 기준을 제시하였다. 정체성이 다른 이 5개 단체의 유례없는 공동 성명서는 그만큼 국립한국문학관 건립이 한국문학사의 과거와 현재, 그리고 미래를 통틀어 중대한 역사적 과업임을 공감한 결과였다."3고 한다.

한국작가회의는 2018년 2월 22일 미투 고발에 대한 제명 조치를 포함한 성명서를 발표하였다. 성명서 발표 및 한국작가회의의 무책임한 태도에 비판 여론이 강하게 일자, 다시 3월 18일 「사과문」을 발표하고 "시민사회의 신뢰를 회복하기 위해 애쓸 것임을 약속"한다고 밝혔다. 2018년 현재 미투 고발 이후 시민사회의 신뢰를 회복하기 위해 한국작가회의가 어떤 일을 하고 있는지는 전혀 알 수 없다. 다만 한국작가회의를 비롯하여 건국 이래 최초로 온갖 문학 단체들이 모여 2018년 5월 24일 "국립한국문학관 건립을 본격 추진할 '국립한국문학관 설립추진위원회'가 구성돼 24일 오후 첫 회의를 열고 활동을 시작했다."고 한다. 보도에 따르면 "설립추진위는 이날 오후 3시 국립현대미술관 서울관 국제화상회의실에서 도종환 문화체육관광부 장관이 참가한 가운데 첫 회의를 열었다. 설립추진위에는 주요 문학 단체장들과 문인 및 시민사회단체 인사들이 포함됐다. 이경자 한국작가회의 이사장, 문효치 한국문인협회 이사장, 손해일 국제펜클럽한국본부 이사장, 김지연 한국소설가협회 이사장, 윤석산 한국시인협회 회장 등 문학 5단체장들을 비롯해 13명의 민간위원이 위촉됐다. 신달자 문학진흥정책위원회 위원장, 오정희 대한민국예술원 회원, 황석영 소설가, 염무웅 겨레말큰사전남북공동편찬사업회 이사장, 이시영 단국대 국제문예창작센터장 등 문학계 인사들과 도정일 책읽는사회만들기국민운동 상임대표, 승효상 국가건축정책위원회 위원장, 조세환 한양대 도시대학원 교수 등 시민운동가와 도시설계 전문가 등이 참여한다."[4]

'국립한국문학관 설립추진위원회'는 출범하자마자 추진위원의 자격 문제 등 논란이 끊이지 않고 있다. 국립한국 문학관 설립은 여러 논쟁점을 내포한 이슈이다. 1990년대부터 기념관 건립은 붐을 이뤘고 문학관, 문학 기념관 설립 붐도 이 연장선상에 있다. 1990년대 기념관 사업은 참여 정부, 국민의 정부의 '역사 복원' 사업과 지방자치단체의 '문화 주권'에 대한 열망과 중앙 정부 예산 유치를 위한 경쟁, 기념사업과 연결된 역사, 문학 관계자들의 이해와 열망이 복합적으로 얽혀있다.[5] 지난 이명박, 박근혜 정권은 역사 복원을 다시 통제하고 국정화를 강행했고, 문화 분야에 대해서는 블랙리스트로 상징되듯이 통제와 배제를 지속했고, 인문대와 예술대를 '실용성 없는 분야'로 매도하는 대학 구조조정을 강행했다. 그 결과 현재 한국의 문화예술 전반은 심각하게 위축되어 있는 것도 사실이다. 국립한국문학관 건립을 둘러싸고 서울시와 문체부와 한국작가회의, 작가회의 서울지역 집단과 지역 작가회의의 갈등이 끊이지 않고, 추진위원의 블랙리스트 개입 여부로 과거 적폐 세력과의 연루 문제가 계속 불거지는 것도 이런 복잡한 상황의 산물이다. 따라서 국립한국문학관 건립을 둘러싼 열망과 갈등을 단순화시켜서 논의해서는 안 될 것이다. 그러나 이명박, 박근혜 정권에 의해 위축된 한국문학의 가치와 힘을 활성화시키는 것이 토건개발사업과 다르지 않은 국립문학관 건설이라는 방법을 통해서 가능하지 않다는 점은 분명하다. 더구나 문단권력론과 표절, 해시태그 운동에서 미투 고발운동으로 이어진 문단 문학에 대한 비판은 문단 문학이, 그리고 문단 문학이 대표성을 독점해온 문학의 가치와 한국 문학의 위상이 근본에서 재설정되고 자기 비판되어야 한다는 문제제기이기도 했다. 이런 문제제기는 그러나 국립한국문학관 건립을 둘러싼 담론 지형 어디에도 존재하지 않는다. 앞서 살펴보았듯이 한국작가회의는 스스로 자신들이 이미 시민사회의 신뢰를 상실했다고 인정했다. 그런데 이렇게 시민사회의 신뢰를 상실한 주체가 어떻게 국립한국문학관의 건립 주체로 승인될 수 있었을까. 이는 현재 한국 사회가 이른바 '적폐'에 대해 취하는 이중적이고 분열적인 태도와 관계가 깊다.

해시태그 운동에서 미투 운동까지 페미니즘 운동은 그간 문학이 성폭력의 온상이자 성차별과 헤이트 스피치의 담론 온상이 되고 있음을 비판해 왔다. 그런 점에서 문단 문학이 대면해야 할 적폐는 '블랙리스트 협력자'만이 아니라, 문단 문학 자기 자신이기도 하다. 그러나 현재 문단 문학은 '블랙리스트'를 적폐의 상징으로 절대화하고 집중하면서, 자신을 '적폐'의 목록에서 스스로 지우고 있다. 이런 방식은 문단 문학만이 아니라 도처에서 발견되는 이 시대의 이중성이다. 특히 이런 이중성은 페미니즘 정치에 대한 대응 방식에서 전형적으로 드러난다.

문학의 대표성이나 문학의 역사를 구축하는 오래된 담론 질서를 반복하면서 이를 미투 운동이나 문단 내 성폭력 고발 해시태그 운동과 분리하고, 서로 간섭할 수 없는 별개의 항목으로 분리해서 할당하는 방식은 최근의 문학사 대표 목록 선정에서도 흥미롭게 반복된다. 『한겨레』 창간 30주년을 맞아 『한겨레』 문화부에서는 여러 분야 추천 위원의 추천을 토대로 "책으로 본 한국 사회 30년" 시리즈를 정리해서 발표했다. 추천 결과를 모은 분야별 추천 도서 중 문학 분야에는 무라카미 하루키, 『상실의 시대』, 최영미, 『서른, 잔치는 끝났다』, 공지영, 『무소의 뿔처럼 혼자서 가라』, 김훈, 『칼의 노래』, 『현의 노래』, 『남한산성』, 『흑산』, 기형도, 『입속의 검은 잎』, 조정래, 『태백

산맥』, 황석영, 『오래된 정원』, 『손님』, 한강, 『소년이 온다』, 조 앤 롤링, 『해리포터』가 선정되었다.[6] 문학 분야 추천도서 목록 과 별도로 꾸려진 「논쟁으로 본 문학 30년」 특집은 「표절·외설, #미투…문단 30년, 마침표 없던 논쟁」이라는 제목으로 문 단 내 성폭력 고발 운동과 미투 운동을 마지막에 다루고 있다.

지난 30년의 문학사를 상징하는 추천 도서 목록에 페미 니즘은 공지영, 김인숙, 은희경으로 할당되거나 분류되고, 미 투 운동은 '표절, 외설, 문단 권력론'과 함께 문학사와는 별도 의 논쟁으로 할당되었다. 문학의 역사나 문학을 기술하는 담 론의 질서는 문단 내 성폭력 고발 해시태그 운동이나 미투 운 동에 의해 전혀 변경되거나, 재구축되거나 의문에 부쳐지지 않 았다. 오히려 문학의 역사를 기술하는 담론의 질서는 견고하 고 낯익은 방식을 반복하고, 문단 내 성폭력 고발 해시태그 운 동과 미투 운동은 '문학/사'와는 별개의, 서로 상관없는 항목 으로 분리되어 구별되어 기술된다. 박완서나 박경리 작품은 한 작품도 언급되지 않은 목록에서 김훈의 작품이 반복해서 몇 작품이나 추천된 것은 그런 점에서 상징적이다. 최근 몇 년간 한국 문학이 성차별적이며 여성혐오 담론의 담론 집성체의 산 실이자 재생산의 근거라는 비판이 이어졌다. 김훈은 가장 많 은 비판의 대상이 된 작가이기도 하다. 김훈 작품에 대한 여 러 비판이 모두 타당한 것도 아니고, 여성혐오 담론에 대해 비 판받았다고 해서 문학사에서 폐기되어야 하는 것은 아니다. 그러나 여성혐오 담론을 반복하는 작가의 문학적 특성에 대한 비판을 작가의 '문학성'과 별개로 분리하려는 완강한 방식은 문학계 안팎에서 더욱 강해지고 있다. 그리고 여기서 핵심은 '문학성'과 여성혐오 담론에 대한 페미니즘 비판이라는 대립 구도가 아니다. 오히려 현재 문학은 1990년대부터 그러했듯이 문학이 성차별과 젠더 폭력의 원천이자 여성혐오와 성차별을 비롯한 헤이트 스피치의 담론 원천으로 기능하고 있다는 비판을 자기 성찰과 갱신의 계기로 삼기보다, 문학과 페미니즘 비판을 분리해서 배치하고 할당하는 이중성을 여전히 유지하고 있다. 국립한국문학관 사태가 상징하듯이 문단 문학은 한편으로는 더 거대한 이익집단으로 연합하여 국가와 자본의 질서에 적극적으로 편승하는 방향으로 크게 기울어지고 있다.

성차별과 젠더 폭력은 한국 사회에 가장 오래된 적폐이고, 이에 대한 집단적 저항이 오늘날처럼 크게 가시화된 적도 거의 없다. 한국 사회에서 문화나 문학, 예술의 가치와 이념 역시 이런 젠더 폭력과 성차별 구조에서 자유로울 수 없고, 더구나 문학과 문화/예술 생산물은 차별을 실어 나르는 증오선동과 헤이트 스피치의 담론 원천으로 기능해 왔고 기능하고 있다는 점에서 더욱 문제적이다. 그럼에도 문학, 문화, 예술 분야를 독점해서 관리해온 주체들은 자신 스스로를 '적폐'의 리스트에서 지우면서 기존의 독점 체제를 유지하고 재생산하는 방향으로 기울고 있다. 문화예술계의 기존 독점 관리 주체들이 미투 고발운동을 비롯한 페미니즘 운동의 문제제기를 일면 수용하면서도 전면적인 자기 변화와 갱신을 시도하지 않는 이유는 바로 여기에 있다. 1990년대에 제기되었던 문단 권력 비판, 표절 문제, 젠더 폭력과 성차별 담론 구조의 재생산 문제를 체제 내부로 순화하고 통제하고 할당해서 관리하면서 문단 문학은 독점 체제를 강화했다. 이 결과 한국문단은 스스로 그 위신과 가치를 무너뜨렸으며, 시민사회로부터 신뢰를 받지 못하는 지경에 이르게 되었다. 현재 해시태그 운동과 미투 운동에 대처하는 문단 문학을 비롯한 제도 문학 주체들의 이중적이고 분열적인 태도는 정확하게 1990년대 이후 반복된 고질적인 대응 방식을 벗어나지 않는다. 국가-자본을 유치하기 위한 맹렬한 각축전과 갈등 속에서 문단 문학, 혹은 문학 독점 관리 체제의 종말의 그림자가 보이는 이유이기도 하다.

3. '페미니즘계'의 분출, 문학과 정치적인 것의 탈환

이른바 이름 없는 익명의 페미니스트 다중으로 구성된 새로운 페미니즘 운동이 드라마, 영화, 음악, 문학 등 기존의 문화산업 생산물의 성차별에 저항하는 반헤이트 스피치 운동의 성격을 강하게 띠고 등장했다는 점을 되돌아보고 재평가할 필요가 있다. 인터넷 커뮤니티와 소셜 미디어를 중심으로 문학, 드라마, 영화, 음악에서 반복되는 성차별과 젠더 폭력을 지적하고 찾아내고 비판을 공유하면서 새로운 페미니즘은 인터넷을 정치적 거점으로 삼기 시작했다. 이런 출발을 다시 되짚어 보는 이유는 초기 인터넷 페미니즘의 등장이 의식하든 아니든 반헤이트 스피치 운동의 성격을 강하게 지녔으나, 기성 페미니즘 담론 지형에서는 이러한 측면이 정확하게 규명되지 못한 부분이 있기 때문이다. 문단 내 성폭력 해시태그 운동을 소비자 운동으로 가치 절하하는 식의 기성 페미니즘 집단의 해석 편향은 페미니즘 운동을 '문학성'이나 '이론'에 미달하는 것으로 분류해서 할당하는 문단 주체의 자기 합리화를 정당화해주었다. 또 이런 일련의 사태를 계기로 인터넷을 중심으로 부상한 페미니즘 세력과 기성 페미니즘 집단 사이의 어긋남은 강화되었고, 인터넷의 페미니즘 운동 일부가 초기의 반헤이트 스피치 운동의 성격을 상실하는 분화로 이어지기도 했다. 이런 전제와 페미니즘 내부의 분화에도 불구하고 인터넷을 중심으로 한 페미니즘 운동이 구축하고 있는 정치적인 것의 지형은 과소평가할 수 없다.

특히 문학과 정치적인 것의 관계에서 인터넷 페미니즘 운동이 나아가는 방향은 매우 중요하다. 이 방향은 문단 문학의 독점 체제를 거부하는 반동일화 방식이나 이에 편승하면서 저항하는 비동일화에 이르기까지 다양한 정치적 주체화 방식을 보여 준다. 문단 내 성폭력 고발 해시태그 운동의 주요 주체들은 문단을 변화시키는 정치적 운동과 단절하고, 비등단 선언과 비등단 문학 주체의 새로운 결속체를 구축하고 있다. 또한 『82년생 김지영』의 대중적, 문화산업적 성공은 페미니즘 운동이 변화시킨 새로운 '문학계'의 존재 없이는 불가능한 것이었다. 조남주는 이른바 문단 문학 제도가 생산한 작가가 아니고, 『82년생 김지영』은 문단 문학이 구축한 문학적인 것과는 다른 문학 텍스트이다. 기존의 문학성의 개념을 가지고 판단하면 문학성이 높지 않다는 비판이 나오는 것도 이 때문이다. 『82년생 김지영』의 성공은 트위터, 페이스북에 이 책을 인증샷으로 올리면서, '신상털이'에서 조리돌림까지 여러 형태의 증오선동에 맞서 싸운 무수한 페미니스트들의 정치적 실천의 결과이다. 앞서도 지적하였듯이 인증샷을 통해서 페미니즘 행위자들은 책에 기존과는 전혀 다른 존재 방식, 유통과 배분, 할당의 방식을 발명해주었다. 소통할 현실과 광장을 잃고 무용하고 무해한 오래된 물건으로 골방에 처박혀있던 책은 페미니즘 인증샷을 통해서 생생한 지금 여기의 현실에 정치적 투쟁의 아이콘 그 자체로 다시 기입되었다. 또한 무게와 질감을 지닌 책의 물질성은 인증샷의 비물질성을 통해 정치적 플랫폼으로 변용되었다.[7]

문학/예술과 문화계에서 기존의 독점 관리 주체는 기존 권력 체제를 고수하면서 페미니즘의 비판을 문학, 예술 그 자체와 분리된 문제로 분리해서 수용하는 이중의 태도를 반복한다. 이는 페미니즘에 대한 오래된 분할 통치 대응 방식을 반복하는 것이며 동시에 국가와 자본의 이해관계에 편승하면서 이익집단으로서의 정체성과 권력을 확대재생산하기 위한 자기 정당화 기제에 의해 구축되는 것이기도 하다. 페미니즘에 대한 분할 통치와 적폐에서 스스로를 면죄하면서, 국가와 자본의 힘에 편승하여 자신을 확대하는 문단 문학 주체는 종말의 역사를 반복하고 있다. 그러나 역설적이지만 문단 문학이 종말을 고하는 시점마다, 문학의 정치성을 새롭게 구축하고 발명한 것은 페미니즘 운동이었다. 1990년대 페미니즘 운동의 성과가 문학 내부로 전유되어 버린 아쉬움이 있다면, 오늘날 페미니즘 운동은 문학 체제 내부로 편입되는 비동일화의 경향성 또한 여전히 갖고 있지만, 이전과 달리 전혀 새로운 페미니즘 문학계를 창출하고 확대하는 방향을 강하게 보인다. 이제 한국에서 문학, 예술, 문화의 지형도는 이런 페미니즘계를 빼고는 거의 논하기 어려운 게 현실이다. 이 역동적인 페미니즘계는 문학, 예술, 문화의 정치성을 매번 새롭게 구축하고 있다. 그 정치적 지향성을 통해 구축되는 새로운 페미니즘 문학계는 국립한국문학관이 구원하고자 하는 '한국문학'과는 거의 혹은 전혀 유사점을 발견하기 어려울 것이다. 이 화해 불가능한 거리와 낙차야말로 오늘날 문학과 정치에 대한 페미니즘 실천의 저항성을 가장 인상적으로 보여 준다.

4장

소녀의 죽음과 퀸의 미로

박근혜와 여성 카리스마의 교착

1. 소녀의 죽음이 남긴 것 : 폭력 기계로부터 생명을 구하라

key 1

미로의 깊은 곳에서, 소녀는 죽음을 맞이했다. 환상과 현실을 넘나들며 멈출 줄 모르는 폭력 기계에 맞서 '생명'을 구하기 위해 고군분투하던 소녀는 그렇게 또 홀로 죽음을 맞이했다. 그녀는 미로 속에 홀로 남겨졌다. 피 흘리며 홀로 버려진 소녀. 채 감지 못한 그녀의 눈에 맺힌 상을 우리는 감히 마주볼 수 있을까? 미로의 심연에서 홀로 죽음을 맞이한 소녀를 위해 과연 우리는 무엇을 할 수 있을까? 소녀의 죽음에 대해 과연 우리는 어떤 책임을 질 수 있을까? 소녀를 홀로 죽게 내버려 둔 죄로부터 과연 우리는 벗어날 수 있을까? 소녀를 죽게 만든 것은 '아비'였으나, 그 '아비'와 싸우느라, 소녀를 외롭게 죽도록 내버려둔 '우리'는 소녀의 죽음에 대한 책임을 어떻게 감당할 것인가? 소녀의 죽음은 우리에게 풀기 어려운 질문을 남겼다. 우리는 그 질문을 감히 풀 수조차 없다. 살아남은 자에게 소녀의 죽음이 남긴 질문을 풀어가는 길은 방향을 알 수 없는 미로에 들어서는 일과도 같다. 그래서 우리는 소녀의 죽음이 남긴 질문을 풀어가기 위해 미로에 들어선다. 그리고 그 미로에서 우리는 홀로 죽음에 맞서 싸우던 소녀의 사투 과정을 다시 살아야 한다.

〈퀸의 미로〉라는 제목은 스페인 감독 기예르모 델 토로 Guillermo Del Torro의 영화 〈판의 미로 : 오필리아와 세 개의 열쇠〉에서 영감을 얻었다. 2006년에 만들어진 〈판의 미로〉는 스페인의 프랑코 파시즘 세력과 이에 대항하는 반파시즘 게릴라의 투쟁이 막바지에 이르던 1944년을 배경으로 하고 있다. 〈판의 미로 : 오필리아와 세 개의 열쇠〉는 부제가 잘 보여주듯이 소녀 오필리아의 모험과 죽음을 주요한 축으로 진행된다.

〈판의 미로〉는 장르적으로 매우 복합적으로 뒤섞여 있는 작품으로 동화와 어린이의 모험담, 역사 영화 장르의 특질이 한데 뒤섞여 있다. 〈판의 미로〉에서 1944년의 시공간은 어떤 통일성도 없이 여러 차원과 층위로 복잡하게 분열되고 뒤섞인 형태로 나타난다. 어른들의 전쟁의 현실과 아이의 판타지 공간은 분리되었다가 갑자기 서로 뒤섞이기도 하고, 서로 간섭한다. 특히 영화에서 카메라의 움직임은 "어른의 전쟁과 아이의 판타지라는 서로 다른 층위를 미끄러지듯 가로질러 간다. 이 두 층위는 거침없이 서로가 서로에게 피 흘리며 번져간다."[1]

〈판의 미로〉는 살해당한 채 피 흘리며 쓰러져 있는 소녀 오필리아의 마지막 숨결과 물위에 떨어지는 핏방울 소리를 따라 시작된다. 첫 화면에서 관객은 자신을 응시하고 있는 소녀 오필리아의 눈을 마주보게 된다. 여기서 더 나아가 카메라는 죽음 직전의 소녀의 망막 깊은 곳으로 관객의 시선을 끌어당긴다. 이러한 카메라 이동은 마치 관객에게 죽음 직전의 소녀가 보았던 극렬한 고통의 세계를 '목격'하도록 강제하는 것처럼 느껴진다. 이는 파시즘의 폭력적 경험과 그 트라우마를 과연 어떻게 '애도'할 수 있을 것인가 하는 문제로도 이어진다. 〈판의 미로〉에서 재현되는 폭력의 '실행'을 '보는 것'은 그 자체로 '고문' 혹은 고통스러운 경험을 관객에게 전달한다. 소녀 오필리아는 현실과 판타지를 오가며 작동을 멈추지 않는 폭력 기계로부터 '생명'을 구하기 위해 목숨을 걸고 탈출을 반복한다. 하여 소녀 오필리아의 모험은 필사의 탈출 행위이기도 하다. 생명을 구하기 위한 필사의 탈출 행위로 가득 찬 고딕 판타지는 '보는 자'에게 끝없이 애도와 윤리, 그리고 죽음에 대한 책임의 문제를 몸서리치게 질문하도록 만든다.

앞서 살펴본 바와 같이 〈판의 미로〉는 고딕 판타지를 차용하고 있는데, 그 판타지가 오히려 파시즘 체제에서의 현실 경험을 더욱 효과적으로 전달하기도 한다. 〈판의 미로〉에서 비달 대위에 의해 자행되는 폭력의 수위는 거의 비현실적이어서, 오히려 오필리아의 환상 속의 살인 괴물들이 더 현실적으로 느껴진다. 〈판의 미로〉에서 구현되는 현실과 환상의 관계를 통해 파시즘이라는 것이 이를 경험하는 사람들에게 어떻게 이성의 경계와 합리성의 경계, 더 나아가 현실의 경계를 붕괴시키는가를 생각해볼 수 있을 것이다. 폭력의 스펙터클과 희생자의 피가 현실과 환상의 경계를 넘어 흘러넘치는 〈판의 미로〉의 미장센은 그 자체로 파시즘이 경험되는 형식을 환기한다. 영화에서 모든 일을 '시계'에 맞춰 진행하는 비달 대위는 극도로 '합리적'인데 그 극도의 합리성은 광기와 구별되지 않는다. 이는 파시즘 체제가 작동하는 형식을 상징적으로 보여준다. 그런 의미에서 파시즘은 그 자체로 '환상적'이고, 이성적 지식 체계보다는 '유언비어'나 '음모이론'의 세계와 형식적으로 더 유사하다. 파시즘이 작동하는 방식에서든 이를 비판하는 맥락에서든 환상과 유언비어는 그 자체로 파시즘의 형식에 현실적으로 더 근접하다. 파시즘은 항상 유언비어나 음모이론에 적대적이지만, 실상 유언비어의 형식이나 음모이론적인 세계를 자신의 현실적 기반으로 삼고 있는 것이 바로 파시즘이기도 하기 때문이다.[2] 근대적 파시즘의 환상과 음모 이론적 세계를 생산하고 재생산하며 동시에 이에 대한 비판의 근거지가 되었던 것이 근대적 미디어였다면, 오늘날에는 새로운 인지 생산 기제들이 여기에 가세하고 있다.

이런 맥락에서 이른바 이성적 현실과 비합리적 환상을 '모순 없이' 동시에 경험하고 넘나드는 오필리아의 경험 세계는 파시즘 체제가 어떤 식으로 사람들에게 인지되고 감각되는가를 인상적으로 보여 준다. 이는 파시즘 체제에서 폭력이 경험되는 형식과도 연결해서 생각해볼 수 있을 것이다. 비달 대위의 살인 행위에 '이유가 없듯이' 파시즘 체제에서 폭력은 합리적인 인과관계나 이성적 판단과 무관한, 혹은 이를 초월하는 지점에서 작동한다. 따라서 오필리아의 눈을 통해 그녀가 경험하는 '세계'를 함께 목도하는 일은 우리에게 파시즘이 과연 어떤 세계를 만들었는지를 고통스럽게 인지하게 만든다.

물론 이러한 서사가 희생양인 소녀 오필리아라는 여성/희생자의 신화를 반복하고 있는 것은 아니다. 역으로 〈판의 미로〉는 우리에게 익숙한 남성 신화를 그로테스크하게 변용하면서 역전시킨다. 무엇보다 흥미로운 것은 〈판의 미로〉에서 현실과 판타지가 서로 분리되지 않고 혼재되어 있고, 여러 층위의 시공간들이 겹쳐져 있다는 점이다. 이는 파시즘과 반파시즘의 선명한 이원적 대비와는 다른 형태의 세계상을 보여 주는 것이기도 하다. 이는 〈판의 미로〉에서 신화적인 변신 모티프가 차용되는 방식과도 관련된다. 이 변신은 이중적이다. 판타지와 현실은 이러한 변신의 가장 중요한 지점이다. 의붓아비에게 살해당하는 소녀 오필리아는 실은 신화 속에 존재하는 왕국의 공주였고, 〈판의 미로〉의 모험은 인간 오필리아가 다시 신화 속 공주로 변신하기 위한 열쇠를 얻어나가는 과정이다. 그러나 변신하는 것은 오필리아만이 아니다. 오필리아의 목숨을 위협하는 폭력 기계는 잔인무도한 파시스트 비달 대위에서 포식자 두꺼비와 아이를 잡아먹고 연명하는 지하 세계의 괴물로 변신을 거듭한다. 따라서 변신은 한편으로는 폭력 기계로부터 탈출하기 위한 유일한 방식이지만, 폭력 기계 역시 끝없이 변신한다. 이 경계를 지키고 서 있는 것이 신화 속의 '판'이다. 판은 목양신이라고도 불리는 양goat이자 신god인 존재이다. 또 판pan은 공황상태panic를 야기하는 존재이기도 하다.

　어떤 점에서 역사적 파시즘 체제란 폭력 기계가 '생명'을 잡아먹기 위해 무궁무진하게 변신하면서, 이로부터 탈출하려는 변신의 가능성을 절멸시켜 나갔던 과정이라 할 것이다. 아감벤의 용어로 말하자면 생명정치가 죽음의 정치로 변환되는 바로 그 국면 말이다. 그렇다면 어떻게 그 폭력 기계의 작동을 멈출 것인가? 이는 〈판의 미로〉가 변신이라는 화두를 통해서 우리에게 제기하는 근본적인 질문이기도 하다. 오필리아가 얻어낸 세 개의 열쇠는 공통의 답을 갖고 있다. 즉 '자신을 위해 타인의 생명을 희생하지 말 것'이라는 '단순한' 진리가 그것이다. 오필리아는 결국 '적의 아이'를 구하는 선택을 하고 그 적에 의해 살해당한다. 오필리아가 구해낸 아이는 과연 어느 편에 속하는가? 반은 파시스트인 의붓아비의 아들이며, 반은 그 파시스트에 의해 희생당한 어미의 아들인 존재. 그것이 바로 파시즘의 '유산'이 아닐까. 그런 점에서 이 '유산'을 받아안은 후손들에게는 오필리아라는 소녀의 죽음에 대한 책임도 함께 넘겨졌다. 그리고 그 파시즘의 유산과 죽음에 대한 책임을 넘겨받은 이들에게 남겨진 숙제는 "그 아이는 누구의 아이인가"라는 '정체성이나 기원originality'에 대한 질문만으로는 해결할 수 없는 어려운 문제인 것이다. 절반은 양이고 절반은 신이며, 우리를 끝없이 공황 상태로 내모는 '판'은 그런 점에서 바로 우리에게 남겨진 파시즘의 유산의 다른 이름이 아닐까. 그런 점에서 판의 미로는 오필리아가 열고 나가야 할 미로가 아니라, 적의 '후손'이자 희생자의 '후손'인 아이를 받아안은 우리가 열고 나가야 할 미로인지 모른다.

〈판의 미로〉의 장르 혼합적 형식은 한편으로는 스페인에서 파시즘의 기억이 재현되는 방식의 변화와도 관련된다. 파시즘 정권에 의한 기억의 삭제와 억압으로 인해 역사적 파시즘의 기억이 희미해졌던 스페인에서도 이른바 '민주화' 이후 '트라우마적 기억으로의 복귀' 현상이 진행되었고 〈판의 미로〉의 형식도 이러한 현상과 상응한다. 또한 델 토로 감독은 〈크로노스〉에서와 마찬가지로 〈판의 미로〉에서도 고딕 판타지 장르를 폭력의 역사와 기억을 다층적으로 결합하고 환기시키는 장치로 사용하고 있다. 즉 영화 〈크로노스〉가 북미 자본주의에 의한 남미에 대한 폭력적 지배를 환기하기 위해 고딕 뱀파이어 장르를 사용했다면 〈판의 미로〉의 경우는 "이라크 점령이라는 전쟁이 끝없이 지속되는 또 다른 '전후' 상황을 다층적으로 환기하기 위해 고딕 장르를 사용하고 있다."3 로저 락허스트는 〈판의 미로〉를 이라크 점령에서 2차 세계대전기의 파시즘의 폭력에 이르기까지 '고통스러운 세월들'에 대한 다층적 기억을 환기시키는 텍스트로서 읽기를 제안한다. 즉 〈판의 미로〉를 폭력의 여러 지층과 고통스러운 세월들의 겹겹의 기억들로 확대되고 뻗어 나가는 기억의 형식multidirectional memory

으로 읽기를 제안하는 것이다.

　여러 방향으로 뻗어 나가는 기억의 형식multidirectional memory이란 개념은 마이클 로스버그Michael Rothberg가 트라우마적 기억이 작동하는 방식을 이해하기 위해 도입한 개념이다. 로스버그는 프랑스에서 홀로코스트에 대한 기억이 1950년대 알제리 전쟁에서의 고통스러운 트라우마적 기억에 대한 논란을 통해 뒤늦게 떠오르게 되는 사례를 통해서 기억의 복합적 방향성이라는 개념을 제안한다. 우리는 하나의 트라우마적인 역사적 기억이 또 다른 트라우마적 기억에 의해 이해되는 사례를 종종 발견할 수 있다. 즉 과거의 트라우마적 기억은 보다 최근의 폭력적 역사들에 대한 담론들을 통해서 다시금 이해된다.[4] 그런 점에서 이 글에서 〈판의 미로〉에서 얻은 영감을 통해 오늘날 한국 사회에서 '퀸의 미로'의 뒤엉킨 갈래를 찾아가 보는 것은 과거와 현재를 넘나들며 트라우마적 기억이 서로 중첩되고overlap 서로 다른 기억이 상호적으로 충돌하거나 '방해'하는 방식을 살펴보려는 작업이기도 하다. 또한 과거의 고통스러운 세월에 대한 트라우마적 기억과 현재의 트라우마가 서로 중첩되고 상호 환기하거나 침해하는 이러한 기억의 형식을 사유하는 일은 오늘날 고통스러운 세월의 기억을 어떻게 공통the common의 차원에서 감당해 나갈 것인가를 함께 고민하기 위한 작은 시도이기도 하다.

2. 소녀/퀸을 수신하는 장치들 : '만인의 만물됨'의 역/효과

key 2

레이건은 가상성을 포스트모던 정치에 운용할 수 있게 했다. 다만, 그는 이데올로그ideologue 근처에도 못가는 위인이었다. 그는 부조리와 조화롭게 잘 어울리는 백치 외에는 그 무엇도 아니었다. 그러나 이러한 비난은 약간 부당하다. 그는 단지 초보였다. 그는 검증도 되지 않았고 함량에도 못 미쳤다. 그러나 그의 초보는 이미지 전송 기술에 의해 수명이 연장되었고, 그다음에는 가족이나 교회, 학교, 상공회의소 같은 장치들을 통해 릴레이 되었다. 이 장치들은 미디어와 연계되어 새롭고도 가공하리만큼 민감한 정치조직체 신경망의 부속으로 실행되었다. 레이건의 미숙이 자격을 갖추고, 함량이 부여된 것은 「전송을」 받는 쪽에서였다. 수신 장치들은 억제적이고 제한적인 기능을 이행했다. 그들은 하나의 운동 노선, 하나의 의미 진행을 선택해서, 지엽적으로 현실화하고 이식했다. 레이건이 그렇게 많은 사람들에게 그렇게 많은 것일 수 있었던 이유:유권자 대다수가 그의 주요 의제들에 대해 동의하지 않았는데도 여전히 그에게 표를 던졌던 이유가 여기에 있다. 그는 하나의 운동으로서 그리고 그들의 선택의 의미로서 그들의 이웃 속에 구현되었기 때문이다. …

레이건은 병과 불통interruption 속에서, 활력vitality, 가상성, 경향성을 전달했다. (레이건이 총격을 받았을 때, 군사령관이 외쳤다. "여기는 내가 책임자입니다." 그러나 실제로 그는 맞지 않았다.) 레이건의 초보성은 다양하게 구체화되어 릴레이 되었다. 그러나 냉소적인 자, 실어증자, 실인증자들은 제외하고, 모두는 계속해서 자만에 가득 찬 신뢰감-백치와 지리멸렬이 통치했던 이른바 위대한 국가 내에서의 이른바 주권자 개인이 가지고 있을 그것을 함유했다. 달리 말해, 레이건은 만인의 만물이었다.[5]

2014년의 겨울과 봄을 지내며 문득 〈판의 미로〉를 떠올리게 된 것은 '소녀, 퀸, 모험과 좌절, 파시즘의 원형적 기억과 경험, 죽은 아비와 그가 남긴 죄 없는/죄 많은 아이'라는 키워드의 연쇄 때문이었다. 글을 쓰는 와중에 일어난 세월호 참사는 '죽음을 목도하는 일'과 그 트라우마로부터 누구도 자유롭지 못하게 만들었다. 다소 분열적이지만 소녀의 죽음에 대한 고민을 좀 더 밀고 나가게 된 것은 이 때문이다. '퀸의 미로'라는 주제를 기획할 당시에는 〈눈의 여왕〉의 엘사와 연아킴을 둘러싼 열광 등이 박근혜라는 표상을 서로 다른 방식으로 가로지르는 현상들을 이런 맥락에서 살펴보고자 했다. 특히 퀸의 표상이 발신자 측의 대중 정치나 퍼포먼스를 통해서가 아니라 수신 장치들, 특히 대중 매체와 인터넷, SNS와 같은 매체를 중심으로 이뤄지는 것에 관심을 두고 싶었다.

물론 엘사와 박근혜를 연결시킨 것은 채널A의 '뉴스TOP 10'이었고 이와 유사한 논의들이 일베 사이트에도 회자되었다. 채널A의 '뉴스TOP 10'은 2014년 1월 30일 보도에서 엘사와 박근혜의 공통점을 세 가지로 정리하였다. 이 방송에 대해 『미디어오늘』은 다음과 같이 정리하고 있다. 채널A의 방송 요지는 "첫 번째 공통점은 사고로 부모를 잃었다는 점이다. 엘사는 사고로 부모를 잃고, 박근혜 대통령 역시 충격으로 양친을 잃었다. 두 번째는 자매간의 갈등이다. 엘사의 여동생 안나는 엘사가 반대하는 결혼을 올리려 하고 이로 인해 갈등을 빚는다. 박 대통령의 동생 박근령 씨 역시 가족이 반대한 결혼식을 올렸다. 세 번째 공통점은 나라를 떠났다가 다시 복귀해 왕이 되었다는 것이다. 엘사는 모든 것을 얼려버리는 자신의 마법이 들통나자 나라를 떠나 얼음성으로 숨어들었다가 다시 돌아와 여왕의 자리를 찾는다. 박근혜 대통령은 박정희 전 대통령이 사망하고 난 뒤 청와대를 떠나 칩거했다가 선거승리로 청와대로 복귀한다."[6]

기사는 이에 대한 비판적 논란을 소개하면서 모든 것 속에서 박근혜의 모습을 찾아내는 보수 미디어에 대해 네티즌의 표현을 빌려 "만물근혜설"이라는 흥미로운 논법을 제기하기도 하였다. 엘사와 박근혜의 이미지를 둘러싼 담론은 이후 채널A의 방송을 비판하면서 계속 늘어갔다. 여기서 흥미로운 점은 "만물근혜설"의 차원에서든 이러한 태도를 비판하는 입장에서든 박근혜라는 표상에 대해 계속해서 이미지가 덧붙여져 만들어지는 방식이다. 엘사와 박근혜의 이미지는 애초의 채널A의 방송과 같은 '찬양'을 위한 이미지화 작업뿐 아니라, 이를 비판하는 차원에서도 엘사와 박근혜 사이의 부정적 차원의 닮은 점을 찾아가는 식으로 릴레이 되었다. 이러한 이미지의 릴레이 전송에 주목할 필요가 있다.

또한 엘사는 퀸-눈의 여왕-박근혜로 연결되는 연상뿐 아니라, 퀴어-싱글 라이프-자매애로 이어지는 연상 구조로 독해되기도 한다. 문제는 엘사에 담긴 퀴어적 이미지가 엘사를 박근혜의 이미지로 연결하여 보려는 수신 장치에 별다른 '버퍼링'을 일으키지 않으면서 퀸의 상징과 유연하게 연결된다는 점이다. 또한 베스트셀러 속의 여주인공인 엘사의 이미지와, "눈의 여왕"이자 국민여동생인 연아퀸(연아 킴)의 이미지가 아무 장애 없이 박근혜의 이미지로 들어갔다가 나오는 상반된 이미지 사이의 중첩과 겹침에도 주목할 필요가 있다. '퀸의 미로'라는 이 글의 주제는 이런 맥락에서 〈판의 미로〉를 화두로 삼아 파시즘과 '여성적인 것'을 둘러싼 교착을 살펴보려는 시도이기도 하다. 특히 소녀와 퀸이라는 서로 이질적인 표상과 상징이 대중문화 아이콘, 스포츠 스타, 여성 대통령 사이를 넘나들며 들러붙고 변신하는 어떤 분열적이면서도 유연한 이미지 생산 장치를 근대적 파시즘 정치에 국한되지 않은 탈근대적 현상으로서 생각해 보려 한다.

정치적인 것과 문화적인 것, 자본주의적 상품 생산의 아이콘과 정치 지도자 사이의 경계가 붕괴되고, 혹은 그 본래적 가치와 의미가 두 영역 사이에서 전도되고 교환되는 현상을 파시즘이 부상하는 어떤 역사적 국면과 연결시켜 사유한 것은 바로 벤야민이기도 하다. 그러나 오늘날의 상황은 벤야민이 고민했던 정치의 미학화라는 '근대적' 차원의 역학들이 여전히 작동하면서도 동시에 '유연화'라는 '포스트모던'한 새로운 층위가 덧붙여져 있는 국면이다. 이는 오늘날 보수 정치가 '유신'이라는 근대적 파시즘의 유산과 동시에 빨간 옷을 입고 진보적 의제를 '흡수 통합'하는 포스트 모던적인 변신술을 동시에 작동시키는 것과도 관련이 깊다. 물론 이는 단지 포퓰리즘적인 대중 정치에 국한된 것은 아니다. 〈눈의 여왕〉의 엘사를 차용한 패러디 버전이 셀 수 없이 폭발적으로 생산되는 것이 전혀 새로운 현상은 아니지만, 정치 지도자, 특히 보수 정치 지도자를 둘러싼 이미지 생산이 '팬덤'과 유사한 형식으로 등장한 것은 박근혜라는 아이콘이 대두한 이후 새롭게 부상했다고 할 수 있다.

국가 통치권자로서의 대통령의 이미지가 이처럼 대중문화 생산물의 이미지(스타나 아이콘과 같은)와 유사한 방식으로 '유통'되었던 사례를 우리는 레이건이나 일본의 고이즈미와 같은 사례에서도 발견할 수 있다. 레이건의 사례에 대해 마수미가 지적하듯이 여기서 중요한 것은 레이건 자체가 아니라, 레이건이라는 이미지를 수신하는 수신 장치의 정동적 작동을 살펴보아야 한다는 점이다. 마수미는 집권 기간 내내 좌우를 막론한 지식인들에게 백치, 불통, 멍청이 등으로 불리며 비웃음과 조롱의 대상이 되었던 레이건이 재집권할 수 있었던 것은 역설적이게도 끝없이 레이건을 비웃고 조롱한 좌파 지식인의 담론 생산의 효과 혹은 역효과 때문이었다고 분석한다. 이 효과는 바로 정동 효과, 즉 비판을 위해서든 지지를 위해서든

'국민 모두'를 레이건이라는 하나의 표상에 들러붙도록 만든 것이다. 이러한 정동 효과를 통해 레이건은 "만인의 만물"이 되었다.

사실 이런 맥락에서 모든 곳에서 박근혜의 이미지를 발견하는 보수적, 우파적 수신 장치들의 작동과 이러한 "만물근혜설"을 비판하는 데 집중된 비판적, 진보적 입장을 대변하는(혹은 자처하는) 수신 장치들의 작동은 역설적으로 모든 시선을 '박근혜'라는 하나의 표상에 들러붙게 만드는 '동일한 효과'를 수행하고 있는 것이다. 이는 결과적으로 진보적인 입장에서의 새로운 프레임을 만들고 상징을 창출하는 데 있어 가장 큰 걸림돌이 될 것이다. 하나의 캐릭터가 '만인의 만물'이 된다는 것은 우리의 정치 조직체의 신경망이 온통 이 하나의 캐릭터로 과부하되어 있다는 뜻이다. 이런 상태에서 과연 다른 어떤 의미와 이른바 '대안'이 만들어질 것인가?

정치 지도자와 '환상 속의 아이콘'이 현실과 환상의 경계를 넘나들며 변신하는 분열적 세계, 그것이 〈판의 미로〉에서 오필리아가 경험한 세계이기도 하다. 그러나 오필리아에게 그 세계가 단지 공포만을 수동적으로 인지하게 만든 것은 아니다. 오필리아에게 '환상'은 '지금, 이곳'의 폭력성으로부터 이탈하고자 하는 열정을 추동하는, 그런 의미에서 반파시즘 게릴라들의 '전투'와는 조금은 다른 차원에서의 '전투적인 것'이었다. 그런 의미에서 오필리아의 '전투'가 '아비 죽이기'에 국한되지 않고, 아비의 세계 속에 다른 차원(다른 세계)을 열기 위한 전투였다는 점을 비유적으로 생각해 보고 싶다. 〈판의 미로〉에서 반파시즘 게릴라의 목숨을 건 투쟁을 통해 '아비 죽이기'는 완수된다. 그러나 여전히 우리는 그 아비의 아이를 넘겨받은 딜레마를 안고 있다. 이 '유산'을 아비의 것으로 되돌리지 않기 위해, 즉 파시즘의 복귀를 막기 위해서는 '아비 죽이기'라는 오이디푸스 서사와는 다른 차원이 요청된다. 〈판의 미로〉에서 '아비의 이름'에 사로잡힌 비달 대위가 상징하듯이 '아비의 이름'을 되풀이하는 것은 결국 파시즘을 재생산하는 동력이 되기 쉽다. 물론 이는 지난한 일이다. 그러나 박근혜라는 표상, 혹은 공주나 여왕이라는 상징에 들러붙는 일은 설령 그것이 비판을 위한 목적일지라도, 오히려 끝없이 '아비의 이름'을 불러들이는 역효과를 발휘하지 않을까? 오늘날 소녀의 죽음이라는 화두가 어떤 이들에게는 깊은 바닷속에서 처참하게 생을 마감한 '연약한 존재들'을 환기시키지만, 다른 이들에게는 '위기에 처한 소녀, 근혜양'이라는 전혀 다른 이미지 연쇄를 촉발한다는 점 또한 이러한 우려를 벗어나기 어렵게 만든다.

사실 이런 현상은 우리 시대 여성의 정치화와 세력화에 대해 서로 상반되고 모순되기까지 한 욕망들이 복잡하게 교착되는 차원에서 좀더 심층적으로 살펴볼 필요가 있을 것이다. '퀸'이라는 상징은 말 그대로 여성 권력의 상징으로서 박근혜 정부의 출현 이전부터 하나의 화두와 논란이 되어 온 지점이다. 여성 대통령을 둘러싼 논란이 상징적으로 보여 준바 여성/권력을 좀 더 유연하게 자신의 정치적 입장으로 전유한 것은 보수 정당과 그 지지자들이었다. 여성의 정치 세력화란 한국에서 가장 급진적이고 평등주의적인 의제 중 하나였다. 따라서 혹자는 보수 정당이 여성 대통령이라는 의제를 전유하는 것은 허울뿐인 헛된 공약이라고도 한다. 그러나 사실 어떤 점에서 문제는 그것이 헛된 것이냐 알짜배기 실속이 있는 것이냐의 차원은 아니라고 보인다.

오히려 대면해야 할 지점은 여성의 정치 세력화라는 '진보적 의제'를 보수 정당의 기치로 전환시키는 보수 집권 체제의 통치성의 '유연함'이라고 보인다.7 여성의 정치 세력화뿐 아니라, 문화융성, 인문정신과 같이 그간 진보세력이 자신의 의제로 간주했던 '문화'나 '인문' 같은 범주도 보수집권 세력에 의해 전유되고 있다. 반면 이에 대한 이른바 진보 정당이나 진보 세력의 대안적 의제는 등장하지 못한 상황이다. 진보 세력은 보수 집권 세력의 '헛됨', '실속 없음'을 비판하며, 여전히 '그 의제는 본래 진보 진영의 것'이라는 식의 '진보의 본래성originality'을 강조하고 있다. 박근혜라는 표상을 상징으로 내걸었던 보수 집권 세력은 한편으로는 오래된 근대적 파시즘의 '유산'을 바탕으로 하면서도, 이와 구별되는 탈근대적 형식을 '모순 없이' 작동시킨다. 하지만 이에 비해 진보 진영의 경우 어떤 변신도 제대로 이루지 못한 채 이합집산을 거듭할 뿐이다. 진보의 '본래성'이나 '기원'은 진정성의 함의보다는 시원에 고착된 형식으로 읽힐 뿐이다. 그런 점에서 대안과 변화, 혁명적 삶의 전환을 위한 새로운 상징과 표상의 발명이 그 어느 때보다 더욱 절실하지 않을까?

3. '팬심'과 걱정 사이, 혹은 어떤 '열정'의 미로 : 여성적 가치와 파시즘의 교착

key 3

2014년 4월 13일. 부산 토성동.

하얀 블라우스에 검은 투피스, 화려한 색의 넥타이, 뒤로 쪽 지어 묶거나 정갈하게 빗어 넘긴 머리. 20대에서 50대까지 다양한 연령대의 여성들이 피켓을 들고 홍보를 하고 있다. 4월 13일. 임시정부수립기념일을 맞이하여 같은 교회의 여성부 모임 동료들이 홍보를 나왔다고 한다. 내가 관심을 보이며 이것저것 물어보자, 볼까지 발그레해지며 즐겁게 설명을 해준다. 지난 여성의 날에도 거리에서 의미 있는 집회를 해서 좋은 반응을 얻었다고 한다. 임시정부 수립 기념의 역사적 의미가 무엇인지를 알기 쉽게 설명해주고, 마지막에는 퀴즈를 내주었다. 텔레비전 가족 오락 프로그램에서 보았던 퀴즈 형식을 차용해서 종이 피켓에 적힌 퀴즈를 보여 준다. 거기에 적혀있는 내용은 "일본으로부터 나라와 주권을 되찾고자 '광복'을 위해 1919년 4월 13일 임시정부를 수립하였습니다. 성경에는 '아담'의 범죄로 하나님은 만물(지구)을 '이것'에게 빼앗깁니다. 이것은 무엇일까요?" 언뜻 답이 떠오르지 않는다. 문제의 요지조차 파악이 안 된다. 퀴즈를 내준 여성들은 답을 금세 못하는 내가 무안할까 다정하게 답을 보여 준다. 정답은, "마귀." 답을 맞히지는 못했지만 참여해주었으므로 참가상이라며 책갈피를 건네준다. 내가 관심을 보여 준 것에 기뻐하며, 짝짝짝 박수를 쳐주고 즐거워한다. 그녀들의 웃음소리를 뒤로하며, 마음이 복잡하다.

처음 그녀들에게 말을 건넬 때, 아마 나는 '도대체 그녀들은 어떤 기관에서 동원된 건가.' 내심 생각했던 듯하다. 그녀들을 환희에 차게 만들고 들뜨게 하는 이 열정은 무엇일까? 아니 그녀들의 열정이 이런 방향으로 흐르게 된 것은 어떤 요인들 때문일까? 그녀들을 동원된 대중이나, 광신적인 열정에 사로잡힌 존재로 치부해버리지 않으면서, 이 열정에 대해, 그리고 그 열정의 흐름과 방향에 대해 생각할 수 있는 방법은 무엇일까? 그리고 이 열정이 다른 방향으로 흘러갈 수 있는 가능성은 없는 것일까?

2014년 5월 11일. 어머니날Mother's day인 이날 미국의 『뉴욕타임스』에는 "Bring the truth to light : Why are Koreans outraged by President Park Geun-hye?"라는 제호의 광고가 실렸다. 이 광고는 미주 한인 여성들의 모금을 통해 게재되었다. 주로 아이를 둔 엄마인 여성들은 '엄마'의 입장에서 세월호 참사의 진실 규명을 요구하고 이에 대한 정부의 책임을 강력하게 제기하였다.[8] 여성의 정치 세력화나 여성적 가치의 정치적, 사회적 함의는 여성 대통령의 시대에서 세월호 참사를 거치며 변화와 반복, 혹은 변형의 과정을 거쳤다. 세월호 참사를 계기로 생명을 돌보는 '사회적 모성'의 정치적 함의가 주요하게 대두되었고, '엄마'나 '주부'라는 이름으로 여성들이 힘을 모아 가는 현상들도 다양하게 등장했다.

여성적 가치가 어떻게 윤리적 맥락에서 정치화하고 '힘'을 얻어갈 것인가 하는 문제를 고민할 때 미주 한인 여성들의 행동과 사례들은 중요한 참조점이 될 것이다. 그러나 여성의 정치적 세력화와 윤리의 문제를 고민함에 있어서 이러한 '긍정적' 사례만이 아니라, '마귀'의 위협을 걱정하는 또 다른 여성들의 열정 역시 고민하고 숙고해야만 할 중요한 사례라 할 것이다. 세월호 참사를 거치면서 '여성적 가치'는 안전이나 돌봄의 차원에서 서로 다른 진영에서 경쟁적으로 전유해 나가는 이슈가 되었다. 보수 진영의 경우 2014년 들어 여성적 가치를 전면화하려는 움직임이 빠르게 진행되었다. 길정우(새누리당 19대 국회의원), 안명숙(길정우 의원의 부인이자, 한나라당 17대 국회의원)이 공역한 『아테나 독트린: 여성적 가치의 부활』[9]이 2014년 2월 출간되었다. 이 책의 출간에 맞춰 진행된 토크 콘서트에는 여성가족부 조윤선 장관을 비롯해 각계 인사들이 참여했다. 여성지 『우먼 센스』는 이 토크 콘서트를 소개하면서 "대한민국 No.1 여성을 만나다: POWER WOMEN"이라는 제호하에 12명의 성공한 여성 리더를 소개했다.[10] 흥미로운 것은 이 여성 리더 중 다수의 사례가 통상적이고 순탄한 여성 엘리트의 성공 스토리보다 '입신 출세형'에 해당한다는 점이다. '상고 출신의 삼성전자 최초 여성 임원'("'상고출신'이라는 편견과 싸워 이겨냈다.")[11]이나 '9급 지방직 공무원에서 국민건강보험 공단 최초 여성 임원'이 된 사례("결핍을 채우기 위해 두세 배 더 뛰었다.")[12]와 같은 기사 제목이 보여 주듯이 여기 소개된 여성 리더들은 입신출세주의의 여성 판본에 가깝다.[13]

이 입신출세형 여성들은 한편으로는 고전적인 남성판 입신출세의 갱신된 '여성 버전'처럼도 보이고, 다른 한편으로는 엘사에서 김연아로 이어지는 고난과 역경을 딛고 '퀸'의 자리에 오르는 소녀들의 성공담의 다른 판본으로도 보인다.[14] 이러한 '여성 리더'의 형상은 입신출세형의 여성 버전이라는 면에서 보자면 익숙한 과거의 형식의 연장이자 다른 판본으로 볼 수 있다. 또 입신출세형의 여성 리더의 형상은 엘사나 김연아의 이미지와도 유연하게 겹쳐진다. 이러한 여성 리더의 형상은 홀로 역경을 딛고 세상과 마주해야 하는, 강인하지만 외롭고, 막강한 힘을 갖고 있지만 언제든 '적'의 공격에 위태롭게 노출된 존재라는 이질적이고 상반된 함의를 복합적으로 체현한다. 여성 리더의 형상이 소녀/퀸이라는 이질적 표상으로 모이는 것은 이러한 점과 관련이 깊다. 이러한 여성 리더의 형상은 강하고 카리스마 넘치는 아우라로 '관객'의 팬심을 자아내는데 이 팬심은 서로 상반된 정념을 모순적으로 함축한다. 이 팬심에는 '스타'에 대한 동경과 열광과 함께 언제든 무너질 수 있는 '퀸/소녀'의 위태로움과 연약함을 걱정하는 '대리부모'와 같은 근심과 염려의 정념이 공존한다. 사실 이러한 형상은 스타 팬덤의 경우에서 이미 이모 팬, 삼촌 팬의 형태로 나타나기도 했다.

이처럼 소녀/퀸이라는 모순적이고 상반된 표상의 겹쳐짐을 따라 대중문화 아이콘과 스포츠 스타, 여성 리더와 여성 대통령으로까지 번지는 특정한 형태의 팬심이 확대 재생산된다. 특히 '박근혜'라는 표상은 대통령의 딸이자 대통령이며, 대통령이면서 퍼스트레이디라는 다중 역할적 성격을 지닌다. 이러한 다중 역할적 성격은 이 표상에 열광하는 팬들을 수동적 소비자로서의 팬과 대리부모적 역할을 자임하는 능동적 보호자의 역할을 오가는 다중 역할을 수행하도록 만든다. 이런 점에서 소녀/퀸에 대한 팬심은 스타/지도자에 대한 열망과 선망을 내포하면서 동시에 대리부모 됨이라는 '소녀/여성'에 대한 가부장적 보살핌의 열망 또한 내포한다. 이는 여성의 '힘'을 선망하면서도 동시에 부정하고, 그 힘의 상실에 대한 근심과 염려에 의해 열정이 가속화되는 형식을 지닌다. 즉 선망과 부정, 상실에 대한 공포에 의해서 추동되는 열정의 복합체인 것이다. 그런 점에서 '소녀/퀸'에 대한 팬심은 '상실과 훼손'의 가능성이 높아질수록 더욱 열광적으로 타오르게 된다.

그런 점에서 오늘날 '여성' '파워'에 대한 열정은 서로 다른 방향에서 모순적인 방식으로 더욱 가속화되어 갈 것으로 보인다. 이 열정들은 서로 대립적이거나 모순된 정치적 열망을 추동할 수 있다. 이러한 모순된 열망의 충돌과 뒤얽힘이야말로 어디로 빠져나갈지 알 수 없이 우리에게 패닉을 일으키는 '퀸의 미로'가 될지 모른다. 이 미로에서 길을 찾기 위해 이 글은

'폭력 기계로부터 생명을 지킬 것'이라는 열쇠를 들고 길을 나섰다. 그리고 그 경로에서 온갖 형상으로 변신하는 '퀸'과 대면하여 '생명을 지켜야 할 책임'을 완수하기 위해서는 '만물과 괴물'의 프레임에서 벗어나야 한다는 또 다른 열쇠를 얻게 되었다. 그러나 이 열쇠가 익숙하면서도 새롭고, 무섭고도 슬픈 이 '환상 극장'에서 탈출할 문을 제공하지는 못할 것이다. 다만, 생명을 지키기 위해, 폭력 기계를 멈추기 위해 필사적으로 달리는 것, 그것이 우리에게 주어진 또 하나의 열쇠인지 모른다.

이처럼 '소녀와 퀸'이라는 표상과 주체성은 죽음의 스펙터클(현재의 트라우마)과 파시즘의 '유산'(역사적 트라우마) 사이를, 여성적 가치의 정치화와 윤리적 책임의 방향과 새로운 파시즘적 권력화 사이의 서로 다른 지층 사이에서 분열적으로 전유되고 있다. 이 흐름이 과연 한국 사회에 어떠한 변화를 야기할 것인가를 손쉽게 진단하기는 어렵다. 그러나 앞서 복합적으로 뻗어 나가는 기억과 트라우마에 대해 논의한 것처럼 역사와 현실 사이를 오가며 그 사유의 실마리를 만들어가는 일은 이 분열적인 미로에서 길을 찾아가는 또 다른 방법이 될 수 있을 것이다.

대통령 박근혜에 대한 정치 팬덤 속에서 박근혜는 소녀/퀸이라는 이중적이고 분열적인, 때로는 쉽게 몸을 바꾸는 연극적 신체성을 강화했다. 이러한 이중적이고 분열적인 신체성은 여성 정치인으로서 박근혜를 취약한 카리스마라는 복합적 의미로 매번 구성하였다.

이른바 최순실 게이트를 전후해서 이러한 소녀/퀸의 이중적인 신체성은 여왕/시녀, 여왕/꼭두각시로 재편되었다. 어떤 점에서 여왕/시녀, 여왕/꼭두각시라는 탄핵 정국을 이끈 표상은 박근혜 팬덤이 만든 소녀/퀸의 표상과 거의 동일한 문법을 반복한다. 탄핵이 종료된 후 선거 국면에서 '사이다'가 유행어가 되기도 했다. 최순실 게이트 시기 박근혜는 그녀가 가명으로 사용했다는 '길라임'으로 호명되었다면, 길라임과 대척적인 지점에 자칭 '사이다' 정치인들이 대거 등장했다.

탄핵 정국 이후 주권자들의 정치 지도자에 대한 인식, 감정, 판단은 얼마나 변화되었던 것일까? 길라임과 사이다가 유행어가 되는 대중정치 국면에서 '입신출세주의'라는 오래된 이야기에 대해 생각해볼 필요가 있다. 입신출세주의의 대략적 함의는 '개천에서 용 난다'는 표현만으로도 이해가 가능하다. 이들은 신분 상승을 이룬 엘리트이고 이질적 계급 자원을 모순 없이 체현한다. 이런 상반된 계급적 표지가 대중정치의 중요한 '덕목'이 되곤 한다. 입신출세형 캐릭터가 지도자가 되면 사람들은 그들을 왠지 모르게 나와 가까운 '계급'으로 감지한다. 이런 왠지 모를 친밀감이 지도자와 대중 사이에 기이한 밀착 관계를 만들고 보수와 진보는 각자의 이념에 따라 이런 친밀한 감각을 대중정치의 동력으로 삼는다. 신분과 계급과 젠더의 복잡한 상호작용이 이들이 등장하는 정치 드라마에 펼쳐지는 이유이다.

박정희와 노무현은 보수와 진보가 각자 달리 공유하는 고유한 입신출세형 지도자이다. 박근혜는 입신출세형 지도자의 여성판본이고, 기득권 대 반기득권 진영이라는 수사를 동원한 이재명 시장의 전략은 입신출세주의를 토대로 한 전형적인 대중정치 패턴을 보여 준다. 입신출세형 지도자를 선호하고 지지하는 집단의 특성은 계급이나 젠더 분석으로 온전하게 환원되지 않는다. 입신출세형 캐릭터는 너무 흔하고 진부할 정도로 '한국적인' 인물형이다. 김수현은 남성 입신출세담과 피해자 여성의 복수극을 주로 다뤘고, 이 서사는 1990년대까지 대중 드라마의 주류가 되었다. '길라임'의 작가 김은숙은 남성 입신출세담을 여성 판본으로 전유해서 진부하고 새로운 드라마로 흥행 신화를 만들었다. 김수현에게 없던 낭만적 사랑에 대한 신화가 도입되고, 신분 상승을 위해 교섭하고 협상하는 주체는 이제 여성 주인공이 된다. 남성은 여성의 신분 상승 '도구'가 된다. 진부하지만 새롭고, 상투적인 데도 끌리는 서사와 캐릭터의 바닥에는 입신출세주의의 신화가 자리 잡고 있다.

사람들이 이런 진부한 새로움에 끌리는 것을 아둔한 대중성으로 비판하는 것은 지식인의 자기만족에만 도움이 된다. 남성의 전유물인 입신출세의 판타지를 여성이 전유하는 데까지 백여 년이 걸렸다. 이 과정은 협상과 투쟁, 반복을 통해 변화를 만들어낸 긴 역사였다. 이재명의 인기 상승은 정치 드라마에서 입신출세 캐릭터라는 반복을 통해 '변화'를 갈망하는 대중의 협상 전략과도 관련된다. 입신출세 캐릭터의 자질은 평소에 거의 변별성을 드러내지 않는다. 그러나 대선과 같이 1%

의 차별성이 결정적으로 작용할 때, 혹은 사상과 정책 기조, 정당 색깔 등에 차별성이 없이 '인물'이 선택 기조가 될 때 그 마지막 1%를 움직이는 부분이 바로 이런 '캐릭터'이다. 입신출세 캐릭터는 가득 찬 잔을 넘치게 하는 한 방울의 효과이고 한국 사회의 기저에 항상 존재하고 작동하는 저 깊은 곳의 '원형질'이다. 인물 중심의 정치판, 정책과 사상의 부재는 입신출세 캐릭터를 매번 대중 드라마의 한복판으로 불러내었다.

좌우를 막론하고 엘리트 비평가들은 대중이 무지몽매하고 황당한 이야기에 빠져 합리적이고 이성적인 근대성에 도달하지 못한다고 백 년 동안 한탄해 왔다. 모든 것을 다 설명해주는 좌파 이론도 대중이 왜 춘향전 '따위'를 좋아하는지 결국 설명하지 못했다. 입신출세담은 어쩌면 알파고 시대의 춘향전 같은 것이다. 낡은 드라마가 판치는 시대라고 한탄하는 데 머물지 않고 새로운 정치 드라마를 만들려면 '대중'을 처음부터 다시 공부해야만 한다.[15] 다음 장에서는 바로 이 대중과 정동 연구에 대해서, 그리고 정동 연구를 통해 다시 발견되는 페미니즘 주체화에 대해서 살펴보려 한다.

박근혜 정권은 여러 지점에서 정동 정치와 정동 연구의 '중요성'을 환기시켜주었다. 또 정동의 역사와 현재적 변용에 대해서 수많은 사례를 제공하기도 했다. 창조 경제, 국정화, 댓글 조작 부대를 동원한 대국민 선전전 등 박근혜 정부 내내 쏟아진 담론은 역사 교과서 한 페이지를 장식하던 국민정신총동원 시대와 파시즘의 정동 정치를, 지금 여기의 핫한 현실로 소환했다.

일제 시기 '국민학교'를 다녔던 작가 박완서는 이 시절의 기억을 여러 작품에 남겨두었다. 주소나 생활 기록 같은 신상에 대해 선생님이 질문할 때 제대로 답을 못할까 전전긍긍했다는 기록은 작품 곳곳에 나타난다. 신상 기록을 달달 외우며 '심문'에 대비했다는 이 소략한 에피소드의 이면에서 우리는 일제 시기 '국민학교' 교육의 흥미로운 특성을 포착할 수 있다. 1931년생인 박완서가 '국민학교'에 입학할 무렵인 1938~39년께는 일제가 이른바 '국민정신총동원령'을 내리고 국민의 '정신'을 통제하는 데 박차를 가하던 시기였다. 국민정신총동원의 구체적인 내용을 여기서 다 설명할 수는 없지만, 그 핵심은 선전전과 심리전을 전쟁의 전방만이 아니라 후방의 모든 일상 영역에까지 실시하는 것이었다. 이 시절 언론 자료에서는 '국민학생'이 수상한 자를 '스파이'로 의심된다며 신고해서 포상을 받았다는 기사를 자주 볼 수 있다. 학생들은 집에서 부모들이 조선어를 쓰지는 않는지, 수상한 자가 동네에 출몰하지는 않는지 항상 감시하고 학교에 보고하도록 '교육'받았다. 초등학교에까지 시행되었던 국민정신총동원은 인간의 영혼을 통제하고 조작하고 실험하는 대상으로 장악하려 했던 파시즘 정치의 전형이다. 이 시기에 일제는 식민지 조선의 교육을 기술 및 실용 위주의 실업교육 중심으로 강제로 재편했다. 식민지 '국민'을 기술 중심의 도구적 인력으로 한정하는 대신, 영혼을 관리하는 역할을 소수의 엘리트만이 담당할 수 있도록 통제한 것이다. 즉 국민정신총동원이란 인간의 영혼을 전쟁 수행의 도구로서 통제 관리하며 이를 위해 영혼을 다루는 기술을 소수 엘리트가 독점하는 통치술이었다.

역사적 파시즘 체제가 고도로 발전시킨 이러한 영혼 통제의 기술은 오늘날 한국 사회에서 거듭 변신하며 출현하고 있다. 박근혜 정권 시기 여러 매체에 '선전전', '인문교육 폐지, 기술교육으로 전환'과 같은 말들이 난무했다. 박근혜 정부의 '주력 사업'이었던 국정원 대선 개입과 교육부의 '인문학 폐지'라는 전혀 이질적인 국면은 영혼을 통제하고 관리하려는 파시즘의 오래되고도 새로운 기술의 연장이라는 점에서 살펴볼 필요가 있다. 탈냉전과 함께 폐쇄적인 국민국가의 장벽이 무너지고, 인터넷을 기반으로 한 네트워크 사회가 도래하면서 파시즘 체제가 만든 고전적인 영혼 통제는 이제 불가능하다는 낙관론이 지배적이었던 적도 있었다. 그러나 페이스북의 감정 조작 실험 사례가 보여 주듯이 네트워크 사회에서 영혼에 대한 통제는 과거와는 다르지만 새로운 방식으로 더욱 가속화될 수 있다. 한국 사회는 냉전 체제가 '유물'로 생생하게 살아 있는 사회다. 오늘날 한국 사회에서 진행되는 각종 영혼 통제 기술들은 파시즘 체제의 역사적 유물과 네트워크 사회의 신기술이 접목된 사상 초유의 변종인 셈이다. 그러므로 영혼 통제 기술과 관련된 이토록 희귀한 역사의 유물들이 새로운 기술과 접목되어 나타나는 한국 사회는 그야말로 영혼을 둘러싼 각축전이 치열하게 벌어지는 전쟁터다. 아니 오늘날 한국 사회에서 영혼은 억압적인 국가 기구와 자본의 손아귀에 장악되어 버렸다. '댓글 조작'과 '인문학 폐지'라는 이질적인 국면은 영혼을 통제하려는 일련의 공통된 전략이라는 점에서 사유하고 대처해 나가야 한다. 이는 국민을 선전전의 대상으로만 보면서, 영혼 통제의 전문적 기술을 소수의 엘리트만이 독점할 수 있는 배타적 특권으로 만들었던 고전적인 통제 기술의 연장선상에 있다. 그런 점에서 억압적인 국가 기구와 자본의 손아귀에 사로잡힌 영혼을 탈환하는 것이야말로 한국 사회가 더 나은 삶을 향해 나아가기 위한 중대 전환점이 될 것이다. 그러니 영혼을 탈환하라! 인문을 탈환하라![16] 인문을 탈환하는 정동 정치에 대해서는 4장에서 본격적으로 논의하려 한다.

정동 연구는 단지 오래된 파시즘의 도래에서 비롯된 것만은 아니다. 원전 사고와 재난, 지진을 경유하면서 추상적으로 여겼던 정동 연구가 우리 삶 속으로 훌쩍 들어왔다. 일본에서 후쿠시마 원전 사고와 3·11 이후 정동 연구가 새로운 현실 비판적 담론으로 자리 잡은 것은 이런 이유다. 지진과는 무관하다는 자기 확신에 차 있던 한국에도 지진이 찾아왔다. 지진의 경험은 물질적 현실의 견고함에 대한 불안과 동요를 불러일으켰지만, 동시에 기존의 지식 패러다임을 동요시키기도 했다. 정동되고 정동하는 신체라는 감각이 우리의 의도와 아무 관계없이, 바로 여기 현현했다.

　"삐이익 … 삐이익"

붐비는 지하철 안에 신경을 긁어내리는 신호음이 울린다. 안전 예보인지 위험 예고인지 알 수 없는 신호음에 사람들 사이로 미묘한 동요가 퍼져나간다. 후다닥 자리를 박차고 일어서진 않아도 불안과 공포 사이로 모두 몸이 기울어진다. 남녘에는 태풍과 폭우와 지진이 반복된다. 떨어지는 빗방울이, 위잉 울어대는 바람 소리가, 발밑의 미세한 진동이 모두 위험과 죽음을 실어 나르는 신호일 수도 있다는 것을 이곳의 사람들은 비로소 온몸으로 실감하고 있다. 강도를 달리하며 발밑의 세계를 뒤흔든 이 '파동'이 어떤 결과를 낳을지 누구도 예측하기 어렵다. 그러나 이 파동 이후 사람들이 하나의 물방울, 잡을 수 없는 바람결에도 부지불식간에 죽음을 감각하게 되었다는 것은 분명하다. 지진 경험은 재난에 대한 '리스크 감각'도 강화했지만 리스크 감각은 이해관계에 따라 다르다. 이와 달리 지금까지 단단하게 여겼던 삶의 토대가 붕괴하고 있다는 감각은 '모두'를 사로잡았다. 물론 9·12 지진으로 인해 형성된 불안감이 단지 '헬 영남'의 자업자득이라고 조롱하는 이들에게 위험은 오로지 '너희들'의 몫이다. 그러나 지진의 강도가 높아질수록 그 위험은 '모두'의 것이 되고야 만다. 아니 지진의 높아지는 파동을 원전 위험이 '포퓰리즘'이냐 '경제발전'이냐 따위의 의견 대립으로 환원할 수 없다는 '우주'의 경고로 읽어야 한다.

하나의 물방울에서, 잡을 수 없는 바람결에서 부지불식간에 죽음을 감각하는 사람들은 단지 신경증에 걸린 것이 아니라, 이런 우주의 경고를 비로소 수신하게 된 것이기도 하다. 현대 정동 이론가들이 자주 참조하는 고전 철학자 가브리엘 타르드는 이처럼 "세계와의 감응 속에서 '명확한 모습을 갖지 않는 무언가'가 마음에 새겨지는" 혼들 사이의 미묘한 감응과 변용 과정이야말로 사회라는 집합체의 상호간섭과 변화의 방향을 규명하기 위해 주목해야 할 지점이라고 논한 바 있다.[17]

한국 사회는 생명을 위협하는 근원적 위험에 대해 공통감각이 형성되는 것을 강박적이고 폭력적으로 '근절'해 왔다. 특히 자산 손실과 경제 불안이라는 리스크 관리 패러다임은 생명에 대한 위협을 공통의 감각이 아닌 이해관계에 따른 대립과 갈등의 문제로 강제적으로 전도시켰다. 증오 정치와 혐오 발화는 공통감각이 형성되는 흐름을 깨트리고 기존의 지배적 힘으로 사회체를 되돌리곤 했다. 물, 바람, 땅과 쌀, 빛과 공기와 같이 생명의 근원을 이루는 것들에 죽음의 그림자가 드리울 때 만물은 요동치기 마련이다. 이 요동은 사람과 동식물 같은 유기체들만이 아니라, 땅과 바위와 같은 무기물에도 미친다. 그러나 전자파와 전 지구적 자본의 네트워크로 뒤덮인 이 삶에서 모든 파동은 자본과 국가에 장악된다. 우주의 모든 파동을 자본과 통치의 대상으로 포획하려는 것이 바로 이 시대 죽음의 정치이다.

제주도로 향한 아이들이 죽음에 도달하는 세계, 밥쌀 수입을 금지하라고 상여 메고, '삶을 달라'며 상징 제사에 나선 이에게 진짜 죽음을 되돌려주는 세계, 죽음의 판(활성단층) 위에 또 다른 죽음의 기계(원전)를 올려놓는 세계. 이 세계는 생명의 신호를 죽음의 파동으로 포획하는 세계이다. 그러니 이 세계에서 우리가 쌀 한 톨에서 피 냄새를, 한 줄기 바람에서 죽음의 위험 신호를 감지하게 되었다는 건 생명 신호를 유지하기 위한 우주적 싸움, 즉 '신의 싸움'이 이미 내 안에 있다는 의미이다. 쌀 한 톨에서 우주를 본다는 건 이런 의미이다. 쌀 한 톨을 지키다 죽음을 맞은 사람, 백남기. 그의 삶과 죽음이야말로 지금, 여기에 내려앉은 신의 싸움인 것이다.[18]

정동 연구는 그런 점에서 공통적인 것을 둘러싼 긴 투쟁의 산물이다. 2부에서는 정동 연구와 공통적인 것, 그리고 페미니즘 운동의 현재에 대해 살펴보자.

2부

여자떼 공포와 시민성의 경계

어펙트, 민주주의, 젠더 정치

2012년 한국 사회는 '영애'가 성장해서 '여왕'이 되는 정치 드라마에 열광했다(51.6%). 이 특별한 '성장 드라마' 시대에 다종다양한 소년·소녀담이 이어졌다. 〈겨울왕국〉(1029만), 엘사와 '영애'가 닮은꼴이라는 보도가 이어졌다. 〈소년이 온다〉, 〈경성학교 : 사라진 소녀들〉(36만), '엄마'가 지배하는 제왕적 가부장 사회의 소년·소녀담 〈차이나타운〉(147만), 〈응답하라 1988〉(21.7%), 〈시그널〉(12.54%), 영화 〈귀향〉(314만) 등이다.

이 소년·소녀담은 세 유형으로 나뉜다. 1유형, '영애'가 '여왕'이 되는 '특별한' 성장 서사. 2유형, 천진난만한 소년·소녀가 '어엿한' 어른이 되는 성장 서사로, 〈응답하라 1988〉이 대표적이다. '복권', '재개발', '주식투자'로 상징되는 경제적 성장 서사를 동반하고, 과거는 비루한 현재를 밝히는 그리움의 원천이다. '엄마'가 살해한 소년을 대신해 '엄마'를 죽이고, 소녀가 그렇게 '엄마'가 되는 〈차이나타운〉도 2번 유형이다. 두 작품은 이질적으로 보이지만, 실상 부친/모친 살해는 성장 서사의 무의식이다. 아비/왕이 어미/여왕으로 대체되었다. 3유형은 〈소년이 온다〉, 〈경성학교 : 사라진 소녀들〉, 〈시그널〉, 〈눈길〉, 〈귀향〉, 〈로봇, 소리〉 등으로 이어지는 '유령'의 계열이다. 이 서사는 유령으로 귀환하는 소년·소녀의 이야기이다. 이런 유령 계열 소년·소녀 이야기의 가장 가까운 역사적 원천은 1990년대 중반 발표된 배수아의 '사촌과 아이들'에 대한 이야기이다. 1990년대 유령으로 등장한 사촌과 아이들은 기존의 계급 담론이나 정체성 범주로 환원되지 않는 집단의 출현을 징후적으로 포착했다. 문단 비평은 배수아의 소설을 '소비자본주의에 포획된 신세대'의 문화를 그린 작품으로 논했지만, 막상 그 사촌과 아이들은 그 당시에는 호명 체계도 없었던 '비정규직', '흙수저', '비혼', '1인 가구'의 등장을 미리 앞당겨 포착한 것이었다. 한국 사회에서 이렇게 당대 이미 존재했던 호명 체계로 포착되지 않거나 배제된 집단이 '유령'의 형식으로 담론 공간에 부상하는 건 어떤 역사적 전환기의 징후이기도 했다.

앞서 살펴본 유령 계열 소년·소녀 이야기는 아비/어미 부정이나 복수의 서사와는 다르다. 각 작품의 관객 동원은 앞의 두 계열보다 저조하지만, 종류가 다양하고 이 계열 전체를 합하면 앞서 두 계열의 관객 동원과 거의 맞먹는다. 1유형은 '아버지/왕'의 환영을 매번 소환하면서, 가부장/왕을 불러들인다. 2유형은 아이가 어른이 되는 성장이 시민/법적 주체 구성의 서사가 되는 근대 '가부장/법'의 서사를 벗어나지 않는다.

반면, 3유형에서 '억울하게 죽어' 유령으로 반복해서 귀환하는 소년·소녀는 어른으로 성장하지 않고, 아비/어미라는 시민/법적 주체가 되지 않는다. 소년·소녀담을 뭉뚱그려 '가부장적' 서사 계열로 보는 시각은 그래서 게으른 비평적 관성이다. 3유형은 1, 2유형의 성장 서사적 전형성과 시간성을 어그러뜨린다. 1938, 1980, 2003, 2014, 2016의 시간이 연대기적 시간을 깨고 출몰하는 소년·소녀 유령들에 의해 한꺼번에 우리 앞에 도착한다. 성장 서사를 중단시키고, 연대기적 시간을 깨면서 소년·소녀가 유령들로 우리 앞에 출몰하고 있다. 과거 언젠가

소년·소녀는 억울하게 '미래'를 빼앗겼다.

빼앗긴 미래에 사로잡힌 과거의 '몸'이 유령들로 도착한다, 매번. 소년·소녀 유령은 현재에 도착한, 과거인 미래이다. 아이-어른, 과거-현재의 성장 서사는 중단되고, 아비/어미가 되지 않는 소년·소녀 유령은 시민/법의 시간을 두서없게 만든다. 대신 과거에 중단되고 잠재된 미래를 현재로 불러들인다. 이 유령들이 걸친 과거의 '의장'은 민족지적, 생애사적 '과거'의 반영이 아니다. 1, 2유형의 성장 서사가 관객 동원 1, 2위를 다투는 동안, 이 성장 서사를 중단시키고 어깃장을 놓는, 과거형의 미래가 유령으로 여기, 도착한다. 개별 작품의 관객 동원은 미미했으나, 이들은 하나의 '작품'이 아니라, 여럿의 흐름으로 작동한다. 문화적 재현에서 발생한 일이 정치적 대표성으로 이어질지는 미지수이다. 그러나 새로운 흐름은 이미 도착했고, 성장의 시간/서사에 어깃장을 놓고 있다. 미래는 그렇게 과거의 의장을 입고 매번, 도착한다.[1]

박근혜 정권이 시작하여 몰락하기까지 소년·소녀가 부상한 것은 그런 점에서 흥미롭다. '영애'가 대통령이 되고 몰락하던 시기의 정동 정치를 소년·소녀 서사를 통해서 추적해볼 수 있다.

'영애'가 '퀸'이 되고, 다시 한갓 꼭두각시로 전락하는 정치적 스펙터클 속에서 '오래된 적폐'와 '여성 정치'와 '새로운 민주주의'는 경합했다. 촛불 혁명은 민중 봉기의 정동적 힘에 대해 다시금 열광하고 낙관하게 했지만, 촛불 혁명 과정 내내 그간의 '민주주의', '집합 행동'collective action의 관성과 그 패러다임으로 해석되지 않거나 갈등하는 이질적 목소리, 주체, 행동 양식과 연결 방식 사이의 충돌 역시 계속되었다.

촛불 집회가 계속되던 2016년 11월에는 박근혜 대통령 지지율이 5%로 떨어지기도 했다. 한국 근대사에서 국민의 95%가 어떤 사태에 대해 '공감'이나 '합의'를 한 사례는 거의 없다. 박근혜 대통령 지지율이 5%로 떨어졌다는 것은 사실상 국민의 95%가 '지지 거부'에 공감했다는 의미다. 무엇에 의해 촉발되었든 이러한 거대한 폭발은 역사적 사건이다. 이 사건의 귀결이 어떤 형태로 나타나든 우리는 이 의미를 축소해서는 안된다.

사실 이미 우리는 역사적 순간들, 새로운 의미와 새로운 흐름이 형성되는 정치적 사건의 한가운데 있다. 민중총궐기가 모든 것을 해결할 수는 없지만, 민중총궐기는 그 자체로 낡은 반복이 아닌, 지금까지와는 다른 삶의 시공간을 연다. 그래서 민중총궐기는 그것이 무엇을 이뤄냈느냐가 아니라 '궐기' 그 자체로 해방적이다. 또한 오늘날의 민중총궐기는 같은 공간에 참여하지 않아도 실시간 생중계로 먼 곳까지 전송된다. 전송된 궐기에 동참하면서 궐기의 해방감도 널리 퍼진다. 해방감은 전염력을 갖고 비물질적 마주침을 통해서도 퍼져 나간다. 낡은 것과 새로운 것이 각축전을 벌이는 이 '성토 공간'에서 낡은 반복과 단절하는 흐름이 바로 '해방'의 자리를 펼쳐낸다. 당연하게도 이 95%의 힘과 흐름은 단일한 동기나 목적으로 움직이지 않는다. 민중총궐기가 한창이던 시점 누군가는 정치공학에 결국 패할 것이라는 우려를 내놓기도 했고 보수 언론은 방향을 틀고, 정치공학은 공공연하게 작동하기 시작했다.

그러나 혁명적 순간을 정치적 공학으로 봉쇄하고 사건적인 마주침이 낡고 오래된 패거리 연합으로 다시 분화하는 것은 너무나 익숙한 반복이다. 그런 반복은 충분히 예상 가능한 일이니 그 반복에 대해 실망하거나 환멸을 품을 필요가 없다.

민중총궐기의 정치적 힘과는 아무 관계가 없지만, 박근혜 전 대통령의 사생활에 대한 온갖 소문이 무성했다. "야동까지 나와야 되겠냐!"며 겁박하는 전 새누리당 국회의원 인터뷰에 "야동 공유합시다!"라며 줄줄이 달린 댓글은 이 낡은 반복의 세계를 연장하고 지속시킨다. 바로 그런 이유로 신나서 야동을 공유하자며 댓글을 다는 쾌감은 억압과 종속에서 벗어나는 해방감이 아니다. 사상 유례가 없이 열린 성토 공간에서 터져 나오는 목소리들에 대해 여성혐오, 소수자혐오를 반복하지 말라는 요구가 드세다. 이는 혁명의 매뉴얼이나 '착한 궐기'를 규율하는 정치적 올바름에 대한 요구가 아니다. 이 요구야말로 유례없이 열린 이 성토 공간이 종속과 굴종, 노예화와 침묵을 강요하는 낡은 세계의 질서와 단절하고 다른 자리를 만들어야 한다는 해방에의 요구다. 국가권력 비판이라는 거대한 목표 앞에 여성혐오나 소수자혐오를 문제시하는 게 사소하거나, 목표를 향한 총력전의 힘을 분산하는 일이라는 비판도 많다. 이런 비판은 '혁명을 잘 모르는 초심자'를 지도하는 경험자 선배의 가르침의 형식을 종종 취한다. 소수자 혐오와는 전혀 다르지만, 이 혁명적 흐름의 향방을 '원로의 가르침'으로 가닥을 잡으려는 언론의 추이도 해방의 요구를 가르침의 질서로 복귀시킬 우려가 있다. 잘 알려진 민중 시(가요)의 구절인 "누가 나에게 이 길을 가라 하지 않았네."는 해방의 길이 가르침의 질서에 의해 만들어지지 않는다고 말했다. 자크 랑시에르는 누구나 가진 해방의 의지가 가르침의 질서에 지배되고 그것이 마치 진보의 논리처럼 여겨지는 상황을 비판했다. 가르침의 질서에 복속되지 않는 해방의 실천은 '해방된 자가 해방한다'라는 표현에 함축된다. '성토 공간'에서 낡은 반복을 끊자는 페미니즘과 소수자 정치의 요구를 '사소한' 일로 간주하는 건 바로 이런 가르침의 질서다. 낡은 반복을 끊자. 그것이 바로 해방이다.[2]

촛불 집회 과정에서 여성혐오 발언이나 행태가 지속되고 페미니스트들의 요구가 받아들여지지 않자 민중총궐기 참여를 반대하는 페미니스트 그룹도 등장했다. 민중총궐기 참여 반대를 외친 〈바람계곡의 페미니즘〉은 그 때문에 온라인에서 축출당하고 페이지를 스스로 폐쇄했다. 민중총궐기 참여를 반대한 이들의 태도는 정치적으로 효과적이지 못했지만, 어쩌면 페미니즘 정부를 표방한 새로운 정부에서 페미니즘이나 소수자 정치가 겪고 있는 문제나 딜레마는 이미 이때 예견된 것이기도 했다. 이른바 '진보 진영'은 촛불 집회에서의 여성혐오에 대한 문제제기를 '정치적 올바름'을 표방한 '정체성 정치'의 한계라며 비판했다. 그러나 사실 이 촛불 집회에서 반복된 여성 혐오를 둘러싼 갈등은 근대적인 시민 주체의 공론장과 이를 전복한다고 하는 집합행동의 익숙한 패턴인 '데모'와 새롭게 부상한 정치 세력으로서의 페미니즘 사이의 화해 불가능한 갈등을 이미 예고하는 것이었다. 그리고 문제는 무엇이 여성혐오이고, 여성혐오에 어떻게 대처해야 하며, 어디까지가 '검열'이고 '자율'이냐 등의 논점이 아니다. 오히려 공론장, '궐기', '집합행동'의 역사와 패러다임 속에 페미니즘과 젠더 정치를 비롯한 소수자 정치의 자리가 존재하지 않았던 역사가 지금 여기에서도 다시 반복되고 있다는 그 사태가 문제이다.

촛불혁명의 성공을 위해 어떻게 해서든 민중총궐기에 페미니스트들은 참여했다. 촛불혁명을 계승한 현 정부는 가깝게는 '제1기 민주정부'를 계승하고 멀리는 삼일 운동을 계승한 대한민국 적통을 표방했다. 삼일 운동에서 민주화운동, 촛불혁명까지 혁명은 계승되었지만, 촛불 혁명에 함께했던 혁명 동지들은 모두 혁명 가문의 적자로 인정받지 못했다. 촛불 혁명의 계승이 성소수자에 대한 공식적 배제와 동시에 이뤄졌다는 점은 너무나 상징적이고 징후적이다. 촛불 혁명을 계승했다는 문재인 정부의 국가 정체성 서사는 너무나 명확하게 형제들의 동료애를 반복한다. '영애' 시대가 끝나고, 새로운 정치적 주체화의 기획을 향한 시도들은 여전히 힘겹게 이어지고 있지만, 새로운 정치적 주체의 자리는 앞당겨 혁명을 상속하려는 형제들의 자리다툼 속에서 배제되기를 반복하고 있다. '영애' 시대가 끝나고, 다시 소년이 자라서 아비가 되는 오래된 '성장과 상속의 서사'가 반복되고 있다.

한국에서 인종적 소수자는 엄연히 존재하지만 '인정되지 않는' 존재였다. 인종적 소수자는 '혼혈 연예인'으로 범주화되어 계속 미디어에 등장했지만, '시청자들'의 단일민족 신화는 이어졌다. 순수혈통 계승의 서사는 '악의 없이' 인종적 소수자를 사회에서 지워버렸다. 인종적 소수자의 존재를 삭제하는 데에는 단일혈통의 서사만이 아니라 사회 통념과 미풍양속의 이념이 함께 작용했다. 인종적 소수자는 사회 통념에 어긋나는 퇴폐풍조의 온상으로 여겨져 '혼혈문제'라는 분류 항목으로 처리되었다. 혈통 계승과 사회 통념의 명목으로 소수자는 삭제 처리되었고, 대상을 바꾸며 반복되었다. 사월혁명 이후 5·16 쿠데타 세력은 '제어할 수 없는 미성년 주체의 정치적 열정'에 강한 공포를 느꼈다. 박정희 체제는 청소년을 범죄의 온상(우범소년)으로 간주하고 무지막지한 통제를 지속했다.

학교 인권 조례와 청소년 인권 조례 제정을 위한 운동은 이런 오래된 '적폐'와 싸우는 최전선이다. 학교 인권 조례 제정은 극우 세력에 의해 계속 저지되고 있고, 청소년 노동 인권 조례 역시 혐오 세력에 의해 저지되었다. 2016년 12월에는 인천시, 2017년 1월에는 달서구가 조례 제정을 보류했다. '정상적' 인구 재생산이라는 혈통 계승 서사와 청소년을 자기규율이 불가능한 미숙한 집단으로 분류하는 범주화를 통해 청소년 인권 침해는 이어졌다. 한국에서 소수자를 삭제하는 방식은 독재와 파시즘을 정당화하고 계승하는 가장 효율적인 방식이었다. 혈통 계승의 서사는 매번 혁명을 배신하고, 학살된 소수자의 피를 제단에 바치며 이어졌다.

2017년 성소수자에 대한 문재인 전 대표의 발언이 뜨거운 논란이 되었다. 문재인 전 대표가 한국교회연합을 방문한 다음 날 자문단 '10년의 힘'이 출범했다. 문 전 대표는 축사에서 차기 정부를 "제3기 민주정부"라고 칭하고 "제3기 민주정부는 김대중·노무현 정부의 성과를 계승, 발전시키고 한계를 넘어서야 한다."고 강조했다. 차기 정부가 '10년의 힘'의 계승자라는 이런 논리는 자신을 '민주주의의 두 아버지'의 적자로 자리매김하는 혈통 계승 서사의 전형이다. 민주주의의 두 아버지를 계승하는 적자라는 혈통 서사는 또다시 소수자를 배제하고, 혁명의 열망을 배반한다. 이 장면은 역사적이다. 그 역사는 단지 성소수자 문제와 관련된 역사가 아니다. 혁명을 배반한 역사, 혁명 대신 상속만이 남은 역사가 이 장면에서 다시 연출되는 것이다. 그리고 이 장면을 성소수자라는 특수 문제로 전가하는 사람들은 바로 그런 방식으로 혁명을 배신한 혈통 서사에 입적한다.

그렇게 적자들의 혈통 서사는 이어진다. 민주주의는 계승되는 것이 아니고 발명되는 것이며, 정치적 주체는 적자 경쟁으로 상속되는 것이 아니다. 촛불 정국이 혁명의 시간이 되었던 것은 바로 이렇게 누적된 세습 권력과 '아비-적자'로 이어지는 '한국식 민주주의'와 결별을 선언했기 때문이다. 촛불 정국의 혁명적 열기가 고조되면서 미지의 정치적 주체가 출현하고 이들의 뜨거운 열정이 광장을 불태웠다. 자신을 '민주주의의 적자'로 여기는 이들에게 새로운 정치적 주체의 출현이 마냥 반갑지 않은 게 분명하다. 사실상 지금 한국의 민주주의는 '민주주의의 적자들'이라는 기이한 가부장적 혈통 계승의 서사가 소수자를 배제하는 방식으로 진행되고 있다. '적자들'은 혁명을 소문으로 만들고 있다. 혁명의 열정은 타오르는데 자칭 '민주주의의 적자들'은 아비의 목은 치지 못하고 아비의 이름만 바꾸었다.[3]

1장

여자떼 공포와 다스려질 수 없는 자들의 힘

괴테의 『이탈리아 기행』은 대표적인 이탈리아 기행문으로 꼽히지만, 괴테가 묘사한 이탈리아는 무질서하고 방탕하고 더럽다. 그리고 예술은 위대한 기이한 모습이다. 괴테가 보기에 이탈리아 사람들은 무질서하고 분별이 없어서 자유롭고 독립적인 하나의 개인이라기보다 머리가 두 개가 되었다가 세 개도 되는 '괴물' 같은 거대한 뭉텅이에 가깝다. 글 곳곳에서 괴테는 '합리적인 독일'과 '무질서한 이탈리아'를 은근히 비교하는데 이는 근대 국민국가 체제에서 인종적 차이가 '문화'적 차이의 이름으로 등장하는 역사적 사태와도 닿아 있다. 또 이런 문화적 차이로 합리화되는 인종적 편견이 실은 "깨어 있는 자"와 "몽매한 대중"에 대한 구별과 밀착되어 있음을 『이탈리아 기행』은 잘 보여 준다. 괴테가 보기에 위대한 예술작품인 콜로세움은 이 괴성을 지르는 괴물 무더기를 온전히 담아낸다. 콜로세움의 예술적 형식에 의해 괴물은 비로소 잠시나마 인간의 꼴을 간신히 갖추게 된다. "이탈리아에는 도둑이 많지만, 콜로세움은 위대해!"라는 말에서처럼 인종차별적 발언과 예술에 대한 찬양이 모순 없이 오늘까지도 이어지는 게 모두 괴테의 책임만은 아니지만 말이다.

괴테보다는 톨스토이를 더 흠모했던 조선의 지식인 이광수도 경성에서 평양을 오가는 '진리를 찾는 여행'의 끝에서 문득 "모두 잠들어 있는데 홀로 깨어 있는 자신"을 발견한다. 머리가 둘이 되기도 하고 셋이 되기도 하는 괴물인 대중은 저 멀리, 그곳에 실재하는 게 아니라, "모두 잠들어 있는데 홀로 깨어 있는 자신"을 발견하는 그 순간 창조된다. 판단력이 없이 우우 몰려다니며 알 수 없는 괴성을 질러대는 괴물은 바로 그런 "홀로 깨어 있는 자신"이라는 주체의 자리를 위해 매번 창조되고 '발견'된다.

법 앞에 모두가 평등하다는 근대 체제 수백 년의 역사는 바로 이런 창조와 발견의 과정이었다. 엘리트에 의한 대중 지배는 지금까지도 여전하지만, 오늘날에는 모두가 모두를 괴물로 '발견'하고 자신의 깨어 있음을 창조하는 식으로 형태가 변했다. 신문 사설과 '오피니언 리더'들은 수백 년간 '홀로 깨어' 무지몽매한 대중을 꾸짖고, 소셜 미디어에는 저마다 깨어 있는 자들이 누군가를 향해 꾸짖고 있다. 깨어 있는 자는 모든 것을 알고 모든 것을 보는 자이다. 이 자리를 만드는 기술은 수백 년간 전수되어 도통 변화되기가 힘들다. 문득 세상이 괴물로 가득 찬 것 같다면, 세상 탓만 할 일이 아니라 그걸 발견한 자신을 다시 돌아볼 필요가 있다.

신문과 소셜 미디어에 온통 괴물을 고발하는 말로 넘쳐난다. 괴물의 정체가 아니라, 곳곳에서 괴물을 발견하는 깨어 있는 자의 '명민함'을 되돌아볼 때이다. 글을 쓰는 엘리트로서 언제나 자신에게 되묻곤 한다. 나 역시 "모두 잠들어 있는데 홀로 깨어 있다"는 자의식에 탐닉하고 있지 않나? 자기 성찰보다 나를 정신 번쩍 차리게 만든 것은 강남역 출구를 가득 덮었던 포스트잇 더미였다. 그 누군가는 자신의 존재와 깨어 있음을 과시하기 위해서가 아니라, 그저 포스트잇 하나를 더 보태어 슬픔을 나누고 더는 그런 슬픔이 없는 세상을 향한 염원을 나누었다. 누구나 '깨시민'이 되어 자각한 자로 목소리를 키우는 시대, 이름도 명성도 남기지 않는 하나의 포스트잇으로 남는 일은 너무나 다른 선택과 결단이다. 나에게 오늘날의 페미니즘은 그런 배움을 얻는 자리이기도 하다. 페미니스트로서의 글쓰기도 그러면 좋겠다. 홀로 깨어 있음을 증명하는 글이 아니라, 슬픔을 나누고 다른 세상에 대한 염원을 나누는 하나의 포스트잇으로 남는 그런 글이 되고 싶다. 그것이 페미니즘의 긴 역사가 '깨시민'의 역사와 다른 길을 가는 이유이기도 하다.[1]

1. 공론장과 페미니즘

최근 한국 사회에서 이른바 '여성주의' 관련 논쟁이 격렬하다. 여성주의에 대한 논쟁과 토론, 열전이 어느 때보다 뜨겁지만, 막상 그 논쟁에서 논쟁 당사자는 기이한 방식으로 배제되어 있다. 페미니즘 논쟁이라고 하는데, 한국 페미니스트들은 극소수를 제외하고는 보이지 않는다. 오히려 한국 페미니즘이 이제야 '원년'이라는 주장이 페미니즘 논자들에 의해서도 자연스럽게 설파된다. 페미니즘에 대해 말하는 논자들은 참으로 많은데 막상 논쟁 대상이 되는 한국 페미니즘은 역사적 원천에서도 사라지고, 아니 역사 자체가 부정되고 있다.[2]

이른바 공론장에서 페미니즘 논쟁 국면에서의 페미니즘 이론가나 연구자의 상황이 이러한데 '메갈리안' 논쟁에 메갈리안 자체가 어디에서도 보이지 않는 건 어쩌면 당연한 귀결이라 하겠다. 페미니즘의 극단화를 우려하며(이제 원년인 페미니즘은 나타나자마자 극단주의가 되었다!) 모두가 '토론으로 해결하자'고 하지만 막상 '메갈'은 토론장에 입장할 자격이 없다. 공론장이 활성화되면 메갈리안들도 공론장에 입장할 자격을 갖게 될까? 혹은 그 자격을 갖는 일이 중요할까?

그래도 토론에 참여하는 것이 '생산적' 대화를 위해 필요할까? 페미니즘의 극단화를 비판하는 이들과 페미니즘 '원년'을 주장하는 새로운 페미니스트들의 논쟁 장에 막상 한국 페미니즘의 담론과 지식과 이론은 이론의 역사적 원천으로서도 역사로서도 부재하다.

'메갈'로 상징되는 여자떼에 대한 공포는 집단화된 투쟁을 주도했던 기생들에 대한 식민지 조선 남성의 공포를, 여자 스파이단의 공포라는 유령에 사로잡혔던 일제 말기 조선 사회를 다시 떠올리게 한다. 또 해방기의 여성 해방 투쟁, 집으로 되돌아가야 했던 전후의 퇴행과 저항, 긴 억압의 시절과 1980년대 말과 1990년대의 새로운 지식과 해방의 무기로서 페미니즘의 부상. 그 긴 역사를 기록하고 발굴하고 무기로 만들었던 '동료 페미니스트들', 그녀들은 다 어디로 갔나? 그녀들이 지식 장에서 사라진 것도 공론장이 부재했기 때문일까? 혹은 그녀들이 극단주의자였기 때문일까? 공론장을 만든다는 것, 공론장에 들어갈 자격을 갖는다는 게 어떤 의미인가?

필자는 어떤 점에서 장외투쟁을 '선택'해 왔다고 할 수 있다. 그리고 장외 투쟁을 통해 조금이라도 '공론장의 법칙' 혹은 '지식장의 질서'에 문제를 제기할 기회를 갖게 된 경우이다. 그러나 장외 투쟁을 '선택하게' 된 대부분의 사람은 그렇지 못하다. 특히 페미니즘 연구자나 페미니즘 활동가, 혹은 페미니즘 담론 실천에 나선 이들의 경우 장외 투쟁의 반복과 소진 끝에 잠수에 잠수를 거듭하는 경우가 대부분이다. 공론장은 어디인가? 왜 그토록 오랫동안 그곳에 페미니즘은 부재한가? 페미니즘의 게으름 때문일까? 한때 그곳에 가까스로 진입했던 페미니스트들은 다 어디로 사라진 것일까? 페미니즘의 부상을 공론장의 위기로 환원하는 것, 그리고 부상하는 여성들의 목소리와 힘을 공론장에 대한 위협으로 간주하는 것이야말로 공론장과 페미니즘의 역사의 산물이자, 그 역사의 반복이다. 공론장의 위기라는 담론이야말로 페미니즘과 공론장 사이에 형성된 이러한 역사적 투쟁을 삭제하는 가장 몰역사적 태도이다. 정동 이론과 젠더 이론의 교차점에 대한 질문은 여기서부터 시작되어야 할 것이다.

2. 한국에서의 정동 논의와 이론적 원천으로서 젠더 연구의 배제 : 식민주의와 성차별주의의 결합

한국의 정동 연구를 '오류'라고 비판하면서 최근 연구에서 진태원은 다음과 같이 논하고 있다. 이 논의는 이를 계승한 일련의 논자들의 글에서도 반복적으로 나타난다.[3] 한마디로 정동 연구의 "이론적 기원이 스피노자에게 있는데, 정작 이 비평가들이나 연구자들이 스피노자의 정서론에 관해 초보적인 수준에서부터 잘못된 이해를 드러내고 있기 때문이다."라는 것이 진태원의 진단이다. 또 진태원의 글을 매개로 한국 정동 연구를 번역 문제로 환원하는 논의가 SNS를 중심으로 광범위하게 확대되기도 했다.

> 내가 스피노자의 정서론에 관해 다루려고 하는 것은, 요즘 일부 국문학 비평가들이나 네그리 연구자들이 주로 사용하는 '정동'이라는 용어의 이론적 기원이 스피노자(특히 들뢰즈와 네그리에 의해 재해석된)에 있는데, 정작 이 비평가들이나 연구자들이 스피노자의 정서론에 관해 초보적인 수준에서부터 잘못된 이해를 드러내고 있기 때문이다. 따라서 스피노자의 정서론에 대한 개략적인 이해를 통해서도 '정동'에 관한 국내의 용법이 지닌 문제점을 가늠해볼 수 있을 것이다.[4]

진태원이 스피노자의 논의에 대해 진행한 일련의 작업은 연구사적으로 의미가 깊다고 할 것이다. 그러나 이 논의에서 진태원이 한국에서 진행되는 정동 연구에 대해 보이는 태도, 논의를 다루는 방식, 담론 프레임을 구성하는 전략은 한국 담론장에 나타나는 반페미니즘과 식민주의를 전형적으로 반복하고 있다. 먼저 진태원은 어떤 근거도 없이 정동 연구의 이론적 기원을 스피노자로 한정하면서, 한국의 정동 연구를 스피노자 해석과 '번역' 문제로 환원해버린다. 실상 진태원의 이 글은 이른바 '자율주의' 진영에 대한 진태원의 지속적인 비판 작업의 연장선상에 있는 글인데, 이런 진영 투쟁을 위해 정동 연구 자체가 '동원'된다. 이런 동원 과정에서 정동 연구의 이론적 원천은 스피노자라는 단일 계보로 자연스럽게 환원된다.

이런 태도는 단지 진태원의 논의에 국한되는 것이 아니라, 진영 투쟁을 위해 페미니즘을 비롯한 여러 운동과 이론을 배제하고 도구적으로 동원하고 한정해온 좌파 담론장의 전형적인 패턴이다. 또 이는 페미니즘을 비롯한 타자성의 출현을 위협과 '과잉'으로 표상하면서 담론장에 포함하면서 배제해온 이른바 근대 '공론장'의 역사에서 반복적으로 나타난 사태이다. 이런 차원에서 볼 때 정동 이론의 원천에서 페미니즘을 흔적도 없이 삭제하는 이런 태도가, '메갈리아'를 빌미로 여성들의 정치 세력화를 공론장을 위협하는 '근본주의적인' 비이성적 무리의 출현으로 매도하고 공격하는 태도와 매우 유사하다는 점을 환기할 필요가 있다. 또한, 여성들의 집단적 목소리의 강도가 높아지자 이를 공론장에 대한 위협으로 간주하고, 이에 대한 항의와 투쟁의 방법으로 특정 미디어에 대한 '절독 운동'이 벌어지고 있는 것은 매우 흥미롭다. 이 현상은 이른바 공론장 주체와 정동의 관계를 상징적으로 보여 준다. 자신을 이성적이고 합리적이며 의사소통적이라고 정체화하는 공론장 주체는 근대성의 역사적 전개 과정에서 항상 '불가해한 타자'의 등장과 거기 동반되는 정동적 힘을 '과잉'과 '위협'으로 배제함으로써 스스로의 '이성적' 지위를 정당화해 왔다. 또한, 이런 절독 운동의 주체들이 한국 페미니즘에 대한 철저한 불신과 이론의 지위를 부정하는 태도를 보이는 것은 그런 점에서 전혀 낯선 현상이 아니다. 정동 이론과 젠더 이론의 접합 지점에 대해서는 이론적 원천에 대해서나 논의의 접점에 대해서나 너무나 다양한 논점이 있지만, 오늘 여기에서의 '사태'들을 소환하여 논의하면서 그 다양한 논의의 결을 살펴보자.

정동 연구들affect studies이라는 복수성으로 나타나는 연구의 경향에 대해 조금의 조사를 해본 연구자라면 정동 연구가 하나의 이론적 기원으로 환원될 수 없다는 것을 아주 쉽게 이해할 수 있다. 무엇보다 정동 연구는 이와 같은 지식의 기원 회귀적 태도에 대한 발본적이고 급진적인 비판을 토대로 하고 있다는 점에서 진태원의 논의는 전형적인 기원 회귀적 태도를 반복하는 이론적 계열 속에 있다는 것을 확인할 수 있다.

무엇보다 중요한 것은 진태원의 연구와 이와 유사하거나 이에 편승한 이른바 '좌파' 이론가들의 논의에서 정동 연구의 중요한 이론적 원천인 젠더 연구, 페미니즘, 퀴어 이론, 서발턴 이론 등이 통째로 배제된다는 점이다. 이런 연구 태도는 한국에서 여러 차원의 이데올로기에 의해 생산되고 재생산되어 왔다. 정동 연구의 이론적 원천으로 매우 중요한 젠더, 페미니즘, 퀴어 연구를 배제하는 태도는 한국 학문장의 무의식까지 지배하는 반페미니즘 이데올로기에서 비롯된다. 동시에 한국에서 진행된 정동 연구의 경향을 연구사의 원천이나 대상에서 배제하고, 서구의 이론적 원천만을 단일 기원으로 반복하는 태도는 전형적인 지적 식민주의를 반복한다. 이들 논자가 참조하는 연구에서 스피노자, 알튀세르, 들뢰즈는 있어도 페미니즘 연구는 부재할 뿐 아니라 한국의 연구는 비판을 위해서만 동원된다.

이러한 태도가 단순한 '무지'가 아니라 반페미니즘적이고 식민주의적인 이데올로기라는 것은 이들의 인용 방식에서 전형적으로 나타난다. 진태원은 한국 정동 연구가 '오류'라는 증거의 하나로 『정동 이론』 번역을 들고 있는데, 막상 『정동 이론』에서 정동 연구의 이론적 원천을 스피노자라는 단일한 기원으로 상정하지 않는다는 것은 언급조차 하지 않는다. 무엇보다 정동 연구와 페미니즘, 젠더 연구, 서발턴 연구와 탈식민주의 연구 등 다양한 이론적 원천에 대한 역사적이고 이론적인 논의는 단지 '스피노자와 번역의 문제'를 위해 배제된다.

진태원은 한국 정동 연구를 '오류'라고 판정하면서 문제는 자율주의에서의 스피노자 해석의 문제라고 논한다. 그러나 막상 한국에 자율주의의 이론적 토대가 되는 안토니오 네그리와 마이클 하트의 논의에서 정동 연구는 스피노자 해석의 문제로 환원되지 않는다.『제국』,『다중』,『공통체』로 이어지는 네그리와 하트의 삼부작은 기존의 계급과 이데올로기 중심의 패러다임을 넘어서 세계를 해석하고 변혁하는 중요한 이론으로 정동이 부상하게 된 맥락을 전 지구적 체제(『제국』)와 주체화(『다중』) 그리고 삶정치의 기반으로서의 공통적인 것(『공통체』)의 문제로 논하고 있다. 특히 지식, 언어, 코드, 정보, 정동 등을 공통적인 것으로 규정하면서 논의를 전개하는 『공통체』는 책 전체가 기존의 이론적 원천에 대한 방대한 연구사적 검토라 할 만하다. 물론『공통체』에서 페미니즘, 젠더 연구, 서발턴 연구와 탈식민주의 등에 대해 해석하고 배치하는 방법에 전적으로 동의하지는 않지만,『공통체』의 중요한 문제의식은 우리 앞에 도래한 사태가 단지 '스피노자와 해석의 문제'가 아니라 자본주의의 전면적 재구조화와 근대적인 주체 이론과 혁명적 주체에 대한 이론의 근원적 한계와 관련된다는 점이다. 그리고『공통체』에서 근대적 주체 이론의 한계를 넘어서기 위해 주요하게 다시 소환되는 것이 바로 젠더 투쟁과 농민 투쟁으로 대표되는 '원주민 투쟁', 반식민지 투쟁이다. 특히 자연, 신체, 생명과 재생산에 대한 페미니즘과 젠더 이론의 이론적 원천들은 기존의 '좌파' 이론이 자신의 한계를 넘어서 공통적인 것을 둘러싼 삶정치의 이론과 실천을 구축하기 위해 반드시 몸을 담그고 갱신해야 할 '용제'로 자리매김된다.

에크하르트는 우리의 주의를 삶정치적 사건의 생산성에 집중시키고자 한다. 그러나 짐 한 보따리가 딸려온다! 이런 대목을 읽으려면 그 대목이 (마치 사진 현상 용제에 여러 번 담가지듯이) 수십 년 동안의 페미니즘 이론을 거쳐 가게 해야 한다. 어떻게 '여성'이 (주로 여성을 생물학적 생식 능력에 묶어놓음으로써) 여성을 종속시키는 가부장제에 의해 만들어지는가를 분석한 보부아르에서 시작하여, 그다음으로 특히 가부장제의 기독교인인 양태들과 처녀/음녀라는 이분법의 존속을 드러낸 페미니즘 종교학자들을 거쳐, 마지막으로 여성 형상들이 어떻게 유럽 정치철학의 정전에서 (공적 영역에서는 배제되어야 할) 혼란과 위험한 다산의 표지로서 기능하는지를 입증하는 페미니즘 정치 이론가들이 있다. 에크하르트의 설교에서 이 남성주의적이고 이성애주의적인 층들을 벗겨내고 났을 때 그 표면에 떠오르는 이미지는 확연하게 퀴어적이지 않은가! 남성이 여성적이 되면서 생산성이 폭발하며, 여기서 에크하르트의 신비주의적 비전은 슈레버 판사의 환각들을 상기시킨다. 프로이트의 보고에 따르면 슈레버는 자신이 신에 의해 수태되어 새로운 인류를 낳기 위해서 여성이 되고 있다고 믿었다. 흥미롭게도 에크하르트에게 생산성은 젠더 교차의 계기와 일치한다(에크하르트가 남성의 여성성에서 자신이 발견하는 것과 같은 생산성을 여성의 남성성에서 인식할 수 있었을까?). 삶정치적 사건은 사실 항상 퀴어적인 사건이며, 지배적인 정체성들과 규범들을 분쇄하고 힘과 자유 사이의 연

결을 드러내며 그럼으로써 대안적 주체성을 생산하는 전복적 주체화 과정이다.[5]

진태원은 한국 정동 연구의 '오류' 사례 중 하나로 『정동 이론』 번역을 들고 역시 정동 연구가 스피노자를 오해한 대표적인 사례라고 진단한다. 흥미롭게도 『정동 이론』에서 정동 이론의 이론적 원천은 스피노자라는 단일 원천으로 회귀 되지도 않으며, 진태원이 그토록 대립적으로 파악하는 자율주의와 스피노자주의는 유사한 원천으로 분류되어 있기도 하다. 또한, 진태원이 이론적 원천에서 전적으로 삭제한 페미니즘, 젠더 퀴어 연구는 스피노자주의와 같은 계열로 분류되어 있다.

세 번째 경향은 철학에서 비인간주의적이고, 종종 하부 영토적이며 보통 비데카르트적인 전통들에서 발견되는데, 이들은 주로 물질의 운동을 과정상의 비물체성과 연결시킨다(스피노자주의). 특히 철학의 여러 젠더화된 한계들이나 기타 문화적인 한계들을 넘어서려는 현대적인 시도들에서 발견된다. 페미니스트의 작업들(로지 브라이도티, 엘리자베스 그로스, 쥬느비에브 로이드, 모이라 게이튼즈)이나 이탈리아 자율주의(빠올로 비르노, 마우리치오 랏자라또), 그리고 철학적으로 접근한 문화 연구들(로렌스 그로스버그, 메건 모리스, 브라이언 마수미), 정치철학(조르조 아감벤, 마이클 하트, 안토니오 네그리) 등에서 찾아볼 수 있다. … 다섯 번째는 '언뜻 보면 눈에 잘 띄지 않는' 정치적 참여 작업들로, 주로 페미니스트, 퀴어 이론, 장애 활동가들, 그리고 서발턴 사람들처럼, 규범화하는 손가락질을 받아야 하는 사람들에 대한 연구들에서 많이 발견된다. 이 작업은 덧없이 흘러가는 일시적인 것들뿐 아니라, 일과 노동의 나날, 매일과 매야의 생활, 그리고 (개인적이고 내면적인 방식이 아닌 훨씬 더 집단적이고 '외적인' 방식으로 이해된) '경험'이 가진 견고하고 재빠른 물질성에 주의를 기울인다. 그런 물질성에서 집요하게 반복되는 권력의 행사가 신체에 (또는 집단화된 신체들에) 곤경을 제공하는 동시에 규범의 지평과 경계 속에 존속하면서도 그것을 넘어서는 세계를 실현시킬 수 있는 잠재력을 제공한다.[6]

이렇게 좌파 이론 내의 진영 투쟁을 위해 특정 원천으로 회귀하고 페미니즘 젠더 이론을 이론적 원천에서 근원적으로 배제하고 삭제하는 작업은 이른바 한국 좌파 이론의 전개 과정에서 특징적이다.

정동 연구가 일종의 '붐'을 이루면서 최근 꽤 많은 논문이 산출되었다. 일단 한국에서 최근 산출된 정동 연구는 단지 스피노자 해석의 문제로 환원되지 않고 다양한 논점을 중심으로 진행되고 있다. 한국에서 최근 산출된 논문의 경향을 다음과 같이 다섯 가지로 유형화해볼 수 있다. 먼저 첫 번째로 기존의 문학 연구나 문화연구 영역에 감성 연구와 정동 연구를 도입하는 경향이다.[7] 두 번째로는 예술 존재론과 이미지 정치에 대한 논의에 입각하여 정동 논의를 전개하는 연구이다. 양적으로도 가장 많은 논의가 집중되어 있다.[8] 세 번째로는 에토스와 정동에 대한 논의로 세월호 사건 등을 비롯한 재난과 트라우마, 애도의 윤리와 정동의 문제를 주로 다룬다.[9] 네 번째로는 정동 경제와 사회적인 것에 대한 논의이다.[10]

이 네 유형의 연구에서 이론적 원천은 들뢰즈가 압도적이고 젠더 연구는 최근 출간된 임옥희나 캐나다에서 출간된 송제숙의 연구 정도이다. 최근 『문화과학』에서 '이데올로기와 정동'이라는 주제로 정동 연구 검토를 진행했는데 이 특집에서도 정동 이론의 원천을 젠더 연구와 결부시킨 논의는 박현선의 글이 유일하다. 정동 이론을 페미니즘 관점에서 재구성한 김은주와 홍지영의 논의는 정동을 되기devenir와 변용으로 개념화하면서 주로 들뢰즈의 소수자되기를 여성되기와 연결해서 논하고 있다. 즉 이 논의의 경우도 정동 이론의 원천으로서 기존 페미니즘과 젠더, 퀴어 연구의 역사적 원천을 자리매김하는 게 아니라, 들뢰즈 이론을 페미니즘적으로 다시 읽는 방식을 취하고 있다.

이에 비해 한국 사회의 혐오 발화에 대한 논의는 정동 이론과 페미니즘, 젠더/퀴어 연구가 결합한 전형적 사례라고 할 것이다. 물론 혐오발화 연구에서 정동 이론이 '혐오' 연구로 한정된 측면이 존재하지만 다양한 이론적 논의를 통해 정동 이론과 페미니즘, 젠더/퀴어 연구가 결합하여 현실적이고 이론

적으로 새로운 논의와 실천을 만들어갈 가능성을 보여 주고 있다.[11]

진태원을 위시한 좌파 이론가들의 정동 이론 비판은 스피노자와 그의 후학들의 논의를 기원으로 설정함으로써 역설적으로 '정동적 힘'을 폐제foreclosure해온 공론장의 역사를 반복한다. 즉 이런 '비판'은 표면적으로는 이론적 갈등처럼 보이지만 실질적으로는 '다스릴 수 없는 정동의 힘'을 '탈역사화'하거나 '무역사화'하는 논리로 작용하고 있다는 점을 주목해야 한다.

3. 여자떼 공포와 공론장 주체의 동일성의 정치학 : 정동의 '과잉됨'과 반차별 주체 생산의 역사화

최근 한국에서 진행된 정동 연구의 경향을 살펴볼 때 혐오발화 연구가 상대적으로 페미니즘 연구와 젠더, 퀴어 연구와의 접점을 마련해가고 있다. 혐오발화는 증오 정치와 밀접하게 관련을 맺고 인종, 성, 종교, 연령 등 사회적 소수자의 소수자성을 공격 대상으로 하는 차별 선동을 의미한다. 혐오 발화에 대한 개념 규정이 1980년대 말의 전 지구적 자본주의화에 따른 지구적 변동에 대처하는 이론적 실천으로 시작되었다는 점에서 개념화는 신자유주의적 시대 변동과 밀접한 관련을 맺고 있다. 그러나 혐오 발화에 대한 개념 규정은 증오 정치로 상징되는 근대 역사의 구체적 경험과 이론화를 원천으로 한다.

따라서 혐오 발화 연구는 증오 정치라는 근대의 역사적 경험과 이론화를 재구성하는 이론적 차원을 내포한다.

또한, 역사적으로 근대 주체의 지배적 정체성으로 환원되지 않는 다수의 힘이 표출할 때 이 힘이 과잉됨의 표상(홍수, 패거리, 벌레 떼, 성난 폭도, 몰지각한 여자떼와 같은)으로 담론 공간에 진입하고 있다는 점은 역사적 맥락에서 정동을 논의하는 연구자들이 주목하는 지점이다. 특히 이러한 연구는 근대적 통치성과 여기 포섭되지 않는 '다스려질 수 없는 자들'ungovernable의 봉기와 그 실패의 역사를 현재의 맥락으로 다시 소환해서 평가하는 작업이라 할 것이다. 다스려질 수 없는 자들의 역사를 통해 새로운 정치학을 구성하고 신체(하나의 신체에서 사회적 결속을 아우르는)에 대한 '새로운 유물론'을 생성하는 지점에서 푸코의 통치성에 대한 역사적 작업과 페미니즘과 근대성 비판의 연구, 서발턴 연구들이 정동 연구로 결합한다.[12]

현재 한국에서 진행되는 정동 연구는 앞서 살펴보았듯이 주로 이론적 독해(들뢰즈 다시 읽기)와 신자유주의와 인지자본주의적 재구조화와 같은 문제에 집중되어 있다. 혐오발화에 대한 논의 역시 주로 신자유주의적 통치성의 문제로 논의되고 있다. 그런 점에서 현재 한국의 정동 연구에서 앞서 논한 역사적 관점은 자리를 잡지 못하고 있다. 이는 단지 '역사 연구'가 필요하다는 의미가 아니다. 앞서 한국에서 정동 연구에 대한 논의가 이론의 역사적 원천에서 페미니즘, 젠더, 퀴어 연구,

서발턴 연구를 배제하고 있듯이 '정동적 현상'에 대한 문제설정에서도 역사적 관점이 누락되어 있다는 의미이다. 예를 들어 여성혐오와 관련된 논의에서도 문제는 신자유주의적 통치성과 세대 문제로 환원되고, 여성 주체의 부상 역시 주로 세대 차원으로 한정된다. 이런 논의가 현상을 진단하는 데에는 효율적일 수 있으나, 역설적으로 주체화의 역사를 배제함으로써 이론과 실천으로서의 페미니즘의 역사가 매번 삭제되는 '의도하지 않는' 결과를 낳는다.[13]

물론 최근 새로운 여성 집단 주체의 대두가 인터넷의 커뮤니티를 중심으로 진행되고 있다는 점에서 이 현상은 세대 문제이다. 또 이러한 인터넷 커뮤니티가 남성 중심주의에 대한 비판뿐 아니라 세대 간의 인정투쟁을 근간으로 하고 있다는 점에서 세대 간의 차별화를 특징으로 한다. 그러나 여성 집단 주체의 등장에서 차이와 반복의 문제를 고찰하기 위해서도 역사적 관점이 필요하다. 특히 인터넷 커뮤니티를 기반으로 대두한 새로운 여성 집단 주체를 이성과 성찰이 결여된 '근본주의적 폭도', '패륜 집단'으로 규정하고 이들을 이성, 성찰, 대화와 의사소통으로 상징되는 '공론장'에서 축출해야 한다는 반여성주의적 담론의 부상은 새로운 여성 집단 주체의 부상과 반페미니즘 공격이 세대 간의 차이만이 아니라, 역사적 반복혹은 역사적 구조화의 차원에서 접근해야만 할 문제라는 점을 분명하게 보여 준다.

이런 맥락에서 흥미로운 사례는 이른바 공론장 주체를 자임하는 이들의 매체 '절독 운동'이다. 이른바 '메갈 사태'로 표명되는 일련의 사태에서 집단적인 여성 주체성은 '메갈'이라는 특정 정체성 표지로 환원된다. 이때 '메갈'이라는 규정은 매우 흥미롭게도 인종차별주의에서 작동하는 인종화racialization의 메커니즘을 반복한다. "인종화란 '인종'이라는 사고의 역사적 발현과 그 이후의 적용 및 재생산 과정"을 뜻한다. "차별화된 사회적 집합성을 구조화하고 정의하는 방식으로 인간의 생물학적 특징을 두고 사람들 사이의 사회적 관계를 만들어 낸 범주화 프로세스이다. 그러나 인종화 과정은 '신체적 특징'을 필요로 하지 않는 담론적, 문화적 과정이기도 하다. 인종 구분과 유사한 의미와 가치를 환기함으로써 인종화의 과정은 소수 집단을 인종에 결부시켜 표시하고 낙인찍는 것이다."[14]

즉 여기서 살펴볼 지점은 '메갈리아'라는 인터넷 커뮤니티의 '실태와 정체'가 아니라, 여성 집단 주체의 힘의 봉기를 '메갈'이라는 특수하게 정체화된 집단으로 환원하는 인종화의 메커니즘이다. 특히 '메갈'이라는 정체성을 공론장으로 끌어들이는 과정(포함하는 배제)이 이러한 인종화 과정과 동시적이라는 점이 중요하다. 즉 메갈리아나 여타의 인터넷 커뮤니티는 이른바 공론장의 담론 구조나 질서에 편입되지 못하거나 편입을 거부한 채 항상 그 외부나 수면 아래에 잠복(잠수)해 있었다. 이들은 여전히 '잠수'를 커뮤니티 유지의 원리로 유지하려는 경향을 보인다. 이들이 이른바 공론장이라는 담론 공간 '위로' 부상하자마자 이들이 '위협적 힘'이자, '야만적 근본주의',

반문명적 패륜 집단으로 공론장에 적대적인 의미로 규정되는 것에 주목할 필요가 있다.

이렇게 여성의 집단적 힘의 부상을 인종화 과정을 통해 공론장에서 배제한 것은 한국의 근대사를 통해 반복되었다. 예를 들어 한국 근대사에서 '풍기문란'이라는 규정이 작동한 방식이 전형적이다. 풍기문란 집단에 대한 규정은 근대적 시민 주체(선량한 시민)와 반문명적이어서 계몽과 '처벌'이 필요한 풍기문란 집단이라는 정체성 정치를 통해 만들어졌다. 근대적 시민 주체의 개념과 이상, 제도와 가치는 '풍기문란 집단'이라는 반근대적, 반문명적인 정체성 집단을 생산함으로써 구축되고 재생산된다. 즉 풍기문란 집단은 야만, 금수(짐승), 떼거리의 속성을 벗어나지 못한 반문명 집단으로 규정되었고 이런 과정을 통해 근대적 주체의 타자로서 인종화된다. 근대적 주체와 '문명화된' 공론장은 이렇게 '야만적 떼거리'를 계몽하고 문명화시키는 장이기도 했다. 물론 풍기문란 집단으로 구별되는 속성은 여성뿐 아니라, 하위 집단 남성, 떠돌이 노동자 등으로 무한히 증폭되었다. 이렇게 구성된 근대 공론장(지식, 문학, 표상 체제를 아우르는)에 이러한 인종화된 타자들이 진입하는 것은 '홍수', '문란', '퇴폐', '망국', '폭도'와 같은 과잉의 표상을 통해서였다. 이 과잉이야말로 정동의 힘에 대한 근대적 표상의 전형적 방식이다. 즉 과잉된 힘의 분출에 대한 표상 체계는 역설적으로 그 사회에서 항상 '잠수'(잠재성!) 상태에 있어야만 했던, 공론장 주체라는 표상과 대표성에서 배제되었던 '다스려

질 수 없는 자들'의 힘이 솟아오르는 사건적 순간으로서 읽어
낼 필요가 있다.

그런데도 이런 '정동적 힘의 분출'을 과잉과 문란, 공론장
의 타락으로 일방적으로 환원하는 논의를 페미니즘 내에서도
넘어서지 못하고 있다. 성차별적일 뿐 아니라, 인종주의적 혐오
발화로 가득 찬 논의를 여기서 굳이 언급할 필요는 없다. 오히
려 페미니즘에 친화적이고 이른바 계급, 노동 중심성으로 환
원되지 않는 '다양성'을 중요한 가치로 제시하는 논의를 통해
서 이 문제를 고민해 보자.

먼저 이른바 '진보' 진영 내에서 계급으로 환원되지 않는 집
단의 목소리를 기록하는 역할을 해온 이선옥의 논의에서도
이런 공론장과 근본주의적 야만이라는 대립은 '메갈'이라는
집단을 비판하는 중요한 축으로 작동한다.

'나는 페미니스트입니다' 선언과 여성혐오 배격 운동이 이어진
최근 2년 동안 적어도 '여성'이라는 키워드를 가진 사건은 논
쟁 대신 억압적인 분위기가 지배했다. 논의는 실종되고, 공론
장은 사라졌다. 혐오를 없앤다는 명분으로 혐오의 언어가 확
산되고, 낙인과 공개적인 망신 주기가 횡행했다. 이건 아닌데
하는 목소리는 혐오와 반혐오라는 단일 전선에서 설 곳을 찾
지 못한 채 중립충, 공정충, 진보피시충과 같은 혐오의 언어로
공격당했다. 갈등은 단일하지 않은데 전선은 단일하게 강요
됐다. 이번 사태도 여러 결의 갈등과 전선이 존재하는데 '티셔

츠 하나 입었다고 해고당하는 여성혐오 세상' 같은 자극적인 주장이 앞선다. 사태를 해결하기보다 이런 갈등을 반복하는 데 기여할 뿐이다.

진영과 진영이 대립하고 불편부당함이 아닌 내로남불(내가 하면 로맨스, 남이 하면 불륜)이 지배하는 현실에서 우리는 어떤 해결책을 찾아야 할까?

혐오의 표현은 어느 집단을 막론하고 배격하되 불편부당함의 원칙을 지키는 방향으로 나가는 길밖에 없다. 문제제기에 귀를 기울이고 서로의 극단적인 모습을 부각해 증오를 강화하는 방식에 브레이크를 걸어야 한다. 억압에 침묵하기보다 계속 발언하고, 내부의 극단주의자들을 고립시키고, 설득하면서 합의해야 한다. 여성 문제에 관해서 우리 사회는 공론장의 기능이 작동하지 않고 있다. 이를 인정하는 일이 먼저 필요하다. 사라진 공론장을 회복해서 혐오의 개념, 혐오의 범위, 혐오행위에 대한 사회적 제재, 동료 시민으로서 역할을 논의하면 된다. 내치거나 멸시하지 않고, 집단으로 일반화하지 않고, 성차별이라는 구조적인 경향성은 인정하되 개별 사안마다 가진 맥락도 놓치지 않아야 한다.[15]

이선옥의 글에는 여러 논점이 내포되어 있고, 중요 논점은 이른바 넥슨 사태가 여성혐오 문제가 아니라는 점, 메갈리아의 여러 그룹을 구별해서 논의하는 게 무의미하다는 점 등이 글의 많은 부분을 차지하고 있다. 이선옥의 글은 '진보 진영'과 여기에 동일화하는 '공론장 독자'들을 대상으로 하여 진보 진영의 정체성을 지키는 전략을 분명하게 표명하는 것을 목표로 한다. 이선옥의 글에서 진보 진영의 정체성과 "여성 혐오 배격 운동"은 적대적이고 대립적으로 분명하게 규정된다. 더 나아가 이선옥은 "여성혐오 배격 운동"이 진보 진영에 대해 '억압'으로 작동하고 있다고 진단하다. 그래서 이 글은 억압에 대항하며, 억압 주체인 "여성 혐오 배격 운동"을 "극단주의"로 규정해야 한다고 주장한다. 그리고 무엇보다 "이를 인정하는 일이 먼저 필요하다."고 반복해서 강조한다. 그리고 이런 과정이 바로 "공론장을 회복"하는 일이다. 공론장을 회복해야 한다는 논의는 이렇게 표현된다. "억압에 침묵하기보다 계속 발언하고, 내부의 극단주의자들을 고립시키고, 설득하면서 합의해야 한다. 여성 문제에 관해서 우리 사회는 공론장의 기능이 작동하지 않고 있다. 이를 인정하는 일이 먼저 필요하다."

이 담론 구조는 너무나 흥미롭다. 여성주의는 진보 진영에 대해 억압으로 작동하고 있고 진보 진영은 "억압에 침묵"하고 있다. 이것이 "여성 문제에 관해서 우리 사회는 공론장의 기능이 작동하지 않고 있다."는 진단을 내리는 근거이다. 따라서 사라진 공론장을 회복하기 위해서는 "억압에 침묵하기보다 계속 발언하고 내부의 극단주의자들을 고립시키"는 일이 병행되어야 한다는 게 이선옥의 주장이다. 표면적으로는 공론장, 대화,

의사소통을 논의하고 있지만, 실제로는 진보 진영과 여성 문제를 적대적으로 규정하고, 더 나아가 "여성혐오 반대 운동"을 극단주의로 규정한다. 여기서 좀 더 흥미로운 것은 '내부의 극단주의'라는 표현이다. 이 글의 부제는 "선택적 정의와 진보의 가치 … 극단주의자들이 우리의 신념을 대표하게 해서는 안 됩니다."이다. 즉 여성혐오 반대 운동이 극단주의이며, 이에 동조하는 진보 진영 내부 그룹 역시 '내부의 극단주의'로 간주한다. 그래서 "극단주의자들이 우리의 신념을 대표하게 해서는 안 됩니다"라는 요청과 당부가 자연스럽게 이어진다.

이 글의 핵심 주장인 공론장의 회복이란 진보 진영의 정체성을 오인하게 하는 극단주의자를 고립시키고 이에 대해 담론을 형성하는 일을 뜻한다. 녹색당과 노동당, 정의당을 비롯한 '진보 정당'은 이 문제에 휘말려 들지 말아야 한다고 분명하게 선을 긋는다. 흥미로운 건 "여성 혐오 배격 운동"을 '통진당' 사태의 연장으로 간주하고 있다는 점이다. 여기서 말하는 진보 진영의 정체성이 '오인될 가능성'이란 다름 아닌 통진당 사태를 뜻한다.

통진당에 문제가 생기면 노동당에 항의 전화가 온다. 민주노동당에서 서로 갈라진 지 몇 년이 지났고, 노동당과 민주당 사이에 실개천이 흐른다면 통진당과 노동당 사이에는 장강이 흐른다고 할 정도로 이질적인데, 대중에게는 모두 같은 진영일 뿐이다. 대중이 무지해서 그런다고 해봐야 해결되지 않는다. 문제는 대중의 무지가 아니라 모두 하나로 인식되는 상황 자체에 있고 이는 진영이 자초한 일이기 때문이다.

그런 면에서 진보진영의 대응은 유감이다. 정의당과 녹색당, 노동당은 이 사안에 대해 각각 문화예술위원회, 청년녹색당, 여성위원회 차원의 논평을 했다. 그런데 그동안의 논평과는 달리 내부 당원들의 비판에 직면했다. 정의당의 경우 문화예술위원회의 논평에 당원들이 이례적으로 격렬한 비판을 하고 나섰다.[16]

"여성 혐오 배격 운동"을 통진당 사태로 결부시킬 만큼 진보진영이 느끼는 정체성 위협은 막강한 것이다. 진보 정당의 정체성을 지켜야 한다는 절박함과 단호함은 이런 막대한 위협감에서 비롯된다. 진보 정당의 정체성을 지키기 위해 극단주의자를 배격하고, 특히나 내부의 극단주의자를 고립시켜야 한다는 이런 논지는 이른바 미디어 '절독 운동'과 아주 정확하게 같은 논리와 담론 구조로 되어 있다.

특히 이 사태는 모두 이른바 '진보 진영'이라는 주체성을 표명하고 정체성을 '인증'하는 절차이자 과정으로 공표되었다는 점에 주목할 필요가 있다. 부르주아 자유주의나 보수주의와 달리 진보 진영은 타자성에 열려있고, 변혁적 운동에 연대하며 현실 변화와 경향성(모순의 객관성과 총체성!)을 파악한다는 '통념'과 달리 이 사태에서 진보 진영의 정체성은 '동일성 인증'('『시사인』, 너희가 이럴 수가'·'조중동과 다른 게 뭐냐')

을 통해서 경계를 확정한다. 즉 한국의 진보 진영은 『한겨레』, 『경향』, 『오마이뉴스』와 『시사인』, 『시사저널』 등 특정 매체의 독자라는 정체성을 지닌다. 그리고 반대로 이 매체들 역시 이런 독자의 요구를 반영한다. 즉 한국의 진보 진영의 정체성은 미디어와 독자 주체 사이의 상호 동일성, 등질적인 상호 참조와 교섭 작용으로 구성됐고, 그것이 당연하다고 간주하여 왔다. "『시사인』 너희가 이럴 수가!"는 바로 이러한 믿음과 신뢰의 역사에 대한 이른바 진보적임을 자임하는 '독서 주체'의 배신감을 정확하게 표명하고 있다.

이른바 근대적 공론장이란 근대 인쇄 매체의 발전에 따라 신문, 잡지, 단행본을 읽으면서 상호 성찰성과 의사소통적 합리성을 구축한 독자 주체에 의해 생산되고 재생산되었다고 논의된다. 그러나 페미니즘 연구와 서발턴 연구, 다스려질 수 없는 자들에 대한 연구가 다 같이 지적하고 있는 것은 이러한 근대 공론장에 소수자의 자리는 없었고, 오히려 소수자를 공론장에서 배제하면서 공론장의 '시민권'과 독서 주체가 생산되고 헤게모니적 지배를 계속해 왔다는 점이다. 정동 이론은 이에 대해 또 다른 시각을 제공하기도 한다. 특히 가브리엘 타르드의 군중la foule과 공중le public에 대한 논의는 정동 이론에서 새로운 미디어와 네트워크 기반 주체가 근대적 공중과 어떤 차이와 가능성을 지니는지를 논의하는 데 중요한 이론적 원천을 제공하기도 한다.

공중은 "인쇄물 특히 신문을 읽는 행위로부터 성립한 새로운 사회집단"이며 데카르트나 르봉과 같은 19세기 학자들은 이런 공중을 자율적 개인, 이성적이고 합리적인 판단에 가치를 두는 근대 주체의 상징으로 간주했다. 반면 군중은 '군중심리'에 대한 르봉의 논의가 보여 주듯이 "근대 도시 공간에서 우발적으로 육체적인 접촉을 하게 되면서 감정적인 동조나 충동적 행동을 하는", "사회를 혼란에 빠트리는 일탈 행동을 하는" 존재로 간주하였다. 그러나 가브리엘 타르드는 르봉의 입장과 달리 군중보다 공중이 자신의 판단과 정신의 자유에 의해 판단을 내리기보다, 오히려 군중과 비교해서 더욱 등질적일 수 있다고 보았다.

타르드는 이렇게 말한 바 있다. "군중 속에 휩쓸려 자기를 잃은 개인보다, 신문 독자 쪽이 더 많은 정신의 자유를 갖고 있다고 여기는 사람이 있다."(타르드, 1901) 이 대목은 당시 군중과 공중에 대한 인식의 차이를 단적으로 보여 준다. 즉, '군중'은 감정적이고 충동적으로 행동하기 쉽지만, '공중'은 무엇보다도 '독서'하는 주체이고 보다 자유롭고 보다 이성적이며 합리적이라고 말이다. 하지만 타르드에 따르면 이런 인식은 잘못된 것이다. 오히려 '공중'은 '군중'과 비교해서 더욱 등질적일 수 있다.

물론 독자는 기사를 읽고 내용을 숙고한다. 평소의 수동적 태도를 전환하기도 한다. 그러나 또한 그렇기 때문에 자기의 의견이나 감정에 합치되는 다른 신문 쪽으로 쉽게 이동하기도 한다. 한편, 기자들 역시 이런 변덕스러운 독자의 동향을 감지하고 독자를 끌어오고자 한다. 타르드는 이 관계를 '상호 적합에 근거하는 상호선택' 혹은 '이중의 상호적응'과 '이중의 상호선택'이라고 규정한다. 이 상호적응과 선택의 결과, 독자들은 '자기의 편견이나 감정에 비위를 잘 맞추는 신문'을 택하게 되고, 한편 신문 쪽은 '다루기 쉽고 가변적인 독자를 자기 마음대로 골라' 낸다.[17]

신문을 읽는 독서 주체가 이성적이고 합리적이라는 당대의 지배적 인식에 대해 타르드는 오히려 신문과 독자 간의 상호 적응과 상호 선택에 의한 등질화 과정을 주목한다. 이런 해석에 비춰 보자면 앞서 논의한 '절독 운동'의 경우는 공론장의 부재에서 오는 현상이 아니라, 공론장에서 흔히 일어나는 일의 반복이라 할 것이다. 즉 지금까지 상호적응과 상호선택에 의해 등질적 관계를 구성해 온 신문과 독자 사이의 상호 등질성이 위기에 봉착했다는 위기감이 '절독' 운동으로 나타난 것이다. 그런 점에서 미디어 절독 운동은 이른바 공론장이 지금까지 바로 이러한 상호 등질성에 의해 구성됐다는 점을 매우 선명하게 보여 주는 것이다. 공론장은 부재하지도 위기에 처하지도 않았다. 애초부터 여자떼와 다스려질 수 없는 자들은 공론장을 구성하는 미디어와 독서 주체 사이의 상호 등질적 상호 선택과 상호 적응에서 배제됐고 배제되고 있다.

특히 문화 영역에서 여성들이 문화의 보호자 역할을 도맡아 하고 있음에도 불구하고[18] 여성은 '관객', '소비자', '독자'로서의 수동적인 지위만을 부여받는다. 문화 생산물에 대한 여성 혐오 비판의 중요 동력 중 하나는 여성과 문화 생산장 사이의 관계가 앞서 살펴본 독자 주체와 공론장 사이의 관계와는 너무나 다른 종속적 지위라는 점에 대한 저항이라고 보아야 한다. 그런데도 문화 생산에 대해 수동적인 지위를 벗어나 능동적인 상호 교섭을 시도하는 여성들의 정치적 실천은 매번, 기껏해야 소비자 권리 운동으로 환원되고 매도된다.

이선옥은 넥슨 사태에 대해 여성 혐오 문제가 아니라며 이렇게 게임 유저들의 강변을 대변하기도 한다. "게임 유저들은 바로 이 지점을 말하고 있다. 남성이 하면 혐오이고, 여성이 하면 왜 혐오가 아닌지, 여성의 불매는 왜 정당한 사회운동이고, 남성의 불매는 왜 여성혐오자들의 준동인지."[19] 앞서 살펴본 바와 같이 근대 공론장이 형성된 역사를 통해 볼 때 남성의 불매는 공론장 주체의 지배적 헤게모니를 관철하려는 시도라면 여성의 불매는 바로 그러한 지배적 헤게모니에 저항하여 여성의 종속적 지위를 벗어나 상호 교섭을 시도하려는 정치적 실천인 것이다. 이런 '불매'의 성격을 전혀 해석하지 못한 채, 헤게모니 지배를 관철하려는 지배적 다수자의 억압적 통제와 이를 벗어나려는 소수자의 상호 교섭적인 지위를 확보하려는 투쟁을 '동일한 소비자 운동'으로 환원하려는 시도야말로 매우 이데올로기적이다.

물론 이러한 비판은 공론장이 해체되어야 한다거나 불필

요하고 '군중'이 이를 대체해야 한다는 낭만적 결론과는 아무런 관계가 없다. 이토 마모루도 지적하고 있듯이 오늘날 정동 이론이 타르드의 공중과 군중에 대한 논의를 이론적 원천으로 다시 해석하는 것은 크게 두 가지 경향의 연구 의제를 도입한다. 먼저 근대성에 대한 역사적 재해석 작업이다. 공중에 비해 군중을 충동적이고 사회를 혼란에 빠트리는 집단으로 치부했던 근대적 사유 체계는 실은 근대적 주체 이론으로 포착하기 어려웠던 '애매한 경계'를 부정적으로 포섭하면서 구성되었다. 즉 군중행동이나 군중 심리로 불린 사회 현상은 근대적인 사회 변동 과정에서 "근대적 가족이나 기업에 아직 완전히 포섭되지는 않은, 즉 '사적 영역'과 '공적 영역'의 질서에 분명하게 편입되지 않은 많은 사람이, 사적이면서 공적인 도시 공간의 애매한 경계에서 경험한 것을 지시한다는 점이다."[20] 이는 근대성의 해석에서 누락된 '포섭되지 않은 제3의 영역이 가지는 독자성에 대해 재해석해야 할 연구 과제를 남겨놓는다. 이는 앞서 논한 다스려질 수 없는 자들에 대한 연구와도 연결된다. 다스려질 수 없는 자들은 주로 유럽의 근대화 과정에서 근대적 주체(젠틀맨)와 노동자 주체성이 이분화되어 구성되는 시기에 양자 어디로도 포섭되지 않았던 집단을 지시하는 개념이다. 풍기문란 집단 연구 역시 이와 밀접한 관련을 맺는다.

두 번째로는 이처럼 근대 군중 네트워크에 대한 연구는 이른바 공사의 영역과는 다른 독자적인 논리와 공간을 가지는 영역에 대한 이론적 관심을 촉발했고 '공통적인 것'common(마이클 하트와 안토니오 네그리)에 대한 관심의 고조도 그 한 예라고 이토 마모루는 논의한다. 공통적인 것에 대한 논의가 페미니즘과 젠더, 퀴어 연구를 중요한 역사적 원천으로 해서만 가능해진다는 점에 대해서는 앞에서도 논의한 바이다. 또한, 앞서도 살펴본 바와 같이 정동 연구와 근대성 다시 읽기, 그리고 다스려질 수 없는 자들의 힘에 대한 연구는 사회적인 것과 에토스 그리고 결속의 방식에 대한 새로운 연구 의제로 이어지고 있다.

그런 점에서 오늘날 한국 사회를 뜨겁게 달구고 있는 여자떼 공포와 공론장 부재에 대한 위기감은 단지 '메갈'이라는 새로운 인종의 탄생에서 비롯된 것도, 그 집단의 실태 조사로 판단될 수 있는 문제도 아니다. 오히려 최근 페미니즘을 둘러싼 일련의 사태야말로, 여성을 비롯한 소수자의 역능을 문란, 퇴폐, 부적절함, 근본주의적 불순분자로 배제하면서 구축된 근대적 주체성과 공론장의 한계를 되돌아보는 '근본적'이고도 발본적인 이론의 재구성을 요청하는 사태이다. 그리고 이러한 이론의 재구성에서 정동 연구와 페미니즘의 결합은 가장 근본적인 패러다임을 제공할 거의 유일한 역사적·이론적·실천적 원천이라고 할 것이다.

2장

정동의 과잉됨과 시민성의 경계

1. 시민성의 영토와 공간 분할

시민성의 개념은 통치govern라는 규정의 성립과 밀접한 관련이 있다. 시민성, 혹은 시민적인 것의 경계는 다스리는 것과 다스릴 수 있는 것의 경계에 다름 아니다. 달리 말하자면 시민성의 개념 규정은 다스릴 수 있는 자격을 갖춘 자의 적절성과 그 범위를 구축하는 일이기도 하였다. 여성과 미성년, 소수자들이 시민성의 경계에서 배제되어온 오랜 역사가 보여 주듯이 시민성의 개념 규정은 특정 주체를 다스릴 자격이 있는 범위로 포괄하면서 동시에 다른 주체들을 다스려져야 하는 자들의 범위로 배제하는 작업에 의해 가능해진 것이다.

여성과 미성년자들이 스스로를 다스릴 수 없는 자이자, 가부장(시민)에 의해 다스려져야만 하는 집단으로 간주된 것처럼 시민성의 경계는 특정 주체를 자기 규율이 불가능한 존재로 규정함으로써 구획된다. 따라서 여성이나 미성년자들은 가부장의 다스림을 통해서만 시민의 경계로 포함된다. 잘 알려져 있다시피 가부장의 다스림(보호/훈육)을 통해서도 시민성의 경계로 포함될 수 없는 이들은 정신병자, 범죄자, 광인 등 다양한 방식으로 분류되었다. 사실상 근대 규율 권력의 미세한 분류 체계의 작동 속에서도 이러한 감별의 규정 속에 포함되지 않는 다양한 집단들이 존재했다. 이들은 시민 주체의 입장에서 무엇인가 불길하고 부적절한 존재들로 간주되어 왔다. 이러한 시민성의 개념과 경계가 구축되면서 다스릴 수 없는 자들이 '발견'되는 과정은 흥미롭게도 사상적으로 자연 상태와 사회 상태라는 경계 구축에서 전형적으로 발견된다.

시민과 시민적인 것에 포함되면서 배제되는 여성과 미성년, 그리고 다스려질 수 없는 자들 사이의 분할을 공간적으로 형상화해 보면 이는 자연 상태와 사회상태, 그리고 국가 사이의 공간적 배치나 분할과 기묘하게 일치한다. 이러한 공간적 형상화 속에서 시민과 시민적인 것의 영역은 여성과 미성년을 하부영역에 포함하면서 배제한다. 그리고 이렇게 만들어진 시민적인 것은 가정이라는 잘 만들어진 형상으로 나타난다. 이때 다스려질 수 없는 자들은 이 시민적인 것의 영역과 가정의 기저에 자리 잡게 된다. 이 다스려질 수 없는 자들의 영역은 시민성의 영역에서는 보이지 않고, 보일 수도 없는 형태로 기저에 잠복되어 있다. 그리고 시민사회와 가정이라는 잘 만들어진 형상의 세계와 그 기저에 잠복된 다스려질 수 없는 자들 사이를 가로지르는 것은 '다스림'의 가능성, 즉 통치성이 작동하는 구별선이다.

사회 상태와 자연 상태를 구별하는 사유 방식을 형상적으로 재구축해 보면, 여기서 역시 자연 상태는 마치 속을 들여다볼 수 없는 깊은 심연처럼 사회 상태의 기저에 잠복되어 있다. 그리고 이 심연과 사회 상태라는 잘 만들어진 도상 공간 사이를 가로지르는 것은 '국가'라는 경계 구축과 탈구축의 분할선이자 영토이다.

시민성과 여기서 배제된 존재들, 그리고 사회 상태와 자연 상태에 대한 형상적 사유들은 다양한 문학 작품 속에서 만날 수 있다. 이 글은 시민적인 것의 경계라는 문제를 문학과 영화가 제공하는 형상적 사유의 힘을 매개로 다시금 생각해 보는 것을 목표로 한다. 문학과 예술이 제공하는 형상적 사유의 힘이 시민적인 것의 경계와 관련된 다양한 이론적 쟁점들을 보다 구체적인 방식으로 우리에게 전해줄 수 있기 때문이다. 또한 한국 근대문학에서 흔히 발견되는 홍수의 메타포가 이러한 시민적인 것의 경계 구축과 밀접한 관련이 있다는 것을 함께 고찰하고자 한다. 특히 홍수의 표상은 시민성의 영역과 여기서 배제된 다스려질 수 없는 자들 사이의 힘 관계를 상징적으로 함축한다. 이를 정동의 과잉됨이라는 차원에서 재해석하는 방법을 제시하고자 한다.

2. '시민사회'의 토폴로지 : 시민사회, 시민적인 것, 그리고 자연 상태

무명 시절 김기덕의 영화에는 '다스려질 수 없는 자들'의 힘이 지닌 폭력의 복합성이 균열적으로 드러난다. 〈악어〉(1996)나 〈야생동물 보호구역〉(1997), 〈파란대문〉(1998)과 같은 김기덕의 초기작에서 '악어'가 자행하는 폭력에는 복합성과 균열이 존재한다. 즉 악어의 폭력은 한편으로는 '다스려질 수 없는 자들'의 분출하는 정념의 차원과 결부되는가 하면, 다른 한편으로는 '강간'의 연쇄로 상징되듯이 성적, 계급적 노예화와 '지배'의 대리 수행과 반복이라는 복합성을 지닌다. 즉 이를 통해 악어의 폭력은 과연 무엇인가를 질문의 대상으로 삼게 한다. 그러나 초기 작품에 드러난 이런 복합성과 균열은 점차 느슨해지고 김기덕 감독은 남성적 폭력을 신화화하는 방향으로 나아간다. 〈나쁜 남자〉(2001)에서부터 김기덕 감독은 이미 남성적 폭력을 신화화하고 이를 통해 선정적 논란을 등에 업고 '한국 영화 거장'으로 평가받는 방향으로 전환했다. 〈나쁜 남자〉에서는 '나쁜 남자'의 폭력의 복합성과 균열이 봉합되면서 폭력과 지배가 신화화되고, 그 자체로 '대안적인 힘'으로 간주된다. 폭력의 복합성과 파열점이 봉합되면서 '나쁜 남자'의 폭력에 내재된 성적, 계급적 노예화의 메커니즘은 '나쁜 남자'가 가부장이 되는 새로운 공동체의 '도덕' 속에 봉인되어 버린다. 이에 대해서 필자는 이미 2000년대 초반 강하게 비판한 바 있다.[1] 그러나 해외영화제 수상을 통해 한국 영화 거장으로 세워지는 한국 영화계의 고질적인 관행 속에서 김기덕은 신화화되었다. 김기덕이 거장으로 행세하게 된 과정은 한국 영화 역사에서 강간 서사와 한국적인 것이 결합해서, 향토 에로물이나 역사 에로물이 범람했던 역사와도 관련이 깊다. 여성을 성적으로 노예화하는 강간 서사가 문예 영화라는 이름으로 해외 영화제에 출품되고, 해외 영화제에서 수상하면 곧장 한국 영화 거장이라는 칭호를 얻게 되는 고질적인 역사와 관행 말이다.

김기덕은 〈나쁜 남자〉이후 페미니스트 비평가들에게 가장 반페미니즘적인 작가로 평가받았으나, 이와 관계없이 '영화적 평판'을 얻어갔다. 최근 김기덕 감독에 대한 일련의 성폭행 폭로가 있었다. 사실 그의 작품이 오래전부터 성적 노예화를 신화화했던 것에 비추어 보면 의미심장하다. 김기덕 감독에 대한 논의 자체를 삭제하려고도 생각했지만, 김기덕 감독이 걸어간 길을 되새겨보는 것이 페미니즘 비평 차원에서도 필요한 일이기에 삭제보다는 비판을 위해 거론하는 쪽을 택했다.

김기덕의 영화 〈악어〉(1996)는 한강 다리에서 '떨어지는' 사람들, 즉 자살자들의 시신에 '빌붙어' 사는 악어와 그 '일가'에 대한 이야기이다. 악어는 자살자를 잘 포착할 수 있는 한강 다리 밑에 자리 잡고 있다. 제목이 상징하듯이 영화의 공간은 '악어'의 서식지와 인간의 삶의 공간으로 분할된다. 어떤 점에서 영화 〈악어〉는 폭력으로 점철된 '짐승 같은' 악어의 생태 보고에 가깝다. 〈악어〉는 김기덕의 첫 연출 작품이고 〈악어〉의 스타일은 〈야생동물보호구역〉(1997)으로도 이어진다. 제목에서 이미 환기되듯이 두 작품은 이른바 사회에 편입되지 못한 떠돌이, 부랑아, 탈북자, 날품팔이 노동자 등의 삶을 마치 야생의 생태계처럼 그려나간다. 〈악어〉의 인물들 역시 이러한 패턴을 반복한다. 이들은 이름도 없이 그저 앵벌이, 할아버지, 악어로 서로를 부른다. 어느 날 다리에서 떨어진 그녀가 이들 '무리'에 들어오게 된다. 이로써 이들은 어떤 기이한 가족 같은 형태를 잠시나마 갖게 된다. 악어의 생존 방식은 '갈취'이기에 자살자의 시신이나, 그녀의 몸이나 악어에게는 마찬가지 갈취 대상이다. 악어에게 세상에 마음에 드는 것은 아무것도 없다. 따라서 악어는 아무것도 소중하게 생각하지 않으며, 따라서 아무것도 '소유'하지 않는다. 단지 폭력을 행사할 뿐이다. 그녀의 몸이나 죽은 자의 시신은 그런 점에서 모두 폭력의 대상일 뿐 소유나 가치와는 무관한 대상이다. '미안하다'는 말의 의미를 모르는 악어에게 '폭력'과 '생존'은 다른 말이 아니다. 악어가 그녀를 '소중하게' 생각하게 되자, 악어는 '착해진다.' 그리고 악어는 무엇인가를 '간직하는(소유하는)' 기쁨을 처음으로 맛보게 된다. 그러나 이 기쁨, 착해짐이 파국을 향한 전조라는 것을 알아차리는 것이 어렵지는 않다.

'악어'의 생태와 서식지를 '자연주의적'으로 보여 주는 〈악어〉의 방식은 관객을 불편하게 한다. 대부분의 김기덕 영화가 그러하듯이 말이다. 김기덕의 영화가 관객을 불편하게 만드는 것은 바로 넘쳐흐르는 과잉된 무엇 때문이다. 그것에 '폭력'이라는 이름이 붙여질 수 있을 것이다. 물론 김기덕의 최근작까지를 생각해 보면 김기덕 영화의 '불편함'에는 여타의 다른 요인들도 결합되어 있다. 적어도 〈악어〉의 경우에 국한해서 논하자면 〈악어〉의 불편함은 악어의 동물성, 악어의 비인간성이 이른바 인간적이라거나, 사회적, 혹은 시민적이라는 그 영역과 끝없이 대립하는 데서 비롯된다. 악어는 착해지면서 '인간의 얼굴'을 보여 준다. 그리고 그 인간의 얼굴을 통해 '악어의 무리'는 무엇인가 '가족'처럼 보이는 모습으로 나타난다. 그러나 그 '인간의 얼굴'은 파국과 죽음을 예고한다는 점에서 으스스하다.[2]

이런 의미에서 나는 〈악어〉를 경유하여 인간적, 사회적, 시민적인 것 혹은 '인간의 얼굴'이라는 것에 대해 생각해 보려 한다. 그리고 이와 대립적인 지점에 놓인, 아니 인간적인 것과 사회적인 것, 혹은 시민적인 것에 미달하거나 부적절한 것으로 간주되는 어떤 영역, 이른바 '생태계'나 '서식지'로만 불리는 그 영역에 대해서도 생각해 보려 한다. 사회 계약론자들의 표현을 빌리자면, 바로 자연 상태와 시민사회, 혹은 자연 상태와 사회적인 것의 경계 말이다. 그리고 이 자연 상태, 혹은 시민적인 것에 미달하거나 과잉된 상태로 간주되는 이 영역들, 혹은 이 영역 사이의 경계를 '강' 혹은 홍수라는 표상과 관련하여 논하려 한다. 다시 악어의 강으로 돌아가 보자.

영화는 한강 다리를 중심으로 공간적으로 분할되어 있다. 악어가 사는 곳에서는 교각만이 보일 뿐, 다리 너머는 거의 보이지 않는다. 악어가 '서식'하고 있는 곳은 이른바 한강 시민 공원의 가장자리이다. 그러나 영화 〈악어〉에서 악어의 서식지와 한강 시민 공원은 한 장면에 담기지 않는다. 두 공간은 한 공간 안에 존재하지만, 실은 전혀 다른 공간적 위상 속에 배치되어 있다. 또 악어의 서식지가 자살자의 공간이라는 점에서 〈악어〉에서 죽음의 공간과 삶의 공간 사이를 분할하는 선이 바로 악어의 서식지이기도 하다. 〈악어〉에서 죽음의 공간은 한강 다리에서 아래로 떨어지는 '추락'과 관련된다. 즉 삶의 공간은 바로 한강 다리 너머에 있다. 반면 악어는 추락자를 찾아 한강에 뛰어들어 강물 깊이 잠수해서 내려간다. 악어의 서식지는 그래서 강변과 강물 깊은 곳 사이를 넘나든다.

흥미롭게도 〈악어〉에는 두 가지 시점이 존재한다. 영화의 첫 장면에서 악어는 한강 다리를 망원경으로 조망한다. 악어는 경찰도 찾지 못하는 죽은 자가 '떨어진 자리'를 정확하게 포착한다. 서식지에서 악어는 모든 것을 조망하는perspective '보는 자'이다. 영화에서 서식지 장면은 모두 악어의 시선으로 조망된다. 그러나 서식지를 벗어나서 이른바 '사회'의 공간으로 진입할 때 악어는 더 이상 조망하는, 보는 자의 위치를 갖지 못한다. '사회' 속에서 악어는 전지적 시점에 서 있는 카메라에 포착된다. 이는 시민 공원에서도 마찬가지이다. 악어의 서식지는 시민 공원의 가장자리에 있기에 시민 공간과 같은 공간을 점유하고 있지만 악어는 시민 공원에서는 경찰의 '포착' 대상(현상수배 전단지가 상징하듯이)일 뿐이다.

그런 점에서 악어의 서식지와 시민 공원, 악어의 서식지와 '사회' 사이의 관계는 사회계약론적 패러다임에서 구축된 자연 상태와 시민사회 혹은 시민적인 것 사이의 위상학을 전형적으로 반복한다고 할 수 있다. 또 악어가 시민 공원이라는 '시민'의 영역을 공유하고 있으나, 그 가장자리에 배치된 존재이며, 반은 자연 상태이고 반은 사회 상태에 포함된 채 배제된 존재라는 점에서 포함이자 배제인 존재들(아감벤의 호모 사케르에서 캐럴 페이트먼의 시민적 노예에 이르기까지)의 양태를 전형적으로 함축하는 존재이기도 하다.

시민사회나 시민적인 것을 재사유하는 성찰들은 다양하게 제기되고 있다. 아감벤이나 에티엔 발리바르 등의 논의는 자연 상태와 사회적인 것, 혹은 자연 상태와 시민적인 것의 구별, 혹은 포함과 배제의 문제를 다시금 사유하는 중요한 논점을 제기한 바 있다. 근대적인 시민사회의 형성 혹은 시민적인 것의 범주가 구성됨에 있어서 자연적인 것과 시민적인 것의 구별 혹은 이분화가 어떻게 여성에 대한 성적 지배를 '자연화'해 왔는가를 지속적으로 탐구해 온 것은 페미니즘 사상과 실천에서 비롯된 것이기도 하다. 그런 점에서 시민사회나 시민적인 것을 자유, 정치적인 것과 동일시하는 사유의 관습을 비판하면서 오히려 시민적인 것을 시민적 노예화와 연결할 것을 주장하는 캐럴 페이트먼의 논의를 다시금 환기해 보고자 한다.[3]

근대적 시민사회나 시민적인 것에 대한 이념이 어떻게 젠더화된 방식으로 구축되었는지에 대해서는 다양한 논의가 이미 진행된 바 있다. 이 글에서 내가 논하고자 하는 바는 시민사회 혹은 시민적인 것과 대립적으로 표상되거나 개념화되는 '자연 상태'가 정동, 특히 정동의 과잉됨과 밀접하게 관련되는 지점에 대해서이다. 〈악어〉에서도 전형적으로 나타나듯이 강(자연적인 것)과 하층 계급 남성과 '더럽혀진/버려진' 여성들 사이에는 '특별한' 연쇄 고리가 있다. 이는 앞서 〈악어〉의 공간적 구획에 대한 논의에서 잠시 언급한 바와 같이 이른바 시민사회의 구축이라는 것이 계급적 지배와 성적 지배라는 시민적 노예화(캐럴 페이트먼)의 산물이라는 점과 밀접한 관련이 있다. 이러한 성적 지배와 계급적 지배는 동시에 자연상태에 대한 사회적인 것의 지배와도 연계된다.

나는 〈악어〉의 공간적 분할에 대한 고찰을 통해 시민사회('자유')와 시민적 노예화, 시민적인 것과 자연 상태 사이의 복종과 지배의 관계를 간략하게 다시 살펴보려 한다. 〈악어〉에서 악어의 서식지는 시민사회의 '바닥'이자 심연이다. 〈악어〉의 서식지는 시민 공원의 가장자리에 있고, 한강 다리는 시민 공원(사적 영역/재생산)과 오피스 타워(생산/공적 영역)를 연결한다. 〈악어〉에서 한강 다리에서 떨어지는 사람은 두 종류로 나타나는데 실패한 가장과 아내가 되지 못한, 혹은 '더럽혀진' 여자들이다. 이 떨어지는 사람들은 그런 점에서 공적인 영역이든 사적인 영역이든 시민사회에 진입하지 못한 이들이다. 이때 한강이라는 자연적인 것에도 의미의 균열이 발생한다. 밤의 강이 자살의 공간이고 낮의 강이 '단란한 가족들의 피크닉' 공간이듯이, 강은 시민의 공간이자, 시민이 되지 못한 자의 무덤이다. 아니 역으로 강변을 점유함으로써 시민은 태어난다. 〈악어〉에서 한강은 그런 점에서 온전히 시민들에게

'점유된' 장소이기도 하다. 반면 '악어'가 점유할 수 있는 것은 시민들의 '쓰레기'뿐이다. 〈악어〉에서 한강은 시민들에게 점유된 채 흐르지 않는다. 악어는 흐르지 않는 강, 쓰레기만을 안고 고여 있는 강을 자신의 삶과 동일시한다. 강에 종이배를 띄우기를 반복하는 앵벌이를 구타하기를 일삼는 악어는 바다로 흘러가지도 못한 채 결국 가라앉아버리는 종이배가 자기 신세와 마찬가지라며 악다구니를 친다.

강은 흘러넘치지도, 흘러가지도 못한 채 온통 시민들에게 점유되어 있다. 강은 시민들에게 서비스(시민공원)를 제공하는 것 외에는 아무 의미가 없다. 강은 시민의 노예다. 그리고 그곳이 악어의 서식지이다. 악어(자연적인 것) 역시 시민사회의 노예이기 때문이다. 물론 악어의 '가족' 역시 그 내부에 노예화와 복종의 기제를 고스란히 반복한다. 그래서 〈악어〉에서 악어 '가족'과 악어의 서식지는 시민사회의 심연이자 바닥이며, 동시에 그 바닥의 '생태'는 시민사회라는 것의 이면이기도 하다. 악어의 폭력은 그런 점에서 시민사회에 완전히 장악되어 시민사회의 쓰레기만 품고 있는 한강의 상태와도 유비적으로 생각할 수 있다. 시민의 공원이 된 한강이 더 이상 흘러넘치지 않듯이, 악어의 '폭력'은 서식지의 경계를 넘어서지 못한다. 앞서 악어의 폭력이 다스려질 수 없는 자들의 정념의 분출과 밀접한 관련이 있음을 이야기하였다. 이런 맥락에서 보자면 〈악어〉에서 악어의 폭력은 실은 시민 공원의 경계를 넘을 수 없는 '악어'(자연적인 것/부적절한 것/과도한 것/더럽혀진 것)의 분출할 수 없는 정념과도 관련된다. 하여 악어의 폭력은 자기 파괴의 악순환을 맴돈다. 악어가 자기 파괴의 악순환에서 순간적으로 이탈하는 순간은 잠수의 순간뿐이다. 잠수 혹은 잠수를 통해 구축한 '바닥'의 자리는 그런 점에서 시민사회에 포획된 '악어'가 스스로 생성한 새로운 자리이다. 이에 대해서는 뒤의 장에서 논의를 이어나가고자 한다.

1996년도 작품인 〈악어〉에서 한강은 온전히 시민의 것이며, 더 이상 넘쳐흐르지 않는다. 넘쳐흐르지 않는 강, 그런 점에서 이는 강에 대한 한국의 표상 구조의 역사에서 새로운 분기점과 같은 것인지도 모른다. 적어도 강은 언제나 흘러넘치고 있었다. 혹은 흘러넘치는 강에 대한 불안과 두려움은 근대 이래 한국의 다양한 장르의 서사를 추동하는 원동력이라고도 할 수 있다. 〈악어〉에서 나타나는 강과 하층 계급 남성의 '폭력성'과 '더럽혀진 여성'에 대한 젠더 불안이 상호 연결되는 구조는 실상 근대 체제 이래 빈번하게 나타나는 표상 구조이다. 이는 한국 사회에 독특한 것도 아니다.[4] 이는 근대적 주체가 구성되는 과정에서 정동이 어떤 식으로 표상되는가와 밀접한 관련이 있다.

3. 정동의 과잉됨과 시민성의 경계 : '홍수'와 다스릴 수 없는 자들

미국의 문화연구가인 벤 앤더슨은 과잉됨(/초과excess)의 차원에 집중하여 정동에 대한 논의를 진행한다. 벤 앤더슨은 정동의 과잉됨은 비이성적 여성과 같은 젠더화된 형상이나 감수성, 성난 군중의 계급적 형상들로 종종 나타난다는 점을 강조한다. 나는 『음란과 혁명 : 풍기문란의 계보와 정념의 정치학』(책세상, 2013)에서 부적절한 정념이라는 (무)규정적 규정에 의해 작동하는 풍기문란 통제(/규율)의 방식을 살펴보았다. 이 책에서 나는 풍기문란 통제를 "바람을 법으로 잡으려는 시도"로 규정하였고, 풍기문란자를 "다스릴 수 없는 자들"ungovernables이라고 논한 바 있다. 여기서 풍기문란을 함의하는 '바람'과 풍기문란자를 함의하는 '다스릴 수 없는 자들'이라는 범주는 현재의 정동 이론의 함의로 논하자면 정동의 과잉됨과 연결된다. 또 풍기문란을 통제(/규율)하는 부적절한 정념이라는 규정은 그 자체로 잡을 수 없는 바람을 잡아두려는 것인데, 이는 한편으로는 고삐 채울 수 없는 어떤 열정을 제어하려는 시도이자, 넘쳐흐르는 정동의 강렬함을 '다스리려는' 통치성의 발현이라 할 것이다.

나는 『음란과 혁명』에서 1910년대에서 2000년대에 이르는 풍기문란 통제의 추이와 부적절한 정념이라는 무규정적인 규정이 주체를 배치하는 과정을 고찰한 바 있다. 일제 시기 사상과 풍속이라는 대비항이 구성된 것은 일본 식민 통치의 법제와 긴밀하게 관련되어 있다, 즉 일본의 문화 통제의 규정이 사상 통제와 풍속 통제라는 두 차원으로 정립된 것이 그 대표적인 예다. 그러나 조선의 담론 공간에서도 사상과 풍속은 법제와는 다소 다른 차원에서 대립적인 항으로 존재했다. 즉 사상의 규정성은 사회주의나 민족주의라는 이념적 내포에 따라 구성되는 것이기도 하였지만, 동시에 사상이란 '풍속이 아닌 것'이라는 방식으로 대타적으로만 구성 가능한 개념이었다. 즉 사상은 그 자체로 자명한 범위를 갖고 있지 않고 '풍속'이라는 대타항을 통해 그 범위가 규정된다. 풍속 통제의 대상이 되는 행위나 집단은 당대의 규정 속에서는 '주의자'와는 다른 방식으로 세상을 어지럽히는(선량한 풍속을 침해하는) 집단이나 행위를 포괄하는 것이었다. 결론적으로 말하자면 풍기문란 행위란 부적절한 행위를 뜻하는 것이기도 하며, 이 부적절함은 때로는 과잉된 것이고, 때로는 결핍된 것들이었다.

사상 통제가 주로 지식인 엘리트 집단에 대한 통제였다면 풍기문란 통제가 주로 여성과 미성년, 하층 계급 남성을 아우르게 되는 것도 이러한 사상과 풍속 사이의 대비의 한 측면을 보여 준다. 즉 풍기문란 통제는 그런 점에서 정동의 '과잉됨'excess이 어떻게 '법'의 대상으로 포획되는가를 보여 주는 전형적인 사례이다. 그런데 이 정동의 과잉됨은 단지 총독부나 일본 제국주의로 상징되는 '국가'와 제국의 법의 포획 대상만은 아니었다. 나는 『음란과 혁명』에서 이기영의 「서화」를 토대로 '기미 만세 직전'의 조선에서 정동을 둘러싸고 총독부의 법과 조선의 오래된 도덕, 그리고 새로운 윤리의 담지자로서 사회주의가 어떻게 각축전을 벌이는가를 고찰하기도 하였다. 법과 도덕과 혁명적 윤리는 정동의 과잉됨(「서화」에서는 돌쇠로 상징되는 하층 농민의 부적절한 정념)을 제각기 다른 차원에서 포획과 전유의 대상으로 삼는다. 하여 과잉됨은 정동에만 국한되는 것이 아니라, 정동을 포획하고 휘발시키려는 생명 권력의 역학에도 해당된다. 그런 점에서 우리가 정동을 과잉됨이라는 차원에서 사유하는 것은 정동의 과잉됨(초과)이 현존하는 권력관계를 이탈하고, 벗어나고, 변형시키는transit 과정의 고유성을 고찰하는 동시에 이 정동의 과잉됨을 길들이려는 (바람을 법으로 잡으려는) 생명 권력의 과잉됨 또한 고찰하는 이중의 작업을 내포하는 일이다.

『음란과 혁명』에서 내가 입증한 바와 같이 풍기문란 통제는 일제시기에 시작하여 현재까지도 진행 중이지만, 바람을 법으로 잡으려는 시도가 온전한 '성공'을 이룬 적은 없다. 바람은 언제나 법의 손아귀를 벗어난다. 문제는 바람이 법의 손아귀만이 아니라, 기존의 사상들(혁명적이고 정치적인 사유의 패러다임을 포함한)과 학문의 방법론의 손아귀도 벗어나 버린다는 점이다. 하여 정동의 과잉됨을 추적하는 일은 "험난한 계보학"(밴 앤더슨)이며 이러한 과잉의 차원 때문에 정동이 우리에게 약속이자 위협이라는 이중적 의미로 다가오게 된다. 100년이 넘는 법의 과잉된 포획 장치 속에서도 바람이 법의 손아귀를 벗어났듯이 정동이란 "결코 고삐를 채울 수 없다." 이러한 정동의 과잉됨은 정동에 관한 기존 논의에서도 다양한 방식으로 고찰된 바 있다. 정동의 자율성이라는 브라이언 마수미의 이론[5]이나 정동의 "측정불가능성"에 대한 안토니오 네그리와 마이클 하트의 논의 등도 이와 관련이 깊다. 이러한 논의는 정동을 과잉됨의 차원에서 사유하면서 정치적인 것과 정동의 접속에 관해 새로운 사유의 지평을 열어주고 있다. 그런 점에서 밴 앤더슨은 "정동의 동화될 수 없는 과잉됨이라는 것은 영구적이고 결코 다스려질 수 없는 운동들 속에서 사회적인 것 또는 문화적인 것의 함의를 고찰하기 위한 새로운 길을 열어줄 것이라고 기대한다."고 논한다.[6] 물론 밴 앤더슨은 정동과 정치적인 것의 관계에 대해 정동을 논하는 다른 논자들에 비해 '희망적'이다. 정동에 대한 관심이 문화 연구에 새로운 지평을 열어줄 것이라는 희망적 기대가 밴 앤더슨의 논의의 기저에 자리 잡고 있다. 그러나 앞서 살펴본 바와 같이 정동에 대한 많은 논의들은 정동을 약속이자 위협이라는 이중적 차원에서 고찰한다. 즉 정동은 단지 희망만이 아니라 하나의 위협으로 작동하기도 한다. 이는 현재까지도 정동의 잠재성을 가장 잘 활용해 온 것이 극우 보수파라는 브라이언 마수미의 분석에서도 잘 드러난다. 그러나 이러한 이중적 측면은 달리 말하자면 정동이 현재의 지평 속에서는 '아직 아닌 것', 혹은 '무엇이 될지 모르는 것'의 형식을 지닌다는 의미이기도 하다. 그리고 정동에 관한 논의는 바로 이 '아직 아님'not yet을 사유하는 데서 출발한다. 이는 정동에 대한 스피노자의 유명한 경구인 "하나의 신체가 무엇을 할 수 있는지 우리는 아직은 알 수 없다."에서 비롯된 것이기도 하다. 또한 이는 우리가 정동을 대면하는 방식과도 밀접한 관련이 있다. 정동은 언제나 '아직 아닌 것'

의 형태로 조우된다. 이는 앞서 논한 바와 같이 정동의 과잉됨이 혁명적 프롤레타리아나, 각성된 지식인, 계몽된 엘리트라는 이미 구성된 주체성과는 다른 혹은 이에 미달한 '아직 아닌' 존재들의 형상으로 표상되는 데서도 전형적으로 나타난다. 또한 이 '아직 아닌' 존재들은 미달하는 동시에 넘쳐나며, 결여된 존재들임에도 제어되지 않는 그런 방식으로 부상한다. 하여 정동의 과잉됨은 넘쳐나는 것들, 부적절한 것들, 과잉된 것들의 형상으로 '우리'에게 다가온다.

> 석냥가피를 늘어 노은 듯이 쇠불쇠불한 흙차土車의 괴도 우를 쩔쩔거리고 차를 밀고 가는 소리 돌삼태기를 걸머지고 씽씽거리며 올으락나리락하는 〈요보〉들의 그림자…이러한 광경이 서로 어울려서 복작대일 뿐이요 소리인지 형용인지 분간조차 할 수 업다. 쓸는 듯한 더운 김이 입을 확확 막는 속에서 모든 것이 다만 꾸물거릴 뿐이다. 한울 밋까지 치처올러간 듯한 신궁 압희 축대 우에서나 남대문 문루 우에서 나려다보면 헐일 업는 개아미색기들이 달달 복는 가마솟 바닥에서 아물아물하는 것 가틀 것이다. 그러나 이 개아미 색기들은 질서도 훈련도 업시 오즉 피곤만이 그들의 볏헤 익은 얼굴의 느즈러저 잇슬 다름이다.…

> 이 사람들은 나흘 전에 문허졌다는 룡산 인도교의 조상을 가는 손님들이다. 그러나 허리가 부러진 털교를 붓들고 통곡

이나 할 듯한 얼굴빗을 가진 사람은 한아도 보이지 안는다. 수해에 시달린 사람들의 안부를 걱정하는 듯한 눈치를 보이는 사람도 업섯다. 사람이 몰린다닛가 나선 것이다. 십여 일 동안을 가치어 잇다가 별로 볼일은 업고 계딱지 가튼 집 안은 무덥고 하야 쌔라 다린 새옷이나 썰쳐 입고 바람 쏘일 겸 행귀나 하야 보겟다고 나선 것이다. 서울사람들에게는 한여름 내 유일한 노리터-소풍터로 생각하는 한강텰교조차 업서젓다는 것은 수만흔 동포가 고초를 격는다는 가엽슨 생각보다 아쉬운 일일지 몰을 것이다. 과연 그네들은 그만치나 텬하태평이요 팔ㅅ자 조흔 인생들이다. 그러나 쏘그만큼 불상하고 가엽슨 백성도 업슬 것이다.…

「쩨갈 놈들 텰교가 문허지지 안코 제 에미아비가 숨을 모나!… 놈년들이 굿듯 몰려 섯슬 째쯤되어서 저 쪽텰교까지 못 싹 떠나가 버려라!」

이러한 소리도 사람의 물결 속에서 들린다. 그 사람들은 나가는 사람쎄를 거슬려서 남대문을 향하고 허둥허둥 들어오는 것이엇다. 다른 사람들은 힐ㅅ끔힐ㅅ끔 돌려다만 본다. 그 두 사람은 진흙구렁이에서 쌔져나온 듯이 외목고의와 광당포적삼을 누러케 흙물에서 쥐여짜서 입은 모양이 서빙고 근처에서 겨오 기어드는 수해리재민인 듯십헛다. 눈알이 벌거케 상기가 되고 입에서 쏘다지는 악담은 금방 죽엄과 단판 씨름을 하고 나선 사람의 모진 악과 호긔가 득다갓한 듯이 보이엇다.

「이왕이면 오늘저녁쯤 한 번 더 퍼부엇스면 조켓네. 그야말로 저쪽 인도교까지 마자 문허지게.」

「이 사람아 인도교가 무엇 달라든가?」

「인도교가 무엇 달라는 게 아니라 이왕 이러케 된 밧에야 아조 신룡산까지 두려 싸질 일 아닌가…」

「신룡산이 두려싸지면 종로까지 물이 들썰세」

「종로까지라두 들 테건 들라지! 언제 두구 볼 세상이든가!」

혹은 모시 두루막이에 고무신도싯고 혹은 흰 양복에 흰 구두도 신은 또 한패에 젊은 축이 지나가며 이러한 수작을 주고밧는다. 그들은 남이 잘못되라고만 악담을 하는 게 아니라 자긔네 자신까지를 저주하는 사람들이다.7

위의 인용문은 염상섭의 장편 『사랑과 죄』의 첫 장면이다. 이 장면은 염상섭의 놀라운 묘사력을 보여 주는 장면이기도 하다. 염상섭은 홍수 직후의 서울 한복판을 마치 공중에서 카메라로 촬영하듯이 포착한다. 그리고 이 카메라의 시선은 남대문에서 시작해서 서울 한복판을 이동하며 '촬영'해 나간다. 독자들은 마치 영화의 한 장면처럼 공중에서 포착된 홍수 직후의 서울 전경을 보다가, 남산의 아래에서 위로 훑어 나가는 카메라를 따라 시선을 이동하게 된다. 이런 식의 포착은 여러 효과를 만드는데, 먼저 공중에서 촬영하는 것 같은 시선은 홍수 직후의 서울을 '조감'할 수 있게 한다. 홍수 직후의 서울은 넘쳐 나는 강물이 말 그대로 휩쓸고 지나간 흉물스러운 몰골이다. 한강 인도교도 무너지고, 남산 한 귀퉁이도 산사태가 나서 허물어져 내려가고 신작로는 흉물스럽게 파헤쳐져 있다. 이러한 형상이 한편으로는 식민지 경성의 슬픈 운명을 환기시킨다. 일제 시기 작품들에서 홍수가 조선의 식민성과 '후진성'을 복합적으로 환기시키는 표상으로 종종 등장한다는 것은 잘 알려진 사실이다. 이광수의 『무정』에서도 전형적으로 드러나는바 홍수는 조선의 식민지로서의 슬픈 운명의 표상이며, 동시에 식민지의 '슬픈 백성'(이광수가 즐겨 사용하는)의 표상이기도 하였다. 염상섭이 『사랑과 죄』에서 폐허 혹은 쓰레기 더미 같은 서울의 전경을 내려다보면서 동시에 '요보'(조선인에 대한 차별적 멸칭)의 모습을 포착하는 것도 이런 맥락의 연장선상에 있다. 서울 전경을 내려다보던 카메라의 시선은 '요보'들의 그림자를 내려다보거나, 그 뒤를 쫓아간다. 내려다보는 카메라의 시선에서 이 요보들은 "개미 새끼들"처럼 보이기에 내려다보는 카메라의 시선에는 "모든 것이 다만 꾸물거릴 뿐이다." 여기서 강물이 범람하여 '정상적인' 도시의 모습이 파괴된 경성 시내의 상태는 "개미 새끼들"로 표상되는 '요보들'의 상태와 동일하다. 이 둘은 모두 정상적인 사회나 시민성, 문명적인 상태를 이탈해 있다. 하여 때로 그것은 폐허나 황폐화(사회에서 자연 상태로의 회귀)의 형태를 취하고 또는 '비인간의 형상'(인간에서 개미로의 역진화)으로 나타난다.

넘쳐흐르는 홍수의 힘(과잉/범람)은 도시(일상 공간)를 황폐화시킨다. 또는 역으로 황폐화된 공간 속에서 일상적 공간에서는 만나기 힘든 어떤 힘의 과잉과 조우하게 된다. 『사랑과 죄』의 카메라의 눈이 폐허가 된 경성의 모습 속에서 이 과잉된 힘의 발산을 조우하듯이 말이다. 사람들이 많이 몰려들었을 때 "저쪽 철교까지 몽땅 떠내려가 버려라"라거나 "종로까지 다 홍수가 져라!"라며 "악에 바친 소리"를 하는 수해 이재민들의 모습이 바로 그것이다. 염상섭은 이들을 포착하면서 "그들은 남이 잘못되라고만 악담을 하는 게 아니라 자기네 자신까지를 저주하는 사람들"이라고 규정한다. 여기서 카메라의 시선과 홍수, 그리고 '요보들' 사이의 위치의 차이를 잠시 확인해 보자. 『사랑과 죄』의 작가의 시점은 바로 카메라의 시선, 즉 홍수와 개미 떼 같은 요보들을 위에서 내려다보는 위치에 서 있다. 이 시선은 앞서 『악어』에서 악어가 도시에서 포착되던 시점과 동일하다. 실은 역으로 말해 이러한 포착자의 시선을 통해서 '악어'와 '개미 떼'는 탄생한다. 카메라의 시선만이 문명화와 폐허 사이의 진화와 역진화의 과정을 조망할 수 있으며, 홍수와 악어와 개미 떼는 이 역진화의 공포와 위력을 환기시키는 대상이다.

즉 홍수는 한편으로는 인간이 반드시 다스려야만 하는 자연 상태이며, 일제 시기 홍수로 인한 피해는 앞서 논한 바와 같이 조선의 식민성과도 밀접한 관련이 있었다. 따라서 홍수 방지 대책을 효율적으로 세우는 것은 조선의 식민지적 상태를 개선하는 가장 중요한 지표의 하나였다.[8] 그런 점에서 홍수는 조선의 식민성, 반문명성을 상징하는 동시에 홍수를 다스리는 일은 식민지의 지식인들에게 계급과 입장의 차이를 막론하고 가장 중요한 당면 과제 중 하나였다. 그런데 『사랑과 죄』의 묘사에서도 전형적으로 드러나듯이 여기서 홍수의 상징성은 정확하게 '요보들' 혹은 "천하태평이요 팔자 좋은 인생들" 혹은 "그만큼 불쌍하고 가엾은 백성들"의 표상과 동일화된다. 이런 점에서 홍수의 표상이 일제 시기 조선의 식민성의 상징으로 자주 반복되어 호출되는 이유는 한편으로는 식민 통치에 따른 조선의 문명화되지 못한 상태와 직결된 현실적인 차원에서 비롯되기도 하지만, 자연 상태와 '민중', 그리고 이들의 넘쳐나는 힘과 범람하는 과잉의 에너지를 제어하고 다스려야 한다는 근대적 인식의 패러다임과도 밀접한 관련이 있는 것이다. 따라서 식민지 지식인에게 있어 홍수가 백성을 '슬프게'하는 것으로 반드시 '제어'되어야 하듯이, '민중'의 과잉된 정념 역시 '좋은 덕성'에 의해 제어되어야 마땅한 것이었다.

물론 홍수의 범람하는 힘과 '민중의 과잉된 정념'이 연결되는 방식은 단일하지는 않다. 이광수나 염상섭에게 홍수가 식민성이나 조선의 문명화의 정도(반문명화)와 연결된다면[9], 카프 계열의 작가들에게 "'홍수'는 극복되어야 할 모순을 집적시킨 부정태면서 동시에 새로운 가능성을 지닌 역사 주체의 상징이기도 했다."[10] 즉 이런 맥락에서 한국 근대 서사에서 홍수와 '민중의 부적절한 정념'은 부정태면서 가능태(잠재성)이며, 반문명화의 상징(자연상태)이자, 다스려야 하는 힘의 원천 등의 복합적 의미로 연결되었다. 이러한 홍수와 '민중의 부적절한 정념'은 '아직은 아닌 상태'not yet이면서 동시에 잠재적인 힘을 상징하는 방식으로 서로 연결된다. 또 이 잠재적인 힘은 '자연 상태'와도 결부된다. 이러한 연결 고리는 이른바 정동의 과잉에 내포된 함의와도 직접적으로 연결된다. 그런 점에서 근대 서사에서 홍수의 표상은 정동의 과잉됨(흘러넘치는 힘)과 그 '힘'에 대한 불안과 공포, 그리고 이에서 비롯되는 다스려야만 한다는 당위적 요청과 관련하여 다시 고찰할 필요가 있다. 또한 정동의 과잉됨이 흔히 성난 군중이나 하층 계급의 과도한 정념이라든가 문란한 여성의 표상으로 대두된다는 것은 앞서도 살펴보았다. 여기서 더 나아가 정동의 과잉됨은 '홍수'처럼 넘쳐흘러 인간적인 것, '사회', '시민성'의 경계를 문란하게 만들어버리는 '자연적인 것(자연 상태)'의 힘으로도 출현한다.

그런 점에서 홍수에 대한 공포와 '강'을 다스리려는 집요한 욕망은 '자연적인 것'에 대한 근대적 시민의 지배 욕망뿐 아니라 '다스릴 수 없는 자들'을 제어하고 지배하려는 근대적 시민의 욕망과도 밀접한 관련을 지닌다. 또한 한국 사회에서 근대 초기 이래 강을 다스리려는 통치 권력의 과잉됨의 강렬도는 이루 말로 표현할 수 없다. 홍수를 둘러싼 일본 제국의 통치 권력으로부터 한강의 기적과 사대강 사업에 이르기까지, 강을 둘러싼 통치 권력의 과잉됨을 토건 개발주의의 맥락뿐 아니라 '다스릴 수 없는 자들'을 포획하고자 하는 생명 권력의 과잉됨의 차원에서도 생각해볼 수 있을 것이다. 이는 다스릴 수 없는 자들과 시민 사이에서 벌어지는 생명을 건 투쟁이 '강'을 둘

러싼 투쟁과도 밀접한 관련이 있다는 함의를 지니는 것이기도
하다. 이를 인상적으로 묘파한 이는 파울 첼란이기도 하다.

창살 뒤에서
커다랗게 울었던
내 돌들과 함께.

그들은 나를 날카롭게 갈아서
시장 한복판으로 보냈네.
거기로
내가 어떤 서약도 하지 않은
그 깃발 오르는 곳으로.

피리들,
밤의 이중 피리.
생각하라,
빈과 마드리드의
어두운, 꼭 같은 두 개의 붉음을.

네 깃발을 조기弔旗로 올리라,
기억을.
조기로
오늘과 영원을 위하여.

가슴.

여기서도 너는 네 신분을 밝히라,

여기 시장 한복판에서

외치라 그것, 쉬볼렛을, 저 밖으로

낯선 고향에 대고

2월, 노 파사란[11]

아인호른.[12]

너는 돌을 훤히 알지,

너는 물을 훤히 알지,

오라

내 너를 인도하마

에스트레마두라[13]의

목소리들에게로

— 파울 첼란, 「쉬볼렛」[14]

데리다Jacques Derrida는 파울 첼란의 「쉬볼렛」을 분석하면서 다리를 건너갈 수 있는 자와 건너갈 수 없는 자, 그리고 그 가능성의 표지로서 언어가 작동하는 기제를 논한 바 있다.[15] 구약 성경에서 에브라임 사람들과 적대 관계에 있던 길르앗 주민들이 에브라임 지역의 요르단강 나루터를 점령했을 때, 에브라임 사람이라는 것을 숨기고 강을 건너려는 자들을 색출해내기 위해서 썼다는 암호가 쉬볼렛이다. 에브라임 사람은 이 단어를 '시볼렛'이라고 발음했는데, 이를 제대로 발음하는 사람만 살려 통과시켰다고 한다. 도미야마 이치로가 이 모티프를 일본에서의 오키나와인과 조선인의 경우에 적용시켜서도 논의한 바와 같이, 여기서 언어의 적절함properness은 다리를 건널 수 있는 자격과 상응하며, 적절하지 못한 언어 표현은 그 자체로 생명을 박탈당하는 이유가 된다.[16] 언어의 적절성의 경계는, 강을 둘러싼 점유권의 경계와도 관련되며, 이는 누가 이 땅의 주인인가, 혹은 누가 주민population이 될 자격이 있는가를 둘러싼 권력의 작동과도 밀접한 관련이 있다. 강을 건널 수 있는 자는 '적절함의 표지'를 갖춘 자이며, 강을 건넌 자만이 언어를 소유할 수 있다.[17] 우리는 이 역학을 슬프도록 아름다운 영화 〈지슬〉에서도 다시 만날 수 있다. 그렇다면 강을 건너지 못한 자들은 어떻게 되는 것일까? 「쉬볼렛」의 경우를 빌어 데리다는 강을 건너지 못한 채 끝내 언어의 적절함이라는 것 속에 영주권을 획득하지 못한 파울 첼란의 경우를 논의하고 있다. 데리다는 이를 파울 첼란이 지닌 "번역가-시인" 혹은 "번역가-철학자"라는 존재의 특이성과 관련해서 논한다. 강을 건너지 못한 자들은 알다시피 수용소의 재로 변해버렸다. 그리고 살아남은 자는 고향도 고국도 갖지 못한 채 떠돌 뿐이다. 강을 건너지 못한 채 살아남은 자들, 주권의 영역에 어떤 공간도 점유하지 못한 이들은 과연 어떻게 존재하는가? 번역가-시인이자 번역가-철학자라는 파울 첼란의 존재론적 특이성은 이에 대한 한 단서를 제공해준다. 데리다는 파울 첼란 시의 특징을 언어의 다수성multiplicity과 이주성migration이라고 정의한 바 있다. 즉 파울 첼란의 시에 나타나는 번역가–시인이라는 주체성은 현실의 어떤 공간도 점유하지 않은/못한 채, "시적인 것 속에 머무는 삶dwelling poetically이라는 특이성을 지닌다.[18] 적절함이라는 표지를 통해 구축되는 시민성의 공간 구축 속에서 어떠한 공간도 점유하지 못한 채, 강을 건너지 못한 자들, 우리는 이들을 다스려질 수 없는 자들이라는 규정 속에서 다루었다. 이들의 존재론적 특이성의 한 양상이 "시적인 것 속에 머무는 삶"이라 할 때 이는 점유를 통해 구축된 공간, 그 너머에 자리를 만드는 잠수의 상상력과 정치적 함의와도 결부된다. 결론에서는 이에 대한 논의를 간략하게 진행하고자 한다.

4. 잠수의 상상력과 다른 자리의 정치성 : 광장과 아지트의 거리

〈악어〉의 마지막 장면에서 악어와 '그녀'는 악어의 은신처에서 죽음을 맞이한다. 이 은신처는 마치 그들의 새로운 '보금자리'처럼 보인다. 물론 〈악어〉에서 잠수를 통해 구축한 악어만의 자리는 결국 죽음의 자리가 되었지만, 이 상상력을 통해 우리는 정치적인 것의 '공간'에 대해서 다른 이야기를 해볼 수 있지 않을까. 이른바 시민성의 영역에서 정치적인 것의 공간은 '광장'으로 상징된다. 악어가 잠수를 통해 구축한 자리는 이러한 광장의 공간성과는 명확하게 대비된다. 또한 "시적인 것 속에 머무는 삶"으로서의 파울 첼란의 정치성 역시 이러한 광장의 공간성과는 뚜렷하게 다른 면모를 보여 준다. 그렇다면 "시적인 것 속에 머무는 삶", 즉 시적인 것이라는 자리와 잠수를 통해 구축한 바닥의 자리라는 그 자리의 정치성을 어떻게 논의할 수 있을까?

이러한 대비는 이른바 1980년대 '수배'나 '잠수'의 경험을 담은 표상들에서 이러한 공간이 배치되는 방식에서도 유사하게 드러난다. 혁명적 전위들은 시민성의 광장이 닫히자 '창녀촌'(송기원), '기지촌'(《오, 꿈의 나라》)으로 숨어든다. 물론 이곳에서 만나는 것은 상처투성이의 '나'와 다르지 않은 '그들'이지만, 잠수의 장소는 이들에게 패배의 공간, 정치의 공간이 닫힌 상태에서 '숨어드는' 공간일 뿐이다. 그러나 〈악어〉에서 잠수를 통해 구축하는 자리는 그런 도피처나 은신처만은 아니다. 물론 이곳은 은신처이고 패배의 공간이지만, 악어는 그곳에 새로운 '삶'의 자리를 구축한다. "시적인 것 속에 머무는 삶"으로서의 파울 첼란의 주체 위치의 특이성이 단지 은둔이나 패배의 지표가 아니듯이 말이다.

악어의 잠수는 강변의 가장자리에 겨우 매달려 있는 자신의 영토에서 '더 멀리 나아가'(낭시) 기존의 분할된 공간 구획 속에서는 존재하지 않았던 새로운 자리를 만들어내는 행위라고 할 수 있다. 장-뤽 낭시는 기존의 '몸과 꼬리로 이루어진' 영토적 분할의 한 영역을 점하는 것을 공간이라 규정하고 이와는 달리 공간을 내는spacieux 행위가 구축한 영역을 자리lieu라고 구별해서 논한 바 있다. 그리고 기존의 분할된 영토적 구획에서 할당된 공간을 점유하는 방식과는 달리, 공간을 내는 행위는 새로운 자리를 펼쳐내고, 이 자리에서 영혼은 펼쳐진다. 그리고 이렇게 영혼의 펼쳐짐을 통해서 정념은 분출된다. 그리고 이러한 정념의 분출을 통해 만들어진 공동체commune는 정념을 공유하는 '공동체'와는 구별되는 새로운 정치적 함의를 지닌다.[19]

그런 점에서 〈악어〉가 잠수를 통해 구축한 강 저 깊은 아래의 자리는 매우 상이한 작품이지만 〈지슬〉의 은신처와도 닮아 있다. 〈지슬〉에서 살인귀에 가까운 경찰의 추적을 피해 도망간 제주도의 마을 사람들은 산속 깊은 곳, 동굴 저 너머의 공간에 숨어든다. 카메라는 산등선에서, 숲들, 그 아래 어두운 땅속의 심연을 '잠수'하듯 내려간다. 그리고 그 어둠의 심연 속에서 반짝 불이 밝혀진다. 일상적 삶 속에서는 들어갈 수도 없는 공간 속에 이들의 아지트가 있다. 시민의 광장police이 도시의 한복판에 수평적으로 열린 공간을 함의한다면, 〈악어〉와 〈지슬〉에는 이러한 수평적 공간의 열림은 존재하지 않는다. 물론 〈악어〉와 〈지슬〉의 은신처들은 이러한 수평적 열림이 완전히 차단된 상황의 산물이기도 하다. 그러나 이는 단지 비상사태의 예외성으로 간주할 필요는 없다. 〈악어〉를 통해 살펴본 바와 같이 광장은 이미 구성된 시민성의 세계의 공간적 분할 가운데 하나이다. 그런 점에서 광장 역시 낭시의 의미에서는 공간의 하나이다. 그 공간은 이미 구축된 공간적 편제 속에서 할당된 몫을 지닌 자들(시민)의 공간일 뿐이다. 그런 점에서 〈악어〉와 〈지슬〉에서 '잠수'를 통해 구축한 자리들은 수평적 열림을 원리로 하는 광장의 몫과는 다른 몫을 펼쳐낸다. 그리고 수평적으로 열리는 광장이 도시 시민들의 몫이었다면, 수직적 하강과 상승의 운동 속에서 새로운 자리를 열어내는 잠수의 자리가 강변의 가장자리와 비도시 지역의 무수한 '지방'에서 구축되고 있는 것은 우연이 아니다. 또 이 자리들이 대도시의 '광장'에 비추어 결여되거나, 부족하거나, 과잉된 무엇으로 여전히 의미화되고 있는 것은 정치적인 것을 둘러싼 투쟁이 지역적/공간적 분할과 편제에 의해 재배치된다는 점을 명확하게 보여 준다.

〈악어〉가 잠수를 통해서 자기 파괴적인 폭력에서 해방되어 정념을 분출하게 되는 것은 악어가 제한된 은신처의 반경에서 더 나아가 강물 저 깊은 곳에 자기 자리를 만들어내는 것과 같은 의미를 지닌다. 즉 이런 과정 속에서 '다스릴 수 없는 자들'의 넘쳐흐르는(문란하고 과도하고 부적절하다고 표상되는) 정념은 기존의 구획된 경계를 넘어서 분출된다. 하여 정념의 분출과 자리를 만들어내는 행위는 공통적으로 정동의 과잉(초과와 이탈)의 정치적 차원과 결부된다. 또한 파울 첼란과 〈악어〉와 〈지슬〉을 경유하며 살펴본 것처럼, 기존의 할당된 공간 분할에서 더 나아가는 잠수의 상상력은 점유와 소유를 넘어선 새로운 자리를 구축할 수 있는 정치적 함의를 우리에게 제공한다. 그리고 그 잠수의 상상력을 통해 구축된 새로운 자리는 "시적인 것에 머무는 삶"이라는 파울 첼란의 '머묾'의 방식과도 인상적인 유사점을 보여 준다. 이렇게 부적절한 존재들, 혹은 다스릴 수 없는 자들, 다리를 건너지 못한 자들은 잠수를 통해 저 바닥에 새로운 자리를 내는 자들이기도 하다. 또 그 자리에서의 머묾은 기존의 소유권과 점유권을 넘어선 새로운 삶의 방식을 우리에게 상상하도록 유도한다. 그 새로운 삶의 방식은 '누구도 소유할 수 없는' 것으로서의 시적인 것에 머무는 삶이라고도 이름 붙일 수 있을 것이다.

3장

사촌과 아이들, 토대 상부 구조론을 질문하다

1. 개념보다 먼저 포착된 리얼리티 : 미래가 부서진 '아이들'의 등장

배수아는 '마리떼 프랑소와 저버' 청바지와 함께, 우리 앞에 도착했다. 나이를 가늠하기 어려운 아이들, 학교를 다녀야 할 나이인 듯하지만, 편의점에서 '알바'를 하며 시도 때도 없이 몰려다니며 배회하는 아이들. 출퇴근이라는 개념이 없이 시간당 급여를 받으며, 부정기적으로 일을 하며, 부정기적으로 임금을 받으면서, 몇 달 넘게 모은 돈을 겨우 마리떼 프랑소아 저버 청바지와, 밀러 맥주와 말보로 레드 담배 사는 데 다 써버리는 아이들. 1993년 첫 소설이 나온 이래 배수아의 작품 세계는 다른 각도로도 변화했지만, 여전히 배수아의 작품 세계는 '아이들'에 관한 이야기로 시작된다.

배수아가 첫 소설 「천구백팔십년의 어두운 방」(『소설과 사상』)을 발표한 1994년은 흥미롭게도 한국에서 문화연구cultural studies의 원년으로 간주된다. 최근 한국에서 큰 인기를 끌었던 드라마 〈응답하라 1994〉에서도 잘 드러나듯이 1994년은 탈냉전과 세계화의 중요한 전환점이 되는 해였다. 북한의 김일성 주석이 사망한 사건이 정치사적으로 상징적이었다면, 신세대 문화의 폭발적 등장은 1994년을 냉전 정치의 종말과 문화적 전환의 분기점으로 기록되게 만들었다. 1994년을 전후로 한국 사회에는 이른바 신세대 문화가 폭발적인 인기를 끌었다. 1992년 '서태지와 아이들'이라는 아이돌 그룹의 등장 이래 이전에는 볼 수 없었던 새로운 문화 현상들이 대중 매체를 중심으로 부상하였다. 대중매체뿐 아니라 이른바 '인디문화' 또한 활발한 열기를 보여서 서울의 홍대 앞을 중심으로 인디문화 열풍이 거세게 불었다. 그런 의미에서 1994년은 '신세대' 열풍으로 부풀어 오른 해였다. 이런 시기에 등장한 배수아의 작품은 '신세대 문화'의 문학적 버전으로 곧잘 논의되었고, 열광도 비판도 주로 이러한 신세대 문화의 함의를 둘러싸고 이뤄졌다.

어떤 이들에게 배수아 문학이 체현하는 신세대 문화의 특징은 기존의 한국 문학의 과잉된 이데올로기와 무거운 역사성으로부터 이탈한 새로운 '이단적' 텍스트로 보였다. 반면 다른 이들에게 배수아 문학에 등장하는 '아이들'은 '세계화'(이 시기에는 아직 신자유주의라는 개념보다 세계화나 소비자본주의 등의 개념이 더 자주 사용되었다.)에 따라 밀려들어 오는 소비 문화에 대해 비판적 의식이 없는 수동적 신세대의 초상으로 보였다. 배수아 작품에 대해서 비판적이든 열광적이든, 1990년대 배수아 문학은 신세대 문화의 문학적 표현이라는 자장 안에서 평가되었다. 그럼에도 불구하고 배수아 문학에 줄곧 등장하는 '아이들'의 정체에 대해서는 본격적인 논의가 진행되지 못했다. 이 '아이들'은 그저 신세대라는 모호한 세대론적 규정만을 얻었고 신세대 문학의 열기가 시들자 더 이상 심도 깊은 논의 대상이 되지 못했다. 또한 배수아 문학 세계가 언어와 재현 불가능성 문제로 관심사가 전환되면서 초기 작품에 줄곧 등장하던 '아이들'의 문학적, 현실적 함의는 크게 주목되지 못했다.

이처럼 배수아 문학에 대한 해석이 심화되지 못한 것은 단지 배수아 문학이 오해되었기 때문만은 아니다. 사실 1994년 전후로 배수아 문학에 등장하는 '아이들'의 정체를 규정할 개념은 한국 사회에 아직은 없었다고도 할 수 있다. 신세대, X세대, N세대에 이르기까지, 탈냉전 시기 10대와 20대의 새로운 정체성을 '문화적'으로 규정하는 다양한 규정들이 쏟아졌다. 그러나 실상 동시대에 등장한 비정규직 노동과 아르바이트, 자발적 실업과 부정기적 노동 등 새로운 형태의 노동으로 삶을 이어가는 이들은 '문화적' 신세대에 대한 관심의 뒤편에 가려져 있었다.

배수아의 초기 작품인 『푸른 사과가 있는 국도』(고려원, 1995), 『랩소디 인 블루』(고려원, 1995), 『바람인형』(문학과지성사, 1996), 『부주의한 사랑』(문학동네, 1996), 『철수』(작가정신, 1998), 『심야통신』(해냄, 1998)과 같은 작품들은 거의가 이러한 '아이들'과 사촌들의 삶과 노동을 포착한 작품이다. 이 아이들과 사촌들이 보여 주는 삶의 관계 형식과 노동 형태는 1990년대 중반까지는 한국 사회에서 아직은 '개념'을 얻지 못한 것이었다. 이 아이들과 사촌들을 오늘날의 개념으로 설명하자면 이른바 프레카리아트(Precariat ·'불안정한'이란 뜻의 이탈리아어 Precari와 프롤레타리아트[Proletariat]의 합성어)라 할 수 있다.

일용직과 임시직 등 비정규직, 그리고 파견·용역 등 간접노동으로의 변화는 전 세계적인 경향이다. 노동시장의 급속한 유연화가 양산하고 있는 새로운 계층이 바로 프레카리아트다.[1]

프레카리아트에 대한 정치·경제적 설명은 배수아 문학에 무수하게 등장하는 '아이들'의 정체에 대한 설명으로 바꿔도 전혀 이상하지 않다. 프레카리아트라는 개념조차 존재하지 않던 1994년 한국 사회에서 배수아 문학에 등장하는 아이들이 그저 소비문화에 침윤된 철모르는 존재들이나, 아이돌로 대표되는 대중문화를 동경하는 10대의 이미지로 오해된 것은 이러한 사정과도 무관하지 않다. 그런 점에서 배수아 문학은 아직 개념을 얻지 못했던 어떤 집단의 등장을 개념보다 먼저 '리얼리티'로서 포착한 것이라 할 수 있다.

2. 번역 불가능성의 문턱, 번역가-작가라는 자리

1990년대 내내 배수아는 1년에 1편의 장편과 1편 이상의 작품집을 내며 왕성한 활동을 하였다. 열광하는 독자들과 비평가들도 많았지만, 여전히 배수아는 '낯선' 세계로 한국 문학의 바깥을 떠돌고 있었다. 이질적인 문화 소비와 낯선 관계 맺기, 익숙하지 않은 노동으로 삶을 영위하는 배수아 소설 속 인물들의 모습은 한국 독자들에게는 마치 머나먼 이국의 풍경처럼 다가오기도 하였다. 배수아 작품에 담긴 이 낯선 모습은 사실 2019년에는 아주 익숙한 삶의 형태이기도 하다. 부모 중 누군가는 일찍이 사라진 채, 친척 집을 전전하며 먼 사촌들과 잠시 잠깐의 임시적인 '가족' 관계를 맺은 게 유일한 '친밀성'의 기억인 아이들. 이 아이들에게 가장 가까운 혈연관계가 사촌四寸이라는 것은 이들에게는 1촌의 친밀성이 부재하다는 뜻이기도 하다. SNS에서조차 1촌 맺기를 하는 한국 사회에서 1촌이 부재한 존재란 기이하고도 낯선 존재이다. 육친적 친밀성의 가까움에 따라서 촌수를 재는 한국 사회에서 1촌이란 가장 가까운, 그리고 모두가 당연히 갖고 있는 관계를 뜻한다. 한국 사회에서 1촌은 직계 혈통을 뜻하는데, 한국에서 가족은 이러한 직계 혈통의 다른 이름이기도 하다. 그만큼 한국 사회에서 가족이란 배타적인 친족의 경계에 고정되어 있는 것이기도 하다. 배수아 소설에는 흥미롭게도 이 1촌의 세계가 거의 부재하다. 아이들에게는 촌수를 알 수 없는 먼 친척과 그 먼 친척의 아이들을 통칭하는 '사촌들'만이 존재한다. 이는 한국 문학에서 배수아 문학이 보여 주는 특이함인데, 사실 이 특이함은 한국 사회의 친밀성의 구조 변동과도 밀접한 관련이 있다. 배수아는 1촌이 사라져가는 한국 사회의 친밀성의 구조 변동의 함의를 집요하게 천착해온 작가이기도 하다. 배수아의 전 작품 속에서 친밀성, 관계, 혹은 관계의 상실은 가장 근원적인 모티프이기도 하다. 『일요일 스키야키 식당』(문학과지성사, 2003)에서 흥미롭게 묘파되는 붕괴된 가족, 재생산을 거부하는 커플, 미래가 부서진 아이들의 모습은 친밀성의 구조변동에 천착해온 배수아 작품 세계의 한 정점을 보여 준다.

배수아 문학의 새로움과 낯섦은 사실 이처럼 노동, 친밀성의 영역에서 이러한 근원적인 변화를 개념이 도착하기도 전에 포착한 데서 비롯된다. 개념이 도착하기도 전에 리얼리티를 포착했다는 것은, 이 리얼리티의 문학적 의미를 해석하는 개념 자체도 아직은 부재한 시대였다는 것을 뜻한다. 배수아 문학이 여전히 '해석의 사각지대'에 놓여있는 것은 이러한 사정과도 관련이 깊다. 한국 문학의 지배적인 패러다임에서 항상 낯선 작가, 낯선 작품으로 해석된다는 것이 작가로서 행복한 일은 아니다. 배수아의 2000년대 작품들은 이러한 어긋남에 대한 질문과 탐구로 채워져 있다. 『에세이스트의 책상』(문학동네, 2004), 『독학자』(열림원, 2004)를 필두로 하여 배수아는 '문학적인 것', '재현의 관습', '언어의 한계'를 질문하는 작업을 수행해간다. 이는 배수아 자신이 자신의 글쓰기의 함의를 자문하고, 세상을 향해 질문하는 작업이기도 하였다. 작가의 회고에도 표현되듯이 2002년을 지나면서 배수아는 글쓰기에 대한 근본적인 회의에 봉착하여 "우울과 히스테리의 벼랑에서 조금이라도 벗어나 보고자 두뇌를 2차적으로 창작 노동 속으로 몰입시키는 번역 작업을 시도했다."[2]

번역을 시작하면서 배수아는 자연스럽게 번역과 창작을 겸하게 되었다. 번역가이자 작가로서의 정체성에 특별한 의미를 부여하는 것이 과도할 수도 있지만, 한국에서 번역가–작가의 이중 정체성은 특히 여성 작가들에게 자주 발견되는 형태라는 점에서 주목을 요한다. 한국의 대표적인 여성 작가인 나혜석(1896~1948), 전혜린(1934~1965), 최승자(1952~) 등은 모두 번역을 통해서 글쓰기의 영역에서 '생존'한 작가들이다. 나혜석과 전혜린의 생몰 연대에서도 나타나듯이 이 여성 작가들은 작가로서나 한 인간으로서나 불우한 삶을 살았다. 필자는 이들 작가들의 특성을 번역가–작가translate-writer라는 개념으로 포착한 글을 쓴 바 있다. 이 개념은 자크 데리다가 망명 작가였던 파울 첼란의 주체 위치subject positioning를 설명하면서 도입한 번역가–시인translater-poets이라는 개념을 변형한 것이다. 망명자였던 파울 첼란은 고향, 가족, 모국어와 같은 이른바 정체성identity의 근거를 상실한 대신 '낯선 언어' 속에서 겨우 거주할 수 있었다. 그리고 그 '낯선 언어'는 모국어가 '모'mother의 의미를 상실하고, 죽음을 생산하는 무덤이 된 자리에서 겨우 건져 올린 언어이다. 그 '낯선 언어'는 어떤 '나라'의 언어로도 환수되지 못하거나 혹은 환수되기를 거부한 채 서로 다른 나라의 언어들 사이에서 떠도는 언어이다. 따라서 그 낯선 언어는 '어떤 나라'의 말이라는 뚜렷한 정체성의 표식을 갖지 못하지만, 동시에 어떤 나라들로도 환원되지 않는 복수의 여러 겹의 '외국어들'로 구성된다. 따라서 번역가–시인들은 고국, 고향에 정착하는 삶이 아니라 "시적으로 거주하기"dwelling poetically라는 존재 방식의 특이성singularity을 보여 준다. 시적으로 거주하기란 언어의 다수성multiplicity과 이주성the immigratory을 특징으로 한다.

한국에서 여성 작가들의 존재 방식 또한 이와 다르지 않다. 그녀들의 언어는 익숙한 '모국어'의 표식과 자주 어긋난다. 배수아의 작품이 종종 '번역투'의 문장이라는 비판을 듣는 것도 이런 맥락에서 흥미롭게 살펴볼 부분이다. 『독학자』 (열림원, 2004)와 『에세이스트의 책상』(문학동네, 2004)을 분기점으로 해서 배수아의 글쓰기는 매우 의식적이고, 전투적으로 "시적으로 거주하기"라는 존재방식의 특이성에 대한 탐구로 나아간다. 『훌』(문학동네, 2005), 『북쪽거실』(문학과지성사, 2009), 『올빼미의 없음』(창작과비평, 2010), 『서울의 낮은 언덕들』(자음과 모음, 2010), 『알려지지 않은 밤과 하루』(자음과모음, 2013) 등의 작품은 "시적으로 거주하기"라는 존재 양식에 대한 치열한 탐구를 보여 준다. 물론 이 작품들이 한국 문학계에서 '낯선, 너무나 낯선' 작품으로만 이해/오해되고 있는 것은 부연할 필요가 없을 듯하다.

아이들과 사촌들의 낯선 삶의 방식에 대한 질문을 담고 있는 1990년대 작품들과 번역가–작가로서 '시적으로 거주하기'라는 존재론적 특이성을 고찰하는 2000년대의 작품 사이에는 친밀성, 노동의 구조변동에 대한 탐구라는 일관된 문제의식이 존재한다. 1990년대 초반 작품들에서 안정성도 미래도 없는 불안정한 노동 생애에 대한 탐구는 10대와 20대의 새로운 삶의 방식에 대한 관심으로 나타난다. 『푸른 사과가 있는 국도』(고려원, 1995), 『랩소디 인 블루』(고려원, 1995), 『바람인형』(문학과지성사, 1996), 『심야통신』(해냄, 1998)과 같은 작품에서 특히 흥미로운 것은 이러한 노동의 불안정성을 노동의 여성화라는 젠더화된engendering 지점에서 포착하는 방식이다. 그리고 이렇게 불안정 노동의 젠더화는 작품 속에서 '부르주아의 도시'의 유령들처럼 배회하는 어린-여성들의 형상으로 나타난다. 어린-남성들이 "건전한 부르주아의 도시"의 노동 유목민으로 살아간다면, 어린-여성들은 도시-유목민의 경계에서도 배제된 채 유령화된다. "건전한 부르주아의 도시"란 산업 자본주의 시대, 한국 사회에서는 이른바 개발 독재 시대에 구성된 기성세대의 거주지이다. 반면 이 "건전한 부르주아"의 거주지가 유지되기 위해서 노동 시장에 새로 진입한 집단은 도시-유목민이 되어 불안한 노동 생애를 이어나간다. 도시-유목민의 불안정한 서식지에도 자리를 마련하지 못한 이들이 "건전한 부르주아의 도시"를 '유령'처럼 배회한다. 이 유령들은 이른바 여성의 일women's work이라고 불리는 서비스 노동에 종사하며, 서식지조차 갖지 못한 채, 밤거리를 떠돈다. 1990년대 작품들에서 배수아는 이른바 작가나 글 쓰는 여성으로서의 자의식을 작품 표면에 드러내지 않는다. 오히려 이 시기 작품들에서 글쓰기는 불안정 노동과 여성 노동의 연장선에 있는 것으로 동질화된다. 즉 여점원 아니디아(「여점원 아니디아의 짧고 고독한 생애」)의 일과 글 쓰는 일 사이에는 구별이 없다.

　그런 의미에서 배수아는 글쓰기를 여성 노동이라는 노동의 젠더화라는 맥락에서 (의식적으로든 아니든) 탐구해온 작가라고 할 것이다. 1990년대의 불안정한 노동 생애를 보내는 이들에 대한 탐구가 2000년대 들어서 '글쓰기'라는 지점으로 수렴되는 것은 이런 맥락에서 자연스러운 일이다. 한국 사회에서는 아주 오랫동안 글 쓰는 여성들을 '부르주아적이다'라고 비아냥대는 풍토가 존재해 왔다. 이는 한편으로는 한국 사회에서 여성이 글쓰기를 직업으로 삼기 위해서는 대학 이상의 고등 교육을 받아야 했고, 대학 교육을 받을 수 있는 여성이 한국 사회에서는 경제적으로 부르주아 계급에 속하는 소수에 불과했다는 점에서는 현실적인 근거가 있는 논의이다. 이는 여성들과 달리 한국 사회의 남성 지식인들은 출신 계급이 다양하다는 의미이기도 하다. 이러한 현상은 남성들의 경우 출신 계급과 상관없이 고등 교육을 받는 것이 당연하게 여겨지는 한국 사회의 남성중심주의 역사의 산물이다. 그러니 실상 문제의 근원은 교육과 글쓰기에서의 이러한 젠더화된 분할인 것이다. 또한 여성 작가들을 '부르주아적이다'라고 비아냥거리는 풍토는 한국 사회의 남성 지식인들에게 이른바 계급이 의식을 결정한다는 토대 상부 구조론이 통속화된 방식으로 고착화되어 있는 데서 비롯된 것이기도 하다. 노동 형태가 변화되면서,

오래된 토대 상부 구조론을 넘어서는 새로운 노동 이론이 등장하듯이, 글쓰기의 형태 변화가 이러한 오래된 통념들을 변화시켰다. 배수아의 글쓰기는 그 지난한 투쟁의 중심에 있어 왔고, 그녀의 글쓰기 노동을 통해서 여성의 글쓰기에 대한 통속적 '신화'도 무너지고 있다. 낯설고도 낯선, 배수아 그녀의 글쓰기가 한국 사회에서 중요한 정치적 실천의 맥락을 갖는 것은 이 때문이다. 그래서 때로는 현학적으로 보이고 한없이 고독한 그녀의 글쓰기는 노동과 친밀성, 젠더와 글쓰기의 문제를 탐구하는 아주 현실적이고 사회적인 텍스트에 다름 아닌 것이다.

4장

정치경제학 너머의 빈곤

1. 금융위기와 소양

『일요일 스키야키 식당』의 메뉴는 '가난'이다. 『일요일 스키야키 식당』에는 가난에 관한 최신 메뉴가 모두 있다고 해도 과언이 아닐 것이다. 한국어에는 가난에 관한 다양한 표현들이 전해져온다. "가난이 원수", "가난이 죄다", "가난 구제는 임금님도 못 한다", "가난과 거지는 사촌 간이다", "가난도 암가난 수가난이 있다", "가난할수록 기와집 짓는다", "가난한 집에 자식이 많다", "밑구녕이 찢어지게 가난하다" 등 한국어에는 가난에 대한 표현이 참으로 많다. 그만큼 오래 가난한 사회였다는 뜻이기도 하고, 가난에 대한 한국적 스타일의 표현이 그만큼 많이 쌓여왔다는 뜻이기도 하다.

배수아의 소설 『일요일 스키야키 식당』에 나오는 가난은 이런 한국적 스타일의 '표현'으로는 차마 다 설명되지 못한다. 앞의 여러 표현에도 잘 드러나듯이 가난은 경제적인 차원에서 발생하고, 그런 의미에서 계급적이고 사회적이다. 중세의 가난이 '나라님'의 구제와 관련된다면, 자본주의 사회의 '빈곤'은 계급 지배와 착취의 문제라는 것은 새삼 부연 설명할 필요가 없을 것이다. 가난과 빈곤의 뉘앙스 차이를 정확하게 구분하기는 조금 어렵지만, 한국어 표현에서 가난은 근대 이전부터 다양한 집단이 사용한 어휘로 더 포괄적인 함의를 지닌다면 빈곤은 조금 더 사회 경제적인 함의를 지닌다. 『일요일 스키야키 식당』에서도 가난과 빈곤은 이러한 뉘앙스의 차이를 염두에 두고 함께 사용된다. 따라서 이 글에서도 두 단어를 함께 사용하되 분석적 맥락에서는 주로 빈곤이라는 단어를 사용하고자 한다.

『일요일 스키야키 식당』에서 나타나는 빈곤은 표면적으로 볼 때 근대 산업 자본주의의 계급 지배나 착취의 맥락에서 접근하는 방식과는 달라 보인다. 그러나 결론적으로 말하자면 『일요일 스키야키 식당』의 가난은 오히려 그런 점에서 사회적이고 현실적인 맥락을 갖는다. 즉 『일요일 스키야키 식당』에서 탐구되는 가난은 바로 근대 산업 자본주의적인 계급 착취라는 패러다임만으로는 환원되지 않는 가난이라는 현상이 대두되는 시대의 리얼리티를 토대로 하고 있기 때문이다. 그리고 그런 '가난'은 한국 사회에 느닷없이, 사고처럼 닥쳐왔다. 그리고 그 사고 이후 우리는 모두 이전 상태로 돌아갈 수가 없었다.

그날 황혼녘 이발소에서 돌아오던 마를 발견한 사람은 가구점 트럭 운전수였고 그때 이미 마는 불행하게도 가구점 트럭의 뒷바퀴에 반쯤 깔려 있었다. 마는 의식을 잃으면서 몸 안의 것을 엄청나게 많이 게워냈는데 그것에는 믿을 수 없게도 형태가 거의 변하지 않은 소양이 다량 섞여 있었다. 의식을 잃은 다음에도 마의 입안에서는 꾸역꾸역 소양 덩어리가 비어져 나오는 듯이 보였다고 한다.[1]

한국에는 IMF 세대라는 독특한 세대가 있다. IMF 세대는 1997년을 기점으로 진행된 IMF 구제금융 사태로 인한 국가 부도 위기 속에서 파산과 몰락을 경험한 세대를 의미한다. IMF 사태는 한국인들에게 참으로 느닷없는 재앙에 가까웠다. 세계화를 MTV의 글로벌한 스펙타클로 동경하며 서태지와 아이들에 열광하던 1990년대 중반, 많은 이들에게 IMF 사태는 말 그대로 사태이자 재난이었다. 『일요일 스키야키 식당』의 첫 등장인물인 마의 느닷없는 몰락은 그런 점에서 참으로 '한국적인' 빈곤의 상징이기도 하다. 흥미로운 점은 이토록 한국적인 빈곤이 체현하는 특성이 오늘날 가장 세계적인 빈곤의 전형적 특성에 다름 아니라는 점이다. 빈곤을 통해 가장 한국적인 것이 가장 세계적인 것이 되는 현상이야말로 신자유주의 시대의 특성이라 할 것이다.("가장 한국적인 것이 가장 세계적인 것이다."라는 표현은 한국에서 민족 문화의 '세계화'에 대한 오래된 논란과 열망에서 제출된 '명제'였다.) 이른바 신자유주의 시대 보편성과 특수성, 민족적인 것과 세계적인 것의 연관은 이렇게 변형된다.

그런데 역설적인 것은 이처럼 한국적인 것과 세계적인 것 사이의 오래된 관계가 변형되면서, 배수아 소설에 내포된 중요한 함의가 비로소 보이기 시작했다는 점이다. 한국에서 배수아의 작품 세계는 여전히 낯선 것으로 여겨진다. 배수아의 작품이 전형적인 한국 문학이 보여 주는 재현 방식과는 다소 거리가 있기 때문이다. 특히 한국 사회를 문학적으로 다루는 방식에서 배수아 작품은 '무국적적이다'라는 비판을 종종 듣기도 했다. 그러나 『일요일 스키야키 식당』이 인상적으로 보여 주는 것처럼 태어나면서부터 국적보다 먼저 빈곤에 의해 그 삶이 정해지는 사람들의 삶이야말로 지금, 여기의 리얼리티라 할 것이다. 그리고 이러한 의미의 빈곤은 나라님이 구하지 못하는 가난이나, 근대 산업 자본주의 사회의 계급 불평등에서 유래하는 빈곤과 공통적 성격을 지니면서도, 동시에 전혀 이질적인 특성을 보인다. 배수아가 『일요일 스키야키 식당』에서 빈곤을 "빈곤의 개별 인격체"의 층위에서 다루고 있는 점은 바로 이러한 맥락에서 이해되어야 한다.

2. IMF 시대의 욕망 혹은 빈곤

『일요일 스키야키 식당』은 주인공이 없는 소설이다. 『일요일 스키야키 식당』에서 만나는 인물들은 "빈곤의 개별 인격체"라 할 수 있다. 개별 인격체로서 다뤄지는 빈곤은 그런 점에서 사회적이고 일반적 차원으로 다뤄지는 빈곤과는 다를 수밖에 없다. "사람들은 사회적으로 존재하는 빈곤에 대해서는 비교적 관대하고 이성적이었으나 빈곤의 개별 인격체에 대해서는 전혀 그러지 못했다."[2] 마라는 인물은 빈곤이 '인격체' 자체를 어떻게 근원에서부터 변형시키는가를 인상적으로 보여준다. 대학교수에 지식인이었던 마는 느닷없는 사고를 당한 이후 빈곤 상태에 빠진다. "알 수 없게 허기가 지는군."이라는 말을 되뇌며 끝없는 허기에 시달리던 마는 교수이자 지식인이라는 자신의 중산층의 삶의 상태로 되돌아가지 못한다.

『일요일 스키야키 식당』에서 빈곤 상태의 원인은 다양하다. 유전이라고 말할 만큼 벗어날 수 없는 대물림으로 빈곤 상태가 지속되는 경우가 있다면, 몰락과 우연을 거쳐 빈곤 상태에 빠지는 경우도 있다. 『일요일 스키야키 식당』에서 각 인물이 빈곤 상태에 처하게 되는 사회 경제적 배경은 그 인물 자체의 "인격"(소설 속 표현을 빌자면)과 분리되지 않는다. 즉 소설 속 인물 하나하나가 육화된embodied 빈곤이라고도 할 수 있다. 그런 점에서 개별 인물들의 빈곤 상태의 사회 경제적 배경을 고찰하는 일은 한국 사회에 대한 총체적 분석을 요할 정도로 방대한 학문적 작업을 필요할 것이다. 작품에 등장하는 "빈곤의 개별 인격체"(인물)는 이처럼 한국 사회의 빈곤의 복합성을 총체적으로 구현했다고 할 수 있을 만큼 다양하다.

『일요일 스키야키 식당』에서 빈곤은 계급 차이와 성차, 지역 차이와 세대 차이와 같은 모든 차이가 결합되어 복합적으로 나타난다. 한때 지식인이었던 마와 전처 박혜전, 그리고 식당 주방일로 무능한 마를 먹여 살리는 돈경숙 사이에서는 성차와 계급적 차이가 복잡하게 작용하면서 이들의 빈곤함의 독특성을 결정한다. 역시 한때 '잘 나가던' 디자이너였지만 지금은 수선집을 하며 악착같이 돈을 모으는 표현정과 딸 부혜린의 관계는 모녀 관계라고 보기 어려운 주인과 노예와 같은 노예적 관계이다. 표현정에게 돈은 "자존심이고 삶의 이유이고 정체성이었다."[3] 지식인이자 부르주아 계급 출신의 마와 박혜전, 노동자 계급 출신의 돈경숙과 표현정은 한국 사회의 이른바 기성세대의 빈곤의 대표 격이다. 반면 이들의 자녀인 세원과 부혜린은 부모 세대가 갖고 있던 계급적 지표와는 전혀 다른 기생과 착취 관계 속에서 노동하고 살아가는 존재들이다.

『일요일 스키야키 식당』에는 구체적인 시대 배경이 정확하게 표시되어 있지 않지만, 우리는 이 작품을 이른바 IMF 이후 한국 사회의 초상으로 읽어나갈 수 있다고 논한 바 있다. IMF 이후 한국 사회의 또 다른 특징은 이른바 1980년대로 상징되는 '혁명의 시대'가 종말을 고한 시대라고도 할 수 있다. 한국 사회의 1980년대가 혁명의 시대였다면, 1990년대는 신세대 문화의 시기로 전환한 시대였으나, 그 청춘의 열정은 IMF 사태로 금세 종말을 고하게 된다. 신세대의 문화적 열정은 파산으로 종언을 고하고, 파산으로 점철된 시대에 '혁명 세대'는 그 무엇도 변화시킬 수 없었고, 그 누구도 구원하지 못했다.

작품에서 주요한 그룹을 형성하는 마와 박혜전, 백두연과 음명애, 우균 등 이른바 지식인 그룹의 무기력하고 음울한 초상은 이처럼 혁명의 시대가 지나고 파산의 시대가 도래한 IMF 이후 한국 사회의 특징을 정확하게 묘파하고 있다. 무능력하고 박탈감에 시달리는 백두연은 전형적인 "겉치레 사회주의자"로 묘사된다. 백두연을 "겉치레 사회주의자"라며 냉소하는 음명애는 이런 지식인을 "성공한 사람들에 대해서 별것 아니라고 비하함으로써 냉소를 가장한 시기심을 마구 드러내는" 인간이라며 비난한다. 또 우균에 대해서는 "어떻게 해서 한때 강철 같은 정신을 가졌던 우균이 곰팡이처럼 스러졌는지 보라. 그는 세상과 타협하고 음명애와 타협하고 자신과 타협한 끝에 마침내 얼치기 회의주의자가 되어 자신이 가지지 못한 것들을 무조건 비판하고 다니는 것이다."[4]라며 냉소한다. 그러나 음명애의 존재 이유는 이처럼 모두를 냉소하고 비난하는 것 그 외에 달리 없다.

이들 몰락한 혁명 세대와는 조금 다른 특성을 지니는 지식인 그룹은 진주와 성도라 할 것이다. "그들은 비록 가난한 집안의 자식들이지만 국립대학을 나왔고 사회적으로 크게 출세하지는 못할지라도 지적인 일생을 보낼 것이다. 그러므로 가난하더라도 자존심과 오만은 버리지 않을 것이다."[5] 진주와 성도는 냉소와 변절과 질투로 점철된 '혁명 세대'와는 다른 모습을 보이지만, 이들이야말로 전형적인 IMF 세대의 초상이기도 하다. 가난을 대물림하기 싫어서 아이를 낳기를 두려워하는 이들 부부의 모습은 OECD 국가 중 최저 출산율을 기록하는 한국 사회의 특수한 구조를 전형적으로 담아낸다.

다양한 인물들을 인터뷰하는 직업을 가진 성도가 틸모델과 인터뷰하는 장면에는 '일요일 스키야키 식당'을 해석하는 데 힌트를 주는 인상적인 에피소드가 나온다. 잠시 그 장면을 보자.

"이것은 그냥 여담인데요. 당신은 혹시 이 사회의 불평등이나 가난과 같은, 당신 자신과 직접 관련이 없는 집단적인 문제에 대해서 생각해 본 적이 있습니까?"

"네? 뭐라구요?"

"이 사회의 불평등이나 가난과 같은 집단적인 문제, 말입니다."

"특별히 생각해본 적 한 번도 없습니다. 그것은 대학을 나온 사람들의 몫 아닌가요? 굳이 내가 생각할 문제는 아니라고 봐요. 그리고 생각으로 해결될 문제도 아니잖아요."

"그렇다면, 당신의 최근 관심사는 무엇입니까?"

"스키야키 식당 찾기요."

"뭐라고 했습니까?

"스키야키 식당 찾기라고 했습니다. 맛있는 스키야키요. 맛있는 스키야키를 요리하는 집은 많지 않아요. 어느 집은 국물이 너무 많고 어느 집은 야채와 고기의 배합이 좋지 않고 어느 집은 가쓰오부시 국물 대신에 멸치 국물이나 다시마물을 쓰기도 하죠. 스키야키의 맛은 단연코 간장 국물의 재료에 달려 있는 걸요. 나의 경우는 인스턴트 가쓰오부시가 멸치나 다시마 우린 물보다 더 좋아요. 그리고 단연코 싱싱하고 단단한 표고버섯을 써야 해요. 한 달에 한 번 정도는 반드시 전문적인 스키야키를 먹으러 가죠. 그리고 그만큼 집에서 해 먹기도 해요. 그러나 역시 요리란 음식점에서 먹는 것이 제맛이에요. 서비스를 받을 수 있고 손쉽게 구할 수 없는 재료를 쓰기도 하잖아요. 난 집안에서는 과자점의 빵이나 토스트 정도 이상은 요리하지 않아요. 가족들도 모두 요릿집에서 식사하는 것을 즐겨요."[6]

자신의 삶이나 직업, 정체성 등에 대해 묻는 성도의 질문에 시종일관 심드렁하던 털모델은 '스키야키 식당 찾기'에 대해서는 쉼 없이 이야기를 한다. 맛있는 스키야키란 어때야 하는가를 말하는 털모델의 긴 진술은 막상 자기 자신의 삶에 대해서는 단문으로만 대답하던 진술과 대조적이다. 『일요일 스키야키 식당』의 단골들의 관심사는 이제 '자기 자신'도 '사회'도 아니고 '맛있는 스키야키 레시피'이다. 그리고 이른바 혁명의 시대가 종지부를 고하고 '욕망의 시대'가 도래했다는 어떤 선언들은 우리가 마치 갈등과 계급투쟁을 넘어서 욕망이라는 새로운 유토피아라도 발견한 것처럼 떠들어댔다. 그러나 욕망의 시대와 함께 도래한 것은 자유도, 유토피아도 아닌, 새로운 빈곤 사회였다. 그 빈곤 사회에서 우리 모두는 '내면'이라는 것을 상실한 채 '맛있는 스키야키 식당' 고객으로서의 '알 수 없는 허기'를 '자기 자신'의 욕망이라고 '욕망'하면서 살아간다. 아무리 먹어도 허기가 지는 『일요일 스키야키 식당』의 손님인 우리들의 허기는 바로 여기서 비롯된다.

3. 빈곤이 존재론화되어 가는 시대의 리얼리티

『일요일 스키야키 식당』의 손님들은 개별 장들을 무대로 빈곤의 스펙터클을 펼치는데 이 인물들 간의 관계 구성이 흥미롭다. 개별 장에서 주요 인물들은 일반적인 근대 소설의 인물들과 같은 '내면'을 갖고 있지 않다. 그러나 소설에서 개별 인물에 대한 묘사의 디테일은 매우 치밀한데, 이 묘사는 주로 타인에 의한 평가와 판단을 통해서 드러난다. 즉 모든 인물들은 그들 자신의 '내면'을 통해서 독자들에게 전달되기보다, 타인에 의한 평가와 판단을 통해서만 독자들에게 전달된다. 이른바 인물의 내면이란 어떤 다른 것으로도 환원되지 않는 개별 인간들의 측정 불가능한immensurable 고유성에서 비롯된다. 그런 점에서 『일요일 스키야키 식당』의 인물들에게는 그런 의미의 내면성은 존재하지 않는다. 이들은 그저 타인에 의해 평가되고 판단된 채 남겨진다. 우리가 볼 수 있는 인물들의 상태는 이렇게 타인에 의해, 혹은 사회적 기준이나 척도에 의해 측정된be measured 상태뿐이다. 그리고 『일요일 스키야키 식당』에서 궁극적으로 우리가 만나는 빈곤은 바로 이렇게 측정 불가능한 개별 인간의 고유성이 이미 만들어진 척도들에 의한 측정치measured value로 환원되어버린 상태라고 할 것이다. 그리고 우리는 그 측정치를 '욕망'이라고 부르면서 내면화한다. 따라서 빈곤이 일반론적으로 접근될 수 없으며, '개별 인격체'의 층위에서 다뤄져야 한다는 것은 이와 같이 빈곤이 개별 존재들에

게 육화되는 문제와 밀접하게 결부된다. 이제 빈곤은 정치경제
학의 탐구 대상에 국한되지 않는, 존재론의 탐구 영역이 되어
야 한다.『일요일 스키야키 식당』을 그런 점에서 정치경제학의
패러다임만으로는 간파할 수 없는 새로운 형태의 빈곤, 혹은
빈곤의 존재론화를 탐구한 하나의 위대한 사례라고 하면 너
무 고평일까? 적어도 한국 문학의 계보에서는 빈곤이 존재론
화되어 가는 시대의 리얼리티를 탐구하는 새로운 방법과 문학
적 스타일을 개척한 최초의 작품이『일요일 스키야키 식당』이
라는 것은 자명하다.

5장

정동 네트워크와 정치,
사랑과 환멸의 '대중탕'

'영애'의 시대가 끝나고, 촛불 혁명이 형제들의 상속 서사로 환수되었다고 해도 페미니즘 정치와 소수자 정치는 좌절하거나 환멸에 빠지지 않고 나아가고 있다. 소수자 정치의 아젠다로 떠오른 '사랑의 정치'는 단지 증오에 맞서는 것만을 의미하지는 않는다. 환멸에 빠지지 않기 위해서도 사랑의 정치는 필요하다. 촛불 혁명 이후 높아졌던 한국 사회에 대한 낙관적 전망이 수그러들면서 최근에는 한국 사회의 미래와 대중 정치에 대한 환멸이 담론 공간을 강하게 채우고 있다.

1960년대 신동엽의 "껍데기는 가라"에 담긴 다소 영웅적인 어조는 환멸에 대한 단절의 태도이기도 했다. 오늘날 담론 공간을 채우고 있는 "껍데기는 가라"는 외침은 '이놈도 저놈도 마찬가지'인 세상에 대한 환멸이 되었다. 세상이 다 거기서 거기라고 여기는 것은 자신의 앎을 절대화하는 지적 오만이다. 환멸disillusion은 말 그대로 이전에 가졌던 환상이 깨지면서 촉발된다. 환멸은 자신이 지금까지 가지고 있던 세계를 보는 거울이 깨진 데서 비롯된다. 거울이 깨지자 세상도 깨져버린다. 환멸 속에서 '나'에게 세계는 끝장난 것처럼 보이지만, 바로 그 끝장은 '나'와 '나'를 지탱하던 거울의 끝장이다. 그래서 환멸이야말로, 끝장난 '나'와 단호하게 이별하고, 다른 세계를 만나기 위해 결단을 내려야 한다는 알림 신호이다.

그러나 막상 오늘날 환멸은 '나'가 아닌 '끝장난 대중'에게로 향한다. '나'는 환멸 속에서 더욱 고매하게 빛난다. 소셜 미디어가 진보 정치를 구원할 것이라는 환상이 환멸로 이어진 것도 이미 오래된 이야기이다. 대중이나 대중 미디어에 대한 환멸은 실상 지금까지 대중의 흐름을 파악해온 방법론적 한계에서 비롯된다. 근대적인 학문 방법론이 '대중'의 흐름을 파악하고 이해하는 데 한계에 봉착했다는 점은 많은 학자가 지적했다. 그러나 한국 사회의 경우 대중의 흐름은 훨씬 더 복잡하고 유동적이다. 이른바 대중 네트워크라는 차원에서 보자면 한국은 어느 사회보다도 사회 기저에 강력한 네트워크 힘이 흐르고 있다. 사실 한국 사회의 기저에 흐르는 대중 네트워크를 전체로 조망하는 연구는 아직 없다. 가장 오래된 상호부조 형식이라 할 '계'의 경우도 식민통치와 군사독재를 거치며 대중 동원의 도구가 되거나, '퇴폐풍조'로 전락했다. 한국의 특이한 대중 네트워크의 하나는 대중목욕탕인데, 이는 가장 고전적인 '풀뿌리' 네트워크라 할 만하다. 풀뿌리 네트워크라는 의미는 '민중적'이라는 의미보다는 지배적인 흐름이 변해도 한국 사회의 기저를 단단하게 동여매고 있는 흐름이라는 뜻에 가깝다. 대중목욕탕은 모든 정보가 모였다가 나가는 중계점이고, 모든 담화와 정보는 '생활적'이다. 드라마 선택에서 투표 후보자 선택까지 다양한 판단 지점에 이러한 생활적인 정보와 담화는 주요한 변수로 작동한다. 그런 점에서 대중목욕탕은 상품 정보에서 인물평까지 다양한 평판을 구성하고 생산하는 '뒷말' 공간이다. 대중목욕탕은 누구나 갈 수 있는 열린 공간이지만, 독특한 내적 친밀성을 기반으로 관계가 형성된다. 모두가 잘 아는 공간이지만, 실상 논리적 파악이 힘들다. 누구나 들어갈 수 있지만, 막상 그 네트워크의 일원이 되는 건 쉽지 않다. 이 네트워크는 최근 들어 소셜 미디어로 이어지면서 이른바 친구와 동료들만의 단체 방의 형태로도 변형되었다. 그런 점에서 학문적 연구 대상으로서 대중목욕탕은 소셜 미디어와 비교하면 접근도 어렵고 내밀한 관계 형성을 통한 정보 수집에도 한계가 있다.

한국 사회에는 이런 식의 풀뿌리 네트워크가 강해서 흐름의 변화는 여기서 비롯된다. 풀뿌리 네트워크 자체가 본래 진보적이거나 보수적인 성격을 갖고 있다고도 볼 수 없다. 그런 점에서 한국 사회는 보수나 진보의 이름으로 상상할 수 없는 잠재성을 가졌다. 대중 네트워크의 흐름을 연구하는 건 이제 시작 단계이다. 대중목욕탕 네트워크 하나만 연구하고 조사하려 해도 누군가의 인생 전부를 걸어야 할 정도의 시간과 애정이 필요하다. 환멸은 그런 시간과 사랑을 소모하고 잠재성을 잠식해버린다. 환멸에 머무는 한 기저를 관통하는 흐름을 볼 수 없기 때문이다.[1]

대중에 대한 환멸과 손쉬운 재단이 넘쳐나지만 막상 '대중 네트워크' 연구조차 거의 되어 있지 않은 것이 우리 현실이다. 정동 연구가 해야 할 연구 과제는 너무나 많다. 역사적으로 평가되고 해석되지 못했던 네트워크, 집단, 정치 행동과 연결체를 조사 연구하는 것도 중요한 과제이다. 마찬가지로 동시대에 제대로 기록되고 해석되지 못한 정동 정치와 네트워크를 기록하고 해석하는 일 역시 정동 연구의 중요한 과제이다. 특히 지역에서 지속되고 있는 무상급식, 반원전 투쟁, 해수 담수화 반대 투쟁 등은 오래되고 새로운 정치 투쟁과 네트워크, 주체화에 대한 이론과 실천 모두에서 중요한 사례로 기록될 필요가 있다.

2015년 "해수 담수 수돗물 공급 사업이 주민 투표 대상이 맞다"는 판결이 나온 직후 부산 시민단체는 부산시에 해수 담수 수돗물 계획을 전면 백지화할 것을 촉구했다. 같은 날 경남 시민단체 회원들은 소금을 뿌리는 '이별례'로 홍준표 도지사를 보냈다. 법과 초법을 교묘하고 강고하게 이용해 지역 정치를 휘둘러온 'PK(피케이·부산경남) 스트롱맨들'에 대해 정치권은 손을 놓고 있었지만, 부산·경남 주민들은 포기하지 않고 싸워왔다. 무상급식을 지키고 해수 담수화에 반대하는 싸움은 주로 '주부'로 표상된 여성들에 의해 시작되고 지속되었다. 이 싸움의 주체를 '주부'로 환원해 표상하는 것이 여성의 정치적 행위를 가정과 아이를 위한 주부로서의 '사적인 행위'로 환원한다는 우려나 해석도 젠더 정치 차원에서 새겨둘 만하다.

그러나 다른 한편 학교급식과 가족의 안전한 삶을 위한 '사적 문제'가 오히려 가장 급진적인 정치적 행위가 되는 전형적인 페미니즘 정치의 현장을 우리는 여기서 만나게 된다. '밥'과 '물'의 문제는 정치적 주체로 나선 여성들의 저항을 통해 이른바 '사적' 문제나 '소비'의 문제가 아닌 삶의 근간이 되는 공통적 문제로 내걸리지 않았던가. '피케이 스트롱맨들'은 이들의 저항을 매도하기 위해 여전히 오래된 '종북', '좌파 포퓰리즘', '경제성' 따위의 프레임을 반복했다. 반면 저항에 나선 주체들은 아주 단순하고도 근원적인 '삶의 근본 문제에 대한 권리'를 내걸었다. 성장과 복지와 같은 오래된 이분법은 여기서 근원적으로 어긋났다. 또 물과 밥을 둘러싼 투쟁은 단지 지역의 특수문제가 아닌 모두의 공통적 문제가 되었다.

그런 의미에서 '피케이 스트롱맨들'과 싸워나가며 지역의 정치는 과거의 오래된 이분법이나 지역의 특수 문제에서 이미 나아가 반원전, 자원에 대한 모두의 권리와 같은 '미래'의 의제를 현실화했다. 부산·경남의 촛불혁명은 이러한 저항의 역사를 이어나갔고 촛불시위의 구성원들이 10대와 여성/청년 등으로 변화된 것은 한 사례이다. '외부'에서 보기에 피케이는 여전히 남성성으로 과잉 대표되지만, 막상 부산·경남의 정치화 경로는 남성 젠더 중심성을 안에서부터 깨뜨려 나가고 있다. 부산·경남 내부에서 이른바 '운동권' 내부의 위계와 남성 젠더 중심성에 파동을 일으키는 논란이 계속되는 것도 하나의 사례이다. '피케이 스트롱맨들'에게 시달려온 부산·경남 주민들의 정권 교체에 대한 열망은 어느 때보다 높았다. 정권 교체가 지역 주민들이 일궈온 저항의 역사를 이어갈 수 있을지는 미정이지만, 그 주체적 역할을 정치권에만 맡기지 않겠다는 것이 부산·경남 주민들이 촛불 혁명과 이어진 대선 기간 '피케이 스트롱맨들'과 싸우며 보여 준 가장 중요한 태도라 할 것이다. 부산·경남 지역 주민들은 긴 싸움의 과정을 통해 이미 다른 미래를 여기에 들여왔다.

부산·경남에서도 높은 지지를 얻어 문재인 정부는 출범했다. 촛불 혁명 과정에서 부산·경남 지역 주민들이 보여 준 정치적 열망은 과연 새로운 정부에서 얼마나 실현되었나? 현시점에서는 매우 회의적이다. 정권이 바뀌고 부산·경남 지역에는 '옛 친구들'이 정치 무대에 다시, 혹은 새롭게 등장했다. 밥(무상급식)과 물과 땅(반원전)에 대한 투쟁, 젠더 차별에 맞서는 투쟁을 통해 새로운 미래에 대한 열망을 꿈꾸었던 지역 주민들의 바람은 '고향 친구들'에게는 아직 전해지지 못했다.

촛불 혁명을 통해 지역의 오래된 질서를 넘어서는 새로운 정치를 꿈꾸었으나, 새로운 정치 대신 오래된 고향 친구들의 무대를 관람하게 된 딜레마는 이미 대선 기간에도 예상되었다.

대선 국면에서 당시 문재인 후보는 부산 선거대책위원회 발족 자리에서 부산을 "1990년 3당 합당 이전으로 되돌려 놓겠다"고 한 바 있다. 이런 포부는 누군가의 가슴을 두근거리게 만든 희망적 선언이었겠지만, 다른 누군가에게는 역사의 반복을 예고하는 메시지로 들렸다. 1990년대 이후에도 부산·경남 지역에는 저항의 정치가 이어져 왔고 이미 과거로 돌아갈 수준이 아니다. 정권 교체를 이루려면 '야도 부산'을 이끈 '고향 친구들'만이 아니라 새롭게 출현한 정치 주체들의 이질적 열망과 열정을 수렴할 수 있어야 한다. 부산·경남 지역 주민들이 저항의 역사를 통해 만들려는 미래는 '돌아갈 고향' 같은 것이 아니다. 고향에 돌아오지 말고, 미래를 만들라. 그게 정치 아닌가?[2] 촛불 혁명 전후의 희망과 환멸, 변화된 것과 반복되는 일들은 페미니즘, 소수자 정치, 지역 정치 등 도처에서 발견된다. 다음 부에서는 '위안부 문제'를 둘러싼 딜레마를 살펴보면서 젠더 어펙트의 또 다른 층위로 들어가려 한다.

3부

서로-여럿의 몸들과
'기념'을 넘어선 페미니즘 정치

증강 현실적 신체와 부대낌의 복잡성

2015년 아이를 잃고 상심에 잠겨 있던 오다기리 조가 〈과자의 집〉으로 복귀했다. 드라마는 "너무 무리하지 마라"는 할머니의 염려 담긴 말로 시작한다. 친구를 구하기 위해 안타깝게 죽은 또 다른 친구의 장례식에서 돌아오며, 할머니는 타로에게 '죽음이 들러붙지 않게' 하기 위한 작은 의례를 하고 집으로 들여보낸다.

문명의 성격과 종교를 막론하고 인류는 '억울한 죽음'을 두려워했다. 이는 단지 전근대적 문화의 잔재라고 보기는 어렵다. 원혼을 달래 저세상으로 보내려는 여러 종류의 의례는 죽음에 대한 인류의 집단지성의 산물이다. 근대 '과학'인 정신분석학의 창시자 프로이트도 죽음을 대하는 인류의 오래된 의례(토템과 터부)를 이론적 분석의 출발점으로 삼고 있다. 억울한 죽음에 대한 인류의 공통적인 두려움은 이 죽음이 산 자에게 들러붙을 가능성에서 비롯되었다.

억울한 죽음은 반드시, 살아 있는 자들의 세상으로 되돌아온다. 집단적 의례로서 애도는 애초에 이 두려움에서 시작되었다. 훗날 역사가가 2015년을 기록할 때 세월호 청문회와 혐오 선동이라는 두 항목은 빠뜨릴 수 없을 것이다. 그리고 2015년은 이런 역사 기록이 훗날에도 가능할지를 판가름하는 '역사적인 시간'이기도 했다.

세월호 사건이 재난이고 혐오 선동이 차별을 조장하는 증오 정치의 산물이기에 두 문제 사이에는 어떤 논리적 인과관계도 없다. 그러나 다른 맥락에서 볼 때 이 둘은 서로 깊이 연결되어 있다. 억울한 죽음은 산 자 혹은 삶의 공간에 '들러붙는' 힘이 있다. 들러붙는 힘에 있어서 증오보다 강한 정동은 거의 없다. 억울한 죽음에 대한 두려움이 애도를 통해 상쇄되지 못하면 죄의식을 남긴다. 역사적 사례를 살펴보면 해소되지 못한 죄의식은 희생양을 찾아 그 대상에게 '죄'를 덮어씌우곤 했다. 이런 희생양을 찾는 제의의 근대적 버전이 파시즘의 증오 정치이다. 억울한 죽음과 증오는 모두 '들러붙는 힘'과 산 자를 죽일 수도 있는 강력함을 갖고 있다. 세월호 사건이 일어난 직후, 아주 짧은 기간이지만 '우리 모두' 이 억울한 죽음 앞에 공통의 두려움과 죄의식을 느꼈다.

애도에는 시간과 절차가 필요하다. 그러나 정치 공동체는 그 시간과 절차를 지키지 않았다. 아니 시간과 절차를 앞질러, 희생양을 찾기에 분주했다. 억울한 죽음을 슬퍼하는 자조차 희생양의 목록에 올랐다. 미친 듯이 희생양을 찾기 분주했던 거대 미디어와 정치집단의 행태는 애도의 회피가 증오의 강도를 높이는 전형적 사례를 제공했다. 세월호 사건과 증오 정치는 정동의 차원에서 관련이 깊다. 애도는 그 자체로 정치적이지 않다. 다만 죽음이 삶을 사로잡지 못하도록 풀어헤치는 것이 애도의 작용이다. 그런 의미에서 애도는 삶의 지속가능성을 위한 산 자의 의례이다. 애도에 실패한 개인이 상실에 사로잡혀 삶을 지속하기 어렵다면, 애도에 실패한 공동체는 지속가능성이 사라지고, 재생산 위기에 봉착한다. 한국 사회가 이런 재생산 위기에 봉착한 것은 이미 오래전이다. 출산 거부와 사회적 타살에 가까운 자살률의 증가는 전형적이다.

억울한 죽음에 대한 애도를 회피하는 정치집단이 출산 거부와 자살과 같은 사회적 재생산 위기를 해결할 수 없는 것은 그런 점에서 '필연적'이다. 국정화 정책이 교육을 사회적 재생산의 관점이 아니라, 증오 정치의 기반으로 만드는 시도라는 점에서 이 정치집단은 한결같다. 억울한 죽음에 대한 애도의 회피와 증오 정치와 국정화는 참으로 한결같은 문제이다. 2015년 한국은 총체적인 재생산 위기에 봉착했다. 삶과 죽음을 아우르는 재생산의 정치가 절실한 때이다.[1]

정신대문제대책협의회를 중심으로 위안부 문제를 공론화하고 운동을 진행해온 세월이 이미 오래이지만 한국에서 위안부 문제에 대한 관심은 극히 적었다. 학계에서 위안부 문제에 관심이 없었던 것은 여러 이유가 있지만 무엇보다 제도적인 분과 체제에서 페미니즘 연구가 자리 잡기 어려웠던 사정이 가장 크게 작용한다. 일제 말기 전시 동원 체제를 젠더 정치와 파시즘과의 관련성 속에서 연구한 『역사적 파시즘 : 제국의 판타지와 젠더정치』[2]를 출간했을 때 역사학자들에게 "젠더가 무엇이냐"라는 질문을 반복해서 받았다. 사정이 이러하다 보니 역사, 특히 한국사를 젠더사의 지평에서 연구한 전문가는 극히 드물고 제도 안에서 지속적으로 연구를 수행하기 불가능했다.

이런 와중에 기존의 한국사 연구를 비판하면서 민족주의 비판을 앞세운 연구들이 '위안부 문제'를 비판의 수단으로 전유하는 일이 반복되었다.[3] 젠더 연구는 독립적인 분과학문과 사상, 이론으로서가 아니라, 제도 학문 분과에서 헤게모니 투쟁을 하는 권력 주체들의 방편으로 전유되곤 했다. 이른바 한국의 위안부 연구가 '과잉된 민족주의'와 '운동의 배타성'으로 점철되어 있다는 주장들이 제기되면서, 여기에 동조하는 페미니스트 그룹도 다수 형성되었다. 특히 『제국의 위안부』가 출간되면서 사태는 더욱 복잡해졌다. 학문의 자유를 둘러싼 논쟁, 페미니즘 연구와 민족주의 연구 사이의 갈등이라는 논란만이 커져가고 사태는 진정될 기미를 보이지 않는다. 『제국의 위안부』를 둘러싼 논쟁에 대해서는 굳이 여기서 논할 가치를 느끼지 않는다. 다만 이 길고 긴 논란 과정에서 무엇보다 페미니즘과 정치적 연대에 대해서 깊은 갈등과 고민을 하게 되었다. 역사수정주의라도 페미니즘을 앞세우면 페미니즘으로 인정하고 연대해야 하는 것일까? 반대로 비판을 위해 여성혐오를 아무렇지 않게 내세우는 사람들과 연대할 수 있을까? 양극단의 고민을 오가며 오히려 이 사태와 단절하고 위안부 문제와 관련한 다른 이론과 실천을 만드는 방향을 만들어가기 위해 계속 고민했다. 3부에는 그 고민의 일단을 담았다.

'위안부' 동원이라는 전시 성노예 동원 제도는 어느 날 갑자기 출몰한 게 아니다. 또 이른바 '보편적'인 근대 가부장 국가의 '보편적' 차원의 연장도 아니다. 위안부 문제는 현재 여러 이유로 전략적 소모전에 휩싸여 있다. 관련한 실명 비판도 필요하지만, 전략적 소모전에 말려들 필요는 없다. 소모전의 덫에서 벗어나, '위안부' 동원을 식민주의와 파시즘 비판, 젠더 연구의 차원에서 더욱 심화시켜야 할 때다.

'위안부' 동원은 성에 대한 일본의 식민주의적 관리가 전시 동원의 체제적 운영 방식으로 이어진 것이다. 일제강점기 성에 대한 '국가적' 관리는 풍속 통제라는 더욱 넓은 법적 구조에서 이뤄졌다. '위안부' 동원에 관한 연구가 모두 풍속 통제 연구로 해명되는 것은 아니다. 하지만 성에 대한 식민주의적 관리가 전시 동원 체제로 이어지고 여기서 법이 작용하는 과정을 살피는 것은 이른바 '자발성'과 강제에 대한 논의에서 매우 중요하다. 풍속 통제는 '선량한 풍속'과 이를 침해하는 '풍기 문란함'이라는 무규정적 규정을 통해 식민지 주민들을 끝없이 분류하고 위계화하고 배치하는 방식이었다.[4]

벌 받고 모욕당해 마땅한 '문란한 여성'과 보호받아야 할 '선량한 여성'이라는 분류 체계는 이런 식민지 풍속 통제의 '법적 이념'에 의해 구성되고 재생산되었다. 풍속 통제의 법제는 이와 관련된 세부적 법 조항이 따로 존재하지 않고, 관련된 모든 법 조항을 무작위로 적용할 수 있게 되어 있다. 이런 과정에서 법의 자의적 적용은 필연적이었고, 법을 집행하는 '말단' 집행자의 자의성은 극대화되었다. 1926년 전후 독일법의 사례를 들며 조르조 아감벤은 풍속, 안녕질서, 문란, 선량함과 같이 법적 규정이 아닌 무규정적 규정이 법의 내부로 들어오는 과정을 근대적 생명정치가 죽음의 정치(파시즘)로 넘어가는 문턱이라고 분석했다. 법이 스스로 초법적이 되는 과정을 연구자들은 파시즘이라고 규정해 왔다.

이른바 '보편적'인 근대적 맥락에서 선량함이나 풍속과 같은 영역은 도덕이나 규율, 감정판단의 영역에 속한다. 그러나 일제강점기 풍속 통제는 이런 영역을 법적 통제의 영역에 두었다. 선량한 시민이 되는 일은 '상식적'으로는 '자발적'이지만, 실제적으로는 법적 강제로 수행되었다. 이런 식으로 피식민자 내부를 분할하고 분류하고 적대적으로 대립시켜서 통치하는 방식은 풍속 통제에서 시작되어, 전시 동원 체제의 비국민에 대한 절멸로 고스란히 이어졌다. 전시 동원 시기 조선인과 대만인은 일본인이 되어야 했지만, 결코 그냥 일본인은 될 수 없었다. 대신 조선인과 대만인은 '좋은 일본인'이 되어야 했다. '좋은 일본인'이 되는 방법은 추상적이었지만, 대신 그 반대편에 있는 비국민의 분류는 무한하게 증식했다. 황민화 정책은 초법적인 법적 강제를 개인의 수행성으로까지 확대했다. 이를 황민화 정책의 존재론적 전도라고 한다. 윤리나 '자발성'이라는 인간 내적 차원까지를 강제적 통제에 포섭했고 이게 '국민 정신총동원'의 뜻이다.

일본의 경우 패전 직후 미 군정하에서 풍속 통제법은 대표적인 파시즘 법제로 폐지되었고, 성에 대한 관리에 한정해 축소되었다. 이 과정은 독일에서도 마찬가지로 진행되었다. 그러나 풍속 통제법은 한국 사회에 일제강점기 원형 그대로 남아 있다. 분단 이후 독재정권은 풍속 통제법을 통치 수단으로 적극적으로 활용해 왔다. 한국에서 식민주의 비판이 파시즘 비판이 될 수밖에 없었던 것은 바로 이런 역사 때문이다. '위안부' 동원에 대한 비판이 '민족주의 프레임' 문제가 아니라 식민주의와 파시즘 비판의 일환인 것도 바로 이런 이유이다.[5]

2018년 1월에 미국 시카고 대학에 초청 강연을 할 기회가 있었다. 미국에서 만난 학자들은 위안부 문제를 둘러싼 여러 문제에 관심을 보이며 궁금해했고 '과열된 민족주의' 등의 진단에 대해 여러 질문을 했다. 과열된 민족주의에 대한 질문에 구체적으로 어떤 사례를 바탕으로 그런 판단을 하게 되었는가 되물었다. 청소년들이 위안부 문제에 매우 열성적인 건 민족주의의 영향이 아니냐는 질문이 돌아왔다. 유사한 질문을 최근 자주 받게 된다. 구체적인 조사 연구가 필요하겠지만 청소년들이 위안부 문제와 관련된 활동에 많이 참여하는 것은 민족주의라는 층위보다는 교육 기회의 계급화라는 차원에서 볼 필요가 있다.

민족과 계급의 규정성은 87년 체제와는 전혀 다른 경로를 따라가고 있다. 실제로 출장길 뉴욕행 비행기에는 영어 연수 가는 고등학생으로 가득했다. 영어 연수가 이미 필수가 되었다고도 하지만 미국으로 영어 연수를 갈 수 있는 고등학생은 많지 않다. 이민에서 동남아 연수까지 영어를 향한 길도 계급에 따라 잘게 갈려 있다. 이민이나 (조기) 유학을 갈 수 없는 계급에서 대학 입시는 '절대적' 차선책이다. 현재 대입 제도에서는 학생들의 체험 활동, 동아리 활동이 매우 중요하고, 이런 활동 역시 계급에 따라 관리된다. 역사 관련 활동은 글쓰기 등 창작 활동과 함께 비용이 적게 들고 부모의 관리와 조력 없이도 할 수 있는 대표적 활동이다. 참여자의 동기를 모두 동일화할 수는 없지만, 선택지의 유형과 특성 차원에서는 그렇다. 청소년들이 위안부 문제 활동에 발걸음을 향하게 되는 동력을 민족주의라고 보는 건, 영어 연수 비행기에 오르는 게 탈민족주의라고 해석하는 것만큼 피상적이다.

청소년들의 위안부 문제에 대한 관심을 '과잉된 민족주의'라고 평하는 한편, 평창 동계 올림픽을 전후하여 젊은 세대가 평화와 통일에 무관심하다는 비판도 넘쳐났다. 오늘날 한국에서 민족주의란 결국 사회가 당면한 문제를 특정 그룹의 병리적 행태로 치부하기 위한 가장 좋은 딱지 붙이기의 이름표가 되어버렸다. 젠더 연구란 민족과 젠더의 이분법을 앵무새처럼 반복하는 것이 아니라, 젠더, 계급, 민족, 연령, 지역 등이 교육, 역사 인식, 영어 연수와 같이 서로 상관없어 보이는 영역을 가로지르고 교차하며 작동되는 방식을 세밀하게 연구하는 것이기도 하다. 특히 위안부 문제는 여전히 식민성과 냉전 체제를 벗어나지 못한 한국 사회에서 탈식민과 탈냉전을 가능하게 하는 가늠자이기도 하다. 한국에서 젠더 연구는 무엇보다 탈식민과 탈냉전을 위한 가장 중요하고, 어떤 점에서는 절대적이기까지 한 사상이자 이론이다. 하지만 종전 선언이 일상처럼 논의되는 2018년에도 젠더 불평등, 젠더 폭력 문제는 '평화 통일'보다 부차적인 문제로 간주된다. 아니 평화 통일을 향한 민족의 풍전등화와 같은 운명을 방해하는 음해 세력으로 페미니스트들이 매도되기도 한다. 평화와 통일을 진보 정치의 '주요 타격 방향'으로 설정한 오래된 진보 진영에서 매번 문제를 페미니즘과 세대의 문제로 치부하는 것은 아주 흥미로운 현상이다.

평창 동계 올림픽에 대해 예상보다 관심이 크게 일지 않고 오히려 반감 여론이 들끓자, 역시 문제는 평화나 통일에는 관심도 없고 생존에만 몰두하는 젊은 세대라며 다시 딱지 붙이기가 시작되었다. 경쟁 체제에서 살 수밖에 없는 젊은 세대와 통일과 평화를 당연시하는 586세대라는 구별은 '청소년, 위안부 문제, 민족주의'에 대한 인상비평만큼이나 공허하다. 세대론과 색깔론, 정치 팬덤의 분할 속에 '평화'는 허공에 붕 떠 있다. 평화롭게 죽는 게 유일한 소원이었던 박완서는 "자기들만 탈출 티켓을 가진 정치 관료들의 위기설과 비국민 사냥에 저항하라"고 외쳤다. 1950년에서 수십 년이 지나 모두가 자유롭게 해외로 나갈 수 있다는 세상이지만 그 자유는 돈 없이는 선택 가능성조차 없다. 가상화폐 차익을 위해 해외를 들락거리며 사고팔기를 하는 '젊은 세대'가 많다지만, 여권조차 없는 젊은 세대가 더 많고 이들의 목소리는 세대론의 이름으로도 전해지지 않는다. 모두가 저마다의 불안 속에 각자의 지옥을 사는 현실, 일상의 평화를 지탱할 공동체도 이미 붕괴하였는데 과연 무엇을 주는지 알 수 없는 '민족과 통일'을 향한 '평화'가 온전히 마음에 와닿기는 힘들다.

통일을 향한 '민족 공동체'의 평화가 많은 사람의 삶과 마음에 내려앉기 위해서도 무너진 공동체를 대신할 새로운 공동체가 만들어져야 한다. 문제는 '누가' 새로운 공동체를 만들 것인가이다. 지옥 같은 경쟁 체제와 교육 시스템을 이유로 가족의 일부나 전부를 해외로 보내는 해외 탈출이 지식인 사회의 일반적 삶이 된 지 오래다. 그러나 한국 사회 대부분 사람이 그 지옥에서 일하며 살고 있다. 한국 사회에 대해 '진보'나 '비판적 지식인'의 이름으로 자리를 잡고 발언권을 갖게 된 사람들은 지옥에 남아야 할 의무가 있다. 지옥에 남아서 그 지옥을 함께 경험하고, 어떻게 지옥을 변화시킬지를 함께 고민해야 할 의무 말이다. 어리석은 중생을 탓하기 전에 당신 머리맡에 지옥 탈출 티켓은 몇 장이나 있는지부터 물어보자.[6]

그런 의미에서 평화와 탈냉전의 지표로서 통일은 한국 사회에 만연한 젠더 불평등, 계급 분할, 세대적 차이의 극단화, 지역의 고립, 소수자 차별과 같은 문제와 분리될 수 없다. 한국 사회 내부에 만연한 젠더 불평등, 계급 분할, 세대적 차이의 극단화, 지역의 고립, 소수자 차별은 냉전과 식민성이 만들어낸 모순과 분리되지 않기 때문이다. 페미니즘과 젠더 연구가 한국 사회에서 탈냉전과 탈식민성을 위한 근본적인 이론과 사상을 제공한다는 것은 이런 의미이기도 하다.

최근 몇 년 위안부 문제가 뜨거운 사회적 관심사로 떠오르면서, 위안부 피해자의 삶을 다룬 작품이 이례적으로 많이 제작되었다. 많은 작품이 제작되면서 작품의 윤리적, 미학적 문제에 대해서도 많은 논란과 비판이 제기되었다. 3부에서는 위안부 서사와 관련한 논쟁도 다루는 데 나의 주요한 논점은 최근 등장한 위안부 서사를 단지 작품 내적인 텍스트 비평 차원이나, 재현의 윤리 문제만이 아니라, 사회적인 것의 재구성의 측면에서 바라볼 수 있는 이론적 논의틀을 만드는 것이다. 최근의 위안부 서사들은 작품 자체의 의미도 있지만, 크라우드 펀딩, 공동체 상영 운동, 바이럴을 통한 관객의 홍보 운동 등 작품 제작, 유통, 상영에 관객이 적극적으로 개입하는 매개가 되고 있다. 작품과 관객의 관계는 기존의 영화 산업과는 완전히 다른 네트워크를 구축하는 경향을 보여 준다. 또 이런 방식이 '위안부' 서사만이 아니라 페미니즘 작품이나 여성 주도적 작품에 대한 관객의 개입에서도 지속되고 있다. 이미 문화연구나 젠더 연구에서 구축된 방법론이지만, 정동 연구 역시 작품에 대한 텍스트 비평이나 재현의 윤리에서 나아가 텍스트가 촉발하는 정동 효과나 사회적, 정치적 효과에 좀 더 주목하고 있다. 작품 하나하나의 미학적 성취나 텍스트 비평도 중요하지만 정동 연구의 주된 초점은 텍스트들이 만들어내는 효과들이다.

예를 들어 최근 몇 년 사이 발표된 위안부 서사에는 모두 민원창구의 공무원이 반복적으로 등장한다. 민원창구의 반복 등장은 위안부 서사의 이례적인 홍행의 '비밀'이다.

"내가, 내가, 그 미친년이다, 우짤래?"

'정신대 피해 신고 접수처'가 설치된 동사무소를 찾은 영옥의 이 대사는 영화 〈귀향〉의 대표 대사로 기억된다. 영화 〈눈길〉에서 종분은 평생 위안부 피해 생존자라는 사실을 숨기고 친구 강영애의 이름으로 산다. 종분은 영애의 오빠를 찾기 위해 동사무소에 민원서류를 내러 나오며 세상으로 나온다. 김숨의 소설 〈한 명〉에서 재개발 예정지에 불법으로 거주하는 그녀 역시 실거주자 확인을 위해 찾아오는 공무원을 피하느라 숨어 지낸다. 영화 〈아이 캔 스피크〉에서는 9급 공무원 민재와 위안부 피해 생존자인 옥분을 중심으로 구청 민원센터가 아예 주요 무대가 되었다.

최근 몇 년 사이 발표된 위안부 서사에는 모두 민원창구의 공무원이 반복적으로 등장한다. 민원창구의 반복 등장은 위안부 서사의 이례적인 흥행의 '비밀'이다. 〈아이 캔 스피크〉는 기존의 위안부 서사와 단절적인 면모도 돋보인다. 그러나 기존 위안부 서사의 흔적을 도드라지게 새겨 넣은 독특한 서사 구성이야말로 빛나는 지점이다. 〈귀향〉에서 영옥 역을 맡았던 손숙이 옥분의 친구 정심으로 등장한다. 고통을 나눈 우정의 징표는 엄마가 손수 수를 놓아 만들어준 괴불노리개(〈귀향〉)와 목화솜(〈눈길〉)에서 꽃무늬를 수놓은 손수건으로 이어진다. 죽은 친구는 생존자에게 삶과 죽음을 기록하는 저항의 무기로 글을 읽고 쓰는 능력을 남겨주었고(〈눈길〉) 〈아이 캔 스피크〉에서는 영어 공부로 이어진다.

〈눈길〉에서 친구 영애는 죽기 직전 종분에게 그곳에서 함께 찍은 소녀들의 사진을 남긴다. 종분은 평생 그 사진을 간직했고, 친구의 혼을 배웅하며 사진도 함께 제사 지낸다. 〈아이 캔 스피크〉에서 소녀들의 사진은 전 세계인 앞에서 역사의 증거로 제시된다. 〈아이 캔 스피크〉는 〈눈길〉에서 세상으로 나아가지 못한 채 매장된 사진을 이어달리기 주자가 바통을 이어받듯이 전달받아 역사의 법정에 올려놓는다. 이런 이어쓰기는 작가나 감독의 의도만이 아니라 위안부 서사의 어떤 특이성에서 비롯된다. 옥분이 미 하원에서 "나는 모든 피해자를 대신해서 이 자리에 섰다"고 진술하듯이 위안부 서사는 한 위대한 개인의 증언이라기보다 집합적 쓰기의 실천이다.

〈아이 캔 스피크〉의 성취는 기존의 서사를 이어 쓰고, 바꿔 쓰는 집합적 쓰기의 실천으로서 자신을 자리매김한 데 있다. 반복되는 공무원의 역할 역시 의도나 설정보다는 한국 위안부 서사의 무의식처럼 보인다. 민원센터 공무원은 위안부 생존자들이 국가와 만나는 '창구' 역할을 한다. 생존자들에게 국가는 민원창구로만 현현한다. 국가 부재의 삶, 위안부 피해자들은 그때도, 지금도 여전히 국가 부재의 삶을 산다. 피해자를 조롱하고 모욕하던 '창구'는 이제 합리적이고 다정하고 적극적인 파트너로 무대 전면에 등장한다. 그러나 무대는 여전히 민원창구이고, 주체 역시 민원 담당 공무원이다. 당사자와 민간 시민단체와 온 동네 사람들이 나서서 위안부 피해 생존자들을 위해 분주할 동안 국가는 여전히 '창구' 역할만 반복한다.

〈귀향〉에서 〈아이 캔 스피크〉까지 위안부 서사의 이례적

홍행은 민원창구 역할을 넘어서지 않는 '국가'에 대한 답답함을 해소할 출구를 찾으려는 집합적 힘의 발현이다. 위안부 서사의 홍행 비결은 미적 성취나 재현 방식이 아닌 집합적 힘의 정치적 동력에 있고, 그 힘이 민원창구를 넘어 다른 차원을 매번 열어낸다. 이 집합적 힘은 민원창구를 넘어 새로운 사회적 창구를 만들고자 하는 시도를 반복하고 있다. 실패를 거듭하면서도 말이다.[7]

세월호 유족, '위안부' 피해자에 대해 애도를 금지하고, 역사를 다시 대면하기보다 국가에 의한 역사수정주의를 국책으로 채택한 박근혜 정권이 종말을 고한 이후 많은 이들은 바로 이 지점에서 새로운 정부에 많은 기대를 하였다. '위안부' 문제는 새로운 정부의 100대 국정 과제로 선정되었고, 새로운 정부는 페미니즘을 표방했다. 첫술에 배부를 수는 없지만, 그래도 박근혜 정권의 국가주의, 파시즘에 기반을 둔 정책 기조는 적어도 바뀌지 않을까 많은 이들이 기대했다.

2017년 12월 26일 "여성가족부(장관 정현백)는 2018년도 달라지는 제도를 여성·청소년·가족 분야별로 발표했다." 2017년 12월 제작 배포된 정책 보도 자료는 2017년 1월 9일 배포된 여성가족부 업무 추진 계획과 놀랍도록 닮았다. 여성가족부의 '업무'를 "여성·청소년·가족 분야"로 할당하고, 할당된 정체성 그룹에 대한 "맞춤형 서비스"를 제공하는 것으로 요약되는 업무 추진 계획은 2017년 1월에도, 2016년 1월에도, 2015년 1월에도 동일하게 반복되었다. 여성가족부가 배포한 보도자료에서는 이런 기조의 반복에 대해 최소한의 자의식도 찾아보기 어렵다. 혹자는 여성가족부가 "여성·청소년·가족 분야" 업무 기조를 반복하는 게 왜 문제냐고 반박할지 모르겠다. 문화체육관광부가 12월 7일 발표한 '문화비전 2030'은 과거 정부들의 문화비전 기조를 비판하면서 시작된다.

소수 전문가 집단의 폐쇄적 논의로 정책이 만들어지고 유관 업무 분야에 따라 나눠주기 식으로 예산이 분배되면서 문화에 대한 비전을 상실했다는 것이 비판의 초점이다. '문화비전 2030'은 모호하긴 하지만 단절과 변화의 필요성을 선언하고 있다. 이에 비교해 여성가족부의 정책 기조에는 기존 정책에 대한 비판이나 단절의 시도를 찾아보기가 어렵다. 27일 여성가족부가 발표한 '화해·치유재단'(이하 재단)과 '일본군 '위안부' 피해자 관련 기념사업'에 대한 점검·조사 결과에도 드러난 것처럼 여성가족부 내의 적폐청산 문제도 매우 시급한 상황이다. 그런데도 아직 여성가족부가 내놓은 정책 기조 어디에도 적폐청산이나 과거 정권과 단절하려는 새로운 정책 비전은 찾아볼 수가 없다. '제2차 양성평등정책 기본계획'의 비전에서는 박근혜 정권이 시행한 1차 양성평등정책 기본계획에 대해 "남성과 여성의 국민 체감도가 여전히 낮게 나타나는 등 실질적 변화를 이끌어내는 데 한계가 있었습니다."라는 언급이 전부다.

양성평등정책 기본계획 비전은 "여성·청소년·가족 분야" 할당 업무를 다시 관련 부처별로 할당한 업무 추진 계획표와 지표로 채워졌다. 혁명은 못 해도 다른 부처만큼은 해야 하지 않을까? 물론 정현백 장관이 토로한 것처럼 "여성가족부가 할 수 있는 건 제한적이다." 정부 정책이 페미니즘 정치의 전부도 아니고, 모든 것을 단시일 내에 바꿀 수도 없다. 오히려 그렇기 때문에 '비전', 기본 이념과 새로운 구상이 중요한 게 아닐까? 현재까지 나온 여성가족부의 정책 자료를 보면 이미 할 수 있는 일에 제한을 두고 몇몇 정책과 예산 수립에 목표를 둔 것처럼 보이기도 한다. 2018년 여성가족부 업무 계획에서 새로운 점은 위안부 기림 사업 예산이 19억 원으로 증액된 것과 디지털 성폭력 근절 대책이 '추가'된 것이 대표적이다.

위안부 기림 사업은 2017년에도 여성가족부 핵심 업무였으나, 2018년 위안부 문제와 관련된 어떤 이념과 비전이 이전과 차이가 있는지 어디서도 찾아볼 수가 없다. 이것은 여타 업무에서도 마찬가지이다. 기본 이념이나 비전이 없이, 예산을 편성하고, 관계 기관에 예산을 주고 실행하는 것. 참으로 익숙한 박근혜 정부의 위안부 사업 추진 체계 아닌가? 비전이 없다 보니 자기 내적 준거가 없이 상대편 논리나 실속에 따라 임의로 업무가 추진되는 체계, 그것이야말로 '12·28 합의'로 상징되는 적폐의 가장 핵심이다. 이 적폐를 청산하기 위해 외교 논리, 일본의 태도도 중요하지만, 자기 내적 논리나 비전을 새롭게 구축하는 것이 무엇보다 필요하다. 여성가족부는 새로운 비전과 이념을 만들어야 한다.[8]

2018년 여성가족부 사업으로 한국여성인권진흥원 산하에 위안부 연구소가 수립되었다. 장기적 비전이나, 국가주의적으로 추진된 기념사업과 다른 정책 기조도 없이 일단 연구소가 수립되었다. 그러나 연구소는 출범하자마자 독립성과 주관 부처와의 갈등으로 인해 소장이 사표를 제출하고 연구소 자체의 존립이 불투명해졌다.

이 사태는 현재 페미니즘 운동과 이론이 당면한 어떤 심각한 딜레마를 보여 주는 징후이다. 예를 들어 학문 제도 내에서 페미니즘과 젠더 연구는 독립적인 전공으로 인정되지 않았고 전공자는 지속적인 연구를 수행하기 어려웠다. 현재 위안부 문제와 관련한 주요 전공자가 주로 역사 분야의 제노사이드 관련 연구자나, 법학자들로 이뤄진 것은 이런 제도 학문의 젠더 불평등의 소산이기도 하다. 반면 여성학을 중심으로 이뤄진 전문 연구는 기존의 학문 분야와 학제적 교섭이 많지 않다. 여성학 연구 분야에서 위안부 문제를 전문적으로 다룰 연구자가 많지 않은 것은 이런 이유다. 정책 입안, 교육, 사회 전반에서 페미니즘에 대한 요구가 폭발하고 페미니즘 전문가들이 필요하지만, 페미니즘 전문가를 양성한 적이 없는 한국 사회에서 그 수요를 충족할 전문가가 있을 리 없다. 그러다 보니 페미니즘과 관련된 사안들이 기존의 전문가들 사이에서 각자 영역의 특수성과 관심에 따라 초점이 달라지거나 입장 차이가 이해관계 충돌로까지 번지기도 한다. 여기서 다루고자 하는 위안부 문제에 대한 기억의 정치나 기념은 더욱더 그러하다. 무엇보다 한국에서 기념과 기억의 문제가 젠더 연구 차원에서 그다지 다뤄지지 않았으며, 운동과 이론 사이의 거리도 좀처럼 좁혀지지 않는다. 민간인 학살 희생자나 광주 민주화 운동 등에 대한 기억과 국가적 기념사업이 1990년대 본격화되면서 기념사업은 진보적인 역사학계의 주요 관심사가 되었다. 국가 폭력에 의한 희생을 국가가 기념하는 일에 대한 논쟁도 깊었으나, 페미니즘과 젠더 이론에서 국가 기념 문제에 개입한 연구는 많지 않다. 나는 『식민지 이후를 사유하다』에서부터 국가 폭력과 기념, 그리고 젠더 정치에 대해 계속 논의를 해 왔는데 여기서는 주로 위안부 피해자의 증언과 기억의 정치, 그리고 반기념의 기념 정치의 가능성에 대해서 다소 논쟁적으로 살펴보고자 한다.

1장

전쟁 상태적 신체와 슬픔의 공동체

남에게 대한 격분이 스스로의 슬픔으로 화(化)하는 찰나에 당신을 보았습니다.
— 한용운, 「님의 침묵」 중에서

1. 상실의 존재론, 슬픔의 지배와 반복

파시즘의 도래나 역사의 반복에 대한 우울한 전망이 팽배한 시절이다. 집권당의 성격이나 선거 양상만으로 파시즘이나 역사의 반복을 우려하는 것이 과도한 것일 수도 있다. 대통령 선거 결과를 두고 계급, 지역, 세대를 둘러싼 책임 공방론과 원인 분석의 다양한 논의들을 보며 오히려 역으로 이러한 담론 지형에서 나타나는 어떠한 반복, 특히 정념의 반복이야말로 해명되지 못하고 있는 문제의 소재가 아닐까 생각해본다. 여당과 야당이 보수와 진보라는 외연을 띠고 있으나, 본질에서는 보수 부르주아 정당이라는 점은 분명하다. 그러나 2012년 대통령 선거가 국가주의나 파시즘의 '망령'과 반국가주의 투쟁의 적자인 '참여정부'의 '유산' 사이에서의 '국민의 선택'의 문제였다는 점만은 분명하다. 그런 점에서 이번 선거가 어떤 '죽음'과 그 뒤에 남겨진 자들의 몫을 둘러싼 접점에서 치러졌다는 것은 매우 중요하다.[1]

한국 사회에서 '죽음'과 그로 인한 상실감의 정념은 국가주의와 반국가주의라는 매우 상반된 정치적 지향성을 추동하는 기반이었다. 특히 이러한 상실감은 슬픔/원한의 정념을 통해 국민화와 반국가주의적 '민중주의'의 주체화를 추동해 왔다. 그리고 이러한 슬픔/원한의 정념을 통한 주체화 구조는 한국 사회에서 후식민화 시기에 촉발된 역사적 특이성을 지닌 것이며 이는 냉전기 내내 지속되었다. 필자는 이러한 주체화의 특이성을 "상실의 존재론"이라 명명한 바 있다. 또 이 상실의 존재론은 박정희 체제에서 국가주의와 결합된 파시즘의 정체성 정치의 근간을 이뤘으며 이를 통해 수난자로서의 국민이라는 한국 사회 고유의 국민상이 구성된다.[2]

우리가 냉전기의 정념의 구조를 고찰하고자 하는 것은 냉전기라는 역사적 절단면의 심성구조나 특이성을 규명하는 것을 일차적인 목표로 한다. 그러나 더 나아가 우리가 냉전기를 연구하는 중요한 목표는 바로 탈냉전의 '과제'가 과연 무엇인가를 근원적으로 다시 사유하기 위함이기도 하다.

이 절에서는 이러한 문제의식을 토대로 냉전기 한국 사회에서 정념의 구조를 고찰해 보고자 한다. 특히 국가주의와 반국가주의적인 주체화에 있어서 정념의 구조를 상호 비교 고찰하면서, 서로 대립되는 주체화 과정에서 정념의 패러다임이 어떻게 작동하는지를 살펴볼 것이다. 특히 이는 혁명과 반혁명으로 이어지는 한국 사회 냉전기의 역학 속에서 정념이 분출되고 전유되는 양상을 규명하는 것과도 밀접한 관련을 맺는다. 또 이러한 고찰을 통해서 한국 사회에서 냉전기 국가주의와 반국가주의, 혁명과 반혁명의 주체화와 정념의 특이성과 세계사적 보편성을 어떻게 사유할 수 있을 것인가를 비교사적 연구의 과제로서 제안해 보고자 한다.

이 절에서는 냉전기 정념의 구조에 대한 통사적 구조화를 시도할 터인데, 이러한 통사적 구조화는 한편으로는 그간 지속해 온 파시즘과 반파시즘을 둘러싼 주체화의 역사에 대한 역사 횡단적, 미시적 연구의 결과들을 토대로 이뤄질 것이다. 더 나아가 이와 관련된 선행 논의의 결과와 의제들을 가능한 포괄적으로 검토하면서 논의를 진행하고자 한다.

2. 정념의 냉전적 위계 : 과잉 담론화와 언어화의 불가능성

오늘날 한국적인 정념, 혹은 한국 사회를 설명하는 대표 정념은 아마도 슬픔과 불안이라 할 것이다. '민족 정서로서의 한'에 대한 오랜 논의에서도 확인되듯이 슬픔은 가장 대표적인 한국적 정념으로 간주된다. 그러나 슬픔이 대표적인 한국적 정념으로 간주된 것은 냉전체제하에서의 슬픔에 대한 과잉 담론화의 결과이다. 마찬가지로 불안은 한국 사회를 설명하는 데 동원되는 가장 대표적인 정념이다. 안보 불안, 경제 불안, 고용 불안 등 불안의 정념은 시절을 달리하며 한국 사회를 설명하는 대표적 정념으로 간주되었다. 표면적으로 볼 때 '안보 불안'이라는 조어가 냉전 체제와 분단이라는 한국 사회의 특수한 상황에서 비롯된 정념의 특징을 함축한 것처럼 보인다. 물론 경제 불안이나 고용 불안, 혹은 불안에 대한 만연한 공포는 1997년 IMF 사태 이후 가속되었고, 2000년대의 미국 금융 위기를 통해 더욱 가속화되었다. 2012년만 해도 불안을 키워드로 출간된 도서가 양적으로 급격하게 증가한 데에서도 이러한 과잉담론화의 사례를 쉽게 확인할 수 있다.

한국 사회에서 불안이라는 정념은 항상적으로 과잉 담론화되어 왔다. 물론 그 불안이 실체가 없다거나 현실적 근거를 갖지 않는다고는 할 수 없다. 그러나 불안에 대한 과잉 담론화는 다양한 정념의 향방을 불안이라는 하나의 축으로 정향시키는 역할을 해 왔다. 그리고 이러한 정념의 정형화는 일제 말기에 그 근원을 갖고 있으며, 냉전기를 통해 더욱 가속화되었다. 필자는 이에 대해 불안의 과잉담론화가 파시즘 정치의 정체성 정치의 산물이라는 점을 강조한 바 있다. 또 이렇게 과잉담론화된 불안은 개별 존재들에게 불안의 사회적, 현실적 연원을 삭제한 채, 마치 숙명처럼 들러붙게 된다는 점을 지적한 바 있다. 불안의 과잉 담론화는 불안을 숙명처럼 만든다. 한국 사회의 역사를 살펴보면 불안이 마치 '한국 사회의 지정학적 특수성'과 역사적 특수성에서 비롯된 숙명인 것처럼 간주되어 온 것을 알 수 있다. 이때 한국의 특수성이란 이른바 '약소국'으로서의 한국 사회의 운명의 표징처럼 간주되기도 한다.[3] 2000년대 들어 안보 불안과 함께 경제 위기에 대한 불안이 만연한 것은 한편으로는 전 지구적 자본과 금융 자본주의의 파생물로서 현실성을 갖는 것이기도 하다.

그러나 나오미 클라인이 날카롭게 비판한 바 있듯이 전쟁, 재난, 경제 위기에 이르기까지 사람들을 극단적인 불안으로 내모는 위기 상황을 이용하여 권력을 강화하는 방식은 충격을 지배 전략으로 삼는 재난 자본주의의 결과이자 효과이다. 나오미 클라인은 이러한 현상을 '쇼크 독트린'(혹은 쇼크 요법)이라는 차원에서 접근한다. 또 이러한 쇼크 독트린을 통해 "재난을 멋진 기회로" 전유하는 방식을 나오미 클라인은 재난 자본주의disaster capitalism라고 지칭한다.[4]

쇼크 독트린과 재난 자본주의의 창시자인 밀턴 프리드먼과 그 추종자들의 세계적 장악력을 분석하면서 나오미 클라인은 그 제자들 가운데 "미국 대통령, 영국 수상, 러시아 과두재벌, 폴란드 재무부 장관, 제3세계 독재자, 중국 공산당 서기, IMF의 중역들"이 포함된다고 논의한다. 즉 피노체트의 독재정치와 이라크 전쟁, 한국의 IMF 사태를 관통하는 것은 바로 프리드먼과 그의 제자들로 무장된 재난 자본주의 관리자들에 의한 쇼크 요법이었다. 이라크 전쟁의 경우 이 쇼크 요법은 전쟁, 경제쇼크요법, 이라크 국민들에 대한 심리적 충격(실제적인 충격)이라는 3단계에 걸쳐 진행되었다. 이러한 재난 자본주의의 쇼크 요법을 통해 사람들은 재난에서 경제 위기까지 모든 '리스크'에 무방비 상태로 '항복' 선언을 하게 된다.

한편, 나오미 클라인은 한국의 IMF 사태를 재난 자본주의의 전형적 승리 사례로 본다. "IMF는 마치 감옥의 심문관처럼 위기라는 극도의 고통을 아시아 호랑이들의 의지를 꺾고 완전한 복종을 얻어내는 데 사용했다." 또 이로 인해 "어떤 문화도 흡수하기 어려운 새로운 절망감이 뿌리를 내리고 아시아 전역에서 각기 다른 형태로 표출되었다." 나오미 클라인은 한국의 높은 자살율과 낮은 고용율, 만연한 위기감과 절망, 사회적 불안을 모두 재난 자본주의의 승리에 따른 결과라고 본다.[5]

나오미 클라인의 논의를 통해 나는 한국 사회에 만연한 불안에 대한 과잉 담론은 현실적인 요인을 갖고 있는 것이기도 하지만, 이러한 과잉 담론화 자체를 비판적으로 접근해야 할 필요가 있다는 점을 생각해 보고자 한다. 즉 불안이 자본주의하에서의 어쩔 수 없는 운명이거나 불가피한 것은 아니라는 점이다. 피노체트의 사례와 마찬가지로 냉전체제하의 많은 독재 국가들에서 불안감을 조장하고 위기감을 고양시키는 것이 국민을 효율적으로 지배하고 나아가 강압적인 통치의 효율적인 '요법'이 되었음을 다시금 강조할 필요는 없을 것이다. 이는 정념과 정동의 문제에 있어서 그 "심상주의적 잠재"를 적극적으로 포착했던 것이 좌파보다도 극우세력이었다는 점을 지적한 브라이언 마수미의 분석과도 연결하여 생각해 볼 문제이다.[6]

이제 슬픔의 경우를 살펴보자. 한국의 대표적인 민족 정서를 한이나 슬픔이라고 규정하는 것은 오늘날 매우 일반적인 것처럼 받아들여진다. 민족 정서에 대한 기존의 민족주의적이거나 보수적인 논의를 차치하더라도 최근 다양한 연구들이 한과 슬픔과 같은 정념의 특질을 한국적 맥락에서 고찰하려는 시도를 보여 주고 있다.[7] 이 글에서 필자는 슬픔에 대한 최근의 새로운 연구의 문제의식을 받아들이면서도, 한편으로 슬픔을 한국적인 것으로 자리매김하는 데 대한 일정한 비판적 입장을 취하게 될 것이다. 민족정서로서의 한이라는 규정은 실은 민족 감정을 수난자 의식 속에서 구성해온 역사의 산물이다.[8] 또한 슬픔이 한국의 감성 체계에서 대표 정념으로 간주된 것은 후식민화 과정, 특히 냉전 체제의 산물이기도 하다. 식민지 시대에도 슬픔은 동정(이광수)이나, 슬픔(한용운) 등과 같이 주체화나 자기의식의 계기로 설정되기도 하였으나, 이는 특정한 경향성에 한정된 것이었다. 이러한 경향성이 주로 민족주의 계열의 사상적, 문학적 계보와 맥을 같이 한다는 점 또한 후식민화 과정과 탈식민화 기획에서 슬픔의 의미를 사유하는 데 있어서 중요한 점이기도 하다. 또 일제 시기 주체화 기획의 양대 축의 하나였던 사회주의 계열에서 슬픔과 같은 정념은 주체화의 계기이기보다 지양해야 할 대상으로 간주되었다.[9]

필자가 선행 연구에서도 입증한 바와 같이, 해방 직후 '슬픔'은 일종의 부가적인 것으로 덧붙여진다. 즉 해방 직후까지 슬픔은 민족의 대표적 정념의 지위를 갖지는 않는다. 슬픔이 지배적인 한국적 정념이 되는 것은 경향적으로는 한국 전쟁 이후부터 시작하여, '한'에 관한 보수주의와 민중주의 사이의 논쟁과 대립을 거쳐, 1960년대의 박정희 체제의 역사 다시 쓰기의 과정을 통해 그 정점에 도달한다. 이는 냉전 체제하에서 수난사 이야기가 한국에서 지배적인 자기 서사의 유형이 되는 과정과 궤를 같이하는 것이다. 또한 수난자로서의 자기규정이 지배적이 되는 과정에는 '식민지 이후'라는 냉전기의 특정한 심성구조가 작동하게 된다.

스스로를 결핍과 결여태로 정립하는 수난사 이야기는 민족 서사의 지배적 구조이지만, 동시에 지역 정체성, 여성 정체성, 민중 정체성 등 다양한 하위 주체의 자기 서사에서도 발견되는 양상이다. 수난사 이야기와 여성 수난사 이야기라는 범주를 통해서 필자는 한국에서 지배적인 자기 서사의 유형, 특히 하위 주체의 자기 서사의 유형을 규명해 왔다. 특히 하위 주체들이 자신의 손상된 지위를 발견하고 자신의 주체 위치를 재정립하려는 시도들에서도 자기 서사로서 수난사 이야기 구조는 반복적으로 나타난다. 필자는 이러한 반복이 지닌 문제점을 지속적으로 비판해 왔는데, 이는 하위 주체의 자기 정립 기획에 있어서 새로운 서사가 절실히 필요하다는 것을 환기하기 위함이었다. 다양한 지점에서 반복적으로 재생산되는 수난사 이야기는 하위 주체의 진정한 해방을 가능하게 하기보다, 손상된 자신의 위치에 대한 원한을 되풀이하게 하기 때문이다. 나는 이러한 비판을 통해서 하위 주체의 해방의 서사를 다른 방식으로 써나가야 한다는 점을 제기해 왔다.[10] 이 글에서 슬픔의 '지배와 반복'을 비판하는 것은 바로 이러한 선행 연구의 문제제기와도 연결되어 있다.

또한 한국 전쟁을 거치면서 슬픔이 한국적 정념의 대표 범주로 담론화되는 과정은 동시에 슬픔이 국가주의적으로 전유되는 과정이라고 할 수 있다. 슬픔이 국가주의적으로 전유되면서 막상, 개별 존재들의 상실과 슬픔은 존재의 자리를 잃게 되고, 슬픔은 국가적 층위가 아닌 자리에서는 애도가 불가능하게 된다. 따라서 슬픔의 국가주의적 전유는 '애도불가능성'의 문제와 밀접한 관련을 맺는다. 또한 그 애도 불가능함은 특정한 신체의 상태를 슬픔이나 불안 같은 기존의 담론화된 정념으로는 언어화할 수 없는 어떤 영역을 만들어버린다. 이러한 과정 속에서 어떤 신체의 상태는 언어화가 불가능한, 일종의 병리적 신체의 영역으로 삭제되거나 배제된다. 슬픔의 과잉 담론화는 이처럼 특정한 신체를 병리학적 신체로 삭제함으로써 가능하게 되는 것이다. 이러한 과정을 통해 냉전 체제하의 한국이라는 국가와 국민은 슬픔의 공동체로 구성되지만, 그 국/가와 국/민이라는 공동체는 언어화될 수 없는 신체, 병리적 신체라는 찢긴 자국을 통해서만 구축된 것이다. 따라서 우리는 슬픔을 말하기 위해 먼저 그 찢긴 자국, 혹은 찢겨나간 자국, 그 자국에 대해 먼저 '말을 얻어야' 할 것이다.

슬픔의 국가주의적 전유는 한국전쟁 이후 국민 내부의 학살의 기억과 국민됨의 불안을 억압함으로써 가능해진 것이다. 그런 점에서 국가주의에 전유된 슬픔을 탈환하는 일은 슬픔을 애도 주체의 자리로 되돌려놓으려는 시도의 일환이기도 하다. 그러나 그 탈환된 슬픔이 다시 반국가주의적 주체화의 계기가 될 때, 우리는 종종 그러한 슬픔의 주체화의 양태가 국가주의적 양태와 유사성을 갖게 되는 것을 목도해 왔다. 이는 그러한 과정을 밟게 되는 역사적 '당위'를 염두에 두더라도 실로 풀기 어려운 난제이기도 하다. 슬픔과 주체화의 이러한 역학은 광주로 상징되는 반국가주의적 주체화의 문제에서 상징적으로 가시화되기도 하였다.[11]

그런 점에서 냉전하의 불안과 슬픔이라는 정념의 과잉담론화와 슬픔의 공동체가 구축되는 과정을 비판적으로 고찰하는 것은 새로운 정념과 새로운 '공동체'의 구축 가능성을 사유하기 위함이기도 하다. 아직 한국 사회에서 이러한 문제는 여전히 난제로 남아있다. 그러나 앞서 언급한 나오미 클라인의 연구를 통해 그러한 가능성의 일단을 먼저 개략적으로 제시해 보고 싶다. 나오미 클라인은 재난 자본주의 복합체의 쇼크 요법으로 무너져가는 여러 국가와 지역 사회의 현황을 참담하게 그려나가지만, 그럼에도 불구하고 이 와중에 이에 대한 새로운 실천과 대안이 싹트는 지역사회의 구체적인 모습을 전해주기도 한다. 재난 자본주의의 "첫 번째 실험실"이었던 남미에서의 새로운 '반란'은 그런 점에서 중요한 논점을 제공한다. 쇼크 독트린은 일종의 불공정한 싸움인데, 이는 "경제적 평등에 대한 꿈은 많은 인기를 누리고 있어서 공정한 싸움으로는 이기기 어려웠기" 때문이다. "때문에 처음부터 쇼크 요법이 실시된 것이다." 남미에서 새롭게 시작된 반란은 이러한 경제적 평등에 대한 '오래된 꿈과 사상(민주적 사회주의)'을 다시 실험대에 올리는 것에서 시작되었다.(핵심 경제 분야의 국유화와 토지개혁, 교육, 문맹 퇴치, 의료혜택 등) 그리고 무엇보다, "충격흡수장치"를 어떻게 세울지를 배우고 만들어가는 것이 이 '반란'의 가장 중요한 버팀목이었다. 이러한 버팀목은 다양한 분산적인 협동체, 권력의 탈집중화와 새로운 네트워크 권력의 창출로 가능해졌다. 또한 일상에서의 민주주의와 새로운 경제블록(글로벌 시장이나 워싱턴의 재정기관으로부터 독립할 수 있는 경제블록으로 볼리바르 대안이라고 불린다.)의 구축 또한 이러한 새로운 충격흡수 장치의 일환으로 만들어졌다.[12]

그런 의미에서 신자유주의하에서 마치 숙명처럼 번지는 불안이라는 지배적 정념으로부터 벗어나는 일은, 새로운 권력구조와 실천적 대안들의 구축을 통해 끝없이 지배적 정념에 들러붙게(정동하게) 만드는 권력구조로부터 이탈하는 것을 의미한다. 마찬가지로 한국 사회에서 슬픔과 불안은 일종의 국가주의적 권력구조를 지탱하는 지배적 정념 구조이다. 이런 점에서 이로부터 이탈하고, 다른 정념을 구축하기 위해서는 이러한 정념의 현실적 근원을 이론화하는 작업이 필요하다. 이러한 이론화는 동시에 대안적인 '공동체'(대안적인 권력구조로서)를 구축하기 위한 실험을 통해서만 실천적인 함의를 갖게 되는 것이기도 하다.

3. 전쟁 상태적 신체의 탄생 : 점령당한 영혼의 소리와 국/민이

라는 찢겨진 자리

　앞에서는 냉전의 정념을 논의하기 위해서, 냉전기에 정념이 위계화되어 가는 배치와 배제의 문제를 고찰했다. 흔히 정념의 문제를 논함에 있어 정념 자체에 대한 논의가 이성 중심적 사유의 역사 속에서 배제되어 온 점이 강조되곤 한다. 그러나 이제 정념 연구는 그러한 단계를 넘어 정념의 현실적, 역사적 존재 양태의 특이성과 단일성을 고찰하는 것으로 진전되어야 한다. 또 정념 연구가 단지 기존의 이성 중심적 사유에 의해 가려져 있던 정념의 목록들(슬픔, 불안, 분노 등)을 다시 오래된 분류함에서 꺼내 드는 작업에 그치는 것이 되어서도 안 된다. 마찬가지로 냉전이라는 특정한 역사적 횡단면을 중심으로 한 정념에 관한 연구 역시 냉전 정념의 키워드가 될 만한 목록을 수집하고 분류하는 일에 그쳐서는 안 된다. 전술한 바와 같이 냉전기 한국 사회에서는 특정 정념, 특히 슬픔이 지배적인 정념으로 점차 자리 잡게 되면서 한국/한국인은 슬픔의 공동체라는 형식을 갖게 된다. 그러나 이러한 과정은 슬픔과 같은 공동체의 '관용어'가 되어버린 정념의 어휘로 설명되지도, 전달되지도 않는 특정한 신체들의 상태를 '병리적 상태'로 배제하거나 삭제하면서 비로소 가능해진 것이다.

　이러한 '병리적 신체'들은 학살과 전쟁과 폭력의 기억이 봉인된 채 생존이 지상명령이 된 세계에서, 학살의 기억과 생존의 현실 사이에 분열된 상태를 취한다. 필자는 이러한 신체가 형성되는 역사적 과정의 추이를 고찰하면서 이를 "전쟁 상태적 신체의 탄생"이라고 명명한 바 있다.[13] 이러한 전쟁 상태적 신체는 그 자체로 분단이라는 냉전기 한국의 국가 상태와 남한 사회 내의 대립적 분열에서 비롯된 현실적인 존재이다. 그럼에도 불구하고 전쟁 상태적 신체의 존재는 비가시화되거나 병리적인 것으로 사회 내에서 배제되었다. 그리고 이러한 전쟁 상태적 신체의 존재는 냉전 시대 내내 일부 문학 작품 속에서만 그 형상을 겨우 확인할 수 있다. 이른바 탈냉전 이래 이러한 전쟁 상태적 신체의 존재와 형상은 구술과 증언이라는 형태로 겨우 담론장에 가시화되게 된다.

그런 점에서 냉전기 담론장에서 수난사 이야기로 대표되는 슬픔의 공동체에 관한 서사가 지배적이 되는 것의 이면에서는 이러한 전쟁 상태적 신체가 공동체의 바깥으로 찢겨 삭제되는 과정이 동시에 진행되는 것이다. 그리고 이러한 찢겨짐은 바로 냉전기 한국의 국/민과 국/가 구성 자체의 찢겨짐의 전형적 양상이다. 전쟁 상태적 신체는 바로 이러한 찢겨짐이 각인된 몸의 상태를 전하는 것으로 이러한 신체의 상태는 전후의 몇몇 작가에 의해 '증언'된 바 있으며, 박완서의 작품과 탈냉전기 이후 채록된 구술 증언들에서 공통적으로 발견된다.

따라서 여기서는 박완서의 『나목』과 손창섭의 「생활적」, 장용학의 「요한 시집」과 문정현의 다큐멘터리 〈할매꽃〉, 제주도 4·3 항쟁 생존자의 구술 증언 자료를 토대로 전쟁 상태적 신체의 정동, 혹은 정동 불가능함의 문제를 살펴보고자 한다.

이 자료들에서 공히 발견되는 것은 전쟁 상태적 신체는 슬픔이나 분노, 혹은 원한과 같은 이미 규정된 정념의 목록들로 설명되지 않는 어떤 정념들의 복합성 속에서 비화해적으로 분열된 상태를 보여 준다는 점이다. 따라서 이 전쟁 상태적 신체의 정념이나 정동의 양태는 이미 구성된 언어로 재현되거나 전달되지 못한 채 끝없이 '비-언어'의 영역으로 나아가게 된다. 그런데 이들 텍스트에서 공통적으로 이른바 전쟁 상태적 신체의 '몸'을 확인할 수 있고, 그것이 비-언어의 영역으로 나아가게 된다는 점은 우연의 일치가 아니다. 그리고 이러한 공통성이 단지 이들 텍스트가 냉전하의 폭력의 경험을 반영하고 있기 때문만도 아니다. 냉전하에서 폭력의 경험을 반영하는 텍스트는 이러한 작품 외에도 다양하게 생산되었기 때문이다.

이들 텍스트 사이에는 흥미로운 공통점이 또 하나 있다. 이는 이들 작품이 당대의 지배적 문학 패러다임 속에서 차이를 지니는 것으로 배제되거나 청산된 '역사'를 갖고 있는 작품이라는 점이다. 박완서의 문학이 오랫동안 이른바 본격문학과는 구별되는(혹은 미달되는) '개인적 체험의 기록'이나 '증언과 기록의 소명'을 담은 텍스트로 간주되었다는 점은 이러한 면에서 새롭게 그 의미를 해석해야만 한다. 마찬가지로 손창섭과 장용학의 작품은 1950년대 말부터 진행된 '전통론'과 이를 잇는 1960년대의 '한글 세대 문학론'에 의해 '서구적 사조에 대한 과도한 경도'라든가 한글이라는 민족어 문학에 미달하는 것으로 문학적 유산에서 '청산'되었던 역사를 갖고 있다. 이는 단지 문학사적 전환의 맥락으로만 볼 수 없다. 오히려 이러한 문학사적 전환이나 이를 통한 '민족문학' 정전과 유산의 성립은 단지 문학사적 맥락으로만 한정되지 않는 것이다. 따라서 이러한 문학사적 전환과 한국문학의 성립 과정은 전쟁 상태적 신체가 '청산'되고 냉전기 국/민이라는 공동체가 수립되는 과정의 산물로서 다시 사유할 필요가 있다.[14] 즉 손창섭과 장용학, 박완서의 작품과 4·3 항쟁 구술 증언 자료에서 나타나는 공통점은 이들의 '소리'가 기존의 지배적인 담론하에서 비-언어의 영역으로 환원되어버린 결과에서 비롯되는 것이다.

이러한 전쟁 상태적 신체는 때로는 '병적인 상태'(〈할매꽃〉, 『나목』, 「생활적」)로, 때로는 살아있는 죽은 자의 형상으로 재현된다.(『나목』의 오빠의 '망령'이나, 「생활적」의 동주, 「요한시집」의 누혜) 이는 이들 신체가 정동되지 못하는 상태라는 점과도 관련된다. 즉 이들 신체는 표면적으로 보기에는 탈정념화된 상태이거나, 여타의 대상과의 연계를 상실한 정동되지 못하는 상태처럼 보인다. 모든 살아있는 신체는 정동의 능력을 지닌다는 점에서 정동의 능력을 상실한 이들 신체의 상태는 마치 살아있는 시체처럼 보인다. 죽음에 정동된 삶, 그것은 '삶'의 어휘로는 설명되기 어려운 것이다.

그런 점에서 이러한 전쟁 상태적 신체를 설명하기 위해서는 기존의 해석, 즉 트라우마적 신체에 대한 설명이나 정신분석적 설명만으로는 부족한 것은 아닐까. 또한 이러한 신체의 상태를 설명하기 위해 정념에 대한 일반론이나 정동에 관한 일반론만으로도 역부족이다. 그러나 우리는 이를 단지 '특수한' 사례로서만 다루어서는 안 될 것이다. 따라서 여기서는 전쟁 상태적 신체라는 하나의 사례를 통해 정념 연구와 정동 연구가 나아가야 할 중요한 방향을 환기하고자 한다. 즉 정념 연구와 정동 연구가 기존의 정념의 목록과 정동 발생에 관한 일반론에 그치는 것에서 나아가 매번 특이하고 단수적인, '바로 그 하나의' 신체의 상태와 정동됨의 현실적이고 역사적인 맥락에 대한 연구가 되어야 한다는 점을 단적으로 보여 주는 사례로서 전쟁 상태적 신체의 경우를 사유해야 할 것이다. 낭시의 말을 빌자면 정동이란 영혼의 펼쳐짐으로서 이때 "몸-나, **코르푸스 에고**의 자명한 물질적 원칙 또는 절대적인 원-건축술은 이렇게 해서 보편적 '에고'란 존재하지 않으며 다만 **매번**만이, 즉 어떤 어조의 발생 경우와 계재들 ─ 긴장, 울림, 변조, 음색, 비명이나 노래 ─ 만이 있을 뿐임을 시사한다. 그리고 그 모든 경우는 언제나 그저 목소리이다. '뜻을 만들어내는 목소리'voix significativa, 시니피앙의 질서가 아니라 어떤 몸이 스스로를 발음하면서 드러내는 그 발생 자리의 음색"인 것이다.[15] 즉 전쟁 상태적 신체의 이른바 비-언어, 목소리, 비명, 신음 소리는 단지 언어로 환원되지 않으며 병적인 상태의 징후나 증상으로 환원해서도 안 된다. 오히려 우리가 이 전쟁 상태적 신체의 발생의 자리의 음색을 독해하는 방법을 알지 못한 채 이 음색을 비-언어, 병리적 상태로 환원해온 것이다. 혹은 슬픔과 불안에 대한 과잉화된 담론의 자리에 이 음색은 기입될 수 없었다고 할 것이다. 그러므로 전쟁 상태적 신체의 신음 소리, 비명, 울음소리를 병리적 증상이 아닌, '바로 이 몸'의 발생 자리의 음색으로서 읽어낼 필요가 있는 것이다.

먼저 박완서의 『나목』의 경우를 살펴보자. 『나목』은 아주 잘 알려진 작품이고, 많은 이들이 잘 알고 있다고 생각하는 작품이다. 그러나 『나목』은 사랑 이야기가 아니라 "근거를 알 수 없는 무섬증"에 관한 이야기며, 작가의 자전적 체험에 관한 이야기가 아니라 전쟁 상태적 신체라는 열전과 냉전 사이에 발생한 어떤 신체의 상태state에 관한 '증언'이다. 『나목』의 작품 세계는 PX와 계동의 고가 사이를 왕복하는 경아의 동선을 따라 구성된다.[16] 여기서 PX와 계동의 고가는 경아에게 생존과 죽음이라는 두 축의 공간적 분할을 상징하는데, 그것들은 이면에서 점령의 현실과 학살의 기억이라는 두 축을 따라 분할되어 있다. 이 두 공간은 『나목』에서 공간적으로 동시적으로 병존하는 것처럼 보이지만, 실상은 현재와 과거의 기억이라는 시간의 축으로 분리되어 있으며, 본질적으로는 점령과 학살, 점령자의 공간과 학살당한 자의 공간이라는 비화해적 형태로 분열되어 있다.

『나목』은 사실 PX에서 계동의 부서진 고가古家 사이를 왕복하는 그녀의 내달리는 발길, 그 숨 가쁜 호흡에 실린, 어떤 마음의 상태에 관한 이야기이다. 『나목』 전체는 '알 수 없는 무섬증'이라고밖에 기술되지 못하는 어떤 정념에 시달리는 경아의 분열적인 정신 상태, 즉 무서움과 두려움, 때로는 저주와 증오와 광기로까지 내달리는 그녀의 정신 상태를 따라 달려간다. 실상 『나목』에서 경아의 내달리는 발걸음은 **두려움과 증오와 불안과 공포**로 미쳐 달려가는 그녀의 정신 상태의 동선과 일치한다. 『나목』은 이른바 서울 수복 직후, 그 과정에서 자행된 학살과 그 학살을 경험하고 살아남은 학살자 유족의 내면의 기록으로서도 다시 살펴볼 필요가 있다. 쇼크 상태에까지 이르는 경아의 무섬증은 이런 차원에서 역사적 의미를 지닌다. 무섬증에 시달리며, 가쁜 숨을 몰아쉬고, 두려움과 증오와, 분노와 광기를 오가는 경아의 상태는 멀리서 들려오는 포성처럼, 여전히 전쟁 상태를 앓고 있는 어떤 신체의 증상이라 할 것이다. 그러하니, 『나목』의 경아는 다들 평온한 일상으로 돌아간 뒤에도 여전히 전쟁을 '살고' 있는 신체의 전형으로 읽어낼 필요가 있지 않을까. 분열과 강박으로 가득 찬 경아의 존재 양태를 그런 점에서 전쟁 상태적 신체라 불러봄 직하다.

필자는 이러한 분석을 토대로 『나목』에서 경아로 상징되는 전쟁 상태적 신체란 실은 "점령당한 영혼"의 정동의 보고서에 다름 아니라는 결론을 내린 바 있다. 『나목』의 PX는 이런 점에서 단지 박완서가 근무했던 서울 충무로 신세계에 있던 미군 내의 PX만을 지시하는 것이 아니다. '수복된 서울', 그곳이 바로 PX인 것이다. 그리고 그 PX의 주민들은 모두 전쟁 따위는 잊고, '양키'가 던져준 콜라와 팝콘에 몸을 던지며, 추태를 마다하지 않고, 저만 살겠다고 달려간다. 전쟁은 이처럼 오빠를 학살하고, 대신 그 자리에 하우스보이들을 낳고 있다. 전쟁은 집을 무덤으로 만든 대신, 집이 있던 거리를 하우스촌으로(군부대에서 기지촌까지) 변형시켰다. 그리고 이제 이 거리의 주민들은 모두 어떤 의미로든 하우스보이이고, 세일즈걸들이다. 그들의 생존이 모두 '하우스'에 달려 있으니 말이다. 그리고 이 점령당한 영혼의 다른 이름이라 할 '전쟁 상태적 신체'의 상태는 언어화될 수 없는 신음과 떨림으로만 전달된다.

> 우수수………. 창 너머로 나무들의 떨림만 보고도 나는 자꾸 그 소리를 듣는다.[17]

> 마당에서는 노오란 은행잎이 한잎 두잎 떨어지고 또 떨어지고 있었다. 바람이 지나가나 보다. 갑자기 잔가지들이 떨더니 낙엽이 한결 찬란해진다. 필시 나무들은 우수수하는 그 춥디추운 울음을 울 것이다.
>
> 두터운 유리 때문에 나는 그 소리를 들을 수 없었다. 나는 그 소리가 듣고 싶었다. 마치 목마름처럼 걷잡을 수 없이 그 소리가 듣고 싶었다. 나는 신경질적으로 주레주레 달린 방범용 쇠붙이들을 젖히고, 돌려 빼고 창문을 활짝 열었다.
>
> 창밖 공기가 좀더 찰 뿐, 바람은 이미 멎어 있었다. 그러나 나는 몸을 으스스 떨고 춥디추운 아우성 소리를 듣고 있었다. 그것은 어쩌면 나무들의 울음이 아닌 은밀한 속에서 울려 나오는 또 하나의 나의 몸부림 소리인지도 모를 일이었다.[18]

"우수수………", 은행나무에서 울려 퍼지는 "춥디추운 아우성 소리", 그것은 "울음"이자 "또 하나의 나의 몸부림 소리"이다. 그것은 그날 학살당한 오빠의 곁을 지키고 있던 그 은행나무의 노란빛의 잔상으로 기억되는 학살의 기억이고, 그 학살 이후 부역자 가족으로 벌레 같은 시간을 보내며, '살고 싶다 죽고 싶다'를 반복했던 치욕의 기억이다. 하지만, 그 학살의 경험과 치욕의 기억은 아직도 '언어화'되지 못한 채, 아우성이자, 울음이며, 신음이자 몸부림인 소리, "우수수………"라는 소리로밖에는 표현될 수 없다.

그런 점에서 '나목'의 상징은 단지 옥희도(/박수근)의 그림 속의 여인과 나무의 표상을 지시하는 것만은 아니다. 오히려 '나목'은 "우수수………"라는 소리로 표현되는 "아우성"에 다름 아니다. 즉 학살의 현장에서 살해당한 자의 곁에서 다음 차례를 기다리며, 그 죽음의 공포와 살아남음의 치욕을 경험한 '생존자'의 '오지'에서 울려 퍼지는 언어화할 수 없는 영혼의 울부짖음 말이다. 그런 의미에서 이 소리야말로 점령당한 영혼의 소리이다.

『나목』에서 발견되는 전쟁 상태적 신체의 면면은 최근에 만들어진 다큐멘터리인 문정현의 〈할매꽃〉[19]에서도 발견할 수 있다. 가족사를 다큐멘터리로 만든 문정현의 〈할매꽃〉은 말해진/말할 수 있는 사실과 말할 수 없는 고통 사이의 넘을 수 없는 큰 심연을 인상적으로 보여 준다. 빨갱이로 간주되어 경찰서에 잡혀가 고문을 당한 작은할아버지는 그 후유증으로

'광기'에 사로잡혀, 자기 혀와 성기를 부지깽이로 지져버리고 평생을 폐인으로 살았다. 작은할아버지가 자기 삶에 대해 남겨 놓은 것이라고는, 도저히 해독할 수 없는 '병적인 기록'뿐이었다. 그 '병적인 기록'을 해독할 열쇠는 아직도 우리에게 없다. 그리고 그 '병적인 기록'을 해독하지 못하는 한 작은할아버지는 '광인'이라는 굴레를 벗어날 수 없는 것이다.

증언은 증언함의 두 가지 불가능성들의 마주침을 의미한다. 언어는 (증언하기 위하여) 증언할 수 없음을 보여 주기 위하여 비-언어에 양보해야만 한다. 증언의 언어는 더 이상 의미하지 않는 언어이고 의미하지 않으면서 언어 없는senza lingua 것 쪽으로 나아간다.[20]

그런 점에서 증언의 이중의 불가능성에 대한 아감벤의 논의를 나는 폭력의 경험을 사유함에 있어서 비-언어의 문제를 사유할 필요성으로 고쳐 쓰려 한다. 우리가 사유해야 할 비-언어의 영역을 나는 전쟁 상태적 신체의 정념을 사유해야 할 난제와 겹쳐서 논할 수 있으리라 생각한다.

전쟁 상태적 신체의 '상태'가 신음 소리나 비명, 울음과 같은 '비-언어'적 음색으로 나타나는 양태는 제주 4·3 항쟁 구술 증언 자료들에서도 자주 발견된다. 이러한 양태는 폭력의 경험을 증언하는 대부분의 자료들이 공통적으로 담지하고 있는 것이지만, 제주 4·3 항쟁 구술 증언 자료들의 경우 채록된 말인 제주 방언과 전달하는 말인 '표준어' 사이의 낙차가 가시화됨으로써 증언의 이중의 불가능성이라는 문제를 좀더 표면화하는 자료이다. 또 이는 제주 4·3 항쟁과 지역적 특이성이라는 차원에서도 더욱 중요한 문제이기도 하다. 여기서 전쟁 상태적 신체의 정념들은 냉전기의 '삶의 어휘'로 언어화될 수 없고 번역될 수 없다. 우리가 '신음 소리'나 '비명'을 듣지 못하는 것이 아니듯이, 전쟁 상태적 신체의 비화해적으로 분열된 정념들은 어떻게든 우리에게 전달된다. 다만 우리는 그 의미를 이해할 수 없거나, 특정한 방식의 '언어'로 환원해서 전달받는다.

예를 들어 4·3 평화기념관 홈페이지의 구술 증언 자료들을 보면, 연령대가 낮은 이들의 증언은 오히려 '표준어'에 가깝게 '순화'되어 전달력이 높은 반면, 연령대가 높은 이들의 증언은 표준어 체계로는 거의 이해할 수 없는 '온전한' 제주말로 구술되어 있다. 이런 자료들에는 '표준어' 자막이 달려 있다. 자막은 내용을 전부 전달하기보다 축약적으로 요약 전달하는 형식을 취하고 있다. 구술을 '전해 받는' 우리는 '표준어' 자막의 도움을 통해서 증언의 내용을 이해하게 된다. 이것은 물론 단지 제주말과 표준어 사이의 번역 불가능성만을 의미하지는 않는다. 여기에는 폭력을 경험하고 증언하고 전달받는 서로 다른 위치 사이의 어떤 간극과 문턱 또한 개입된다. 구술자의 제주 말과 표준어 자막 사이에는 실은 이를 전달하는 구술채록자의 목소리도 개입되어 있다. 북촌 학살에 대한 정윤조의 증언은 학살의 현장, 동기, 사건의 개요를 말하기보다, "말할 수 없음"을 '말하는 것'으로 채워져 있다.[21] 또한 문자로 채록된 구술 자료에서는 이 말할 수 없음의 표지나 상태를 전달받기가 힘들다.

이상에서 살펴본 것과 같이, 전쟁 상태적 신체의 정념들은 '광기'나 '분열증'이라는 병리학적 어휘로만 환원되어 버린다. 그러나 그 정념들은 현실의 비화해적 분열을 전형적으로 체현하는 것이기도 하다. 따라서 전쟁 상태적 신체의 정념들은 현실을 추동하는 삶의 어휘로는 언어화가 불가능하다. 현실을 추동하는 삶의 어휘는 이러한 비화해적 분열의 정념과 신체들을 배제하거나, 죽음의 공간에 방치하거나 삭제하지 않고는 얻을 수 없는 것이기 때문이다. 그리고 현실에서 이러한 삶의 어휘는 이른바 생존의 절대성을 함축하는 '생활적'이라는 관용어로 귀착된다. 전쟁 상태적 신체와 생활적이라는 삶의 어휘 사이의 찢겨진 자국의 흔적을 손창섭의 「생활적」만큼 인상적으로 묘파한 작품은 드물다. 그리고 그 찢겨진 자국에 놓인 것이 '물'을 둘러싼 죽음과 삶 사이의 쟁탈전이라는 점, 그 대목 또한 슬픔의 공동체와 관련하여 우리에게 화두를 제시한다.

전쟁은 뜨거운 열전 상태state로부터 서서히 식어가며 차가워지고 있다. 이른바 '전후'란 이 뜨거운 열전 상태로부터 차가운 냉전 상태로의 이행 과정의 다양한 국면을 지칭한다고 할 것이다. '전후'라는 개념의 함의에 대해서는 다양한 문제제기와 논의가 진행되었다. 여기서는 '전후'가 열전 이후라는 단일한 층위로 이행의 복합적 국면을 균질화한다는 것을 지적하고 싶다. 열전에서 냉전으로의 이행, 그 뜨거운 상태로부터 차가운 상태로의 이행은 일차적으로는 전쟁의 종료와 이 배경이 된 세계 체제의 재편에 의해 주어진 것이다. 휴전과 분단은 일차적으로 국가와 사회 구조를 냉전 체제라는 단일한 상태로 재편했다. 그러나 분단 체제의 성립이라는 국가National body 형태의 성립과 '전후 복구'라는 사회체social body의 이행 국면 속에서도 이행되지 못하는 신체들이 존재했다. 이 신체들은 뜨거운 열전의 폭력과 포화가 멈춘 후에도, 여전히 그 뜨거운 전쟁의 상태를 온몸으로 앓고 있다. 이미 차가워진 냉전 체제의 상태 속에서 이들은 일종의 유령처럼 떠돈다. 이 신체들은 "살아 있는 죽은 자"22와 같은 표상으로 문학 속에 등장한 바 있다.

전쟁이 끝난 후 어쨌든 살아보겠다며 시세에 편승해 생존 본능에 몰두하는 장면을 일찍이 손창섭은 "생활적"이라는 표현으로 묘파한 바 있다. "생활적"이란 표현을 열전의 열기가 식어가고, 뜨거운 전쟁의 포화가 식어가면서 그 상처와 경험이 점차 차갑게 식어가는 이른바 냉전으로 이행해가는, 즉 열전에서 냉전으로의 이행의 경로, 혹은 그 이행 불가능성의 문턱을 함의하는 것으로 다시 읽어봄 직하다. 그런 점에서 「생활적」의 인물 군상, 즉 순이와 동주, 그리고 봉수와 춘자는 열전에서 냉전으로 이행해가는 과정에서 '삶의 어휘'가 어떻게 전쟁 상태적 신체를 삭제하거나 어둠 속으로 방치하는지를 상징적으로 보여 준다. 「생활적」에서 '생활적'이라고 표현된 '전후'의 '삶의 어휘'는 신음 소리로만 전달되는 전쟁 상태적 신체를

'골방에 가두고', 그 신음 소리를 '듣지 않음'으로써 가능해진다. 또한 이 '생활적'이라는 전후의 '삶의 어휘'는 봉수의 좌우명인 "인간이란 시대의 추세에 민감하지 않아서는 안 된다는 것"과 같은 의미이다. '생활적'에서 이 시대의 추세와 여기 합류할 수 없는 이들의 상태는 전적으로 신체적 비유로 드러난다.

그런 점에서 골방에서 울리는 신음 소리는 열전의 상흔을 차갑게 식혀가는 냉전체제의 체제 내화 과정에서 그 안으로 포함될 수 없는 존재의 표식이며, 그 신음 소리에 들려있는affected 동주는 뜨거운 신체와 차가운 신체 사이의 이행의 문턱에서, 그 이행의 불가능성에 붙들려 있는 존재라 할 것이다. 그리고 이 이행과 불가능성의 표지는 신음 소리와 관용어법 사이에도 고스란히 투영된다. 더욱이 이 신음 소리와 관용어법의 경계에서 그 둘 사이의 이행의 불가능성을 듣는 자, 그것이 동주로 상징되는 어떤 '언어'의 세계가 아닐까.

멀리 철조망 밖에서는 감시병이 휘파람을 불며 향수鄕愁를 노래하고 있는데 나는 누혜의 눈알을 들고 해가 돋기를 기다리고 있다. 이 눈알과 저 휘파람은 어떤 관계 속에 놓여 있는 것인가. 무슨 오산誤算을 본 것만 같았다. 우리는 무슨 오산 속에 살고 있는 것이다. 저 휘파람이 그리워해야 할 것은 태평양 건너 켄터키의 나의 옛집이 아니라 이 눈알이었어야 하지 않았던가…. 세계를 둘로 갈라놓은, 따라서 두 개의 세계를 이어 놓고도 있는 철조망은, 눈망울에는 비쳐는 들었건만 보지

는 못했었다.[23]

신음 소리에 들린 자, 죽은 자의 눈알을 들고 여전히 수용소에서 '생활'의 세계를 바라보는 자, 신음 소리와 냉전이라는 생활의 질서가 요구하는 '삶의 어휘' 사이에서 끝없이 '적절한 말'을 찾아야만 하는 자, 그것이 폭력의 경험을 증언하는 자들에게 부과된 '언어의 무게'라 할 것이다. 전쟁 상태적 신체는 냉전기를 지나 지금까지도 "언어가 자신의 도구가 될 수 없다는 사실을 뼈저리게 느끼게 해온 무참한 흔적"이라 할 수 있다. 반면 이와 비교하여 냉전기 내내 어떤 신체의 정념은 과잉담론화되어 왔다. 아니 냉전기의 정념을 논함에 있어 우리는 지배적 담론으로서의 슬픔이라는 것이 어떠한 위치에 있었던가를 논의하기 위해서라도 바로 이 전쟁 상태적 신체의 '병적 상태'가 어떻게 비-언어로 찢겨 나갔던가를 확인해야 하는 것이다.

4. 슬픔의 공동체와 탈식민적 주체화

전쟁 상태적 신체가 배제되거나 삭제된 채 국/민이라는 찢긴 '공동체'가 어떻게 슬픔의 공동체라는 '형상'을 얻게 되는가의 문제를 「생활적」의 한 에피소드를 빌어 논의해 보고자 한다. 「생활적」의 피난민 마을은 부산의 산동네에 있다. "물바른 부산", 물이야말로 '생활적'이 되는 데 있어 가장 중요한 원자료material이다. 생활적이 되기 위한 몸부림의 장소인 '우물가'는 전쟁 상태적 신체를 앓고 있는 동주에게는 "구더기처럼 보이는 곳", "가장 무서운 곳"으로 표상되기도 한다. 물과 죽음의 대비, 생활적인 공동체와 죽음의 장소 사이의 대비는 그런 점에서 슬픔의 공동체와 냉전기 전쟁 상태적 신체 사이의 찢겨짐을 논의하기 위한 하나의 유비로 삼을 만하다.

전쟁이라는 열전의 상태에서 냉전이라는 '차가운' 상태로 이행하기 위해 가장 필요한 것은 물이다. 이 물은 생활적이라는 생존에의 요구로도 이어지며, 뜨거운 불을 식히는 냉전의 논리로도 이어진다. 무엇보다 이는 사회 내부의 분열과 찢겨짐의 파열에 따른 열상을 식혀버리는 공동체 통합의 물이기도 하다. 그리고 그 물의 정념적 상관물이 바로 슬픔이라 할 수 있지 않을까. 전쟁의 뜨거운 열기 끝에 생활적이 되기 위해 물이 필요하듯이, 전쟁 상태의 분열을 '통합'하고 국/민, 국/가가 되기 위해 슬픔이 필요했던 것이다. 그리고 이러한 물/슬픔에 대한 요청은 경향적으로는 해방 직후부터 진행되었다. 그러니 피난민 마을에서 물이 냉전기의 생활적 삶을 위한 가장 절실한 원자료material이었듯이, 피난민 마을이 국/가와 국/민이라는 공동체가 되기 위해 이와 같은 맥락에서 물/슬픔이라는 원자료 또한 도입되었던 것이다. 김경호는 보르헤스의 『상상동물 이야기』에 등장하는 스쿠온크를 빌어 슬픔의 신체를 눈물의 유동성과 연결하면서 이 공통점을 '상실의 존재'로 규명한다.[24] 그런 점에서 슬픔의 신체는 상실의 존재에 다름 아니다. 보르헤스는 스쿠온크에 대해 "흘러내리는 눈물로 된 육체"라고 정의한다. 스쿠온크는 "모든 동물 중에서 가장 불행한 동물이다. 이 동물을 추적하는 것은 무척 쉬운 일이다. 왜냐하면 계속해서 울고 다니므로, 언제나 눈물 자국을 남기기 때문에."[25] "흘러내리는 눈물로 된 육체"인 스쿠온크라는 상상 동물에 대한 이야기는 "흘러내리는 눈물로 된" 또 다른 슬픔의 공동체인 한국의 국/민, 국/가 공동체에 대한 비유로도 읽어볼 수 있을 것이다.

그런 의미에서 냉전하에서 슬픔은 한국의 국/민 혹은 국/가 형성의 원자료 역할을 했다고 할 수 있다. 슬픔이 원자료라는 것은 그것이 국/민과 국/가라는 찢겨진 형태의 정체성을 구성하는 기본 질료였다는 의미인 동시에, 그 슬픔이 질료라는 점에서의 물질성을 지니고 있었다는 것을 의미한다. 이 슬픔은 식민지 경험과 전쟁을 토대로 발생된 것이기에 후식민화 시기 주체 구성에 있어서 질료적 물질성과 구체성을 갖는 것이었다. 그러나 냉전하에서 이 질료는 앞서 논한 바와 같이 국민화라는 기제에 과도하게 '동원'되었다. 하여 슬픔을 원자료로 한 가상들(주로 심미화의 기제나 정전화, 기념물과 의례, 민족 정서라는 집합적 정념의 구축물 등)은 이러한 국가주의적 작업 work과 밀접한 관련을 맺게 된다. 그러나 '식민지 이후'라는 심정적, 현실적 맥락에서 슬픔이 질료적 물질성을 갖는 것이라고 할 때 이 슬픔이 역사적으로는 국가주의로 전유되었으나, 슬픔 자체가 국가주의적 속성을 지니는 것은 아니다. 그런 점에서 후식민화라는 역사적 맥락에서 도출된 슬픔이라는 원자료를 국가주의적 전유의 방식이 아닌 다른 방식으로 사유해야 할 필요성 또한 여전히 남아있는 것이다. 그러나 어려움은 슬픔을 '한국적 맥락'에서 사유하는 경우 냉전기 내내 이루어졌던 국가주의적 과잉 담론화, 특히 상실의 존재론과 수난사적 자기 인식을 근간으로 하는 주체화와 심미화의 역학으로부터 자유롭기가 쉽지 않다는 점이다.

그럼에도 불구하고 슬픔을 탈식민적 주체화의 계기로서 구축하려는 중요한 시도들도 진행되고 있다. 일찍이 슬픔을 비서구적 주체 사유를 위한 탈식민주의 철학의 층위로 도입한 것은 김상봉이다. 김상봉은 한용운과 윤동주, 김소월 등의 텍스트를 기반으로 한 '시적 우회'를 통해서 서양의 자기의식의 나르시시즘과 대별되는 '우리'의 "자기의식의 본질적 계기"로서 슬픔을 상정한다.[26]

김상봉은 한국인의 자기의식을 슬픔의 자기의식으로 규정하면서 이를 서구의 홀로주체성과 구별한다. 서구의 홀로주체성은 나르시스적 긍지superbial에 의해 구성되는 것으로 이는 자기에 대한 수치와 치욕, 혹은 부끄러움에 기반하는 슬픔의 자기의식과는 전혀 다르다. 슬픔의 자기의식은 한국인의 자기의식이 자기 상실에 기반하고 있는 데서 비롯된다. 그리고 이러한 자기 상실은 '우리'의 자기가 죽음을 품고 있기 때문이다. 김상봉은 이를 윤동주의 시 「또 다른 고향」을 빌어 다음과 같이 설명한다.

데카르트는 자기에게 돌아왔을 때 꺼지지 않는 진리의 빛을 발견했는데, 가엾은 시인은 자기에게 돌아왔을 때 도리어 어둠 속에 갇혀버렸다. 그뿐인가? 데카르트가 자기에게 돌아왔을 때, 그는 자기를 산출하고 정립했다. 그것은 삶의 정립이었다. 그러나 우리의 시인이 자기에게 돌아왔을 때, 그는 다만 풍화 작용하는 자기, 소멸하는 자기를 품었을 뿐이다. 백골을 버릴 수 없는 것은 그 또한 나의 백골이기 때문이다. 그리하여 우리는 자기 속에 죽음을 안고 사는 것이다.[27]

김상봉은 서구적 주체화와 한국의 탈식민적 주체화의 차이를 긍지, 슬픔, 치욕, 부끄러움, 사랑, 매혹 등의 정념의 비교를 통해서 논의한다. 또한 김상봉의 정념에 관한 논의는 근본적으로 주체화에 있어서 수동성의 문제를 사유하는 것과 같은 층위에 놓는다. 그런 점에서 이는 정념과 탈식민 주체화에 관한 우리의 논의에도 많은 시사점을 제공한다. 김상봉의 논의는 서구의 홀로주체성과는 구별되는 서로주체성을 이론과 실천에 있어서 정립하려는 목적을 지닌다. 따라서 슬픔의 자기의식을 통해 한국인의 탈식민적 주체화의 길을 모색하려는 그의 논의는 슬픔을 통해 국/가와 국/민을 구성하려는 시도와는 근본에 있어서 구별된다. 김상봉은 '우리'라는 개념을 사용하고 있지만, 이는 나와 네가 우리라는 공동 주체의 속성으로 전락한다는 차원의 "공동주체성"을 구성하려는 것과는 구별된다. 김상봉에 따르면 "서로주체성은 한편에서는 나와 네가 서로 만나 보다 확장된 주체인 우리가 된다는 것을 표현하는 이름인 동시에 나와 네가 서로서로에게 그리고 더 나아가 나와 네가 우리에 대해 동등한 주체라는 것을 표현하는 이름이기도 하다. 이 두 번째 계기를 명확히 보존하기 위해 우리는 공동주체성이 아니라 서로주체성이란 이름을 사용한다. 공동주체성이란 개별적 주체성의 대립 개념이지만 서로주체성은 홀로주체성의 대립 개념이다."28

그런 점에서 김상봉의 논의는 탈식민적 주체 구성에 있어서 정념의 문제를 사유하는 데 매우 중요한 논점을 제공해주고 있다. 그러나 여기서 수동과 자기 상실, 그리고 수난과 슬픔의 연계에 대한 김상봉의 논의에 대해 필자로서는 약간의 이견을 제시할 수밖에 없다. 앞서 살핀 바와 같이 김상봉이 슬픔을 '우리'의 자기의식의 계기로 설정하는 것은 자기 상실의 역사와 관련된다. 또 여기서 자기 상실은 수동의 다른 이름이다. 그리고 이 수동과 슬픔, 그리고 자기 상실의 원천은 수난의 역사에서 발견된다.

이에 반해 한국인은 처음부터 온전한 의미에서 자기를 주체로서 정립하지 못한 민족이요, 그 결과 타자적 주체 속에서 자기를 상실한 민족이었다. 그리하여 이 겨레는 통일된 나라를 형성한 이래 한 번도 타자에 의해 강제되는 수동성의 굴레를 벗어본 적이 없었다. 하지만 그렇게 수동성에 빠져 있었던 겨레에게도 주체성이라는 것이 가능한가?

신라가 외세를 끌어들여 통일국가를 이룬 이래, 외세에의 의존은 이 겨레의 생존방식이었다. 조선은 아예 중국을 섬기는 것을 나라의 근본 이념으로 삼았으니 조일전쟁 이래 사대의 정신은 더욱 철저해져 선조宣祖는 "차라리 나라가 망하더라도 의를 잃지 말아야 하며 방역을 다 잃게 되더라도 사대에 전념해야 한다"고 말하기에 이른다. 조선이 이런 외세 의존성을 주체적으로 극복하지 못하고 일본의 간섭을 불러들이는 빌미를 제공하게 되며, 마지막에는 아예 일본의 식민지로 전락한 것은 우리가 아는 것과 같다.

그 결과 함석헌이 말했듯이 "한국의 역사는 고난의 역사"가 되지 않을 수 없었다. 서양식으로 풀어 말하자면 고난passio이란 수동적인 당함pati의 상태나 결과이다. 한국의 역사가 고난의 역사일 수밖에 없었던 까닭은 이 겨레가 자기를 주체로서 세우지 못했기 때문이다. 주체성의 상실은 언제나 수동적 당함 곧 수난으로 귀결될 수밖에 없는 것이다. "천하를 갖고도 내 나라는 못 바꾸며 우주를 가지고도 내 인격은 누를 수 없다고 생각"하는 자존심이 바로 주체적인 자기인식이요 자유정신이다. 그러나 한국인은 자기를 그런 주체로서 정립하지 못했다.[29]

위의 인용문에서도 보이듯이 탈식민적 주체성의 근간으로서 슬픔의 자기의식은 김상봉의 논의에서 전혀 다른 방식이지만, 결국 수난사 이야기와 자기 상실이라는 내러티브를 자연스럽게 그 원천으로 삼게 된다. 물론 이러한 슬픔의 자기의식의 원천으로서 수난사에 관한 논의가 김상봉의 사유에서는 탈식민적 주체화를 위한 역사적 논거라는 점에서 이는 앞서 논의한 바와 같은 냉전기의 슬픔에 대한 과잉화된 담론과는 정치적 입각점에서 현격한 차이를 보이는 것이다. 그러나 정치적 입각점이 현격하게 다른 사유에서도 슬픔과 한국적 주체화에 관한 논의는 수난사 이야기의 구조를 반복하게 된다는 것이 바로 우리가 대면해야 할 중요한 지점이라고 생각한다. 어떤 점에서 국가주의와 반국가주의라는 전혀 상반된 정치적 입장에도 불구하고 슬픔을 한국적 주체화의 대표 정념으로 간주하는 방식은 이러한 반복을 피할 길이 없는 것인지도 모른다. 그러나 앞서도 논한 바와 같이 슬픔은 한국에서 냉전기 주체 구성에 있어서 원재료로서의 질료적 물질성을 지니는 것이라고도 할 수 있다. 그렇다면 슬픔이라는 정념 자체의 문제가 아니라, 바로 그 슬픔을 사유하는 방식에 대해서 근본적인 전환이 필요한 것은 아닐까? 물론 김상봉의 논의 또한 이러한 문제를 급진적으로 제기하고 있다는 점을 다시 한번 확인할 필요가 있다. 그러나 다른 한편으로는 이러한 슬픔의 서사가 직면하는 딜레마와 반복은 '수동/정념'의 문제를 수난/고난, 혹은 수동성(사로잡힘)의 차원에서 다루는 패러다임을 반복하는 데서 비롯되는 것이라고도 생각해 볼 수 있을 것이다. 슬픔과 서로 주체성을 탈냉전과 탈식민 주체 형성의 바탕으로 삼을 수 있는 가능성에 대해서 다음 장에서 계속 살펴보자.

2장

증강 현실적 신체를
기반으로 한 반기념 정치 구상
애도 주체와 현실의 증강, 그리고 '완서학'의 원천

1. 점령당한 신체와 증언불가능성의 정동 : 역사적 경험과 이론의 원천

역사적으로 보면 성폭력 생존자의 증언에 대한 논란은 유사한 패턴을 반복한다. 가까운 사례로는 최근 자주 발생하는 성폭력 사건과 피해자 여성에 대한 무고죄 논란(때로는 '꽃뱀'으로 매도되는) 사건을 들 수 있다. 남성 연예인이 성폭력 가해자로 고발된 경우 사건의 진상이 밝혀지기도 전에 여성에 대한 무고죄 논란이 일고 피해 여성을 '꽃뱀'이라며 매도하는 혐오발화가 인터넷상에 퍼지는 일이 반복된다. 성폭력을 증언하는 여성의 증언은 처음부터 의심되고 법적으로 인정되기 어렵다. 사회적으로 공론화가 되어도 관심이 식으면 가해자에 의해 생존자와 증언자가 법적으로 제재를 당하고 '가해자'로 '처리'되어 버리는 일이 반복된다.[1]

역사 수정주의자들이나 극우파들이 '위안부' 피해자의 증언을 부정하는 것은 성폭력과 학살 생존자의 증언이 의심 대상이 되는 대표적 사례이다. 12·28 한일 위안부 합의 이후 소녀상을 철거하라는 일본의 요구가 강해지고 있고, 한국 내에서도 소녀상을 철거하자는 의견이 일부 그룹을 중심으로 여러 방식으로 공론화되고 있다. 2016년 한국 사회는 성폭력 해시태그 운동, 12·28 한일 위안부 합의를 둘러싼 공방, 소녀상을 둘러싼 외교적, 담론적 마찰 등 증언, 애도 정치, 기념을 둘러싼 다양한 층위의 논의가 진행되고 있다.

증언과 증언의 해석은 제노사이드 연구와 페미니즘 연구의 핵심 주제이기도 하다. 또한, 여기서 경험과 언어의 문제는 페미니즘과 문학 연구의 가장 근본 주제이기도 하다. 연구사적 맥락에서 보면 페미니즘 이론은 혐오발화에 대한 개입을 통해 증언과 관련된 역사적·이론적 원천을 매번 현실로 도입하는 역할을 해 왔다. 역사 수정주의를 혐오발화의 문제로 개입하는 것은 바로 이러한 연구사적 맥락에서 비롯된다.[2]

역사 수정주의자들은 생존자의 증언이 일관성이 없다거나 앞뒤가 다르다거나 하는 이유를 들어 생존자들의 증언을 부정하곤 했다. 하지만 폭력의 경험을 앞뒤가 맞게, 사실관계와 인과 관계에 따라 기술해야 하는 것은 생존자에게 또 다른 폭력이 된다. 폭력의 경험을 사실적으로 보고하는 말reported narrative은 명징하게 보이지만 오히려 생존자의 경험을 가린다. 그렇다면 경험 그 자체를 명징하게, 한 점의 의심도 없이 투명하게 말한다는 건 무엇일까? 과연 그것은 가능한가? 이런 질문은 학살과 증언, 폭력의 경험과 글쓰기의 관계에 대한 이론적 사유의 궤적에 고스란히 담겨있다. 프리모 레비나 카프카, 주디스 버틀러나 지젝, 아감벤 등의 사유는 학살과 증언에 대한 사유의 중요한 원천으로 자주 호출된다. 물론 여기에는 홀로코스트의 경험이 그 한가운데 있다. 2차 세계대전의 경험과 이어진 내전의 경험은 국제 질서와 동아시아의 역사를 송두리째 변화시켰지만, 세계대전과 내전의 경험을 담은 비서구의 여러 기록과 사유는 우리 자신의 주체화를 성찰하는 상징적, 철학적 준거로 여겨지지 않는다. 전쟁과 내전과 학살로 얼룩진 한반도에서 그 경험을 사유하기 위해 홀로코스트의 경험과 9·11 테러의 경험은 '보편적'으로 간주하지만, 한국 전쟁과 한국 근대사의 과정에서 진행된 소수자에 대한 폭력의 경험을 담은 서사는 사유의 원천에서 자연스럽게 망각되고는 한다. 이 주제에 박완서를 불러오는 것은 그런 이유이다.

이 장에서는 박완서 작품에서 반복해서 나타나는 전쟁 상태적 신체의 특유한 양태를 증강 현실적augmented reality 신체성이라는 주제로 새롭게 해석해 보고자 한다. 또한 폭력을 경험한 생존자들에게서 이러한 증강 현실적 신체성이 어떤 식으로 변주되거나 동일하게 나타나는지를 살펴보려 한다. 한강의 『소년이 온다』, 김숨의 『한 명』, 티파티 슘 감독의 〈어폴로지〉 등을 비교 고찰하고 생존자들이 살아 돌아오지 못한 동료들을 환영이나 유령으로 마주치는 형태를 생존자의 증강 현실적 신체성의 차원에서 해석해야 한다는 점을 논하고자 한다. 또 증언의 불가능성과 애도의 욕망이 생존자의 신체를 증강 현실적 신체로 변형하는 일련의 과정을 비교 고찰하면서 이를 대안 기념의 이론적 원리로 정립할 가능성을 탐색하고자 한다. 증강 현실적 신체성이 대안 기념의 이론적 원천이 될 수 있는 현실적 근거로 〈보더 메모리얼〉Border Memorial을 비롯한 지리정보시스템GIS 기반 대안 기념 정치의 사례를 살펴보고자 한다. 증강 현실을 이용하여 국경에서 살해된 이들을 추모하는 대안 기념 공간인 〈보더 메모리얼〉과 위치기반 서비스와 퀼트, 오큐파이를 결합하여 성폭력 생존자를 추모하는 대안 기념 작업 〈모뉴먼트 퀼트〉Monument Quilt를 사례로 살펴보고자 한다. 이 연구는 박완서 작품에서 문학적으로 탐색되고 구현된 증강 현실적 신체성을 증강 현실 기술과 위치기반 서비스 및 GIS 기술을 통해 구현된 사례와 비교 검토하면서 박완서 작품에 나타난 증강 현실적 신체성이 대안적인 반기념 정치의 새로운 이론을 가능하게 한다는 점을 논하고자 한다.

2. 생존담을 이어쓰기 : 증언과 기념의 정치의 현황

폭력의 경험과 기억, 글쓰기 문제에 대해서는 다양한 논의가 이어졌다. 연구사적으로는 기억과 기념에 대한 논의는 기념의 제도화에 대한 비판으로 이어졌다. 제노사이드 연구가 국가나 관 주도의 기념사업과도 깊은 관련을 맺게 되면서 학살의 기억이 제도화되는 문제에 대해 비판이 진행되었다. 이에 대해서는 기념commemoration과 제도화에 대한 논의가 한동안 진행되었다.[3] 기념 연구는 기념과 제도화를 비판적으로 논의하는 데 집중되었으나, 제도화에 대한 논의를 넘어 대안적인 '기념'을 모색하는 연구 작업은 이어지지 못하고 있다. 이런 상황에서 최근 들어 '위안부' 문제를 둘러싼 일련의 사태와 소녀상 문제가 다양한 논란을 불러일으키면서 대안 기념의 방법에 대한 학문적이고 이론적 개입이 더욱 절실해지고 있다. 특히 소녀상과 관련된 논란은 기념과 제도화, 반기념 저항 정치에 대해 기존에 진행된 연구의 이론적 축적을 배제하고 마치 한국에서는 이에 대한 연구가 부재한 것처럼 논의가 진행되는 상황이다. 이는 어떤 점에서는 소녀상을 비판하는 진영의 전략적인 방식이기도 하다. 또 소녀상 논의가 한국의 지식계를 '과도한 민족주의'로 일반화하면서 한국에서의 학문적 성과를 배제하는 지적 식민주의를 반복하면서 이런 논의 방식이 자리를 잡게 되었다고 보인다.

또한, 해시태그 운동으로 상징되는 반성폭력 운동에서도 성폭력에 저항하는 증언과 담론을 기록하고 '기념'하는 일의 이론과 방법론이 절실하게 요구되는 상황이다. 해시태그 운동과 생존자의 증언을 기록하기 위해 시작된 〈참고문헌 없음〉 프로젝트를 둘러싼 여러 문제는 페미니즘 운동과 증언의 정치가 처한 현재의 난국을 총체적으로 보여 준다. 문단 내 성폭력에 대한 비판과 해시태그 운동에 대해서는 다양한 논의가 진행되고 있다. 계간지 『문학과 사회』는 2016년 겨울호 #문단 내 성폭력 특집 코너를 꾸려서 고양예술고 교사(시인)의 성폭력 대응 기구인 〈탈선〉의 기록을 비롯하여 관련 글을 게재했다.[4] 잡지 『문학3』이 주최한 '문학몹' 〈#문단_내_성폭력, 문학과 여성들〉이 2017년 2월 열렸다. 이후 〈참고문헌 없음〉 프로젝트에 대한 공방이 이어지고 이에 간접적으로 참가한 단체 '페미라이터'가 해산하였다. 이 과정은 성폭력, 증언, 기록과 연대, '기념'과 문학 제도와 관련하여 페미니즘 연구가 사유해 나갈 여러 문제를 남겨놓았다.

현재 한국 사회에서 페미니즘 연구와 현장 사이가 너무나 멀고 또 실제 삶에서 부대끼는 성차별과 젠더 이슈에 대해 학문적 연구의 성과들이 유효한 방법론으로 간주되지 못한다. 한국의 현실을 바탕으로 진행된 페미니즘 연구들이 적지 않음에도 한국 페미니즘은 매번 이론적 원천의 빈약함에 시달린다. 이는 페미니즘 이론의 역사와 현실 사이의 낙차라는 점으로도 숙고해볼 문제이다. 대중 담론 차원에서 페미니즘은 최근 '원년'이라고도 이야기된다. 그러나 페미니즘 실천과 이에 대한 연구사의 차원에서 볼 때 현재 페미니즘은 '제도화의 한계와 딜레마'를 벗어나 새로운 대안을 찾아야 하는 시점이라고 할 수 있다. 페미니즘과 제도화에 대한 논의는 2000년대 이후 지속하였으나 이는 페미니즘만의 문제라기보다 이른바 진보 운동의 제도화 과정과도 밀접한 관련이 있다. 또 페미니즘 운동과 국가의 관계를 제도화와 자율성이라는 이분법으로 볼 수 있느냐 하는 논란도 제기되기도 했다.[5]

제도화는 페미니즘 운동 차원뿐 아니라 소수자 정치의 경험을 기억하고 기록하는 일 전반에 걸쳐 나타났다. 국가 주도의 기념사업이 진행되면서 저항의 경험과 기억이 제도화되는 과정에 대한 우려와 비판적 논의가 제기되었으나 이후의 후속 논의가 거의 없는 상태이다. 또한, 국가 폭력과 경험, 기억, 글쓰기를 중심으로 진행된 제노사이드 연구나 페미니즘 연구는 이후 탈식민주의나 글로컬 페미니즘의 연구 주제로 변화되었다. 탈식민주의나 글로컬 페미니즘의 논의가 이후 전 지구적 공간 정치와 페미니즘의 관계를 논하는 페미니즘 지정학이나 비판지리학, 스케일 정치 등의 논의로 이어졌으나, 이는 모두 이론의 소개에 그치고 있다.[6]

또한, 한국의 여성 문학은 문학관, 기념관, 교과서에 박제화되어 지금, 이곳에 팽배한 페미니즘 텍스트에 대한 절박한 요구를 충족시키지 못하고 있다. 물론 이것이 여성 문학 자체의 문제라고는 할 수 없다. 여기에는 학문적 실천과 대중적 요구 사이의 낙차나 학문적 결과물이 유통되거나 '고립'되는 경로 등 다양한 요인이 결부되어 있다. 무엇보다 한국 페미니즘 문학을 연구하는 연구자의 지속가능성과 재생산 기반이 거의 없는 상황에서 한국 여성 문학에 대한 학문적 실천의 역사를 이어 쓰는 일은 불가능에 가깝다. 이 글에서 애도 네트워크와 반기념의 저항 정치를 논하려는 이유는 바로 이런 이어쓰기와 지속가능한 재생산 기반을 만들기 위한 고민과 관련이 깊다. 생존담의 역사를 이어 쓰는 새로운 이론과 실천을 만들 필요가 있다.

최근 위안부 문제와 소녀상, 반성폭력 운동과 여성의 생애사 기록 등 다양한 지점에서 증언과 기억, 기념과 저항 정치를 둘러싼 논의가 새롭게 진행되고 있다. 몇 가지 사례를 중심으로 중요한 논점을 살펴보고자 한다. 『제국의 위안부』 사태와 12·28 한일 위안부 합의를 전후하여 '위안부'(일본군 전시 성노예) 피해 경험과 증언, 기억과 기념에 대한 논란은 과열되었다. 이 시기 전례 없이 많은 '위안부' 관련 작품이 생산되었다. 관객이 미리 투자해서 제작과 배급에 성공한 유례없는 작품인 〈귀향〉[7]은 재현의 윤리에 대한 논란이 일기도 했다. 〈귀향〉에 대한 논쟁은 다음 장에서 자세하게 살펴보자. 이후 드라마 〈눈길〉이 영화화되었고[8], 티파니 슘Tiffany Hsiung 감독의 〈어폴로지〉가 개봉하였다.[9] 〈어폴로지〉는 지금까지의 '위안부' 서사와 비교할 때 몇 가지 중요한 변화를 보여 주는 중요한 텍스트이다. 특히 증언과 기억, 기록자와 '기념', 애도의 방식에 대해서도 중요한 논점을 제공한다. 위안부 서사에 중요한 전환을 보여 준 또 다른 작품인 김숨의 장편 소설 『한 명』과 〈어폴로지〉를 비교 분석해 보면서 증언과 저항의 정치를 둘러싼 새로운 변화 지점을 논해 보자.

그녀는 16절지 크기의 신문지 쪼가리를 집어 들고 소리 내 읽기 시작한다. 신문지 쪼가리 한쪽에는 늙은 여자 사진이 흑백으로 실려 있다.[10]

김숨의 『한 명』은 위안부 생존자의 증언을 '인용'하면서도 '인용'과 '보고'로 환원되지 않는 그녀들의 경험을 언어화하기 위한 다양한 시도를 보여 준다. 증언의 '인용'은 폭력의 경험을 사실로서 확인하는 것에 그치지 않고, 오히려 '인용'과 '경험' 사이의 환원 불가능한 낙차와 간극을 가시화한다. 위안부 피해자의 실제 증언은 '인용'을 통해 피해 사실을 확인해주는 근거로 전유되는 것이 아니라, 오히려 '인용'이 닿지 않는 경험의 고유성과 그 잔여를 확인하도록 만든다. 즉 『한 명』에서 '인용'은 증언의 사실성을 확증하고 그렇게 기록된 언어를 통해 그녀들의 피해 경험을 확증하는 데 머물지 않고, 기록자가 인용을 반복해도 도달할 수 없는 실제 경험 사이의 간극, 즉 언어화될 수 없는 간극을 가시화하는 데 주력한다. 여기서 증언의 인용은 단지 '보고된 언어'reported narrative를 확인하는 데 멈추지 않는다. 오히려 『한 명』은 피해 생존자의 삶이 보고된 언어로 환수됨으로써, 폭력의 경험과 그 이후의 삶이 소거되는 지점을 문제시한다.

이와 같은 문제의식에서 출발하는 것이 티파니 슝 감독의 〈어폴로지〉Apology이다. 처음 등장할 때 그녀들은 "신문지 쪼가리"에 등장하는 사진의 이미지를 전형적으로 반복한다. 어쩌면 우리는 내내 그녀들을 뉴스에 등장하는 이미지나 역사 논쟁 속의 등장인물로 만나고 전해 듣는다. 그녀들의 삶은 이렇게 내내 리포트 된 채로만 전해진다. 버틀러와 지젝은 폭력의 경험이 이런 방식으로 언어화되는 것을 보고된 담화reported narrative의 한계로서 비판한 바 있다.[11] 이른바 사실을 전달한다는 기록은 그것이 당사자의 말을 인용하고 채록한 것이라 할지라도 폭력의 경험을 전달 가능한 형태로 재구성한 보고된 언어의 한계를 반복한다. 증언의 명료함이나 증언과 사실관계를 매번 조회하고 심문하는 이들은 역설적으로 폭력의 경험을 남김없이 보고할 것을 증언자에게 강제하는 것이다. 보고된 언어의 한계를 직시하지 않는 한, 언어를 다루는 자는 보고된 언어를 사실로 확증하면서 폭력을 경험한 사람들의 삶과 고통을 매번 보고된 언어에 가두고, 보고될 수 없는 그 너머를 차압하면서 이들의 삶도 차압한다. "홀로코스트 이후 서정시를 쓸 수 없다"는 브레히트의 진단이 오래 지속하였으나 폭력의 경험은 '시적인 것'을 더욱 요구한다는 지적과 버틀러의 논의는 이런 맥락과 닿아있다. 슬라보예 지젝은 홀로코스트 생존자의 증언이나, 테러 이후 생존자의 증언 등 증언의 형식을 우리가 타인의 고통을 '전달받는' 진실의 언어라고 생각하지만 실은 오히려 이러한 증언이야말로 보고된 담론reported narrative 이라는 점에서 폭력의 경험을 전달 가능한 형식으로 번역할 것일 뿐이라고 비판한다. 지젝은 오히려 '시적인 것'이야말로 보고될 수 없는, 번역될 수 없는 고통의 경험에 상응하는 것이라고 논하기도 한다. 주디스 버틀러는 관타나모 수용소 수감자의 시를 분석하면서 보고된 담론의 한계와 시적인 것의 가능성을 논한 바 있다.[12] 또한, 폭력의 경험과 증언에 대한 연구의 역사는 이제 오히려 "증언의 이중의 불가능성"을 사유하는 단계로 이미 오래전에 접어들었다. 아감벤이 증언의 이중의 불가능성이라는 명제로 사유했다면[13] 버틀러는 재현 불가능성과 시적인 것, 혹은 곁에 있음^{besidesness}이라는 새로운 사유 방법을 이어나갔다.

다큐멘터리 〈어폴로지〉는 아주 섬세한 공을 들여서 보고된 언어와 삶의 한계 그 너머로 나아가려고 한다. 〈어폴로지〉에서 보고된 담화에 고정되어 있던 그녀들은 감독인 티파니 슝과 만나 이야기를 나누거나, 여러 난관을 함께 해결해 나가면서, "신문지 쪼가리"에 보고된 이미지에서 터벅터벅 걸어 나와, 우리에게 눈을 맞추고, 환하게 웃어준다. 귀가 들리지 않아 이야기를 나눌 수 없던 카오 할머니와 씨름을 벌이고 목소리를 높이던 티파니와 딸은 보청기를 해드릴 궁리를 하고, 보청기를 하게 된 할머니는 "귀에서 뭐가 조그만 게 말을 해"라며 아이 같은 웃음을 지으시고, 티파니 슝 감독과 살을 맞대며 야위고 늙어버린 그녀의 살을 갖고 논다. 평생 수치심에 자신을 가두고 살 수밖에 없었던 아델리 할머니는 아들에게 자신의 삶을 이야기하고, 비로소 긴 한숨을 내쉰다. 수요 집회 영상을 동료들과 함께 보고는, 감격에 겨워하며, "나도 지금 간다!"고 외치던 아델리 할머니의 얼굴은 영화 내내 한 번도 본 적이 없는 평화로운, 환한 미소로 빛났다.

영화 내내 이 한가운데 길원옥 할머니의 풍자와 해학이 함께하는 노래 같은 투쟁, 투쟁하며 노래하는 삶과 동료들이 있다. 〈어폴로지〉는 아시아 전역에 걸쳐 진행된 전쟁범죄와 성노예화에 대한 사과를 촉구하는 영화이기도 하지만, 무엇보다 그녀들 곁에 있다는 것, 혹은 그녀들이 곁에 있다는 것이 무엇 인지를 사유하고 감각하게 만드는 영화이다. 〈어폴로지〉에서 감독은 위안부 생존자 '할머니들' 곁에 함께 누워 이야기 나누 는 사람들을 비춘다. 카메라가 그녀들 곁에 있다고 하는 편이 정확할 것이다. 카메라는 길원옥 할머니와 아들이 옆으로 같 이 누워 이야기를 나누는 장면에서 자연스럽게 이들 곁에 있 다. 감독인 티파니 슝은 항상 할머니들 곁에 누워 이야기를 나 누고, 살을 매만지며 수다를 떨기도 하고, 그녀들 곁에 그렇게 있다. 윤미향 한국정신대문제대책협의회 대표나 동료들도 할 머니 곁에 그렇게 누워 이야기를 나누고 등을 쓸어주며 길을 나선다. 그리고 이렇게 그녀들이 곁에 있다는 것이 또 다른 그 녀들에게 힘이 된다. 아델리 할머니와 그녀의 동료들이 수요 집회 영상 속 또 다른 그녀들을 지켜보며 빛나던 그 눈은 이런 설명 너머에 있는 어떤 경지인 것 같다.

일본어로 혐오발화를 쏟아내는 군중들 속을 꿋꿋하게 헤 치고 나아가는 길원옥 할머니와 정대협 동료들의 모습은 그런 점에서 인상적이다. 혐오발화로 가득 찬 이 세상, 사죄하지 않 는 이 세상에서 그녀들의 존재는 이렇게 서로 곁에 있으므로 맞설 수 있다. 혐오발화의 편에 서 있는 이들이 위안부 생존자 와 연대자들이 서로 곁에 있음을 부단히 가치 절하하고 모욕 하려는 것이야말로, 이런 맥락에서 새겨볼 필요가 있다.

〈어폴로지〉와 유사하면서도 다른 맥락에서 "곁에 있음"

을 천착한 작품이 김숨의 『한 명』이다. 『한 명』은 316개의 다른 목소리로 연결된 한 명이라는 존재를 우리 앞에 놓아두었다. 한 명의 말이 316개의 다른 말을 불러오고, 그렇게 말이, 존재가 계속 서로를 불러낸다. '한 명'은 누구로도 환원되지 않는 고유한 단수성이자 동시에 매번 그때 거기 함께 있던 존재들로 확장되는 증강되는augmented 신체성을 지닌다. 『한 명』에서 생존자인 그녀가 돌아오지 못한 '동료들'을 여러 형태로 마주치는 것은 이러한 증강되는 신체성의 한 표현으로 이해할 필요가 있다. 마찬가지로 영화 〈귀향〉과 〈눈길〉에서 생존자인 그녀가 돌아오지 못한 동료/친구를 유령의 형태로 마주치는 것 또한 이와 같이 생존자의 신체성의 고유한 특성, 즉 증강되는 신체성의 함의로 볼 필요가 있다. 그간 폭력의 경험에서 살아남은 생존자의 신체에 각인된 이러한 특성을 증강되는 신체성이라는 새로운 개념으로 사유할 필요가 있다. 광주 항쟁을 새롭게 조명한 한강의 『소년이 온다』에서도 우리는 돌아오지 못한 동료를 유령의 형태로 마주치는 생존자의 증강된 신체 감각을 볼 수 있다.

즉 단지 위안부 생존자 서사만이 아니라, 우리는 그간 제노사이드 생존 서사에서 이런 유사한 마주침을 반복해서 보았다. 한국 전쟁 서사에 자주 등장하는 유령적인 형상들, 무엇보다 박완서의 작품이 줄곧 탐구했던 것은 바로 이러한 생존자의 증강된 신체 감각이었다.

3. 증강 현실적 신체와 반기념의 정치 : GIS(지리정보시스템)와 퀼트, 문학과 증강 현실 기술의 접합과 교차

성폭력 생존자, 성노예화 생존자, 민간인 학살 생존자들이 남긴 자기 서사에서 우리는 생존자의 신체가 폭력의 경험을 통해 변형되면서 전쟁 상태적 신체, 현실 감각의 복잡화, 증강된 신체 감각 등의 특징이 나타난다는 것을 살펴보았다. 생존자의 현실 감각은 일상적인 공간 감각이나 현실 감각과는 매우 이질적인 복잡화되고 증강된 신체 감각을 갖게 된다. 우리는 여기서 생존자의 신체, 현실 감각, 현실에 대한 공간적·시간적 감각의 특이성에 주목할 필요가 있다. 더 나아가 현실 감각과 신체 감각이 변용되면서 시간 감각 역시 변용되며 과거가 '유령적인 형식'으로 현재화하는 것은 이러한 증강된 신체 감각과 불가분의 관계가 있다. 성폭력 해시태그 운동, 위안부 생존자의 증언에 대한 정치적 대립, 소녀상에 대한 논란이 지속되는 이 시점에서 페미니즘 연구는 바로 이러한 맥락에서 애도와 기념에 대해 다시금 고민해야 한다.

이 연구에서 박완서와 증강 현실 기술, 지리정보시스템과 반기념의 애도 정치를 연결해서 논의해 보려는 것은 이러한 문제의식 때문이다. 즉 우리가 새로운 형태의 애도와 기념의 정치를 발명하기 위해서는 먼저 '재현의 윤리'나 형상화에 국한된 논의를 넘어서 애도 주체의 신체 상태, 현실 감각을 사유할 수 있는 새로운 방법론이 필요하다. 이 지점에서 최근 활발

하게 진행되는 페미니즘 지리학과 페미니즘 지리정보시스템에 대한 논의는 유용하다.[14]

여기서는 페미니즘 지리학과 페미니즘 지리정보시스템를 통해 대안 기념 정치를 구현하는 새로운 방법론의 단초를 제시해 보려 한다. 이 과정에서 페미니즘 지리학과 페미니스트 지리정보시스템을 문학 연구에서 구축된 애도 주체에 대한 사유와 접목할 수 있다.

한국에 페미니스트 지리학을 도입하는 데 선구적인 역할을 한 김현미가 지적하고 있듯이 "젠더화된 공간 속에서 다중적 주체로서의 구체적 여성(들)의 몸의 머묾과 이동을 통해 여성의 일상생활을 파악하려는 시도는 지리학에서 몸의 시·공간성에 착목한 시간 지리학Time Geography과 지리정보시스템의 접목을 통해 주로 구현되어 왔다." 또 "2000년대에 들어서면서 페미니스트 지리학은 이러한 시간 지리학과 지리정보시스템의 결합을 통해 양적/질적 접근법의 이분법을 넘어, 그리고 그간 지리정보시스템가 남성 중심적 지식생산 기술이라는 인식을 넘어 페미니즘과 공존할 수 있다는 새로운 시각을 제시하기 시작했다. 지리정보시스템은 (체현된 주체의 몸을 다루는) 시간 지리학과 결합해 '페미니스트 시각화'feminist visualization의 힘과 가능성을 보여 준다."[15]

박완서가 문학을 통해 지속해서 탐구했던 생존자의 증강된 신체 감각, 복잡화된 현실 감각과 시간 감각의 문제를 페미니즘 지리학의 방법론과 연결해 보면서 우리는 기존의 국가

주도의 기념과는 다른 페미니즘의 '기념' 이론과 실제를 구축할 수 있다. 또 실제로 증강 현실 기술과 지리정보시스템 기술을 기반으로 구현된 애도 네트워크와 기념 작업을 사례로 비교 검토하면서 증강 현실적 신체를 기반으로 한 반기념 정치의 이론과 실제 방법론도 제시해 보려 한다. 박완서가 평생 문학을 통해 탐구한 생존자의 신체 감각과 현실 감각은 오늘날 증강 현실 기술과 지리정보시스템 기술을 통해 구현된 특이한 애도 네트워크의 정동과 놀랍도록 닮았다. 아니 오히려 증강 현실 기술과 지리정보시스템 기술이 도입되기 이전에 박완서나 많은 작가가 생존자의 경험을 통해 증강된 신체 감각에 대해 탐구해 왔다고 할 것이다. 증강 현실 기술과 지리정보시스템 기술은 이러한 생존자의 특이한 신체 감각을 '비로소' 모두가 인지 가능한 상태로 구현하는 기술적 방법을 제공한다.

먼저 앞에서 살펴본 생존자의 증강된 현실 감각의 문제를 박완서 작품을 통해 다시 살펴보자. 박완서의 작품 세계는 학살 생존자의 증언과 그 불가능성의 기록에 한정되지는 않는다. 그러나 박완서가 한국 사회를 바라본 자리는 학살 생존자, 증언 불가능성의 정동을 온몸으로 부대끼며 살아야 했던 그 자리를 벗어난 적이 없다. 『나목』에서 「엄마의 말뚝」 연작에 이르기까지 학살 생존자의 경험을 담은 작품들에서 우리는 증언 불가능성의 정동과 글쓰기, 그리고 경험과 기억에서의 사실적 재현과 재현 불가능함 사이에서 발생하는 현실의 복잡화에 대해 더 많은 논의를 이어가야 한다.

폭력의 경험은 생존자들의 현실 감각을 변용시킨다. 이런 현실 감각의 변용이 '우울증, 정신착란, 사회부적응, 히스테리' 등 병리적 이름으로 명명된 것도 이런 현실 감각의 착란화, 혹은 복잡화를 논의하는 이론과 방법론이 부재한 결과다. 김숨의 『한 명』에서 그 한 명은 하나의 신체에 여럿의 신체가 교차하고 변용되는 형태를 취한다. 이는 '위안부' 피해자들의 여러 목소리를 매개하는 소설적 의도와도 관련되지만, 다른 한편으로는 폭력을 경험한 생존자들에게 나타나는 현실 감각의 변용과 '다중 신체화'와도 관련된다. 그들은 하나이고 여럿이 된다. 데리다는 이를 애도 과정에 나타나는 납골당적 주체화라고도 명명했지만, 그 이상의 논의는 이어지지 않았다. 이런 현실감각의 '착란'과 변용은 「엄마의 말뚝」에서 섬망 증상 속에서 아들이 죽은 그 '현실'을 다시 경험하는 장면에서도 인상적으로 나타난다.

박완서의 경우 평생을 '오빠의 죽음'이라는 한 가지 테마를 반복해서 다뤘다고 평해지기도 하지만, 막상 오빠의 죽음과 그 이후 '빨갱이 가족'으로 살아야 했던 '벌레 같은 시간'에 대해서는 사실적으로 기술한 적이 없다. 언제나 기억과 진술은 사실적인 세부를 기록하려는 그 순간, 그 직전에서 멈춘다. 『나목』에서 인상적으로 나타난 것은 바로 이런 현실감각이 변용되는 과정에 대한 기록이고 이 신체를 우리는 앞에서 '전쟁 상태적 신체'라고 명명한 바 있다. 전쟁 상태적 신체는 전쟁이 끝났다는 것이 정상 감각, 현실 감각이 되는 상태에서 여전히 전쟁 상태에 있는 화해 불가능한 두 상태 사이의 차이에 대한 감각에서 발생한다. 『나목』에서 무너진 고가와 '수복된 서울 거리' 사이의 공간 분할은 이와 같은 화해 불가능한 신체적 상태의 대응물이다. 이러한 신체적 변용 과정은 중요한 두 가지 징후를 동반한다. 첫째는 트라우마의 원천인 경험 그 자체에 도달하지 못하는 기억과 글쓰기의 딜레마이다. 경아는 '바로 그 사건'을 기억하고 묘사하기 위해 죽을힘을 다해 애를 쓰지만, 애를 쓸수록 바로 그 시간 앞에서 '현실적 장면'은 소실되어버린다. 폭력적 경험의 사실적 세부가 사라지는 자리에 번져 가는 노란 빛과 '우수수' 떨리는 소리가 자리 잡는다. 이 노란 빛과 나무가 떨리는 소리는 '바로 그 사건'이 있던 순간 경아가 보았던 은행잎의 낙엽과 나목이 울리는 소리였다. 폭력적 경험은 '현실'에서 사실적 세부를 휘발시키고 특유의 정동만을 남겨놓는다. 정동이 현실을 대체하고, 정동이 신체를 장악한다.

정동이 현실을 대체하면서 물질적 현실과 비물질적인 정동적 현실이 분열하고 생존자의 현실감각은 증강 현실처럼 구조화된다. 생존자의 현실은 이렇게 물질적 현실과 비물질적 현실이 혼재하고 겹치게 되고 이들은 항상 언제나 물질적 현실 속에서 '환영'을 마주한다. 그렇게 과거는 현재와 분리되지 않으며 경험은 시간성(과거/현재)의 형식이 아니라 신체적 감각으로 변형되고 각인된다. 생존자에게 과거의 경험이 현재화되는 것은 이와 같은 신체적 변용을 통해서다. 생존자들이 과거의 동료들을 현재에서 환영으로 마주하는 이런 감각을

여기서는 증강 현실적 신체라는 새로운 개념으로 해석하고자
한다.

정동이 현실의 사실적 세부를 대체하면서 현실 감각이 증
폭되거나 복합적이 되는데, 이는 전쟁 상태적 신체의 변용 과
정에 공통적으로 나타나는 두 번째 징후이다. 경아는 PX에서
무너진 고가를 오가는 매일, 공포에 떨며 미친 듯이 뛴다. 그
리고 그렇게 공포 속에서 떨면서 '수복된 거리'에서 '그날의 거
리'를 본다. 역시 사실적 세부는 그려지지 않지만, 그녀는 마치
지도를 그려나가듯이 전쟁이 끝난 현실의 서울 거리에서 바로
그날의 거리의 '환영'을 현실 그 자체로 감각한다. 그래서 경아
는 서울 거리가, '여전히' 무섭다. PX와 고가 사이를 오가는 매
일매일, 경아는 마치 사진을 찍듯이 지금, 이곳의 현실의 서울
거리 속에 그때 그 시간의 서울 거리를 겹쳐 놓는다. 종전 후
서울 거리에 전쟁 중의 서울 거리가 '환영'으로 겹쳐진다. 『나
목』은 바로 이렇게 겹쳐진 현실, 즉 전쟁과 전후라는 화해불가
능한 상태의 현실이 겹쳐져 증강된 현실을 경험하는 특유한
전쟁 상태적 신체의 기록이다. 『나목』에서 경아가 세계를 보고
감각하는 방식은 우리가 증강 현실 기술을 통해 비로소 볼 수
있게 된 그런 특이한 현실이다. 현실에서는 객관적으로 존재하
지 않는 다른 존재를 환영과 가상으로 겹쳐보는 바로 그런 증
강된 현실 감각 말이다.

폭력적 경험에 대한 증언에서 현실의 사실적 세부가 사라
지고 특유의 정동이 대체되는 과정은 폭력을 경험한 생존자

들에게서 빈번하게 반복된다. 또 폭력의 경험이 사라져도 경험이 신체를 변용시켜버려서 생존자들에게는 특이한 현실 감각이 나타난다. 생존자들이 겪는 현실 감각의 복합성은 해석된 적이 없기에 이른바 정상적 현실 감각에서는 '환영'과 '가상' 때로는 유령과 망상의 형태로만 '해석'된다. 장 아메리, 임레 케르테스 등 홀로코스트 생존자로서 생존담을 치열하게 남기고, 때로는 자살에 이른 이들이 남긴 기록에서도 바로 이런 현실 감각의 변용과 신체의 변용이 어떤 것인지를 언어화하려는 치열하고도 처절한 고통을 볼 수 있다. 임레 케르테스가 생존자의 자살을 '청산'이라고 부른 것은 변용된 신체와 이른바 정상인들과 '다른 현실'을 살아야 하는 삶의 불가능성을 표현한 것이라 할 수 있다.[16] 장 아메리의 '자유 죽음'도 마찬가지다.[17] 프리모 레비의 차가운 글쓰기는 그런 점에서 의도된 '탈-정동' 혹은 '탈-정동'이라는 반죽음 상태를 지속하는 것으로, 전쟁 상태적 신체와도 상통한다.

엘스페스 프로빈은 프리모 레비의 글쓰기와 신체 감각의 관계를 수치의 정동의 특이성으로 논한 바 있다. 엘스페스 프로빈은 레비의 글쓰기가 지금까지 "목격자 혹은 기록자의 것으로 읽히곤 했으나" 레비의 글쓰기가 지닌 또 다른 특성은 별달리 평가되지 못했다고 논한다. 그것은 바로 폭력 생존자의 몸에 각인된, 그때 그곳의 감각, 즉 "피부로(내장으로) 느끼는" 감각이다. 아래 장면에서 우리는 앞서 박완서의 『나목』에서 경아가 서울 거리를 바라볼 때 나타난 현실 감각을 거의 유사한 형태로 발견할 수 있다. 레비의 회고에서 레비가 아우슈비츠에서 느끼는 이질감은 바로 객관적 현실과 몸에 각인된 신체 감각이 분열되면서 현실 속에 환영이 등장하는 증강된 현실 감각이다.

1982년 봄에 프리모 레비는 (자기 말에 따르면) 관광객으로 아우슈비츠에 다시 갔다. 다른 수용소 생존자들뿐만 아니라 이탈리아 학생들과 교수들로 이루어진 여행단에 그가 끼어 있었다는 사실은 틀림없이 그 여행을 주목할 만한 것으로 만들었을 것이다. 나중에 레비가 회상한 바에 의하면 한 이탈리아 기자가 아우슈비츠시의 일상성nomality의 모습들에서 보이는 부조화를 지적한다. 그는 레비에게 "오늘 우리는 아우슈비츠에 있는 식당에서 식사하게 되겠군요."라고 말한다. 레비는 그의 글을 특징짓는 예의 상식과 섬세한 명료성이 특이하게 혼합된 태도로 대꾸한다. "예, 아우슈비츠에 식당이 있다니 거의 코미디에 가깝군요. 난 뭘 먹을지 모르겠어요. 제겐 거의 신성해 보이기까지 하고, 좀 부조리한 일이네요. 한편으로 우리는 아우슈비츠가 식당과 극장, 심지어 아마도 나이트클럽까지 있었던 도시였고, 지금도 그런 도시라는 점을 잊어서는 안 됩니다. 폴란드에도 그런 것이 몇 개 있지요. 지금처럼 그때도 아우슈비츠 주변에는 아이들과 학교가 있었지요. '아우슈비츠는 수용소이다'라는 건 지금의 개념인 거죠. 이런 살아있는 자들의 다른 아우슈비츠도 존재하지요"(〈생명의 원천〉, 2001).

정신은 극악한 장면 앞에서 팽창한다. 우리에게 수용소에서의 경험을 그리도 신중하게 들려주었던 레비는 다시 그것에 사로잡힌다. 하지만 그곳에서 그가 글로 우리의 현재 중 일부가 되게 만들었던 과거에 둘러싸인 채, 그는 아우슈비츠 사람들이 생활했던 장소이며 분명 거기에는 식당과 나이트클럽과 학교가 있었다고 나직하게 말한다. 사람들이 생활하고 먹고 쇼핑하고 춤추는 장소로서의 아우슈비츠가 갖는 일상적인 실상은 여전히 용인하기 힘들다. 공포의 장소인 레비의 아우슈비츠는 이미 '우리의' 아우슈비츠, 우리의 의식에 유령처럼 출몰하는 수치의 원천이 되어 버린 것이다.[18]

폭력의 경험과 애도, 혹은 애도의 정치화에 있어서 경험과 증언, 사실적 디테일과 정동의 관계, 현실 감각의 변용에 대해서는 앞으로도 더 다양한 논의가 이어져야 한다. 이 글은 이런 연구 주제를 제안하기 위한 시론이자 방법론의 전환을 위한 사례 연구이다.

폭력의 경험이 생존자의 신체를 변용하여 증강 현실적 신체로 변용하는 과정과 이를 기록하는 대안 기념 방법론을 고민하면서 포켓몬 고는 하나의 흥미로운 단초가 되었다. 포켓몬 고에 관심을 두게 된 것은 2017년 여름의 소동 때문이었다. 냉전의 섬에 갇혀 있으면서도 동시에 글로벌 시장의 '자유'를 '만끽하는' 한반도 주민들의 현실 감각은 그 여름 잠시 뒤섞였다. 2016년 7월 출시된 포켓몬 고는 2017년 1월에야 한국에서 출시되었다. 한국에서 지도 정보 제공을 거부했기 때문이다. 위치 기반 서비스LBS, Location-Based Service와 증강 현실 기술을 결합한 포켓몬 고 사용을 위해서는 해당 국가가 지도 서비스 제공에 동의해야 하기 때문이다. 이후 지도 사용 문제가 어떻게 해결되었는지는 정확하게 알려지지 않은 채 포켓몬 고는 출시되었다. 지도 서비스가 허용되지 않은 2016년 7월 속초 지역에서 포켓몬 고가 출몰한다는 소문이 돌고 포켓몬 고를 사용하려는 사람들이 속초로 몰려가는 소동이 벌어졌다.[19] 지구에서 유일하게 냉전 섬에 갇혀 있지만, 해외여행과 인터넷 서비스 덕분에 대부분 한국인은 자신의 위치가 냉전 지도에 각인되어 있다고 느끼지 않는다. 대부분 사람은 냉전 지도에 봉인된 폐쇄된 위치와 인터넷을 통한 가상적 이동성, 여행을 통한 물리적 이동성이라는 개방된 위치를 일상적으로 모순되거나 분열적으로 감각하지 않는다. 한국인의 일상 감각은 오히려 이러한 모순과 분열을 감각하지 않음으로써 형성된다. 2016년 7월 느닷없이 속초 상공에 출현한 포켓몬 고는 그런 점에서 이렇게 냉전에 봉인된 위치성과 개방적 위치성 사이의 분열과 모순을 일시적으로 가시화했다. 물론 포켓몬 고 자체에 어떤 정치적 기능도 없지만 증강 현실 기술과 위치 기반 서비스라는 글로벌한 기술과 냉전 지도에 폐쇄된 한국의 위치성이 충돌하면서 오히려 은폐된 현실 감각을 가시화시켜버렸다.

2016년 포켓몬 고에 이끌린 사람들의 속초 여행은 누군가에게는 낯선 세계로 가는 신기한 경험이었겠지만, 누군가에게는 전쟁을 일상 속에 매번 감각하던 바로 그 익숙한 세계로 다시 들어가는 여로였을 것이다. 프리모 레비의 아우슈비츠 '관광'이 그러했듯이 말이다. 사실 그런 점에서 2016년 포켓몬 고 소동은 증강 현실과 위치 기반 서비스가 의도치 않게 가시화시킨 경험과 역사, 증강된 현실 감각에 대한 논의가 이어질 수 있는 우연한 계기를 제공했다.

그러나 그 여름의 소동이 어떤 논의로 이어졌는지는 우리 모두 잘 알고 있다. 창조경제에 눈먼 사람들은 또, 한국형 포켓몬 고를 개발하자며 난리를 쳤다. 창조경제의 뒤를 잇는 '4차 산업 혁명' 담론 속에도 냉전 따위의 현실은 보이지 않는다. 증강 현실과 냉전, 군사적 점령 같은 것을 연결해서 고민하는 것은 망상인지 모른다. 그러나 그런 망상을 현실로 구현한 사람들도 있다. 존 크레이그 프리먼John Craig Freeman의 〈보더 메모리얼〉Border Memorial : Frontera de los Muertos(2015)은 바로 그런 작업이다. 〈보더 메모리얼〉은 증강 현실을 이용하여 미국과 멕시코 국경 지대에서 살해당한 수천 명의 이주 노동자를 애도하고 추모하는 공공예술 작업이다. 사용자들은 스마트 폰을 통해 위치기반 서비스에 기록된 '학살'의 장소에서 '상실된 신체의 잔해'를 증강 현실로 만날 수 있다.[20]

〈보더 메모리얼〉의 작업에서 증강 현실 기술은 매우 정치적 의미를 지닌다. 물질적인 영토가 국가들 사이의 점령과 지배의 대상이 되면서 영토 내에서, 혹은 사이에서 무수한 희생자를 만들어 왔다. 따라서 장소를 점유해서 건축물이나 기념물을 세우는 통상적 기념 방식으로는 물질적 국경을 넘으려다 학살당한 사람들을 애도하는 정치적 함의를 충족하기 어렵다. 점령과 분쟁의 영역일 뿐인 현실의 영토는 증강 현실 속에서 일시적으로나마 모두의 것이 된다. 이런 정치적 '컨버전스'를 통해 〈보더 메모리얼〉 작업에서 증강 현실 기술은 영토적 지배의 패러다임에 저항하는 정치성을 획득한다. 이는 단지 '4차 산업 혁명'의 산물이 아니고 '점거(오큐파이) 운동'과 같이 물질적 공간을 일시적으로 점거하고 이를 저항의 상징적 실천으로 만든 저항 운동의 역사와 맞닿아 있다.

최근 한국 사회에 나타난 성폭력 생존자들의 해시태그 운동도 온라인 담론 공간을 일시적으로 점거하면서, 이를 통해 기존의 물질적인 제도(문학 제도, 문화 제도 등)에 저항하는 오큐파이 운동의 한 사례로 자리매김될 필요가 있다. 또한, 한국정신대문제대책협의회가 1992년부터 계속 진행하고 있는 수요 집회 역시 점령당한 신체를 애도하는 저항적 오큐파이 운동의 세계적인 사례이다. 2011년 '1000차' 수요 집회를 기념하여 만들어진 평화비(소녀상)는 원래 기념물이었다. 그러나 소녀상 '설치'를 영토 분쟁으로 매도하는 공격 때문에 역설적이지만, 소녀상 설치 운동은 오큐파이 운동이 되고 있다.[21] 소녀상을 철거하려는 측과 지키려는 측의 대립이 이어지는 가운데, 소녀상의 '재현의 윤리' 문제를 비판하는 주장도 이어졌다. 소녀상이 일본군 위안부를 소녀성이나 피해자성, 수동성의 프레임에 가두는 것이라는 주장은 박유하의 『제국의 위안부』이래 변주되어 이어졌다.[22] 이런 식으로 소녀상을 피해자성에 대한 집착이나 피해자를 수동적 주체로 재현하는 '재현 윤리' 문제로 비판하는 프레임이 도달하게 된 해석의 파국은 위안부 소녀상과 월스트리트의 '용감한 소녀상'을 비교하는 일련의 과정에서 전형적으로 드러났다.[23] 한국의 소녀상을 수동성으로 월스트리트의 서 있는 소녀상을 능동성으로 구별해서 해석하는 식의 논의는 SNS에서도 종종 등장했다. 그러나 흥미롭게도 미국 내의 페미니즘 이론가들은 월스트리트의 용감한 소녀상을 능동적 여성성으로 해석하는 것이야말로 서구 여성에 대한 신화, 혹은 신화화된 서구 여성의 이미지를 반복하는 것일 뿐이라는 비판적 해석을 내놓고 있다.[24]

소녀상을 피해자성이나 수동성에 매몰된 것이라고 주장하는 한국의 특정 지식 그룹의 논의는 그런 점에서 수동성과 능동성에 대해, 그리고 취약성의 이미지와 상징이 저항 정치에서 차지하는 의미에 대해 매우 단순한 해석을 반복하고 있다. 예를 들어 미국 내에서 성폭력 생존자를 애도하고 기념하는 〈모뉴먼트 퀼트〉와 같은 사례를 참조해 볼 때 취약성의 상징이 저항 정치에서 차지하는 의미는 단일하지 않다. 퀼트는 여성의 가내수공업 노동의 산물로 취약한 여성 노동의 전형적 상징이기도 하다. 그러나 퀼트는 '이어 붙이기'라는 노동 특성이 결합하여 여성적 연대의 대표 상징이 되었다. 2013년 시작된 모뉴먼트 퀼트Monument Quilt 운동은 성폭력 희생자를 위한, 희생자에 의한 쉼터이자 연대 단체이다.[25] 이 단체는 성폭력 역사를 기록하고 생존자를 기리는 차원에서 퀼트를 제작해서 역시 위치기반 서비스를 통해 가상공간에 성폭력 현장 지도를 구축하는 '기념' 작업을 하고 있다. 온라인 퀼트 지도는 오프라인에서는 오큐파이 방식의 퀼트 퍼포먼스로 이어진다. 사람들이 온라인을 통해 주문하여 제작한 퀼트를 미국의 여러 지방이나 미국과 멕시코 국경에 설치하고 시위하는 오큐파이 시위를 이어가고 있다. 이렇게 가상공간과 물질적 현실을 오가는 애도의 네트워크는 최근 소수자 정치의 주요한 상징 실천이자 저항 운동의 방식이 되고 있다.

증강 현실로 상실된 신체의 잔해를 다시 조합하는 것은 인간 신체의 취약성을 환기하면서 국경을 넘는 연대의 중요성을 환기한다. '소녀상' 역시 이런 맥락에서 폭력에 노출된 신체의 취약성과 연대를 환기하는 것이다. 점령당한 신체를 애도하는 저항적인 오큐파이 운동의 지구적 사례를 볼 때, 소녀상이 영토 분쟁을 일으킨다고 보는 건 전형적인 점령자의 논리이다.

증강 현실이나 인터넷 네트워킹 기술은 기술 그 자체를 넘어 애도 네트워크를 구축함으로써 저항의 비물질적 거점이 되고, 기술이 정치화되는 곳에 새로운 현실도 열린다. 소녀상과 해시태그는 변하지 않는 견고한 현실의 물질적 영토를 일시적으로 점거함으로써 새로운 '세계'를 이곳에 불러들이는 상징적 거점이자 입구이다. 냉전이라는 발밑의 현실과 글로벌 테크놀로지, 소수자 정치는 한국 사회를 변화시키기 위한 정치적 거점이다.[26]

3장

홀로-여럿의 몸을 서로-여럿의 몸이
되도록 하는, 시적인 것의 자리

소식 없어?

소식 없어?

『숭고함은 나를 들여다보는 거야』는 묻는 소설이다.1 소설
에는 묻는 이야기, 물었던 경험, 묻어버린 나에 대한 질문이 한
꺼번에 쏟아지며 방향을 가늠하기 어렵게 쏟아지는 물음으로
가득하다. 김복동, 평생을 위안부 피해 진상 규명을 위해 싸워
온 투사이자 생존자. 집회와 미디어를 통해 그녀의 이야기는
자주, 오래 전해진 것처럼 느껴진다. 어쩌면 바로 문제는 거기
있다. '다 알고 있는 이야기'라는, '많이 들어본 이야기'라는 그
런 감각. 누구나 한 번 사는 인생이고 다 비슷비슷한 삶을 살
지만 누군가의 인생을 '많이 들어본 이야기' 취급하지는 않는
다. 하물며 위안부 피해 생존자의 삶이 '많이 들어본 이야기'가
될 수 없다. 오히려 우리는 오래 그녀들의 삶이 아닌 어떤 증언
에만 귀를 기울였기에 그녀들의 삶은 위안부 동원의 역사를

둘러싼 해석 투쟁의 증거로만 매번 채록되었다고 할 수 있다.

이는 그녀들, 위안부 피해 생존자들만이 아니라 학살 생존자들, 개인의 경험이 폭력의 역사 속에 묻혀버린 이들에게 공통적으로 나타나는 현상이기도 하다. 그리고 이렇게 폭력의 역사 속에 묻혀버린 한 존재의 경험, 기억을 어떻게 되찾을 수 있는가는 역사가들, 소수자의 삶을 고민하는 이들이 오래 천착해온 지점이다. 그렇게 묻혀버린 한 존재의 삶은 땅속, 바닷속에 묻힌 유물을 발굴하듯이 발굴될 수 없고, 사라진 옛 유적을 복원하듯이 복원되지도 않는다. 역사 속에 묻혀버린 한 존재의 삶을 어떻게 되찾을 수 있는가라는 물음을 묻고 답을 찾아온 과정이 방법으로서 역사학, 정치학, 국가폭력 비판, 제노사이드 연구, 파시즘 비판과 서발턴 연구, 젠더 정치 연구를 거치고 오가며 이 모든 연구의 관심과 아주 멀어 보이는 '시적인 것'에 대한 물음으로 귀결된 것은 우연은 아니다. 물론 여기서 시적인 것이란 우리가 익히 알고 있는 장르나 제도적 문학 분야인 시와는 사실 거의 관계가 없다. 폭력의 역사 속에 묻힌 한 존재의 삶을 되찾는 일에 대한 물음이 시적인 것에서 응답의 가능성을 찾았다는 건 사실 이 질문이 답을 얻기 불가능한 물음이라는 의미이기도 하다.

"복동아, 너 어디 있어?"

"네 친구 요시코는 어디에 있어?"

"네 친구 미에코는 어디에 있어?"

끝끝내,
끝내.

"내가 사랑한다는 말을 하고 떠날 수 있을까."

『숭고함은 나를 들여다보는 거야』는 위안부 피해 진상 규명과 책임 규명을 위해 평생 싸워온 김복동의 이야기를 소설가 김숨이 묻고 답하고 기록하는 과정을 거쳐서 소설로 창작한 작품이다. 자신의 삶을 구술하는 이는 통상 "내 삶은 이러이러했다."라거나 "그때는 저러저러한 일이 있었지. 그랬던 것 같다."라고 진술한다. 부정확한 기억이나 모호한 사실 관계가 있게 마련이지만 구술자는 자신이 회고하는 자기 자신의 삶의 주인이고 그런 의미에서 주체가 된다. 그러나 자신의 삶을 구술하는 김복동의 방식은 그런 의미의 주인됨이나 주체 자리와는 다른 모습이다. 자신의 삶을 구술하는 김복동의 문장은 온통 질문과 의문으로 채워져 있거나, 기억 속의 주체와 이를 기억하고 구술하는 주체는 동일하지 않은 자리로 드러나거나, 기억의 내용도 동일하지 않고 기억할 때마다 변형되고(전생에 자신이 살생한 존재를 한 번은 자식들로, 또 한 번은 제비 새끼들로 기억하는 식), 전생에 대한 이야기와 과거의 어떤 시점의 경험에 대한 이야기가 서로 뒤얽힌다.

실재적인 구술자는 김복동 한 명이지만 구술하는 말들과 문장들 속에서 존재는 여럿으로 나뉘고 때로는 자리를 바꾼다. 이런 매우 특이한 주체 형상을 홀로-여럿인 주체로 불러보려 한다. 이런 양태는 학살 생존자(박완서의 경우)와 위안부 피해 생존자들에게 매우 독특하게 드러난다. 왜 이런 주체 양태가 나타나는 것일까. 가장 큰 이유는 '물음' 때문이다. '왜 그런 일이 있었을까?', '왜 내게 그런 일이 생긴 것인가?', '그 일을 피할 수는 없었나?'와 같이 자신이 겪은 폭력의 원인과 이유를 묻는 물음말이다. 국가 폭력이나 학살 피해 생존자들과 마찬가지로 위안부 피해 생존자들은 평생 그런 물음을 던졌으나, 사회나 국가, 하다못해 가족조차 그 물음에 응답하지 않았다.

진실로 내게 말해주는 사람이 없어.
진실로.

한 엄마에게서 태어난 형제도 나를 이해 못하는데 누가 나를 이해하겠어.
형제도 못 믿는 내가 누구를 믿겠어.

슬픔이 아름다운 거래.
아름다운 거라서,
내가 평생 놓지 못하고 가지고 있었나 봐.

전생을 알고 나서 받아들였어. 내 운명을.

전생이 아니고는 이해할 길이 없었으니까.

국가도 사회도, 가족도, 이웃도, 누구 하나 들어주지 않고, 응답하지 않는 물음을 하늘을 보면서도 묻고, '전생록'을 갖고 있다는 영감에게도 묻고, 부처에게도 묻고, 관세음보살에게도 묻고, 소주잔에도 묻고, 보리차에도 묻고, 혼자 떠드는 텔레비전에게도 묻고, 그렇게 삼라만상에 묻고 또 묻고 하며 자문자답하며 홀로 묻던 자는 삼라만상으로 자리를 바꾸어 답을 또 물어보며 여럿의 묻는 자로 나뉘고 자리를 바꾼다. 때로는 전생의 업보를 묻고 답하는 몸이 되었다가, 때로는 일찍 여읜 아비를 묻고 답하는 몸이 되기도 하고, 자신의 죄를 따지고 따지는 몸이 되기도 하고, 알 수 없는 삼라만상의 신비에 의탁하는 몸이 되기도 한다.

이렇게 홀로 여럿인 주체 양태는 응답을 듣지 못한, 아니 응답에 대한 간절함에 하나이자 유일한 자신조차 상실한 결과이기도 하다. 아무도 응답하지 않으니, 스스로 자신의 삶과 폭력의 경험과 그 모든 의미를 찾아내야 하는 상황이 평생 지속된 결과 김복동이라는 한 존재는 묻는 자, 응답을 찾는 자, 자신의 죄를 묻는 자, 살피는 자, 자신을 보살피는 자, 전생의 복동, 이곳저곳의 전장으로 끌려 떠도는 복동, 아이를 꿈꾸던 복동, 전생에 아이를 잃은 복동…등으로 여럿으로 나뉘고 자리를 바꾼다. 이를 자아의 분열이나 트라우마 같은 손쉬운 병리적 진단의 언어로 환원해서는 안 된다. 홀로 여럿의 주체가 된 과정 자체가 김복동의 삶이자 역사이니 말이다. "진실로 내게 말해주는 사람이 아무도 없이" 그렇게 김복동은 홀로 여럿의 주체로 자리를 바꾸며 자신의 삶과 운명을 들여다보고, 돌보는 역할을 도맡았다. 그것은 도맡는 일이었다. 국가가, 사회가, 이웃이, 가족이 해야 하는 일을 하지 않고 방기한 백 년 가까운 세월 동안 홀로 그 역할을 도맡아 온 결과 한 존재가 국가, 사회, 이웃, 가족의 일까지 도맡아, 홀로 여럿의 주체 양태로 무수하게 자리를 바꾸며 살아온 것이다. 그러니 이는 상상을 초월하는 일, "숭고함은 나를 들여다보는 거"라지만, 숭고함이라는 틀에 박힌 말로도, 나를 들여다보는 일이라는 언명으로도 다 담을 수도 설명할 수도 없는 그런 영역인 것이다.

"너는 아무도 없지 않니."

그 말,
그 말이 나를 아무도 없는 사람으로 만들었어.

말이 무서워.

다 같이 살고 싶어…
밭도 일구고, 논을 사서 벼농사도 짓고 싶어…
그런 공상할 때는 죽음이 멀리 달아나.

공상이 내 친구야.

날마다 혼자 자니까, 공상을 친구로 만들었어.

공상이라는 친구는 나를 가르치려고 하지 않아.

어떤 응답도 듣지 못한 채 홀로-여럿의 주체 양태로 폭력의 경험과 여기서 비롯된 삶의 근원적 문제를 도맡아야 했던 복동에게 가장 무서운 것은 홀로 주체에서 벗어날 수 없게 하는 반복된 규정들이었다. 홀로-여럿의 주체 양태를 벗어나고자 하지만 복동에게 그 일은 불가능에 가까운 일이었다. 그러니 그녀 복동을 홀로-여럿이라는 외롭고 고된, 부당한 상태에서 벗어날 수 있도록 하는 일은 그녀의 물음에 답하는 일이다. 그녀의 물음에 답하는 일은 "왜 이런 일이 일어났는가."에 대해 답하는 일이자, 동시에 홀로-여럿의 주체 상태에서 벗어나 서로-여럿의 상태가 되도록 하는 일이기도 하다. 복동이 홀로 도맡았던 국가와 사회와 가족과 이웃이 해야 할 일을 이제는 저마다 각자 맡아야 할 것이다. 그러나 그러한 실정적인 일들에 대한 책임을 넘어, 그 너머에 무엇보다 그녀가 홀로 도맡아 했던 물음을, 말을 듣고 되돌려주어야 할 책임이 우리 모두에게 남겨졌다. 그 책임의 자리에 시적인 것이라는 이름이 들어선다. 『숭고함은 나를 들여다보는 거야』는 바로 그러한 의미의 시적인 것의 한 가능성을 우리 앞에 내보인다. 응답 책임이라는 그 시적인 것이라는 이름의 윤리의 자리를 말이다.

4장

'대중 혐오'와 부대낌의 복잡성

1. 부대낌의 힘과 '여론' 분석의 종말

2016년 4월 13일 총선 결과의 윤곽이 잡히기 시작하면서, SNS와 대중 미디어를 종횡 무진하던 '비평가'들은 당혹감을 감추지 못하고, 아주 잠시 입을 다물었다. 여당의 압승을 예상하며 온갖 환멸과 위기감을 설파하던 입들은 다 어디로 갔을까? 경상도 지역에서는 '사람을 죽여도 새누리당이면 무조건 이긴다', '20대의 정치적 무관심이 문제다' 운운. 선거 직전까지 지역, 20대, 여성들은 '의문의 1패'를 감수해야 했다. 정치 평론가, 사회 분석가, '진보 인사', 지식인 등 이들 비평가의 정체성도 다양했다. 20대, 지역, 여성 등 특정 집단을 준거/볼모로 삼아 이들은 자신들의 환멸과 우려, 위기감을 정당화했고, 많은 이들은 이런 비평적 진단에 공감하기도 했다. 이런 비평에 의해 4월 13일까지만 해도 선거는 이미 여당의 압승으로 판정이 내려졌다. 그러나 실제 선거 결과는 이런 무수한 비평가들의 예측과는 전혀 거리가 먼 것이었다.

이번 선거 결과가 민주주의의 진전이나, 정치지형 변화에서 어떤 의미를 차지할 것인가는 별도의 논의를 필요로 한다. 여기서 논하고자 하는 것은 이번 선거에서 비평가들은 자신들의 '전문적' 예측과 진단에 대해 일말의 의심을 갖지 않았지만, 실상 실제 선거 결과를 전혀 예측하지 못했다는 바로 그 지점이다. 이 사례는 이른바 '여론', '대중 심리', '쏠림'이나 흐름을 분석하는 기존의 '전문 지식'이 봉착한 한계 지점을 보여 준다. 그러나 선거 직후 이런 지점은 주로 여론 조사 방법론의 문제로 환원되어 간단하게 정리되었다.[1] 비평가들은 모든 문제를 '여론조사'의 문제로 치부하고, 다시 제자리로 돌아갔다. 새삼 선거 분석이나 정치평론의 문제를 제기하고자 하는 것이 아니다. 2016년 4월 13일을 전후로 비평은 대중의 욕망, 특정 정체성 집단의 성향, 여론 분석이라는 '지식'을 무기로 정치적 대표성(재현)의 장에서 나타나고 있는 흐름을 진부한 방식으로 비판하고 있었다. 이는 단지 선거에 대한 '정치 비평'에 국한되지 않는다.

이 글은 〈귀향〉에 대한 작품 비평이 아니다. 이 글은 〈귀향〉에 대한 비판에 맞서 새삼 작품성을 옹호하거나, 영화 텍스트가 보이는 '재현의 윤리' 문제를 문제가 없다고 옹호하는 식의 논의를 하려는 의도 또한 담고 있지 않다.[2] 오히려 〈귀향〉에 대한 이런 논란 과정에서 누락된 것은 실은 텍스트의 '재현' 문제가 아니라, '귀향'을 매개로 한 '위안부' 문제에 대한 정치적 의사 표현 행위에 대한 분석이라는 점을 논의하고자 한다. 물론 이 글에서 이러한 정치적 의사표현, 혹은 〈귀향〉을 '대표'

삼아 이루어지는 이러한 정치적 대표성의 함의가 구체적으로 어떤 성격을 갖는지를 모두 논할 수는 없다.[3]

2014년에 상영된 〈소리굽쇠〉가 별다른 호응을 얻지 못한 것과 달리 〈귀향〉이 예상을 깬 호응을 얻은 것은 '위안부' 문제를 둘러싸고 벌어진 한·일간 '최종해결' 국면 때문이라고 할 것이다. 크라우드 펀딩, 상영관 유치 운동, 공동체 상영 등 〈귀향〉을 둘러싼 일련의 움직임은 사회적 현상으로서 주목을 받게 되었다. 영화 〈귀향〉이 이전과 달리 영화 비평의 대상이 된 것은 많은 부분 예상치 못한 관객의 뜨거운 반응 때문이라고 할 수 있다. 관객의 뜨거운 반응으로 인해 영화로서 〈귀향〉의 완성도에 대한 논의가 뒤를 이었다. '진부한 상상력'(손희정)이라며 영화의 작품적 완성도를 언급할 가치가 없는 수준으로 논의하거나, 이를 지지하는 '공동체'의 윤리적 '저열함'이 도마 위에 올랐다.

한편 영화 비평장에서 〈귀향〉에 대한 찬반양론이 치열했던 것에 비해 같은 시기 개봉한 영화 〈사울의 아들〉에 대해서는 거의 논란이 없이 영화적 상찬이 이어진 것은 흥미롭다. 〈사울의 아들〉의 카메라 워크와 영화적 완성도에 대한 논의가 영화 비평 공간에 가득했다. 최근 〈사울의 아들〉의 재현의 윤리를 비판한 작품 비평이 나오긴 했지만, 〈사울의 아들〉의 재현의 윤리를 문제 삼아, 이 작품에 심사위원 대상을 수여한 칸느 '영화 공동체'의 문제를 지적한 영화 비평을 (한국에서는) 보지 못했다.[4] 그런데 왜 〈귀향〉에 대해서는 '재현의 윤리'를 근거로

'공동체의 윤리'를 아주 손쉽게 문제시할 수 있는 것일까?

〈사울의 아들〉과 〈귀향〉은 모두 2차 세계대전 당시 파시즘 진영이었던 독일과 일본의 학살과 노예화 과정을 다룬 영화이다. 〈사울의 아들〉에 대해서는 카메라 워크와 미학적 논의가 주를 이루고, 홀로코스트 생존자의 피해자성, 수난자 의식, 소년의 죽음을 다루는 방식, 수용소를 날것으로 재현하는 '폭력성' 등에 대해서는 전혀 논의되지 않았다. 그러나 〈귀향〉에 대해서는 그렇지 않았다. 이는 〈귀향〉이 어떤 편향적인 콘텍스트 혹은 '검열/자기검열'에 의해 암암리에 평가되고 있다는 뜻이기도 하다. 이 검열자는 『제국의 위안부』에서 시작되어, 소녀상 '논란'과 한국과 일본의 '위안부 문제에 대한 최종 해결' 국면에서 발생한 논란들에 의해서 만들어진 것이기도 하다.

2. 근거 없는 '대중 혐오'

> 그러나 안타깝게도, 진혼을 말하는 이 진부한 상상력으로 몰려가는 것이 정부에 제도적 해결을 요구하는 하나의 메시지가 될 수 있을 것이다. 극장에 걸린 영화의 관객 수가 정부에 대한 경고이자 메시지가 되기를 희망해야 하는 상황이라니, 참으로 '우리–관객'은 정치적으로 무기력하다.[5]

SNS에 올린 감상문을 수정 보완한 손희정의 〈귀향〉 비평은 〈귀향〉 관객에 대해 날 선 비판을 서슴지 않는다. 이 글에서 〈귀향〉의 관객은 "진부한 상상력으로 몰려가는", "'사악한 일본인'이라는 이미지를 적극적으로 소비하고 소화하면서 '일본인'에 대한 혐오를 키우"는 "'우세종'이 되어 지배하고 군림하고자 하는 열망"을 내포한 '대중'이다. 표면적으로 손희정의 글은 〈귀향〉이 내포한 재현의 윤리나 미적인 저열함(진부한 상상력)을 비판하는 것처럼 보인다. 그러나 글 곳곳에서 〈귀향〉의 작품성에 대한 비판은 〈귀향〉의 관객에 대한 비판과 분리되지 않는다. 손희정의 글에서 〈귀향〉 관객을 이처럼 날 서게 비판하는 근거는 〈귀향〉의 작품성에 대한 논의 이외에는 어떤 근거도 없다. 과연 〈귀향〉을 매개로 한 관극 행동이 단지 〈귀향〉의 작품성 자체로 판단될 수 있는가? 손희정은 이에 대해 어떤 입장도 밝히지 않는다. 관객의 행동 패턴에 대해 근거로 삼는 것은 "귀향을 보지 않으면 매국노"라거나 "〈귀향〉을 볼 때는 팝콘도 먹어선 안 된다"는 출처도 알 수 없는 언급뿐이다. 아마도 SNS의 어디선가 나옴 직한 언급들이겠으나, 이런 한 두 마디 언급으로 〈귀향〉의 관객을 이렇게 "진부한 상상력으로 몰려가는", 일본인에 대한 혐오에 미쳐 날뛰는, "우세종이 되어 지배하고 군림하고자 하는 열망"을 지닌 존재로 싸잡아서 매도할 수 있는 것일까? 이런 근거 없는 비판으로 〈귀향〉 관객의 관극 행위에 담긴 사회적, 정치적 의미는 묵살되고, 단지 "무기력한" 것으로 간주된다.

『씨네21』에 게재된 제목은 「어떻게 다른 우리를 상상할 것인가」(이하 「어떻게」로 표기)이지만, 막상 이 글에서 〈귀향〉을 매개로 '다른 우리를 상상'하는 방법은 전혀 모색되고 있지 않다. 다만 〈귀향〉에 대한 영화 비평가로서의 작품론과 작품성의 한계를 근거로 〈귀향〉 관객을 비판하는 것이 글의 전부이다. 〈귀향〉을 만들기 위해 참여한 사람들이나, 상영관을 확보하기 위해 움직인 사람들, '위안부' 문제를 제도적으로 해결하기 위한 일환으로 〈귀향〉을 보러 간 사람들의 욕망, 마음 씀, 부대낌, 경험담을 조사하고 판단하기 위해서 비평가로서 손희정이 한 작업은 사실상 아무것도 없다. 영화 비평가로서, 혹은 페미니즘 비평가로서의 전문가적 감식안이 손희정이 〈귀향〉 관객을 가차 없이 매도하고 비판하는 유일한 근거일 뿐이다.

〈귀향〉을 매개로 하여 이뤄진 크라우드 펀딩, 상영관 늘리기 운동, 공동체 상영, 관극 운동 등은 '위안부' 문제를 둘러싼 담론적(『제국의 위안부』 논란), 외교적('최종적 해결'이라는 한·일간 외교 합의) 국면에 대한 정치적 의사 표현 행위이다. 이는 '위안부' 문제와 관련된 이미-만들어진 구도를 넘어서고자 하는 행위라는 점에서 '위안부' 문제에 대한 새로운 논의 구도를 요청하는 행위이기도 하다. 이는 단지 "무기력한" 관극 행위가 아니라, 지금과는 다른 방식의 담론 공동체와 해결 공동체를 구축하려는, 사회적인 것을 둘러싼 적극적 움직임이다.

〈귀향〉에 대한 논란을 보면서, 〈귀향〉을 영화로 관람하고 비평하는 전문가들의 시각이나 입장과, 〈귀향〉을 사회적인 상호작용의 맥락에서 지지하고 보러 가는 사람들의 시각과 입장이 좁혀지기 어렵다는 생각이 들었다. 과연 〈귀향〉을 '영화로서' 관람한다는 것은 어떤 의미일까? '결국 중요한 것은 좋은 작품이다.'라는 식의 작품성이라는 비평 기율이 여기에 적용될 때 참으로 무책임한 결론이 도출될 수 있다는 생각도 들었다. 논란이 많지만, 결국, 사람들이 〈귀향〉을 보러 가고 지지하는 행위 자체에 대해서는 민족주의라는 천편일률적 답만 반복되고 있다. 물론 〈귀향〉이 사회 영화, 혹은 한국에서 사회 영화의 계보나, 서구 사회 영화라는 콘텍스트에 비추어 위대한 걸작에 속하지는 못한다. 그러나 〈귀향〉을 무대에 올리려는 사람들의 움직임은, 단지 사회영화의 전통에 대한 비평이나, 작품성에 대한 영화적 판단 기준만으로 분석할 수 없다. 그리고 이러한 분석의 한계가 전형적으로 드러난 글이 손희정의 글이라고 할 수 있다. 또한 영화 미학적 판단 기준이나 감식안으로 환원되지 못하는 부대낌(정동)과 흐름을 무리하게 미학적 판단에 종속시키려는 태도는 다분히 엘리트적 계몽주의로 귀결된다. 「어떻게」는 일견 페미니즘 비평의 입장을 취하면서 〈귀향〉 관객의 과도한 "일본 혐오"를 비판하고 있지만, 이런 태도가 오히려 대중에 대한 근거 없는 혐오를 동반하는 것은 이러한 엘리트적 계몽주의의 소산이기도 하다. 여성 혐오, '일본 혐오'라는 식으로 대상을 바꿔 가며 '혐오'를 논하는 것은 자칫 무차별적인 혐오 담론을 양산할 뿐이다. 손희정의 이런 논지를 빌어 표현하자면, 「어떻게」는 아무 근거 없이 〈귀향〉 관객을 무차별적으로 비판하는 '대중 혐오'에 빠진 셈이다.

　「어떻게」는 〈귀향〉을 비판하는 근거로 〈눈길〉을 비교 분석한다. 사실 텍스트 자체의 재현 윤리를 문제 삼는다면, 〈눈길〉 역시 전문 페미니즘 비평가들에게 매우 익숙한 문제점을 내장하고 있다. 그런데 왜 「어떻게」에서 〈눈길〉은 〈귀향〉에 비해 고평되는 것일까? 사실 「어떻게」의 논점은 〈귀향〉의 작품성이나 재현 윤리 문제가 아니라 오히려 〈귀향〉에 대한 이른바 대중적 열광이라고 보인다. 즉 대중적 열광을 문제시하려는 '입장 취함'이 실상 유독 〈귀향〉에 엄격한 비평적 기준과 윤리를 '편파적'으로 적용하는 결과를 낳는다. 〈귀향〉에 대한 예상치 못한 열광에 직면하여 영화를 옹호하거나 사회적 현상으로 중요하게 다루는 논의들이 많아지면서 사실상 어지간한 강도의 논의로는 이 논의 지형에서 차별화가 어려웠다고 보인다. 〈귀향〉의 작품성이나 재현 윤리 문제를 거론하더라도 여러 방식이 가능했을 터인데 「어떻게」는 〈귀향〉 관객을 강하게 매도하는 방식으로 논의의 강도를 높인 것이다.

이런 편파성과 '대중 혐오'에 가까운 엘리트적 계몽주의는 〈눈길〉과 〈귀향〉을 비교하는 지점에서 선명하게 드러난다. 〈눈길〉 역시 〈귀향〉처럼 재현 윤리에서 문제적인 지점을, 전혀 다른 맥락에서 갖고 있는데, 왜 유독 〈귀향〉에 대해서만 재현의 윤리가 문제로 제기되는 것일까? 〈눈길〉은 '위안부' 서사에서 중요한 분기점을 차지할 만한 작품이고 그 성취를 폄하할 생각은 없다. 다만 「어떻게」에서 〈귀향〉과 〈눈길〉을 비교하는 편파성을 논하기 위해 〈눈길〉의 재현 윤리 문제를 간단하게 검토해 보고자 한다.

사실 〈눈길〉의 작품성은 독립운동가의 딸이자, 자기 설명적 지식을 지닌 존재인 김새론이라는 배우의 아우라와 '눈물의 여왕/소녀'의 아우라를 가장 크게 지닌 김향기라는 여성 '투 톱'two top 주인공에서 비롯된다. 〈귀향〉에서 '위안부'들이 특정 주인공의 아우라로 환원되지 않는 다수적인 존재인 데 반해, 〈눈길〉은 '투 톱' 영화의 서사를 벗어나지 않고, 관객들 역시 두 주인공의 아우라에 동화되고, 주인공의 이야기를 듣는 것에 만족한다. (이하, 작품 속 배역의 이름이 아니라 배우의 이름으로 명기한다. 관객이 보는 것 역시 다수의 '위안부' 피해 여성이 아니라, 김새론과 김향기이기 때문이다.)

그런데 여기서 김새론과 김향기의 관계가 아가씨와 하녀에 가까운 계급적 위계 관계를 벗어나지 않고, 이 관계의 형성-구축-단절이 '오빠'라는 매개항을 통해 구성된다는 점에서 실은 너무나 전형적이다. 또 김새론의 저항성은 독립운동가 아비와, 그로 인해 끌려간 오빠라는 가부장적 원천을 이어가는 것으로 그려진다. 이런 구도는 전형적인 가부장적 민족주의 서사 내에 '위안부' 서사를 이어붙이는 방식이라고 할 것이다. 두 소녀가 아가씨와 몸종의 관계에서 '우정'을 지닌 동반자로 변화되는 과정은 김새론이 김향기에게 하는 "이제 오빠를 허락할게."라는 대사와 그 국면으로 재현된다. 이는 김향기가 아가씨 집안의 가부장 서사 '안으로' 허락되는 순간이기도 하다. 우정은 이렇게 주인의 '허락'을 통해 완성된다.

더 나아가 이들의 우정은 김새론이라는 엘리트 여성/아가씨가 무지몽매한 '하녀'인 김향기에게 글을 가르쳐 주는, 배우고-익히는 관계의 반복을 통해서 '미화'된다. 그런 점에서 〈눈길〉의 작품성의 근거로 제시되는 여성적 유대란 사실 두 소녀 사이의 계급적 위계를 가리고 '자연화'함으로써 이뤄지는 것이다. 또한 두 소녀 사이의 배움의 관계는 오빠가 전해준 텍스트인 『소공녀』의 학습을 매개로 하는데, 여기서 '위대한 작품/고전(『소공녀』)'이라는 준거reference는 '아버지-오빠, 아가씨-오빠를 선망하는 하녀'라는 위계를 정당화하고, 합리화하고 '미학화'하는 '숨은 신'이다. 역시 '작품'의 이데올로기는, 숨은 신으로 모든 곳에 편재한다. 이것이 과연 '다른 우리를 상상하는' 근거가 될 수 있을까?

또한 김향기는 '위안소'에서도, 고향에서 했던 '하녀 노릇'을 반복한다. 마찬가지로, 김새론은 아가씨로서의 노릇을 '위안소'에서도 반복한다. 그리고 이 노릇의 반복이 무지(하녀)와 자각(아가씨)이라는 두 소녀의 주체성의 차이로 반복해서 강조된다. 김새론의 죽음은 저항적이지만, 살아남은 김향기는 이런 무지와 자의식 없음(그저, 살아남은 자의 부끄러움)으로 환원된다. 사실상 어린 하녀(김향기가 분한) 최종분은 결국 평생 아가씨 강영애(김새론)의 이름으로 살아가는데, 아가씨 엘리트 여성의 이름에 의해 비엘리트 여성/하녀의 이름이 감춰지는 이런 자리바꿈은, 살아남은 자의 죄의식으로 매우 자연스럽게, 이음매 없이 정당화된다.

〈귀향〉의 '위안부' 소녀들이 아우라를 지닌 개별 주체라기보다, 다수성으로 산재하는 데 반해, 〈눈길〉은 이런 방식으로 전형적인 '투 톱' 영화의 아우라를 반복해서, 이런 주인공의 아우라에 기반한 서사에 익숙한 전문가들을 만족시킨다. 물론 〈귀향〉에서 위안소에서의 '집단 강간' 장면이나 폭력을 강조하기 위해 여성의 신체를 '전시'하는 것은 여성에 대한 폭력이라는 점에서 매우 문제적이다. 그러나 동시에 〈눈길〉에서 소공녀 모티프를 반복하면서 '위안소'를 마치 소공녀 세라의 다락방에서의 악몽처럼 '안전하게' 재현하는 것에 대해서도 재현의 윤리 차원에서 생각해볼 문제이다. 〈눈길〉은 소공녀 모티프를 매개로, 몰락한 아가씨/하녀, 아가씨의 집/'위안소'의 대비 구도를 만든다. 이를 통해 아가씨/창녀라는 이분법과 아가씨의 악몽의 형식으로만 '위안부'의 삶을 상상할 수밖에 없는, 혹은 이런 상상을 통해 아가씨의 삶의 반경 너머를 악몽으로 상상하는 전형적인 여성 엘리트 중심적 서사를 반복한다. 물론 이런 구도야말로 전형적인 근대 가부장적 서사의 반복이라는 것이야 강조할 필요가 없을 것 같다. 그렇다면, 몰락한 아가씨, 소공녀의 다락방으로 '위안소'를 재현하는 것이, 과연, 강간과 폭력을 전시하는 것보다 더 윤리적일까? 그리고 이것이 '새로운 우리를 상상하는' 준거가 될 수 있는 것일까? 그런 점에서, 〈눈길〉을 〈귀향〉의 비교 준거로 삼아 고평하는 이유는 실은 작품성의 문제라기보다, 대중적 열광을 '비판'하기 위한 하나의 방편처럼 보이는 것도 사실이다.

이런 문제는 어떤 점에서 '위안부' 문제를 둘러싸고, 전문

엘리트 여성 연구자와 현장의 입장이 충돌해온 여러 맥락과
도 결부된다고 생각된다. 결국 이번에도, 다시 '위안부' 문제는
여성/엘리트가 보기에 '안전한' 방식으로 상상되고, 다시 정립
될 모양이다. 게다가 〈눈길〉은 이른바 '공영방송' KBS가 광복
절 특집으로 제작해서 방영한 작품으로 안정적인 지원 체제
와 자본 투여를 기반으로 하고 있다. 그런 점에서 열악한 제작
환경에서 만들어지고, 또 상영이 이어지는 〈귀향〉과 〈눈길〉을
무매개적으로 비교하는 것은 자본, 국가, 생산 관계의 문제에
대해 눈을 감은 채, 재현의 윤리나, 여성에 대한 재현의 폭력
문제에만 초점을 맞춘다는 점에서, 과연 이것이 페미니즘 비평
이라는 이름으로 정당화될 수 있는가 하는 의문을 남긴다.

3. 혐오, 혐오발화, 그리고 사회적인 것의 새로운 이론

〈귀향〉 관객에 대해 환멸과 냉소와 조롱을 서슴지 않는
「어떻게」의 비평 태도는 4·13 총선을 전후하여 이뤄진 대중
에 대한 환멸로 가득한 정치 비평의 태도를 고스란히 반복한
다. 즉 이는 단지 작품의 완성도에 대한 비평적 판단 문제라기
보다, '대중'에 대한 전문가의 안하무인의 계몽주의를 반복하
는 일이기도 하다. 물론 이는 비평가 개인의 품성이나 태도의
문제가 아니다. 이는 앞서 살펴본 바와 같이 이른바 '대중'의 욕
망, '여론', 사회적 흐름을 분석하는 기존의 방법론과 지식의 무
능력과 한계를 드러내는 전형적 사례의 하나라고 할 수 있다.

문제는 이렇게 사회의 기저에 흐르는 흐름과 정동을 분석하는 이론이 부재한 상태에서, 기존의 이론을 매개로 무작위로 '대중 비판'을 반복하는 비평의 태도이다. 그리고 이런 비평이 '혐오'와 같은 정동의 어휘를 동원한다고 해도 문제는 해결되지 않는다. 오히려 「어떻게」의 논리적 비약에서도 나타나듯이 '혐오'에 대한 논의가 사회 기저의 흐름에 대한 면밀한 조사와 새로운 이론적 모색이 없이 '혐오' 일반론으로 흐를 경우, 마구잡이로 '혐오' 딱지를 가져다 붙이는 무차별적 논의로 귀결된다. 또한 '위안부' 문제와 관련된 혐오 발화의 구체적 권력 작용과 서사 구조에 대해 무지한 채, '일본 혐오', '민족주의 과잉' 같은 안이한 수사를 반복하는 일은 오히려 '위안부' 문제에 대한 혐오 발화의 서사를 반복하는 위험한 결과로 이어지기도 한다.[6] 정동 연구의 계보는 다양하지만, 페미니즘과 퀴어 이론, 마주침의 유물론 등을 매개로 구성된 정동 연구는 '신체, 즉 사회적인 것의 새로운 유물론'을 구축하는 것을 가장 기본적인 이론적 출발점으로 삼는다. 〈귀향〉 비평을 비판적으로 검토한 이 글은 그런 점에서 〈귀향〉을 매개로 한 사회적인 것에 대한 새로운 힘의 출현과 흐름을 논의해 보자고 제안하는 것을 목적으로 한다. 이를 통해 페미니즘에서의 정동 논의 역시 혐오 일반에 대한 논의를 넘어서 사회적인 것에 대한 새로운 이론을 구축할 수 있기를 기대한다. 또 이런 과정을 거치면서 정동 연구 역시 서구 원천에 대한 해석학적 논란을 넘어서 사회를 재구축하는 이론적 힘을 구성할 수 있으리라 기대해본다.

4부

마음을 놓다

함께하기의 막장과 앓는 몸의 정치

반려란 "생각이나 행동을 함께하는 짝이나 동무"를 뜻한다. 반려 관계는 사물이나 동물, 인간을 막론하고 함께하는 관계가 만드는 애착, 친밀함, 신뢰, 존재의 안정감 등의 의미를 함축한다. 함께함으로써 존재의 안정감을 확보하고 존재의 안정감이 사회와 공동체 등의 관계 구성 원리가 되는 세상을 만들어야 한다. 반려라는 오래된 말의 함의를 바탕으로 새로운 관계 구성 원리를 발명하자.

인간은 누구나 홀로 외롭게 내버려지지 않을 권리를 갖고 있다. 즉 인간은 누구나 반려 관계 속에서 살아갈 권리가 있다. 반려 관계는 사적 친밀성, 가족, 사회적 안전망, 복지, 고용 안정 등 모든 면에 근간이 된다. 인권은 근대적 개인을 단위로, 복지는 가족을 단위로 구축된 이념이다. 반면 반려의 권리란 인간의 근원적 취약성과 상호의존의 불가피성을 근간으로 한다. 촛불 혁명 이후, 우리는 어떤 새로운 '사회'를 발명하고 있나? 대권 주자의 하루와 지지율 변화 뉴스, 기존의 몇몇 정책 기조에 대한 찬반 입장의 나열 속에 새로운 '사회'는 보이지 않는다. 노인 복지, 돌봄 정책, 고용 안정은 박근혜 체제에서 모두 '포퓰리즘 정책'이라며 폐기되었다. 아이 셋을 낳는 것이 과로사로 귀결되는 이런 시스템에서 돌봄은 완전히 사적인 영역, 가족에게 떠넘겨졌고 그 결과 가족은 파괴되었다.

국가는 복지의 이름으로 굴욕을 주고, 돌봄은 자본에 맡겨졌다. 동성 결혼의 권리는 이른바 진보적인 정치집단에서도 부정되었다. 이주 아동의 권리 보장에 대한 논의는 '한국인' 정치인 누구도 입에 올리지 않는다. 더 큰 문제는 진보 진영에서도 반려의 권리에 관한 논의가 노동, 젠더, 세대, 인종적으로 분리된 쟁점이 되어버렸다는 점이다. 진보적인 정치 집단조차 노인 복지와 고용 안정을 세대 정책으로 환원해서 접근할 뿐이어서 하나를 강조하면 다른 하나가 퇴색되는 것처럼 여긴다. 돌봄 정책 역시 여성 정책으로 한정되어 성별, 세대별 표심 계산을 위해 저울질된다. 동성 결혼 이슈는 '특수한' 분야 정도로 여기고 이주 아동이 부모와 함께 살고 교육받을 권리를 보호하는 건 '한국인 가정'의 권리를 침해하는 것으로 여겨져 증오의 대상이 된다.

함께하는 관계와 여기서 비롯되는 존재의 안정감을 가질 권리, 반려의 권리는 인간의 기본권이다. 따라서 반려의 권리가 사회, 공동체, 경제 등 모든 면에 가장 기본적인 토대가 되도록 요구해야 한다. 누구도 홀로 내버려지지 않을 기본권, 반려의 권리가 새로운 사회를 발명하는 원리가 되어야 한다. 부양가족이 없어서 길바닥이나 수용시설에서 죽지 않고, 내일 나의 삶이 어찌 처분될지 매일 불안하지 않아도 되는 삶, 짝을 만나 함께 살고, 아이를 낳으면 해고될까 불안하지 않은 삶, 그런 무수한 삶의 권리 말이다.

반려의 권리가 기본권으로 인식되어야 '취약함'이 동정과 시혜와 불행의 조건이 되는 악순환을 벗어날 수 있다. 취약함에 따른 의존은 '특별한 소수'의 문제가 아니라 인간의 근원적 조건이다. 인간은 저마다 의존할 권리가 있고, 사회와 국가는 그것을 보장할 의무가 있다. 촛불을 들고 광장에 나간 이유는 저마다 다르겠지만, 광장에 모인 경험은 저마다 홀로, 고군분투해야 하는 외로운 삶에 커다란 변화를 주었다. 외롭지 않기 위해 광장에 나가고, 광장에 있는 한 누구도 외롭지 않아야 한다. 광장에서 우리는 잠시 반려의 권리, 그 작지만, 혁명적인 경험을 한 것이다. 그 혁명의 시간을 계속 이어가야 할 때이다.[1]

2017년 여름에서 가을 사이 부산에서는, 홀로 죽음을 맞이하고 세상에는 뒤늦게야 주검이 발견된 이들이 유달리 많았다. 이른바 고독사로 분류된 죽음이 석 달 사이 27명. 확인된 통계만 그렇다. 부산시는 "고독사 위험군 관리, 실태조사, '민·관 협력 위기 가구 발굴단' 운영" 등의 「고독사 예방 종합대책」을 발표했다. 고독사도 전염병처럼 예방하고 관리될 수 있다면 좋겠지만 그렇게 될 것 같지는 않다. 반면 부산의 반빈곤 센터는 고독사, 특히 청년 고독사 문제를 함께 마주하려면 경제적 빈곤만이 아니라 관계의 빈곤에 대한 대안이 필요하다는 논평을 냈다. 고독사가 급격하게 증가하는 원인을 고령화나 청년 실업 등의 인구 변동과 경제적 요인으로만 환원하면 피상적이고 안이한 대책만 반복하게 된다.

삶과 죽음, 그 양식과 관계가 송두리째 흔들리고 있다. 삶과 죽음의 양식과 그 변화에 대응하는 사회적 대안과 정책이 필요하다. 1인 가구 대책이나 고령화 대책만이 아니라, '관계의 빈곤'을 근본적 차원에서 살펴야 한다는 반빈곤 센터의 제안은 매우 중요하다. 누구나 예상할 수 있었으나, 예상보다 아주 빨리 고독한 죽음이 우리 앞에 놓여 있다. 부산의 사례는 이미 도래했으나 실감하지 못하는 미래의 징후라 하겠다. 부산은 근대 산업자본주의의 메카이자 가부장제 사회의 전형으로 여겨지지만, 막상 부산 사람들의 삶의 형태는 이미 크게 변화되었다. 산업자본주의 경제 모델은 너무 낡고 이미 무너져버렸으며 가부장제적 가족 모델은 파산의 무게보다 더 무겁게 가족을 짓누른다. '우리가 남이가'의 세계는 지역 연고와 같이 오래된 권력관계에 기생하는 집단의 전유물이 되었다.

　오래된 삶의 방식은 강고하고, 새로운 삶의 방식은 인정되지도 받아들여지지도 않은 채 세대 갈등의 형식으로 폭발한다. 오래된 삶은 강고하고 완강한 고독 속에서, 새로운 삶은 인정받지 못한 원한 속에서 각자 저마다 고독한 삶을 마감하고 있다. 관계의 빈곤을 대면하고 새로운 관계성을 사회적·정치적으로 만들어나가지 않는 한, 불화 속에서 저마다 고독한 죽음에 직면하는 길 외에는 없다. 한국이 가족 중심주의라는 것은 가족을 소중하게 여기는 사회라는 뜻이 아니다. 오히려 가족 중심주의는 가족 바깥에 아무것도 없고 어떤 대안적 관계도 불가능한 사회라는 의미이다. 민가협, 유가협에서 세월호 유족까지 한국에서 재난과 국가 폭력에 휩쓸리면 유족이 오롯이 국가에 맞서, 국가를 대신해 모든 것을 감당해야 한다. 국가 폭력의 역사적 장면 곳곳에는 유족 공동체의 역사 또한 새겨져 있다. 한국 사회에서 민주화란 더는 유족 공동체를 만들지 않는 것이라고 해도 과언이 아니다.

국가와 가족 사이에 다른 대안들, 관계 형식들을 발명하고 새겨 넣어야만 삶과 관계의 민주주의가 비로소 시작된다. 가족과 국가 사이에서 다른 여럿의 관계와 함께하는 삶의 방식을 찾아내는 일, 나는 이를 반려의 권리를 확립하는 일이라고 이미 명명한 바 있다. 10·17 빈곤철폐 행동의 날, "빈곤철폐와 차별금지법 제정, 장애등급제 폐지와 장애인 활동 보조 권리, 탈시설의 권리를 보장하라"는 외침은 추운 서면 거리에 오래 울려 퍼졌다. "그래서, 투쟁!"이라던 반차별 활동가의 외침이 어떤 심오한 말보다 깊이 와닿았다. 청와대 국민청원 게시판에는 "지금 곁에 있는 사람이 내 가족입니다"라는 제목으로 동반자 등록법 촉구 청원이 진행 중이다. 불화 속에서 고독하게 죽지 않기 위한 투쟁, 결코 포기할 수 없는 민주주의의 실험이 여기에 있다.[2]

대안 공동체를 만들고, 새로운 인터페이스를 구축하려는 시도는 어쩌면 홀로 내버려지지 않을 기본권, 고독하게 죽지 않을 투쟁인지 모른다. 외롭지 않기 위해 애써 구축한 공동체 운동은 그러나 함께하기에서 촉발되는 부대낌과 몸살로 이어지기도 한다.

1장

마음을 놓다

1. 소진, 한계의 정동

공동체commune를 사유한다는 것은 한계에서 사유하는 것이다. 적어도 장-뤽 낭시의 어휘를 빌자면 그렇게 말할 수 있을 것이다.『무위의 공동체』,『코르푸스』등에서 논의되는 무위, 분유, 단수성, 외존 등 무수한 어휘들이 실은 이 공동체와 한계라는 두 어휘를 중심으로 부려진 것이다. 낭시는 이를 여러 방식으로 논의하지만 가장 핵심적인 질문들은 공동체com-mune에 대한 바타유의 사유, 특히 엑스터시忘我, ec(탈)-static에 대한 바타유의 문제의식을 논하는 지점에서 발견된다. 낭시는 바타유에 대한 자신의 논의가 "바타유에 대한 비판도, 판단유보도 아니고, 그의 경험과 소통[1]하려는 하나의 시도이다."[2]라고 정의한다. 낭시는 공동체에 대한 '불가능한' 논의를 진행하기 위해 바타유를 참조하는 것은 바타유를 재해석하기 위해서나 다시 읽기 위해서는 아니라고 말한다. 바타유를 다시 참조하는 것은 "그의 지식이나 주제들로부터 뭔가를 끌어내려는 시도라기보다" "우리의 한계인 어떤 한계를 되돌아보는 것이 관건이었다. 그 한계를, 바타유의 한계, 나의 한계, 우리 시대의 한계, 우리의 공동체의 한계를" 되돌아보는 일이다. 따라서 이 작업은 오늘날의 공동체라거나('어떤 것') 재해석된 바타유('어떤 사람')와 같이 무엇 혹은 누구를 위한 이름을 갖고 있지 않다. 이 이름 없음은 무위의 공동체의 핵심적 내용인바, 우리가 오늘날 공동체를 사유함에 있어서 중요한 것은 주체나 이름이 아닌, 바로 한계를 되돌아보는 것이기 때문이다.

낭시는 바타유의 공동체에 대한 사유의 한계를 "역사적 한계와 이론적 한계가 교착된 것"으로 논의한다. 낭시의 논의에서 바타유의 공동체 사유를 한계라는 차원에서 비판하는 것은 일차적으로는 파시즘과 전체주의로 상징되는 공동체에 대한 이론과 실천의 역사적 한계와 관련된다. 즉 바타유가 직면한 역사적 한계는 "공동체는 파시즘적이거나 공산주의적인 모델과 유비되는 모델에 순응해서 따라갈 수밖에 없게 되는" 그런 역사적 지평에서 비롯된 것이다. 이 때문에 "이를 바타유는 분명 짐작했었고, 그러면서 그는 비밀스럽고 조심스럽게, 나아가 그 자신도 모르게, 고유한 의미에서 공동체를 사유하기를 포기했다."3 허나 "사유하기를 포기했던 것" 그것이 바타유가 사유한 전부이기도 했다. 즉 "그는 그것 이외에 다른 어떠한 것도 사유하지 않았다."4 낭시는 바타유가 한계에서 그것을 사유했음을, 그리고 "그가 자신의 한계에서 사유해야만 했던 것, 바로 그것이 이번에는 우리에게 사유해야 할 것으로 주어졌음을" 강조한다.

달리 말하자면 바타유의 공동체 사유는 바로 사유의 한계(혹은 불가능성)를 사유한 것이기도 하였다. 이는 바타유의 한계에 국한되는 것이 아닌데 "왜냐하면 의심할 바 없이, 공동체는 한 번도 사유된 적이 없었기 때문이다."[5] 공동체가 한 번도 사유된 적이 없었다는 말은 달리 말하면 오늘, 여기에서의 공동체 사유는 바로 그 한계 지점에서 가능하거나 불가능해진다는 의미이다. 사유의 한계 지점에서의 사유, 즉 사유가 불가능한 지점을 사유해야지만 가능해지는 사유, 그것이 공동체 사유이다. 불가능성을 사유하는 것, 그것은 가능성의 끝장, 가능성의 종말과 가능성이라는 문제의식의 해체라고도 할 수 있다. 이는 공동체를 작업(실현가능한 어떤 것)으로 간주했던 기존의 공동체 사유와 현실에 대한 낭시의 비판과도 결부된다. 낭시는 이를 공동체란 "우리의 사유를 시험하는 것"이라고도 표현한다. 즉 공동체가 한 번도 사유된 적이 없다는 비판은 이제 우리가 공동체를 사유의 대상으로 삼아야 한다는 의미가 아니다. 오히려 이는 "우리의 사유를 시험한다는 것을 말하는 것이다."[6] 그렇다면 이렇게 우리의 사유를 시험하는 것은 공동체, 혹은 공동체의 사유의 한계로부터 어떤 이행을 우리에게 촉발할 것인가? 이에 대한 낭시의 대답은 낭시의 저작 곳곳에 스며있는 바타유와 프로이트의 어휘들에서 발견된다. 이는 "우리는 더 멀리 나아갈 수만 있을 뿐이다."라는 바타유의 어휘와 프로이트의 "영혼psyché은 펼쳐진다."라는 어휘이다. 이에 대해서는 뒤에 더 자세하게 논의하고자 한다.

낭시가 바타유의 한계를 되돌아보며 공동체를 한계라는 맥락에서 분유하는partage 방식은 불가능성을 사유하는 것이자, 가능성의 종말과 가능성이라는 문제의식의 해체라고도 할 수 있다. 공동체에 대한 논의 진행 방식에는 다소 차이가 있지만, 나는 낭시의 이러한 한계의 사유를 들뢰즈의 소진된 인간에 대한 사유와 연결하여 생각해 보고자 한다.

> "내게 불가능한 것을 요구하기를. 좋다. 그것 말고 내게 무엇을 요구할 수 있으랴." 더 이상 가능한 것은 없다. 철두철미한 스피노자주의.[7]

들뢰즈는 소진된 인간l'épuisé과 피로한 인간le fatigué을 구별하며 "피로한 인간은 단지 실현을 소진했을 뿐이다. 반면 소진된 인간은 모든 가능한 것을 소진하는 자이다. 피로한 인간은 더 이상 실현할réaliser 수 없다. 그러나 소진된 인간은 더 이상 가능하게possibiliser 할 수 없다.[8] 즉 소진은 "더 이상 아무것도 '가능'하지 않은 상태, 가능성의 여지가 조금도 남아있지 않은 상태라고 규정한다."[9] 이정하는 들뢰즈의 『소진된 인간』에서 소진된 신체는 무엇을 할 수 있는가, 라는 질문을 들뢰즈의 내재성의 철학의 의미와 결부하여 설명한다. 즉 "한 개체로서 더 이상 무엇도 가능하지 않은 베케트의 소진된 인간들은 신체의 물리적 가능성의 한계에서 역설적으로 들뢰즈가 존재의 근원적인 역량이자 개체의 '독특한 본질essesce singulière로 규정한 '생명' 자체의 순수한 발생적 역량을 드러내 보여 주는 자들이다."10 즉 소진된 인간의 신체는 신체의 물리적 가능성의 한계에서 역설적으로 발생하는 발생적 역량을 사유하도록 우리를 강제한다. 그 발생적 역량은 들뢰즈에 따르면 "자아의 환상적 분해와 결합되어 있는, 아니 오히려 이접되어 있는"11 것으로, 달리 말하자면, "비인칭적 개체화의 역량, 즉 인칭과 기표에서 해방된 존재의 순수한 자기-생산으로서의 마지막 생성이 그것이다."12

여기서 모든 가능한 것을 소진한다는 존재의 마지막 사태와 이로부터 발생하는 발생적 역량의 문제를 나는 낭시의 한계의 사유와 이로부터 더 멀리 나아감이라는 문제틀과 마주 비춰 보고자 한다. 이는 공히 한계와 그로부터 발생하는 '더 나아감'(들뢰즈적 의미에서는 비인칭적 역량, 낭시의 맥락에서는 분유 혹은 탈자태)의 문제와 결부된다고 생각된다. 들뢰즈가 소진된 인간을 "모든 가능한 것을 소진한다."로 표현할 때 '가능한 것'이 문제로 대두되는 것 또한 이런 맥락에서 생각해 볼 수 있다. "'가능한 것'은 이미 스피노자와 베르그손에 의해 존재를 규정하는 거짓 문제의 하나로 비판되었던 것이다. 이 거짓 문제는 동시에 우리 존재의 한계이자 우리 인식, 그리고 언어의 한계이기도 하다. 우리 존재의 한계를 드러내는 거짓 문제, 그러므로 진짜 '문제'인 문제. 들뢰즈/베케트의 '소진된 인간'은 바로 이 존재의 한계인 '가능한 것'의 한계에서 존재의 근원적 가능성 즉 생명의 잠재적 역량을 역으로 증언하는 인간, 존재의 비극을 역설적으로 "초인의 희극"으로 전화시키는 인간이다."[13]

소진이란 신체의 물리적 가능성의 한계이자 이로부터 역설적으로 발생적 역량이 생성되는 상태를 의미한다는 점에서 '인간적' 신체의 한계 상태를 의미하기도 한다. 그런 점에서 소진을 한계 상태의 정동이라 부를 수 있겠다. 그러나 동시에 이 한계 상태는 지금까지는 마주친 적이 없는 상태(비인격적 역량)로의 이행의 문턱이기도 하다. 따라서 들뢰즈의 이론에서 소진된 인간의 신체는 이러한 한계의 정동에서 촉발되는 새로운 역량을 사유하도록 만든다. 아니 어떤 점에서 소진된 인간의 상태는 사유의 대상으로서의 '신체'의 끝장이라 할 것이다. 즉이 소진된 신체는 과연 '인간'이 어디까지 할 수 있는가, 그 한계 지점을 가리키는 지표이기도 하다.[14]

그런 점에서 다시 강조하자면 공동체commune를 사유하고 실천하는 일은 한계 상태를 사유하고 실천하는 일이라 할 수있다. 공동체를 상상하고 실험하는 일은 '인류'의 역사 속에서 진행된 새로운 세계를 향한 꿈의 한계를 되돌아보고, 또 새로이 마주치는 사건이기 때문이다.[15] 따라서 공동체를 사유하고 실천하는 이들은 매 순간 인류의 한계를 다시 살고, 그것을 지금, 여기의 시간으로 되살게 된다. 낭시가 바타유의 한계를 해석의 대상이나 사유의 대상, 재해석의 준거가 아닌, 우리의 한계를 다시 되돌아보는 자리로 불러오는 방식을 이러한 맥락에서 다시 생각해볼 수 있을 것이다. 또 이는 단지 공동체를 사유하는 차원에 국한되는 것은 아니다. 공동체를 사유하고 실천하면서 우리가 인류의 한계를 다시 살고, 마주하는 일은 모든 개별적 신체 차원에서도 각자의 신체적 증상으로 발생한다.[16] 아니 이것은 증상이라기보다 공동체를 상상하고 실험해 온 인류의 한계가 지금 여기의 모든 단수적인 신체의 상태로 제각각 발생하는 것이라 할 수 있다. 예를 들어 공동체를 꾸리고 실험하는 이들 모두가 토로하는 인간적 소진 상태의 힘겨움 역시 이런 맥락에서 사유되어야 할 것이다.

나는 이렇게 한계 상태의 정동으로 소진을 사유함으로써 이를 바탕으로 지금, 여기에서의 공동체 실험과 사유에서 발생하는 현실적 곤경과 대면해 보고자 한다. 또한 이러한 소진으로부터 생명의 잠재적 역량과 마주하게 되는 사건적 순간, 혹은 한계에서 더 멀리 나아감으로써 발생하는 자리들(낭시), 또 그 사건과 자리들이라는 정치적 실천과 동의어라 할 수 있는 영혼의 펼쳐짐을 안심의 어소시에이션이라는 문제 설정을 통해서 논의를 전개하고자 한다.

2. 한계와 분출의 엑스터시ec-static : 죽음과 생명, 소진과 자진, 소진과 성장통의 입맞춤

나는 '정념과 어소시에이션'이라는 주제로 연구와 실천을 병행해 오면서 지난 십여 년 동안 세계 여러 지역의 다양한 대안적 실험 집단을 만나왔다. 〈다중지성의 정원〉, 〈수유+너머〉처럼 대표적으로 잘 알려진 한국의 대안 실험 집단이나, 〈하자 센터〉 그리고 이와 연계된 다양한 자립 실험 공동체들, 일본의 코엔지 그룹, 〈지하대학〉, 교토의 〈자유대학〉, 오사카의 가마가사키 지역의 NPO 단체들과 오사카 나카자키초 지역의 오래된 대안 공간 그룹들과 〈아망토〉, 또 〈KEY〉(재일코리안청년연합) 등 다양한 그룹들을 만나고 소개해 왔다. 자립과 자율을 추구하는 다양한 실험에 대한 관심이 높아져서 한국에도 이러한 공간에 대한 소개가 활발하게 이뤄지고 있다. 어떤 이들은 이 공간의 활동을 만나며 새로운 실험에 대한 열정이 촉발될 수 있을 것이지만, 반대로 누군가에게는 이러한 실험들이 그다지 새로운 것이 없는, 역사를 통해 실패를 거듭하며 진행되었던 실천의 반복처럼 보일지도 모른다. 또 이들 집단이 추구하는 이념이나, 공동체 운영 방식이 오늘날 우리들에게 어떤 대안적 모델이나 이상을 제공하지 못할 수도 있다. 혹자에게 이러한 실험은 1970년대 혹은 1980년대 이미 실천되었던 익숙한 모델에 불과할 수도 있다. 하여 어떤 이들에게는 전 세계 어디를 다녀도 결국 공동체 실험의 방식은 다 비슷비슷하게 보이고, 뭔가 익숙한 모습들이라고 생각될 수도 있을 것이다.

그러나 몇 년에 걸쳐 다양한 실험 집단을 만나면서 나는 무수한 생각과 실험의 단초를 얻을 수 있었다. 아니 이 실험들과의 마주침은 나에게 생각과 사유의 차원이라기보다 어떤 신체의 변용 과정을 촉발했다고 할 수 있다. 공동체 실험과의 마주침은 항상 형용하기 어려운 정동적 변용을 촉발시킨다. 또한 이러한 다양한 실험 집단들과 마주치면서 촉발되는 어떤 정동적 변용은 오늘날 공동체에 대한 실험과 사유에서 가장 중요한 문제라고 생각된다. 사실 오늘날 대부분의 공동체 실험은 실패를 거듭하고, 여러 난국에 봉착해있다. 이에 대해서는 다음 장에서도 살펴보려 한다. 실패를 거듭하며 현장은 위축되거나 사라지고 있고, 활동가들은 노쇠하여 버리거나 떠나가고 있다. 그렇다면 이러한 실패와 소멸 속에서도 '그럼에도 불구하고' 지금과는 다른 삶을 만들기 위해 공동체commune를 만들고 지켜 나가기를 계속해 나아가는 동력은 어디에 있을까. 나는 이것을 공동체의 한계에서 발생하는 역량이라는 지점에서 생각해 보고자 한다. 즉 실험의 실패 이후에도 더 멀리 나아갈 수 있는 힘은 결국 공동체라는 실험의 과정이 하나하나의 개별 신체들에게 촉발시킨 어떤 정동적 변용의 역능에서 비롯된다고 생각한다. 그것이 꼭 네그리나 하트가 말하는 환희나 행복 혹은 스피노자가 말하는 기쁨과 같은 형태로 발현하지는 않는다.[17]

　오히려 공동체 실험에 동참했던 이들은 실상 자신의 어떤 한계와 마주치게 된다. 그것이 앞서 말한 한계의 정동으로서 소진이라 할 것이다. 그러나 중요한 것은 이 소진된 상태에서 무엇과 조우하느냐이다. 들뢰즈가 소진된 인간의 상태의 전형으로 꼽는 베케트의 『쿼드』에서 4개의 개체들은 일정한 배열 속에서 하나의 공간을 무수하게 배회한다. 이는 마치 한계 상태에서의 존재들의 동선처럼 보인다. 한계 상태에서 우리는 주어진 공간의 언저리를 반복적으로 맴돈다. 한계 상태란 어떤 점에서 이미 주어진 공간의 마지막 장, 끝장에 놓이는 것을 말하기 때문이다. 그리고 그 바깥은 없다. 그런 점에서 주어진 공간의 배치(들뢰즈 식으로 말하면 가능한 것의 배열)의 끝장에서 새로운 자리가 열린다(낭시). 그 한계 상태, 혹은 끝장이 어쩌면 '새로운 세계는 불가능하다는' 오늘, 이곳의 다른 이름일지 모른다.

이러한 한계의 정동은 공동체 실험의 막다른 골목을 논하는 글들에서도 종종 발견된다. 현재 진행 중인 공동체 실험의 몇몇 사례를 통해서 공동체와 한계에 관한 이론적 논의가 오늘날 실제의 공동체 실천의 현장과 어떻게 절합되는지 살펴보도록 하겠다.

가마가사키의 늙은 활동가가 기어코 눈물을 보였다. 누구보다 강하고 따뜻해 보였던 그분의 눈이 늘 촉촉이 젖어 있어 언젠가는 눈물을 보일 것 같더니, 떠나기 전날 기어코 눈물을 흘렸다. 오래전 함께 활동했던 한 활동가가 보고 싶다고 했다. 자신보다 나이는 어렸지만 스승과 같은 사람이었다고. 수년 전에 한국 노동자의 임금 체불 싸움에 함께했고, 체포되었는데 그 이후로 소식을 알 수 없다고, 한국에서 이렇게 자신들의 이야기를 들어주러 카메라를 들고 온 것을 그가 알았다면

무척 기뻐했을 텐데, 그가 지금 없다. 너무 보고 싶다며 기어
코 눈물을 뚝 떨구었다. 가마가사키 해방을 위해서 함께 투쟁
했던 활동가들이 떠났고, 이제 몇 명만 남아서 늙고 있다. 그
들마저 없어졌을 때 가마가사키 해방은 누가 부르짖을 것인
지… 가마가사키 해방은 언제 오는가?18

소진, 자진
피로사회
○○ 청년에게도 빗겨 설 수 없는 고민
소진을 자진하는 게 아닌가.
고민될 정도로 넘쳤던 업무 시간 소진되지 않으려 발광했던
숱한 노력19

　일본 오사카시의 니시나리구에 위치한 가마가사키는 공식
적으로는 존재하지 않는 지명이다. 지금은 시에서 아이린 지구
라고 부르고 있다. 가마가사키는 일본의 대표적인 '요세바'로
서 역사적으로는 노동운동의 거리이기도 하였다. 1960년대 오
사카시 대 건설 붐으로 인해 오사카시는 전국에서 노동자들
을 대규모로 모집했고 이들을 위한 숙박소를 시내 곳곳에 설
치했다. 가마가사키는 가장 광범위한 노동자 거주 지역이었다.
가마가사키에서는 과격한 노동자 투쟁이나, 여러 형태의 갈등
이 발생하기도 하였고, 언론의 과대보도로 인하여 가마가사
키는 '위험지구'라는 인식이 널리 퍼지게 된다. 이에 가마가사

키는 어린아이나 여성이 살기 부적절한 지역으로 간주되게 되었다. 이에 따라 오사카시는 가마가사키에 거주하는 남성 노동자로 하여금 아내와 부인을 동반하지 못하게 하였고, 이로 인해 가마가사키는 단신 남성 노동자들만이 거주하는 '특수한' 형태의 지역이 되었다. 거품 경제가 끝나고 이곳에 거주하던 남성 노동자들도 급속하게 고령화되면서 가마가사키는 거대한 홈리스 밀집 지역이 되었다. 가마가사키의 노동자들과 노동운동가들 모두 고령화되어 이제 '죽음의 문제'에 봉착해 있다. 오늘날 가마가사키는 "'노동자 거리'에서 '복지거리'로 변모했다."[20]

늙은 노동 운동가의 회고에 찬 눈물은 노동 운동의 열정으로 가득했던 거리에서 죽음과 대면하는 거리로 변화된 가마가사키의 역사를 함축하는 것 같다. "가마가사키 해방을 위해서 함께 투쟁했던 활동가들이 떠났고, 이제 몇 명만 남아서 늙고 있다. 그들마저 없어졌을 때 가마가사키 해방은 누가 부르짖을 것인지 ⋯ 가마가사키 해방은 언제 오는가?"라는 김미례 감독의 독백처럼 가마가사키의 오늘은 이른바 '해방의 정치의 종말'을 상징적으로 보여 주는 것처럼 보일지도 모른다. 또 오늘날 가마가사키의 현실은 해방의 정치가 종말한 후에 '복지/시혜'가 도래하는 세계사적 추이의 전형으로 보이기도 한다. 어떤 점에서는 그런 해석도 가능하리라. 그러나 가마가사키는 단지 시혜적 복지의 최우선 대상 지역으로서만이 아니라 "삶의 무게(사회적 배제, 장기 실업, 노숙화, 독거, 초고령화,

고독사 등)"[21]와 대면하는 새로운 자리가 되어가고 있다. 아니 우리는 가마가사키라는 이름을 그런 자리에서 마주해야 할 것이다.

신자유주의의 상징인 초고층 건물들 사이에 '고립'되어 있는 가마가사키는 2014년의 이 세계에는 존재하지 않는 곳처럼 보인다. 오늘날 가마가사키는 도시의 생활인들에게 '죽음의 거리'나 '막장 인생'의 장소처럼 보일지도 모른다. 그러나 가마가사키는 오히려 '막장'으로부터, 죽음과 마주해야만 하는, 그 불가항력적인 모든 생의 에너지의 소진을 통해서 그 무엇으로도 환원되지 않는 '하나의 생명'을 발견하는 길을 우리에게 보여준다. 죽음과 대면하는 가마가사키의 이러한 변화는 "동료의 생명은 동료가 지킨다.", "단 한 사람도 거리에서 죽어서는 안 된다."[22]는 구호에도 고스란히 담겨있다. 2013년 가마가사키 거리 데모의 구호 역시 "한 명의 동사자도 한 명의 아사자도 만들지 말자!"[23]였다.

공동체 실험의 한계점에서 발생하는 소진은 단지 가마가사키의 경우처럼 '고령화'의 징후만은 아니다. 오늘날 새롭게 구성되고 있는 다양한 공동체 실험에서도 이러한 소진 상태는 이 실험들이 당면한 가장 어려운 문제 중 하나이다. 청년 자립, 반빈곤 운동 공동체인 '○○은 대학'의 경우에도 소진과 한계라는 화두는 시급한 문제로 대두하고 있다. 두 번째 인용문은 '○○은 대학'이 2013년을 결산하면서 2014의 주요 과제로 제시한 내용이다. '○○은 대학'은 지역 기반 마을 대학과 커뮤니티 기반 문화기획을 연결하는 허브이다. '○○은 대학'은 2009년 '마포는 대학'이 설립된 이래 2013년 당시 지역 대학 수가 7개이고 술래가 29명에 이르는 등 당시에는 지속적인 성장을 보여 주고 있었다. 이러한 양적 측면뿐 아니라, 대학이나 청년 활동가들이 지역 커뮤니티의 주민들을 교육하거나 문화적인 자원을 나눠주는 식의 계몽적 한계를 넘어 지역 주민들을 교수로, 지역을 대학으로 삼아 이들에게 청년들이 배움을 얻는 방식으로 지역 운동의 방법론에 큰 전환을 보여 주었다. 그런 점에서 '○○은 대학'은 대안 공동체 운동의 실험에서 성공적인 하나의 사례로도 생각할 수 있을 것이다. 이러한 성공에도 불구하고 '○○은 대학'의 경우도 공동체 운동에서의 소진의 문제에 직면하고 있다. 2013년 '○○은 대학' 심포지엄에서 제기된 2014년의 이슈는 '자발/자발, 소진/자진, 일/일상'이었다. 이는 청년과 주민 모두가 자발로 움직여 만드는 자발적 공동체, 소진을 자진하는 게 아닌가 하는 소진 상태에 대한 고민, 그리고 일상에서 살고 싶은 모습을 일로 실현하기 위한 고민인 것이다.[24]

이는 단지 '○○은 대학'의 사례에 국한된 현상은 아니다. 3장에서 살펴보겠지만 이러한 소진 상태는 오늘날 대안 공동체 운동 전반이 당면한 현실이기도 하다. 즉 "겉으로 보기에 매우 왕성하게 분출하는 것처럼 보이는 대안적 인문학 운동의 현장은 이렇게 상처와 애씀의 '피로'로 점철되어 있다. 대안적 공간을 가꾸고 돌보는 일은 구성원들의 헌신과 상상을 초월하는 강도의 '실무'로 가능하다. 하여 대안 인문학 운동을 만들어가는 이들은, 언제 어디서든, 항상 숨이 차고 모든 것이 힘에 부친다."[25]

물론 소진에 대한 이야기를 하는 것은 조심스럽다. 소진과 피로에 대해 말하는 순간 다른 사람에게 그 피로가 전염되어 버리지는 않을까, 하는 걱정도 들고 무엇보다도 오히려 '저 이만큼 힘들었어요.'하는 투정으로 비춰지는 역효과가 나는 것이 걱정스럽다. 게다가 간단하게 소진이라고 하였지만, 실은 여전히 이것이 '소진'인지도 긴가민가하다. 한편으로 일에 매진하면서 어떤 부분에서는 진행자로서, 선배로서 성장한 면도 분명히 있고 일이 손에 익어가는 과정에서 느낀 성취감도 있었기 때문에 이것이 그저 '성장통'일 뿐인데, 내가 그것을 '소진'이라고 생각하여 내 팀을 믿지 못하고 있는 것은 아닌지도 불안하다. (실은 나에게 가장 큰 불안은 지역적재생산구조에서의 소외보다도 이것이다. 피곤하고 흔들리는 내 마음이 '소진'인지, '성장통'인지, '부대낌'인지 알 수가 없기 때문이다.) 그럼에도 인정하자고 하는 것에는, 결국 공동체의 건사는 이 '그 무엇'을 어떻게 나눌 것인가가 가장 문제가 되는 것이라는 고민 때문이다.[26]

나는 앞서 공동체commune를 사유하고 실천하는 일은 한계 상태를 사유하고 실천하는 일이라 논하였다. 또 공동체를 상상하고 실험하는 일은 '인류'의 역사 속에서 진행된 새로운 세계를 향한 꿈의 한계를 되돌아보고, 또 새로이 마주치는 사건이라고도 이야기한 바 있다. 가마가사키의 활동가의 눈물 속에서, 소진을 공동체 실험의 화두로 삼는 '○○은 대학'의 청년 활동가의 회고 속에서, 소진과 성장통의 한계를 묻는 아프꼼의 래인커머의 질문 속에서 우리는 이 '사건'과 다시 마주할 수 있을 것이다. 그리고 이러한 소진 상태를 우리는 공동체의 한계로서, 혹은 공동체를 실험해온 인류의 한계가 지금 여기의 모든 단수적인 신체의 상태로 제각각 발생하는 것으로 사유할 수 있을 것이다. 더욱 중요한 것은 이러한 소진 상태가 한편으로는 실험의 막장, 종말, 한계를 지시하는 동시에, 다른 한편에서는 그 한계에서만 마주하게 되는 어떤 역량을 발생시킨다는 점이다. 그것은 때로는 '생명'으로 때로는 '마주침'으로 때로는 '성장통'의 이름으로 표현된다. 흥미롭게도 여기서 만나는 '생명'과 '마주침' 그리고 '성장통'이라는 표현들은 공통적으로 한계에서 더 나아가는 어떤 역량들, 자리들을 보여 준다. 그 자리는 한계와 이행이 서로 몸을 대고 하나처럼 나타나는 그런 특이한 형상으로 나타난다. 낭시는 이러한 형상을 바타유의 찢긴 상처의 개념을 다시 환기하면서 그려낸 바 있다. 낭시는 외존, 혹은 단수성의 신체라는 것을 입맞춤의 형상으로 그려냈다.

낭시는 공동체에 대한 역사적 한계를 우리의 한계로 되돌아보기 위해 소통, 단수성, 그리고 외존이라는 틀을 도입한다. 이때 단수성은 공동체에 대해 결속이나 연합과는 다른 형태의 '소통'의 방식을 우리에게 상상하게 한다. 즉 단수성은 "결속이 없는 동시에 연합 없이, 외부에 의한 결합 또는 연결이라는 모티프와 거리를 두는 것만큼이나 공유되고 융합된 내면성이라는 모티프와 거리를 두고 주어진다. 소통은, 단수성을 정의하는 바깥으로의 외존을 구성하는 사실이다." 이때 단수성과 외존은 하나의 입과 또 다른 입의 접촉의 형상으로도 나타난다.

> 말하는 입은 어떤 결속을 권유하지도, 알게 하지도, 실행시키지도 않는다. 그것은 — 아마, 입맞춤처럼 한계에서 — 하나의 단수적 장소가 다른 장소들에 부딪혀서 나는 소리를 낸다.[27]

여기서 나는 낭시의 논의를 한계와 소진, 그리고 이로부터 발생하는 새로운 자리의 형상으로 가져오고 싶다. 즉 아프꼼의 래인커머 신현아의 글이 인상적으로 묘파하듯이 공동체의 한계에서 소진과 성장통은 마치 입맞춤처럼 두 입(서로 다른 신체, 혹은 정동)이 부딪치는 양태이다. 마찬가지로 죽음과 생명이 입을 맞추고 소진과 자진이 입을 맞춘다.[28] 이렇게 서로 다른 두 입이 마주치는 자리가 바로 외존의 자리, 혹은 공동체의 역사적 한계를 넘어, 다른 자리로 나아가기 위한 문턱이다. 이 문턱에서, 혹은 그 입맞춤에서 발생하는 희열을 우리는 역사적으로 엑스터시라고 논한 바 있다. 그리고 나는 이 엑스터시에서 발생하는 '입김'과 이행을 안심이라는 정동의 차원에서 논하고자 한다. 그리고 이러한 서로 다른 신체가 부대끼는 입맞춤을 나는 역사적 개념인 어소시에이션의 다른 함의로 전환하여 사용하고자 한다.

3. 한계와 확장의 엑스터시ec-static : 마음을 놓다, 혹은 영혼은 펼쳐진다

한계와 안심이라는 차원에서 공동체 사유와 실험을 사유하고자 하는 이 글의 문제의식은 공동체 사유와 실험의 역사적 한계와 현재의 상황에서 비롯되었다. 또한 다양한 공동체 실험과의 마주침은 공동체 사유의 역사에서 길어 올린 이러한 사유의 단초를 좀 더 구체적으로 고민하는 계기가 되었다. 앞서 살펴본 바와 같이 일본이나 한국의 다양한 공동체 실험의 사례는 공동체 사유에서의 한계와 안심의 문제를 구체적인 현실적 맥락에서 숙고할 수 있는 계기가 되었다.

2013년 겨울, 아프꼼은 오사카에서 나카자키초를 기반으로 한 아망토, 가마가사키의 코코룸, 그리고 쯔루하시의 KEY 등 지역을 기반으로 한 몇몇 대안 공간들을 만났다. 이 공간들의 공통점은 몇 년에 걸쳐 실험을 계속해오고 있지만, 반복되는 실패를 감당해야만 했다는 점이다. 가마가사키의 상황은 앞서 살펴보았듯이 실패의 역사라 할 수 있다면, 아망토 역시 몇 년간 일궈온 지역 공동체를 재개발에 빼앗겨버린 아픈 실패의 경험 속에서 다시 시작한 지역 공동체이다. 코코룸 역시 오사카시의 지원으로 진행했던 지역 커뮤니티 사업에서 내팽개쳐지다시피 하여 가마가사키로 '피난'해 왔다. 20년의 역사를 토대로 한 KEY(재일코리안청년연합) 역시 활동가들의 이탈과 일본 내 혐한 분위기의 고조로 위기를 겪고 있다.

이 팀의 활동가들과 이야기를 나누고 정리하면서 이들의 공동체 실험의 방법과 이 실험을 통해 이들 활동가들이 겪은 신체 변용 과정이 모두 '안심'이라는 키워드로 모아졌다. 예를 들어 KEY(재일코리안청년연합)의 오사카 공동대표인 다나카 조 미나코는 KEY(재일코리안청년연합)의 활동가가 된 계기를 KEY에 와서 '안심하고 이야기를 나눌 수 있는 관계'를 발견할 수 있었기 때문이었다고 회고하였다. 자이니치에 대한 차별과 혐오 발화가 극심한 일본의 상황에서 차별에 대한 두려움이나 배제에 대한 불안, 공포심이 없이 마음을 놓고 이야기를 나눌 수 있는 관계가 바로 평범한 회사원이던 다나카 조 미나코를 차별 철폐 활동가로 만들게 된 것이다.[29]

아망토에서는 80이 넘은 노인들과 어린아이, 인디 예술가와 관광객이 별 스스럼없이 어울려 밥을 먹고 차를 마시는 풍경을 볼 수 있다. 아망토의 단골손님인 한 여성은 직장에 나가는 동안 아이를 아망토에 맡기고 퇴근하면서 아이를 데려간다. 아망토의 아망토 준은 무용가로도 알려져 있는데 아망토 준은 아망토에서 중요한 것은 예술이 먼저가 아니고 함께 서로의 삶의 '비용' 혹은 무게를 덜어주는 것이라고 말한다. 아망토에는 세대 사이에, 예술가와 대중 사이에, 국경 사이에 문턱이 없다. 아망토 준은 이러한 원리를 자신이 수련한 '몸을 쓰는 법'에서 얻게 되었다고 말하기도 한다. 즉 이는 국경과 제도화로 분화된 '언어적 세계' 이전의 원리를 공동체의 원리로 도입한다는 의미이기도 하다. 예술이 먼저가 아니라 공동체가 먼저라는 아망토의 원리 또한 여기서 비롯된다. 즉 원시 공동체에서 '예술'이 공동체적 삶의 소산이자 원리였듯이 아망토에서 모든 예술은 삶의 무게와 위기 비용을 나누기 위한 공동체적 삶을 위한 방법이 된다. 제도화된 언어의 세계가 갈등과 억압과 차별을 생산하였다면 아망토는 언어 이전의 방법(몸짓)을 통해 지역의 모든 사람들이 삶의 무게를 서로 나누며 안심할 수 있는 지역 공동체를 만드는 것을 목표로 하고 있다.[30]

가마가사키를 기반으로 하는 예술 NPO인 코코룸의 스텝인 코테가와씨는 3·11 이후 동경에서 이곳으로 피난 온 싱글맘이다. 자신을 피난민이라고 소개하는 코테가와씨는 처음에는 방세가 싼 곳을 찾다가 가마가사키에 찾아오게 되었다고 한다. 마땅한 일자리도 없이 아이와 함께 피난 생활을 해야 했던 코테가와씨는 코코룸을 소개받아서 스텝으로 일하며 '피난 생활'이지만 아이와 함께 안심하고 살 수 있게 되었다고 지난 1년을 회고하였다.[31]

코코룸과 KEY(재일코리안청년연합), 아망토가 공동체 실험을 하면서 맞게 된 한계 상황의 성격과 원인은 서로 상이하다. 이들의 공동체 실험의 역사는 실패와 다시 시작하기의 반복이었다고도 할 수 있다. 이 세 단체뿐 아니라 앞서 살펴본 'ㅇㅇ은 대학'의 하나인 '마포는 대학'의 경우 한 달에 몇 명씩 자살자가 속출하는 성산 아파트를 중심으로 명랑 마주꾼이라는 새로운 활동을 하고 있다. 이 경우 역시 위의 세 공동체 실험과 유사한 성격을 지닌다. 이 공동체들은 모두 초고속 자본주의의 성채들에 포위되어 있다. 희귀할 정도로 옛 지역의 모습을 간직한(이른바 낙후된 지역) 가마가사키, 나카자키초, 쯔루하시, 성산 아파트 단지에 이러한 공동체가 형성된 것 역시 우연은 아닐 것이다. 죽음과 대면하며, 삶의 무게를 나누고 지탱하기 위한 공동체 실험이 진행되는 이 지역들에서 10분 남짓만 걸어 나가도 우리는 거대한 초고속 빌딩 숲을 만나게 된다. 차별로 인한 불안과 배제의 공포, 혹자에게는 선망의 대상이 될 자본주의적 만화경으로 가득 찬 번화가와 이들 공동체가 자리한 지역을 오가는 잠시 동안에도 우리의 신체는 다르게 변용된다. 공동체의 좁은 공간을 벗어나면 곧바로 불안과 공포로 가득 찬 세상과 대면해야 한다. 그러나 공동체의 좁은 공간에서는 사람들은 불안과 공포로 가득 찬 세상에서 잠시나마 마음을 놓을 수 있는 상태로 이행한다. 불안과 공포에서 안심으로 이행하는 이 여정들은 공동체 운동의 한계에서, 혹은 공동체의 안과 밖을 오가는 일상적 동선에서도 반복적으로 진행된다. 그러한 변용은 아주 짧은 순간의 희열일지라도 그것이야말로 공동체가, 공동체의 실험이 촉발하는 신체 변용의 역능이라 생각된다. 그리고 이렇게 불안과 공포의 정동에서 잠시라도 놓여나게 되는 것, 그것을 우리는 안심이라는 익숙한 어휘 속에서도 익히 감지하고 있다.

공동체의 실패는 우리를 다시 불안과 공포의 세계 속에 던져놓는다. 하지만 우리의 신체는 공동체의 기억을 간직하고 있다. 머리가 아닌 신체적 변용의 순간으로서 말이다. 공동체 실험을 통해 일시적으로라도 공포와 불안으로 가득 찬 마음을 놓아버릴 수 있었던 변용의 순간(이것이야말로 해방의 순간이 아닐까.)이야말로 한계 속에서도 공동체 실험을 다시 밀고 나가게 되는 역량이라 할 것이다. 따라서 마음을 놓는 것, 즉 안심이라는 정동을 한계로부터 공동체 실험을 더 멀리 나아가게 하는 신체적 역량이라고도 할 수 있을 것이다. 안심이라는 것을 그런 점에서 인간적 신체의 가능성의 한계에서, 공동체의 한계 지점에서 바깥으로 더 멀리 나아가는 역능으로서 재규정해볼 수 있다. 물론 이때 안심이란 마음을 비운다는 식의 관념적 차원을 함의하는 것은 아니다. 앞의 사례들에서도 살펴보았듯이 안심은 그 자체로 상호의존적, 지향적, 관계적 맥락에서 발생하는 상태이기 때문이다. 따라서 안심은 마주침을 통해서만 발생하는 정동이다.

이런 맥락에서 공동체commune란 마음을 놓을 수 있게 하는 마주침의 다른 이름이다. 나는 마음을 놓게 하는 마주침을 새로운 공동체의 함의로서 안심의 어소시에이션이라고 부르고자 한다. 이런 맥락에서 마음을 놓게 하는 마주침이란 레비나스가 말하는 윤리와도 연결하여 생각해볼 수 있다. 버틀러도 강조하듯이 레비나스가 말하는 윤리란 "공포와 불안이 살인행위로 돌변하지 않도록 억제하는 투쟁을 의미한다."[32] 차별의 공포와 배제의 불안으로 가득 찬 이 세계 속에서 작은 공동체에서 만나는 마음을 놓을 수 있는 관계와 안심을 통해 겪는 신체적 변용은 그런 점에서 바로 이러한 윤리의 차원과도 상통한다.

마음을 놓게 하는 마주침으로서 안심의 어소시에이션이 공포와 불안을 억제하는 투쟁의 한 방식이라고 했을 때 이는 안토니오 네그리와 마이클 하트가 『공통체』에서 논한 행복의 제도화와도 관련된다. 네그리와 하트는 우리의 역량이 발현되는 새로운 시대로의 이행이 "안도의 한숨"과 함께 온다고 논한다. 여기서 안도의 한숨을 내쉰다는 것은 슬픈 수동에서 기쁜 능동으로 전환하는 정동의 변환을, 그 신체적 상태의 이행의 문턱을 함축적으로 나타낸다. 나는 이를 안심이라는 정동을 통해 설명하고자 한다. 앞서의 사례에서도 살펴보았듯이 안심이란 마음을 놓을 수 있게 하는 마주침에서 비롯된다. 그런 점에서 안심은 마음을 비우는 것과 같은 정적인 상태가 아니라 수동에서 능동으로 정동이 변환되고, 행동하고 사유하는 힘이 위축된 상태에서 증가하는 상태로 이행하는 그러한 동적인 과정이다. 그런 점에서 안심, 마음을 놓는다는 것은 스피노자가 말하는 기쁨과 마찬가지로 힘이 증가할 수 있는 잠재력을 활성화하는 동적인 과정이다.

네그리와 하트는 새로운 시대의 이행에 대해 "어둠과 유혈로 충만한 수 세기가 지난 후 선사先史는 꽝 소리와 함께 끝나는 것이 아니라 안도의 한숨과 더불어 끝난다."[33]고 표현했다. 이는 갈등을 "어둠과 유혈"로 압제하던 시대로부터 갈등을 "평화롭고 생산적인 관계로 변형할 수 있는 잠재력"이 충만해지는 시대로의 이행이기도 하다. 그리고 그 이행을 통해서 우리는 "안도의 한숨"을 내쉴 수 있다. 여기서 "안도의 한숨"을 내쉬는 상태는 "행복의 제도화"와 곧장 연결된다. 네그리와 하트가 말하는 "안도의 한숨"이란 그런 점에서 버틀러와 레비나스의 윤리와 결부된다.

행복을 상호의존적이고 지향적인 것으로 재맥락화하는 것은 정동 이론을 정치적으로 재구조화하는 연구에서 공히 발견된다. 사라 아메드Sara Ahmed는 「행복한 대상」에서 행복을 정동과 지향성intentionality의 차원에서 다루고 있다. 사라 아메드의 논의를 따르자면 행복은 우리로 하여금 지속적으로 '대상을 향해 나아가게 하는' 약속이 된다.[34] 나는 앞서 공동체 실험이 어떻게 한계에서 더 나아가게 되는가를 사유하기 위해 안심의 문제를 고민해야 한다고 논하였다. 또 이는 공동체 실험이 한계 속에서 그 실험에 함께한 이들에게 어떠한 신체적 변용을 촉발하는가를 고민하는 일이기도 하다. 공동체의 한계에서 더 나아가는 역능을 촉발하는 변용의 과정, 그것은 바로 불안과 공포에서 안심으로의 이행의 과정이기도 하였다. 그리고 이러한 이행을 통해 '행복' 혹은 '기쁨'의 순간을 경험하게 된다. 따라서 안심이라는 정동을 살펴보는 것은 불안과 두려움이라는 정동을 벗어나 다른 상태로 이행되는 바로 그 이행의 구체성을 사유할 수 있게 한다. 물론 안심의 정동을 정치적이고 존재론적 차원에서 살펴보는 것은 기존의 기쁜 정동(스피노자)이나 행복(사라 아메드, 안토니오 네그리, 마이클 하트)의 정치적 함의를 논하는 이들의 논의와도 결부된다.

앞서 나는 공동체의 한계에서 소진과 성장통은 마치 입맞춤처럼 두 입(서로 다른 신체, 혹은 정동)이 부딪치는 양태라고 설명한 바 있다. 공동체의 한계 지점에서 죽음과 생명이 입을 맞추고 소진과 자진이 입을 맞춘다. 이렇게 서로 다른 두 입이 마주치는 자리가 바로 외존의 자리, 혹은 공동체의 역사적 한계를 넘어, 다른 자리로 나아가기 위한 문턱이다. 소진 상태에서, 죽음과 마주하면서 우리는 지금까지의 '나'와는 다른 '무엇'과 조우하게 된다. 소진 상태에서 더 이상, 내가 할 수 있는 게 없다는 일상적 느낌은 그런 점에서 이 조우의 다른 판본이다. 한계 지점은 그런 점에서 '나'가 종말을 고하는 지점이다. 그리고 '나'가 찢기면서 '나'가 아닌 '무엇'과 조우하게 된다. 공동체 사유의 역사적 한계는 바로 이 찢긴 상처에서 다시 '우리'로 회귀한 한계이기도 하다. 또 찢긴 상처를 연합과 결사로 봉합해온 한계이기도 하다.

그런 점에서 '나'가 종말을 고한 지점, 나가 파열되어 '무엇'과 조우한 찢긴 상처에서 '우리'로 회귀한 지점, 찢긴 상처를 연합과 결사로 봉합해온 한계 지점을 사유하는 여정은 공히 엑스터시라는 지점에 도달한다. 하나의 신체(입, 몸짓, 하나의 톤)가 또 다른 하나의 신체(타자도 타인도 아닌, 아직은 알 수 없는 그것)와 조우할 때 어떤 일이 발생하는가? 입과 입이 만나는 입맞춤처럼 찢긴 상처는 봉합되지도 파열되지도 않는다. 대신 거기서 발생하는 한숨, 그것을 낭만적인 정념의 분출이 아닌 존재론적 사건으로 새로이 설정하는 일이 우리 앞에 놓여 있다. 입맞춤의 비유를 낭만적 해석으로부터 구출하기 위해서는 하나 됨의 황홀경, '우리'의 환상, 소통과 고립의 이분법을 넘어서야 한다.

입과 입의 조우, 죽음과 생명의 조우, 소진과 성장통의 조우 속에서 '나'는 훼손된다. 아니 '나'는 종말을 고한다. 그런 점에서 '행복'이나 기쁨이라는 정동의 어휘는 훼손됨과 함께 사유되어야 한다. 공동체와의 마주침이란 그런 점에서 '나'를 훼손당하는 일이다. 버틀러 식으로 말하자면, "외면하지 말자. 우리는 상대방 때문에 훼손된다. 그게 아니면 우리는 뭔가를 놓치고 있는 것이다."[35] 공동체와 마주하면서 우리는 훼손된다. 공동체 실험의 한계가 소진된 신체의 상태로 나타나는 것은 이 때문이다. 소진된 상태란 공동체와의 마주침 속에서 '나'가 훼손되는 반복적 경험의 누적 상태이기도 하다. 따라서 이 훼손으로부터, 소진으로부터 더 나아가는 것이 '기쁜 정동'이나 '행복'을 되뇐다고 되는 것은 아니다.

한계에서 우리는 훼손당한 상태와 마주해야 한다. 그러나 버틀러도 논하고 있듯이 우리가 자기 바깥으로 나아가게 되는 것은 오히려 이러한 훼손을 통해서이다. 즉 "열정에 의해 자신 너머로 이동하는 것뿐 아니라 분노나 슬픔으로 자기 옆에 있는beside oneself 것까지도 의미할 수 있다. … 나는 내가 성적 열정, 정서적 슬픔, 혹은 정치적 분노 중 어느 하나 때문에 우리 옆에서 살고 있는 우리 중 누군가에게 이야기하는 것이라고 생각한다."[36] 이를 통해 버틀러는 정치적 공동체의 이념적 토대, 혹은 하나의 준거로서 "6·70년대와 80년대 중반 눈에 띄게 엑스터시忘我. ecstasy가 형성되었던 방식"을 재도입한다. 즉 "ec(脫)-static하다는 것은 글자 그대로 자기 자신 밖에 있다는 것이고 따라서 여러 의미를 가질 수 있다."[37]

낭시와 마찬가지로 버틀러는 여기서 신체의 상호의존성을 논한다. 그리고 이 상호 의존성이 신체가 지닌 공적 차원이기도 하다. 그런 점에서 "우리는 우리의 신체에 대한 권리를 위해 투쟁하지만, 그럼에도 우리의 투쟁의 목적인 바 신체가 꼭 우리 것은 아니다. 신체에는 항상 공적인 차원이 있다. 공적 영역에서 사회적 현상으로 구성되는 나의 신체는 나의 것이며 또 나의 것이 아니다. 처음부터 타자들의 세계에 배당된 신체는 타자들의 자국을 지니고 있고 사회적 삶의 도가니 안에서 형성된다."[38]

그런 점에서 우리가 논의해온 공동체의 한계, 소진된 상태란 달리 말하면 '나'가 훼손된 자리에 타자들의 자국을 지닌 신체들이 공통적으로 나타나는 사태이기도 하다. 또 그 공통적인 나타남은 '하나'나 '우리'라는 연합의 형식과는 다른 하나의 입과 다른 하나의 입이 마주치는 탈-자태ec-static이다. 이 마주침의 탈자태는 '나'를 훼손하지만(한계, 소진상태) 그 훼손 안에서(찢긴 상처) 바깥으로 나아간다.

찢긴 상처에서, 훼손에서 바깥으로 나아가는 지향성은 낭시의 입장에서 보자면 펼쳐짐, 혹은 영혼의 확장이다. 즉 훼손과 확장은 존재의 단수성의 차원에서 입을 맞춘다.

> 유한한 존재는 먼저 장소들의 분할을 통해서, 각각의 단수성을 펼쳐지게 하는(프로이트가 말하는 '영혼psyché은 펼쳐진다.'라는 의미에서) 확장을 통해서 존재한다. 각각의 단수성은 어떤 형태 내에 갇혀 있지 않지만, 스스로 확장됨으로써만 그 자체가 된다. 즉 그것은 무엇보다 먼저 그 자체를 자신의 존재 속에서 외향화시키고, 어떤 바깥으로 노출시켜 존재하게 하는 영역성을 통해서만 그 자체가, 단수적 존재가 된다. 유한성은 공동으로 나타난다. 다시 말해 그것은 외존外存, éxposition 된다. 이는 바로 공동체의 본질이다.[39]

훼손과 확장이 존재의 단수성의 차원에서 입을 맞춘다는 것은 한계가 바로 영혼의 노출, 혹은 확장과 입을 맞추고 있다는 의미이기도 하다. 하나의 입이 다른 하나의 입과 마주칠 때 다양한 상태가 발생한다. 폭력, 압도, 소유에서 황홀경에 이르기까지 입맞춤이 파생하는 양태 또한 단일하지 않다. 그것이 존재의 사태이다. 그러나 다시 레비나스를 환기하면서 윤리가 "공포와 불안이 살인행위로 돌변하지 않도록 억제하는 투쟁을 의미한다."라고 할 때 입맞춤이 살인행위로 돌변하지 않도록 억제하기 위한 투쟁은 마주침의 유물론과 마주침의 윤리를 고민하는 일이 될 것이다.[40]

그리고 이러한 마주침이 살인행위가 아닌, 마음을 놓을 수 있는 안심의 어소시에이션이 될 수 있는 방법을 고민하는 일은 마주침의 윤리와 긍정적인 정동적 가치의 순환을 사유하는 일이기도 하다. 이러한 마주침이 불안과 공포가 아닌 '긍정적 정동'을 발생시키는 하나의 사례를 우리는 안심의 어소시에이션이라는 이론적이고 실제적인 사례를 통해서 사유해볼 수 있을 것이다. 마음을 놓을 수 있는 마주침으로서 안심의 어소시에이션에 대한 사유는 그런 점에서 긍정적인 정동적 가치의 순환과 축적을 사유하는 일련의 논의와도 이어진다. 이는 특히 행복을 정동적 측면에서 고찰하는 논의와도 관련된다. 행복을 정동과 지향성, 평가와 판단의 차원으로 재정립하면서 "행복이 어떻게 우리로 하여금 어떤 대상들을 향해 나아가게 하는 하나의 약속으로 기능하며, 그렇게 해서 그 대상들이 사회적 좋음으로 순환하는지를 탐구"하는 사라 아메드의 논의는 그런 점에서 많은 시사점을 준다.[41] 또한 행복의 집단적이고 공적인 성격을 강조하면서 정치적 기획에서 행복을 제도화하는 것의 중요성을 논하는 네그리와 하트의 논의 역시 중요한 참조점을 준다. 이들은 행복을 수동적 정동이 아닌 능동적 정동으로 보면서 행복을 자기 통치의 역능과 훈련의 과정으로 간주한다.[42] 이들은 정치적이고 존재론적인 행복의 기획을 공동체 실험의 중요한 목표로 제시하고 있다.

네그리와 하트의 표현을 빌자면 행복의 제도화는 기쁜 마주침을 지속하고 반복하게 하는 것이다. 또 이는 "비참에 맞서는 정치적 프로그램을 제시하는 것"이다. 네그리와 하트는 비참을 "부나 자원의 결핍만이 아니라 더 일반적으로는 창조하고 혁신하는 힘, 스스로를 다스리는 힘의 결핍을 의미한다. 비참은 우리가 할 수 있는 것, 우리가 될 수 있는 것으로부터의 분리가 일어나는 조건"[43]이라고 규정한다. 그런 점에서 안심의 어소시에이션은 바로 이러한 차원에서 불안과 공포를 촉발하는 마주침을 기쁜 마주침으로 이행할 수 있게 하는 역능을 촉발시킨다. 또 마음을 놓을 수 있는 마주침에서 촉발되는 안심의 정동이란 비참에서, 불안에서 놓여남을 의미한다. 마음을 놓는다는 것은 이러한 놓여남의 다른 표현이다. 따라서 마음을 놓는 과정, 불안에서 안심으로 이행되는 과정은 수동에서 능동으로 변형되는 과정이며, 낭시의 표현을 빌자면 영혼이 펼쳐지는 과정이기도 하다.

4. 안심, 개념을 다투다

불안과 공포로부터 해방되고자 하는 욕망은 인간의 근본적이고 존재론적인 차원과 관련된다. 하여 불안과 공포에서 벗어나 '안심'에 이르는 경로에 대해서는 역사적으로도 다양한 사유 방법들이 입장을 다투어 논해 왔다. 동양의 사유 체계에서 안심은 불교의 기본 교리와도 밀접한 관련을 맺으며, 이로부터 파생되고 변형된 다양한 이종의 종교 원리들에서도 흔히 발견된다. 이러한 사유의 계보는 안심을 '마음을 다스리는 기술'로 간주하는 종교적 사유와 유심론적 사유에서 공통적으로 발견된다. 최근에는 신자유주의적인 질서가 공고화되면서 삶의 불안정화와 이에 따른 다양한 '대안'으로서 안심을 구하는 논의들도 앞다투어 진행되고 있다. 신자유주의가 재난 자본주의와 같이 전 지구적 재난의 가속화와 이에 대한 공포를 통해 전 지구적 자본주의의 질서를 공고히 한다는 것은 잘 알려진 일이다. 그러나 이러한 재난 자본주의는 역으로 '안전 사회'와 같은 사회 공학으로 신자유주의적 질서를 재생산해 나간다. 그런 점에서 안심을 새로운 어소시에이션의 원리로서 사유한다는 것은 기존의 안심에 대한 사유의 계보와 대결하며 개념을 다투는 일이기도 하다. 즉 우리가 안심을 단지 마음을 다스리는 기술이나 '사회를 보호한다'는 통치 기술 공학의 차원이 아니라, 불안과 공포를 촉발하는 마주침에서 해방되는 윤리적 차원에서 사유하는 것은 안심을 둘러싼 개념 투쟁의 장으로 진입하는 일이기도 하다. 그런 점에서 안심, 행복, 불안, 공포와 같은 정동을 윤리적 차원에서 사유하기 위해서는 기존의 인간 존재에 대한 사유를 거슬러 올라가서 개념을 다투는 지난한 과정이 필요하다. 이 글은 이와 같이 안심을 윤리적 차원에서 사유하기 위해 개념을 다투는 하나의 시도라고 할 수 있다.

2장

현장은 낮은 곳이 아니다

1. "오레 오레"

나는 쓰러질 것 같아서 화장실로 달아났다. 변기에 쭈그리고 앉아 눈을 감고 이를 악물고 주먹을 쥐고 필사적으로 뭔가에 매달렸다. 매달리지 않으면 까무러칠 것 같았다. 내가 나에게서 떨어져 나와 증발해버리는 것 같았다. 하지만 뭐에 매달려야 떨어져 나가지 않을지 알 수가 없었다. 오로지 눈을 감고 나에게서 나를 떼어내려는 뭔가의 힘에 맞서서 버텼다.[1]

비평에 대해 말한다는 것은 무엇일까? 이때 비평은 '나'(주어)의 자리에 있는 것인가 목적어(대상)의 자리에 있는 것인가? 또는 비평이라고 하는 '본래'의 것을 말해야 할까, 아니면 비평인 체하지만 본래의 것을 상실한 '훼손된' 그것에 대해 말해야 할까?

"비평이란 무엇인가"와 같은 문장에 위화감을 느낀다. 이 문장은 비평=나=본래적인 것originality을 주어의 자리에 놓고,

다른 모든 글쓰기의 존재 양식을 대상이나, 기껏해야 가짜 나(비평으로서든 비평가로서든)의 자리에 놓는 것에서 시작하고 끝나는 문장이기 때문이다. 그래서 "비평이란 무엇인가"와 같은 문장은 "문학비평이란 무엇인가", "문화비평이란 무엇인가"와 같이 끝없이 '오리지널리티'를 자기 복제하는 문장을 낳는다. 그리고 이에 대한 '반론'은 애써봐야 결국 대상=비본래적인 것, 주어가 아닌 것들의 '항변' 정도로 환원될 운명을 넘어설 수 없다. 오랜 시간 이 비본래적인 것들은 '주어'의 자리를 의문시하고, 그 자리를 탈환하고자 했지만, 남은 것은 '피로'뿐이다.

"비평이란 무엇인가"라는 문장은, 그래서 피로하다. 아니 피로 외에는 줄 수 있는 것이 없는 문장이다. 허니 그 문장에 들러붙어 왈가왈부하는 것이야말로 가장 피로하고 무의미한 일이다. 아니, 오히려 그 문장에 들러붙어 있으면서, 얻을 수 있는 것은 '비판'이 아니라 피로뿐이다.

'나'는 장난삼아, 아니 위험을 알면서도 무기력하게 타인의 신분을 '도용한다.' 해서 처음에는 그저 이 모든 것이 피로했을 뿐이다.(『오레오레』) 거기에는 어떤 도발도 위험에 따른 긴장도 없이 나른한 피로만이 있을 뿐이다. 허나, 내가 도용한 신분, '너'가 나를 대체해버리려는 순간, '나'는 극도의 긴장에 휩싸인다. 내가 '너'인척 할 때 그저 피로했을 뿐이다. 그러나 '나'는 이제 내가 도용한 '다이키'로 간주되어버린다. 나는 '도용한' 다이키에 의해 다시 도용되어버렸다. 누가 누구를 도용한 것일까? 나는 피로상태에서 극도의 긴장 상태로 이행된다. 그리고 이 긴장 상태에서, '나와 내가 도용한 너의 경계를 알 수 없는 자리에서, 내가 할 수 있는 일이라고는 "매달리는" 일 뿐이다. 그렇게 매달려서 "나에게서 나를 떼어내려는 뭔가의 힘에 맞서서 버"티는 일.

  "나는 누구인가"를 묻는 일이 너를 파괴하면서, 나른하고 무력한 '나'의 자리로 돌아오는 일이라면, 내가 도용한 '너'가 '나'가 되어버리는 자리에서는 자문자답은 무기력하다. '내가 원래 누구였는지'를 알려주는 가족 사진첩, 회고담, 증언에서도 '나'가 발견하는 것은 원래의 '주인공'의 모습도, 본래의 주인공 자리를 도용해버린 나의 모습도 아니다. '어머니'는 어린 시절의 나에 대해 자상하게 여러 말을 들려주고, 가족끼리 함께 한 시간들을 들려준다. 그러나 그 회고담과 추억의 사진첩과 함께 한 시간에 대한 증언들 속에 있는 것은 과연 누구인가? 그 속에서 발견할 수 있는 것은 나인가, 너인가? '나'의 자리는, 그런 회고담과 추억과 사진첩과 증언들 속에서 발견되지 않는다. 물론 거기에 도용되지 않은 본래의 나 역시도 없다. 물론 우리는 지금이 아닌 본래의 나를 발견할 수 있는 다양한 장치를 갖고 있다. 『오레오레』 속의 어머니, 어머니의 말들, 가족 사진첩은 그런 대표적인 장치이다. 그러나 그 본래의 나를 발견한다고 간주된 장치들에도 이미 본래의 나라는 자리는 없다. 그렇다면 '우리'는 어디서 나의 자리를 발견할 수 있을까? 『오레오레』는 단호하게 말한다. 그런 자리는, 장소는 없다. 아니 "오레 오레("나야, 나")로 시작하는 문장이 실은 신분 도용 범죄의 목소리(보이스 피싱)에 다름 아니라는 『오레오레』의 기본 설정은 '나는 누구인가'로 구성된 자기 정체성에 대한 질문이 실은 '신분 도용'에 다름 아니라는 것을 보여 준다. 그러니 이런 점에서 "비평은 무엇인가"라는 자기 정체성에 대한 질문 역시 신분 도용, 보이스 피싱에 다름 아닐 것이다. 『오레오레』에서 '나'와 '너'에 대한 이런 질문은 익숙한 근대적 주체 비판을 반복하는 것은 아니다. 이는 '신분 확인', '정체성 확인'이라는 것에 대한 현재적 질문의 형식을 취한다.

그런 의미에서 '나'의 자리는 "나야, 나"라는 문장 속에서가 아니라, 어떤 매달림 속에서만 가능한 것인지도 모른다. 자리가 아닌 자리, 혹은 화장실의 '구석 자리'에서 사라지지 않기 위해, '나'라고 하는 자리에서 떼어내 버려지지 않기 위해 주먹을 쥐고 필사적으로 매달리는 그 몸짓, 손의 악력, 긴장의 근육, 그 속에서 비로소 '나'는 확인된다. 그 필사적인 매달림, 그 매달림에서만 마련되는 어떤 몸의 형식, 거기서 비평이라는 것을 말해볼 수 있지 않을까? 회고담도 추억거리도, 공유한 시간에 대한 증거도 없는 그 자리에서 시작하는 길, 그 길에 대해 생각하고 싶다.

힘껏 매달려야만 할 일. 그러니 "비평이란 무엇인가"라는 문장보다는, 힘껏 매달리는 것(활동)에서, 피로보다는, 긴장에서 시작해 보려 한다.

2. 세계와 현장, 혹은 '재난'과 비평

이러한 상황에서는 진정한 문학적 활동을 위해 문학의 테두리 안에만 머물라는 요구를 할 수 없다. 그러한 요구야말로 문학적 활동이 생산적이지 못함을 보여 주는 흔한 표현이다. 문학이 중요한 효과를 거둘 수 있는 것은 오직 실천과 글쓰기가 정확히 일치하는 경우뿐이다. 그러기 위해서는 포괄적 지식을 자처하는 까다로운 책보다, 공동체 안에서 영향력을 행사하기에 더 적합한 형식들, 예컨대 전단, 팸플릿, 잡지 기사, 포스터 등과 같은 형식들이 개발되어야 한다.[2]

2012년 8월, 뜨거운 열기 속에서 도쿄의 아침을 맞는다. 올해도 어김없이 8월 15일을 전후해서 독도니 역사니, 청산이니 한일 관계니 하는 뉴스가 한일 양국을 오가면서 들려온다. 이러한 '뉴스'의 주고받음은 매년 8월이면 비슷하게 반복되는 현상이다. 맨 처음, 8월 15일을 전후해서 도쿄에 홀로 체류했던 때에는 한국과 일본에서 서로 주고받는 내셔널리즘적인 '뉴스'의 강도에 압박당해서, 홀로 체류한다는 사실에 두려움을 느끼기도 했다. 오늘도, 로밍 폰에서는 " '일본 체류 시 안전 당부', 독도 문제와 관련, 극우 단체 등의 시위 현장과 위험 지역 방문을 자제" 등의 문자가 당도한다. 2012년 8월 '국제 뉴스', '세계정세', '한일관계' 속의 일본, 한국은 아마도 이런 것이리라. 한국에 돌아오니 연일 '한일 관계'에 대한 뉴스가 전해진다. 세계정세, 한일관계, 국제관계 따위의 말 속에 담긴 그 세계, 정세, 관계란 무엇일까? 그 세계를 변화시키고, 정세를 판

〈그림 3〉구글 지도로도 찾을 수 없는 〈이레귤러 리듬 어사일럼〉(Irregular Rhythm Asylum). 아나키즘 운동 어소시에이션의 역할을 하고 있으며, 코엔지 그룹과도 연계하여 반원발 시위를 이끌고 있다. 최근에는 일본 아나키즘 운동 아카이브를 구축하는 작업을 진행하였다. 이렇게 바깥으로 내걸린 〈이레귤러 리듬 어사일럼〉의 깃발의 형상을 통해, 허공에 내걸려 있는(suspend) 것이 아닌, 바깥으로 내걸리는 것(ex-position)에서 만들어지는 자리를 현장의 형상으로 상상해 보고 싶다. 또 그 자리는 구글에서도 찾을 수 없는 그 이레귤러의 위치처럼, 높은 곳에서 조망하는 위치 감각으로는 만날 수 없는 것이다. 그 자리를 현장이라 나는 부르고 싶다.

단하고, 관계를 조형한다는 것은 도대체 무엇인가? '2012 레인보우 페스티벌'이 열리는 신주쿠의 뒷골목에서, 자립음악 생산자 조합의 음반과 포스터 속에서 한국어를 발견하기 어렵지 않은 공간 〈이레귤러 리듬 어사일럼〉Irregular Rhythm Asylum에서 이 현장들과 '세계' 사이에 결코 도달할 수 없는 거리감을 생각해본다.

이 세계라는 것, 정세라는 것은 위성에서 위성으로 이어지

〈그림 4〉〈이레귤러 리듬 어사일럼〉의 입구에 내걸린 전단지들. 세상의 모든 정보를 인터넷으로 '공유'할 수 있지만, 이렇게 현장에 내어걸린(ex-position) 전단지는 쉽게 다운로드 받을 수 없다. 하여 이렇게 내어걸린 저 전단지에 담긴 것은 쉽게 접근하여(access) 공유하는 정보가 아니라, 몸을 움직여서 만날 때만이 의미가 발생하는 그런 글쓰기이다. 아니 이렇게 바깥으로 내어걸리는 자리에서의 접촉을 통해서만 발생하는 것, 그것이야말로, 정보나 지식이 아닌 글쓰기가 아닐까. 현장에서 발생하는 글쓰기. 그것을 이런 형상에서 사유해 보고 싶다.

는 뉴스 전달 경로처럼, 이 지구를 한눈에 내려다보는 시선에 의해 만들어진 형상이 아닐까. 물론 '세계'라든가, '정세'라는 말이 '아래'를 조망하는 퍼스펙티브perspective에 의해 규정된 개념이라는 것이 새삼스럽지는 않다. 관계를 해석하고, 정세를 판단하고, 세계를 변화시키기 위해서 '눈'이 필요한 것도 이 때문이다. 그 눈은 사유의 창이며, 그 사유의 창은 저 높은 곳에 있다. 도대체 거기에서는 무엇이 보이는 것일까. 하늘을 한번쯤 올려다본다. 그리고 이런 생각을 해본다. 비평의 자리는 어디 있는 것일까? 비평의 자리, 위치에 대해서는 참으로 많은 논란이 있었다. 내 질문은 그런 논란의 반복인가? 자문해본다. 텍스트와 비평, 작가와 비평, 비평과 독자의 자리와 같이 이미 구성된 문학 제도 내에서 비평의 자리에 대한 질문이 아닌, 비평이라는 것이 과연 어디서 생기는 자리인지를 묻고 싶다. 구글 지도를 가지고서도 결코 찾아갈 수 없는 공간 〈이레귤러 리듬 어사일럼〉이라든가, 어떤 뉴스에서도 찾아볼 수 없는 레인보우 페스티벌, 그 외에도 국제 정세, 세계 동향, 오늘의 뉴스, 한일 관계에 대한 어떤 전망에서도 그 '소식'을 들을 수 없는 그런 자리들, 나는 그 자리들을 '현장'이라고 부르고 싶다. 다시 일본의 사례를 통해 이 현장은 과연 무엇인지, 그리고 비평은 왜 현장에서만 발생하는 것인지에 대해 생각해 보고 싶다.

야스쿠니, 독도, 양국 정상이 주고받는 내셔널리즘 어법들, 격앙한 양국 국민. 이런 식의 뉴스는 매년 8월이면 반복되는 현상이기도 하다. 그러나 2012년에는 이런 뉴스가 일본 사회에 송신되는 경향에 조금은 차이가 있어 보인다. 물론 올림픽과 한일전 축구를 전후해서 들려온 한국발 독도 통신에 일본인들 역시 내셔널리즘적인 격앙에 사로잡혀있는 것도 사실이다. 그러나 2012년, 일본의 많은 사람들은 실은 의례적인 이러한 영토 확인 발언에 크게 관심이 없다. 무엇보다 2012년 일본 사회의 많은 관심은 '반원발'反原發로 상징되는 국회의사당 앞의 데모 행렬이나, 재난 현장의 추이들에 집중되어 있다.

이른바 3·11로 불리는 재난 이후 일본 사회는 엄청난 지각변동을 겪고 있다. 이에 대해서는 한국에도 다양한 논의가 전해지고 있다. 3·11 이후 일본 사회의 변화는 과연 비평이란 무엇인가, '문학'이란 무엇인가에 대해서 많은 생각거리를 던져준다. 매일 '안전을 당부'하는 문자를 보면서 도대체 어디가 '현장'인가, 혹은 어디가 '위험 지역'인가, 혹은 그런 '위험한 현장과 지역을 방문한다.'는 것이 '안전'과 어떤 관련이 있는가를 홀로 묻는다. 아니 이런 현장과 위험 지역과 방문과 안전 사이에서 '문자를 전한다는 것'이란 무엇인가에 대한 질문이 나를 놓아주지 않는다.

3·11 이후 수차례 일본을 다녀왔다. 3·11을 기점으로 일본 사회의 변화를 표현하자면 한마디로 "뚜껑이 열린 것 같은 상태"가 되었다는 것이다. "뚜껑이 열린다."는 것은 일차적으로 닫혀있던, 혹은 막아두었던 어떤 상태가 열린 상태로 변한다는 것이고, 또 비유적으로는 도저히 참을 수 없는 상태가 되어

서 폭발한다는 것을 의미한다. 3·11은 일본 사회를 그렇게 변화시켰다. 몇 년 전만 해도 일본 사회는 전형적인 고착 사회였다. 이때 '고착'이란 일본 사회의 모든 면에서의 변화의 불가능성을 함의하는 것이었다. 격차사회로 상징되는 계급적 변화나 이동의 불가능성이라던가, 정치에 대한 무관심으로 대변되는 정치적 변화의 불가능성, 버블 경제의 여파로 표현되었던 문화적, 사회적 활기의 소멸 등 일본 사회는 모든 면에서 전혀 변화의 기미도, 어떤 열기도 찾을 수 없이 고착되어 있었다. 이른바 3·11 재난은 일본의 많은 지역을 파괴했고, 원전사고로 상징되는 총체적 재난에 대한 공포는 물론 일본 사회를 '위험사회'로 만들고 있기도 하다. 그러나 역설적이지만, 이러한 재난과 이후의 원자력 발전에 대한 인식의 변화를 통해 일본 사회에는 '반원발'로 상징되는 다양한 사회 운동, 문화 운동 들이 폭발했다. 이러한 변화는 담론장에서도 현저하게 드러난다. 일본의 거의 모든 잡지, 학술지, 단행본 등은 이전에는 찾아보기 힘들었던 '르뽀', '현장기술지', '담론 비평'으로 온통 채워졌다. 매우 역설적이지만, '재난'은 비록 일본 사회 전체가 '가담한 것'은 아닐지라도, 일본 내에 문화운동, 사회운동, 담론운동의 열기를 폭발시켰다. 또한 놓치지 말아야 할 것은 3·11 이후 이러한 문화운동과 사회운동, 담론운동의 열기를 증폭시킨 계기(모멘트)가 단지 '재난'이라는 우발적이고 외부적인 요인에서만 비롯된 것은 아니라는 점이다. 3·11 이후 문화운동과 사회운동, 담론 운동이 폭발하게 된 계기는 '반원발' 시위로 상징되는 일본 사회 초유의 대규모 가두시위였다. 또 이 가두시위를 주도한 것은 '코엔지'高円寺 그룹으로 상징되는 '자립/반빈곤 대안 운동' 그룹이었다.[3]

코엔지에는 〈아마추어의 반란〉, 〈지하대학〉 등 기존의 대학, 담론장, 여타 제도와는 다른 거점을 통해 자립을 꿈꾸는 새로운 '써클'들이 다양하게 모여 있다. 최근 일본 담론장이나 학계의 새로운 경향 중 하나는 1950년대 써클 운동에 대한 재조명 작업이 폭발적으로 증가하고 있다는 점이다. 1950년대 써클 운동의 존재들이 자료로서 발굴되면서, 혁명적인 자립 운동의 역사가 다시 쓰이고 있다. 1950년대 써클 운동에 대한 '학계'의 관심은 3·11 이전에 형성된 것이지만, 3·11 이후 1950년대 써클 운동에 대한 관심은 단지 새로운 혁명적 역사에 대한 학문장의 논의에 그치지 않게 되었다. 2012년 8월 〈지하대학〉 강의 주제가 "새로운 써클 운동의 시대가 오고 있다."(이케가미 요시히코, 전 『현대사상』 편집주간)였다는 점에서도 1950년대 써클 운동에 대한 관심은 2012년 현재 일본의 여러 사회 문화 운동과 담론장의 변화에 대한 일종의 자기 규명 과정의 의미를 지닌다. 이는 특히 자발적인 자립 운동의 역사를 살펴보면서, 현재 3·11 이후 자발적으로 진행되고 있는 다양한 운동체/써클들의 현재와 미래를 가늠하고자 하는 말 그대로의 비평적 시도라 할 수 있다. 그리고 여기서 학계의 역사적 탐구와 문화운동과 담론 운동에서의 당대적 요구들이 경계를 넘나들며, 조우하고 흘러넘쳐간다.

이는 3·11 이후 새로운 '써클 운동'의 본거지가 된 코엔지의 상황 변화에서도 흥미롭게 확인된다. 코엔지 그룹이 반빈곤 청년 운동을 활발하게 진행하고 있던 2010년경만 해도 일본 지식사회에서 마쓰모토 하지메나 〈아마추어의 반란〉의 존재에 관심을 기울이는 학자들은 아주 극소수였다. 2012년 코엔지에서는 〈아마추어의 반란〉이나, 〈지하대학〉을 찾아 '일부러' 찾아온 학자들과 자주 만나게 되었다. 일본 문단의 '독재자'로도 불리는 가라타니 고진이 데모 현장에 자주 모습을 비추고 서명 명단에 자기 소속을 〈아마추어의 반란〉이라고 적었다는 일화도 코엔지 언저리에서 심심치 않게 들려오는 소식이다. 물론 돌아다니는 서명지의 존재를 확인하지는 못했다. 허나 이렇게 '돌아다니는 말들'이 가라타니 고진이 거의 전적으로 혼자 주관하는 『개조』의 높은 성벽과 코엔지의 작은 재활용 가게인 코엔지 사이를 오가며 이뤄지고 있다는 점도 흥미롭다. 적어도 담론장에 국한해서 보자면, 재난의 현장과 반원발 데모, 자립운동과 여러 자발적인 '써클 운동'과 같은 현장들에서 진행되는 흐름들이 지금까지 철저하게 높은 성벽에서 아래를 바라보기만 하던 일본의 문단, 대학 제도, 학문장으로 흘러넘쳐가고 있다는 점이다. 그리고 이제 그 현장에 나서지 않는 한, 그 높은 성벽에서 아래를 향해 외치는 정세분석과 변화, 세계에 대한 논의는 적어도 영향력을 지니기 어렵게 되었다. 물론 아직도 이러한 식의 견고한 성채에서 생산되는 지식들은 여전히 굳건하게 자신의 존재성을 과시하고 있다. 하지만, 이제 사람들은 그러한 지식 속에서 직면한 삶의 문제와 현실에 대한 객관적 지식과 비판적 담론을 찾지 않는다. 오히려 3·11 이후 사람들은 삶에 대한 객관적 지식과 사회에 대한 비판적 담론을 '구하기'보다 스스로 생산하기 위해 다양한 담론 생산 작업에 자발적으로 참여하게 되었다.

이 지점에서 일본 사회에서 3·11 이후 등장한 자립운동과 문화운동, 담론운동을 1950년대의 써클 운동과 비교 고찰하는 것이 가능해진다. 2012년 8월 〈지하대학〉에서의 이케가미 요시히코의 강연은 이런 점에서 흥미로운 생각의 단초를 전해주었다. 즉 1950년대 일본 사회에서 진행된 써클 운동의 특징은 "모두가 시인이 되는 것"이었다. 1950년대 공장 노동자들은 장시간의 노동 후에도 자발적으로 모여서 써클을 구성하고, 시를 쓰고 잡지를 발간했다. 그들에게 시를 쓰고 잡지를 발간하는 일은 때로는 소일거리이고, 때로는 취미이기도 하고, 누군가에게는 노동자로서의 자기 삶을 해명하는 일이기도 했으리라. 이러한 차이에도 불구하고 공통된 것은, 이들 노동자가 다양한 형태의 써클 운동을 통해서 공장을 단지 노동의 현장이 아니라, 글쓰기의 현장으로 변화시켰다는 점이다. 정치적 목적의식을 지닌 모임도 아닌 무규정적인 써클이라는 소규모의 모임을 통해서 공장은, 전혀 새로운 공간으로 변화되었다고 할 수 있다. 이렇게 써클을 구성하는 행위, 혹은 이러한 만남을 통해 공동-체를 만드는 일이, 글쓰기의 현장을 생성한다.

3·11 이후 거리의 반원발 시위가 거리를 글쓰기와 비평의

〈그림 5〉 1950년대 노동자 써클에서 발간한 잡지들. 이 자료는 지하대학의 강의 토론자로 나섰던 주오대학의 네지 소시(根津壮史) 선생이 제공한 것이다.

현장으로 생성시켰듯이 말이다. 그런 점에서 이렇게 공동-체를 구축하는 일이야말로, '공간'을 현장으로 이행affect시키는 힘, 그 자체가 아닐까. 그렇다면 공동-체를 구성하는 것이, 글쓰기가 발생하는 자리라 할 터이며, 그 자리가 바로 현장이라고 할 것이다. 공동-체와 현장과 글쓰기의 문제를 조금 더 경유하여, 동인/지라는 것을 그 자리에 잠시 두고 생각해 보는 것으로 글을 마무리해 보도록 하자.

3. 비평의 현주소, 비평의 현장:현장은 낮은 곳이 아니다

다 떠나고 홀로 남겨졌다고 생각하는 한 사람이 책을 읽는다. 자기가 펼쳐보려고 하는 면이 이미 절개되어 있다는 사실, 그 책면마저 그를 더 이상 필요로 하지 않는다는 사실이 그를 고통스럽게 만든다.[4]

비평의 위기라던가 인문학의 위기에 대한 담론은 새삼스럽지 않다. 다만 여기서는 이 위기에 대한 불안감suspense/suspend이 "허공에 매달린 채 정지되어 있음"이라는 공간 감각과 밀접한 관련이 있다는 점에서 시작해 보고자 한다. 그런 의미에서 위기에 대한 감각은 허공에 매달려 있음에 대한 감각에 다름 아니다. 해서 위기의 감각은 '낮은 곳'으로부터 분리되었다는 감각이기도 하며, 그 분리가 외로움을 낳는다. 하여 위기의 감각은 지속적으로 허공-낮은 곳 사이의 분리와 그 분리에서 비롯된 외로움 사이를 맴돈다. 하여 이러한 분리의 위기 속에서 우리는 모두 분리된 채 홀로 침잠한다. 하여 그 분리에 의해 '나'는 위기 속에서 '홀로 침잠하는' 형상을 갖는다. 위기의 감각은 이런 자기 형상을 생산한다. 하니 그런 분리의 감각은 언제나 결핍의 고통을 낳을 뿐이다 오늘날 비평critique의 현주소는 이런 의미의 위기와 겹쳐져 있다. 비평은 위기이고, 위기와 비평의 '존재론'은 온전히 겹쳐진다. 하여 비평은 분리되어 있다. 아니 벤야민의 표현을 전용해 보자면, 비평은 '이곳'에서 "이미 절개되어 있다." 이 공간의 감각과 위기의 감각, 분리된 자로서의 자기 형상과는 다른 감각에 대한 이야기가 필요하다. 잠시 '나'로의 짧은 경유를 통해 그 감각에 대해 말해 보자.

　20년의 시간 동안, 역사 작업에 전념했던 몇 년을 제외하고는 비평이 내 글쓰기의 거점이었다. 정규직이 되어 부산에 온 이후, 혹자는 내가 비평을 쓰지 않는다고도 하지만, 실상 부산에 내려온 이후 어느 때보다 비평에 열심을 부렸다. 그것은 어떤 의식적이거나 의지적인 차원도 있지만, 많은 부분은 삶의 물질적 조건에서 비롯되었다고 스스로는 생각하고 있다. 그것은 내가 비평을 시작했던 때의 물질적 조건과도 어떤 점에서는 유사한 부분이 많다. 그 지점을 애써 다 밝히려는 것은 혹여 자기 삶을 극화劇化하거나 전시하려는 허영일지도 모르겠다. 하지만, 이 글은 "비평이란 무엇인가"라거나, "비평은 무엇이 되어야 하는가"와 같은 질문에 답하는 형식이라기보다 전적으로 비평에 대한 '자의식'을 담은 에세이를 지향하는 것이기에, 많은 위험을 무릅쓰고 이런 식의 자기 노출을 해 보아도 좋지 않을지. 부산에 '내려와' 비평에 더 열심을 부리게 된 요인은 여러 가지가 있다. 그런데 누군가는 내게 부산에 '내려간' 지 얼마 되지도 않았는데, 참 부산 이야기나, '지방'에 관한 이야기를 많이 한다고 한다. 그런지도 모르겠다. 아마 개인적으로 '부산에서 산다.'는 어떤 삶의 방식에 대해서 다소 강박적으로, 의지적으로 자기 다짐이나 의미 부여를 하는 것인지도 모른다. 먼저 이 이야기에서 시작해야겠다.

　부산에 '내려간다'는 표현에서 시작해 보자. 서울로 올라가는 것, 이런 표현이 "높은 상아탑"이라든가, "삶의 현장으로 내려간다"든가 하는 표현에 내재된 '위치'에 대한 감각과 밀접하게 연결된다는 점을 새삼스럽게 생각해본다. 그리고 오래된 민중주의 서사에서조차 여전히 삶의 현장은 '하방'이라는 오래된 단어의 내포처럼 아래로 내려간다는 위치 이동의 감각을 통해 직조된다. 이런 위치와 이동에 대한 감각에 입각해 있는 한, 결국 '나'의 동선은 "나는 누구인가"라는 물음의 방식을 넘어설 수 없다.

그런 점에서 내가 이 글을 통해 말하고자 하는 현장은 '낮은 곳'이 아니다. 그리고 현장으로 나아가는 것, 혹은 현장을 생성하는 것 또한 '내려가는 것'이 아니다. 혹은 무언가를 넘어가는 것도 아니다. 2012년 8월, 일본에서의 무수한 존재들과의 부대낌 속에서 열린 현장이, '국경을 넘어간다'는 식의 표현에는 담길 수 없는 것처럼 말이다. 또 '크리티카'라는 동인의 자리로의 움직임이 부산에서 서울로 올라오는, '상경'의 움직임으로 담길 수 없듯이 말이다. 허니 현장은 낮은 곳이 아니다. 여기서 시작해 보자. 위치와 공간과 이동에 대한 감각에 대한 말들에서부터.

나는 어디 있는가? 이런 질문을 따라가다 보면, 나는 부산에 있다. 지방에 있다. 그러나 이 질문 속에서 나는 끝없이 부산에 있지 않다. 지방에도 있지 않다. 비평은 어디 있는가라는 질문 역시 마찬가지이다. 나는 어디 있는가, 혹은 내가 여기 있음의 확실성은 내가 실제로 부산시 사하구로 시작되는 명확한 주소지에 거주하고 있으며, 일 년의 거의 대부분의 시간을 부산에서 거주하고 있다는 사실에서 찾을 수 있을지 모른다. 마찬가지로 내가 문학장이나 비평장에 있다는 확실성은 문인 주소록에 내 주소가 등재되어 있다거나, 문학장이라는 공간에 거주하고 있다는 구체적 증거들에서 구할 수 있을지 모른다. 그런 의미에서 내가 여기-있음, 비평의 공간에-있음은 이러한 주소, 장소에 등재되어 있다는 감각적 확실성에서 찾아질 수도 있을지 모른다. 그렇기에 현실의 비평의 공간은 문학 매체를 발행하는 발행자의 거주지(출판사, 출판사 소재지인 서울 등)나 주소지로 끝없이 환원된다.

내가 부산에 주소지를 갖고 있고, 인생의 많은 시간을 부산에서 보낸다는 것만으로 내가 "부산에 있음"의 확실성을 주장할 수도 있으리라. 그러나 많은 이들이 이렇게 주소지를 소유하고 있을지라도, 부산에 있지 않은 것 또한 사실이다. 많은 지방대 교수들, 지방에 직장을 둔 서울 사람들이 주민등록상의 주소지가 지방일지라도, 실제의 소속감은 서울에 두고 있는 것처럼 말이다. 낭시의 말을 빌자면 주소지라는 공간적 확실성에 의해 나의 여기 있음을 확인하는 이러한 도식은 반대로 있음-부재를 구별하는 서구적 인식의 전형적 소산이다.[5] 낭시의 말을 경유해서 보자면 "오크 에스트 에님 코르푸스 메움"Hoc est enim corpus meum, 즉 "주 안에서 한 몸을 이루는 이들 간의 영성체적 공감"이라는 상징적 가치에 의해 구축된 서구의 몸에 관한 사유는 신의 몸으로부터 떨어진Occident '몸'(영성체)를 내 안에 '공유'한다는 감각적 확실성에 기반하고 있다.

해서 이 서구의 몸은 "낙하하면서 저울추의 다른 쪽을 들어올리는 최종의 무게, 무게의 끝이라고 할 수 있다. 몸은 무거움이다." 그리고 이 몸은 "공간place 안에 귀속된 몸이다." 따라서 공간 안에 귀속된 이 몸은, 파탄적desastreux이다. 소멸과 차가운 몰락."6 낭시는 "어쩌면 우리는 오직 몸을 추락하게 하려고 하늘을 고안해낸 것이 아닐까"라고 질문한다. 그런 의미에서 우리가 여기-있음을 사유하는 방식 또한 이처럼 파탄적/서구적이다. 낭시가 서구 백인의 몸에 관한 사유와 기이하고 낯선 몸들(음과 양, 문식의 몸처럼)을 대비하지만, '우리'는 그런 낯선 몸이 아닌 서구적/파탄적 사유에 귀속되어 있다.

이렇게도 이야기할 수 있을 것이다. 내가 단지 부산에 거주지를 점유하고 있다고 해서 나의 부산에 있음의 확실성을 말할 수 있을 것인가? 마찬가지로 내가 비평가 주소록에 자신의 이름을 등재하였다고 해서, 혹은 문학장에 등재된 잡지에 글을 싣는다고 해서 내가 비평의 현장에 있음의 확실성을 말할 수 있을 것인가? 이런 질문과 대답의 방식이야말로, 전형적인 파탄적desastreux 사유라 할 것이다. 주소록과 거주지와 공간의 점유에 의해 여기-있음을 사유하는 방식에서 그 공간들은 이미 만들어진 지도의 배열과 배치의 산물이라는 점에서 낭시가 논하는 자리lieu가 아닌 위치place에 속한다. 한때는 강단 비평과의 차이를 표현하는 지칭이었던 현장 비평이라는 규정은 이제 실상 비평장 안에서도 크게 의미를 갖지 못한다. 그런 의미의 강단과 현장 사이의 구별이 없어진 지 오래이거니와, 현장

비평이라는 규정이 발생했던 시대의 문학장은 이제 거대 출판 자본에 의해 점유된 지 오래이다. 그럼에도 불구하고, 여전히 비평의 현장, 혹은 문학 비평의 현장에 관한 논의는 진행 중이다. 이때 비평의 현장은 실제로는 제도적인 문학 장이나, 비평 제도를 지칭하는 규정 이상의 함의를 지니지 않는다. 따라서 이런 의미의 비평 현장이란 거대 자본과 대학 제도와 문단 등 단 제도 등에 의해 만들어진 거대한 수미질서(다시 낭시의 표현을 빌자면 머리와 꼬리가 있는)의 한 부분이자, 그 배열이나 배치의 다른 이름이다. 그리고 낭시의 어법을 빌자면 이 위치에서는 글쓰기도 존재론도 발생하지 않는다. 낭시는 그런 점에서 위치와 대비되는 자리 속에서 글쓰기의 발생을 논한다. 그리고 나는 그 자리를 현장이라고 부르고자 한다. 글쓰기의 현장, 비평의 현장, 이때 그 현장에서 발생하는 글쓰기와 비평은 나의 것이 아닌, 접촉면들이 서로 나눠 가지는 복수의 것이다. 뜨거운 동경의 거리를 헤매며 이곳과 저곳, 여기와 저기, 이 모임과 저 모임을 관통하고 경유하며 움직이는 그 동선을 나는 일종의 자기–바깥으로 나아가는 움직임, 낭시의 말을 빌자면, 기탈ex-crit의 형상으로 사유해 보고 싶다. 그리고 이러한 움직임과 부대낌affect을 통해 만들어지는 자리가 바로 현장이며, 그 속에서 발생하는 글쓰기가 바로 '비평'이 아닐까. 잠시 낭시의 말을 관통해 보자.

몸을 바깥으로 기입하는 것inscription-dehor, 몸을 텍스트 바깥으로 내놓는 것mise hors-text, 이것이 몸의 텍스트가 그리는 가장 고유한 움직임이다. 그리고 이 움직임과 함께 텍스트 자체는 저 자신의 경계에 방기되어 남겨지는 것이다. 이 움직임은 더 이상 '추락'이 아니기에 높낮이를 지니지 않는다. 몸은 떨어진 것이 아니라, 경계와 외변의 맨 끝에 자리한다. 그리고 아무것도 다시 닫히지 않는다. 달리 말하면 경계선들의 고리가 풀리는 그 자리에는 오직 하나의 끝나지 않은in-finie 선이 있을 뿐이다. 그 자체 기탈되는 글쓰기의 궤적, 수많은 몸들을 거쳐 가며 파열과 분할을 무한히 이어가는 궤적, 그러한 자리들로부터 어떤 '글쓰기', 또는 어떤 '기탈'이 도래를 준비하는지 우리는 모른다. 그러므로 이제는 무한히 멀어지는 움직임에 의해서만 비로소 우리의 것이 되는 몸에 대해 쓰고 생각할 때이다.[7]

그런 의미에서 여기에서 저기로, 이곳에서 저곳으로, 나아가는 움직임은 "아래로 나아가는 것"이 아니라, 주체의 바깥으로 나아감(외존ex-position)이며 몸을 텍스트 바깥으로 내놓는 것이다. 이러한 나아감의 움직임, 바깥으로의 내놓음을 통해 열리는 공간을 낭시의 말을 빌자면 자리lieu라 할 것이다. 그리고 그것을 현장이라고 바꿔 말할 수 있을 것이다. 그 자리란 그런 점에서 어떤 공간을 점유하거나 차지하는 것과는 다른 의미를 지닌다. 또 그 공간은 무엇으로 채워지는 것 또한 아니다. 오히려 그 자리는 "공간을 차지한다기보다는spatial

본연적으로 공간의 여지를 내는^{spacieux} 공간. 다른 표현으로는 우리가 자리^{lieu}라고 부를 수 있는 공간이다." 낭시는 자리와 공간의 구별을 담론에 관한 플라톤의 언급과 연결시킨다. 즉 "플라톤은 무릇 제대로 된 연설은 머리와 배, 그리고 꼬리를 갖춘 커다란 짐승과 같이 잘 조직된 몸을 가져야 한다고 생각했다." 이런 맥락에서 "꼬리와 머리를 가진 것은 자리가 아니라 위치^{place}에 속한다. 꼬리와 머리는 하나의 의미를 따라 배치되며, 그 전체는 다시 의미의 알맞은 위치를 지정한다. 그런 식으로 해서 모든 위치들은 우주적 동물$^{l'animal\ Universe}$의 거대한 수미질서 안에 포함된다. 그러나 꼬리도 머리도 없는 것은 이와 같은 조직화와 밀도 높은 두께 속으로 다시 들어가지 않는다."[8]

위치와 자리에 대한 낭시의 구별을 빌자면, 제도적인 문학장과 비평장에서 비평가의 위치는 높고 낮음(위와 아래), 머리와 꼬리의 배치에 종속될 뿐이다. 허니 그곳에 있는 것은 이러한 배치와 높고 낮음, 중심과 주변이라는 위치의 배치뿐이다. 그 '장'이 이미 현장이 아님은 이러한 연유에서 비롯된다. 낭시가 "눈물겨운 감동을 주는 문학이라는 미심쩍은 대상과 글쓰기를 구별하는 방식은 위치와 자리를 구별하는 방식에도 그대로 이어진다고 할 수 있다. 그런 점에서 "글쓰기의 경계에서, 한계에서, 그 첨점과 끝에서는 오직 접촉만이 발생한다. 바꿔 말하면 경계가 글쓰기가 발생하는 자리다. 따라서 글쓰기에 도래하는 것은 ─ 만약 글쓰기에 무언가가 도래한다면 말이다 ─ 오직 접촉일 뿐이다."[9]라는 논의는 이 글에서 말하고자 하는 현장과 비평, 글쓰기와 부대낌, 움직임과 접촉에 관한 문제설정과 밀접하게 맞닿아있다.

이렇게 '나/비평은 낯선 것과 접촉하는 부대낌의 자리, 현장에서 나 자체라는 고유성, 비평 자체라는 고유성을 넘어서 '너'와 만난다. 하여 이때 '비평'은 단지 비평제도 내의 역할 배분이나 장르적 배치를 넘어가게 된다. 이러한 접촉과 넘어섬을 통해 비평은 텍스트에서 텍스트 바깥으로 말을 건네고, 지금-여기로부터, 다른 저기로 넘어가게 된다. 이러한 접촉을 통해 비평은 단지 평가나 가치부여, 미적 가치 판단과 해석이라는 규율에 부합하는 '글쓰기'가 아니라, 존재에게 말을 건네는, 다른 존재로 건너가는 존재론의 영역에 도달하게 될 것이다. 그러니, 매달릴 수밖에 없다. 현장이라는 자리에서 발생하는 글쓰기, 그 존재-비평이라 할 글쓰기에 대해, 그리고 그 글쓰기가 발생하게 되는 함께-있음과 부대낌에 말이다. 하여 비평에 대한 물음은 '나'에 대한 물음과 대답을 통해서가 아니라, 나/비평의 바깥으로의 나아감, 혹은 그 부대낌에 대한 매달림을 통해 허공에 둥둥 떠 있는 것이 아니라, 비로소 이 땅에 닿게 될 것이다.

3장

이행과 자기해방의 결속체들
대안적 인문학 운동의 곤경과 실험들

1. 무차별적인 것, 난잡한 것, 순수한 것

2013년 일본 신주쿠의 대로, 거대한 빌딩 입구 전면에 커다란 전자 간판이 새롭게 선보였다. 길을 지나가는 사람들의 동선을 따라 일렬로 늘어선 이 거대한 전자 간판은 일본 최대의 전자 유통 체인인 비쿠 카메라와 의류 및 잡화 유통 체인인 유니클로가 합쳐진 '비쿠 클로' 체인의 탄생을 알리고 있었다. 유니클로와 비쿠 카메라의 제호를 따서 아무렇지 않게 만들어진 '비쿠 클로'라는 '합쳐진 이름'을 보니 만감이 교차한다. 이 아무렇지 않게 합쳐진 이름 속에서 전자 제품과 의류 및 잡화라는 두 업계가 다루는 제품의 차이는 정말 아무렇지 않게 연결되어 있다. 이 새롭게 합쳐진 이름에는 한 기업이 다룰 수 있는 범위의 안과 밖이라는 것 자체가 설정되지 않는다.

이러한 형태의 결합이야말로 자본이 갖고 있는 무차별적 연합의 힘일 터. 자본의 연합에는 안도 바깥도, 차이도 어떤 장애물이 되지도 않으며, 그 사이에는 문턱이 없다. 이렇게 우

〈그림 5〉 사례 1. 비쿠 카메라와 유니클로가 연합하여 새롭게 만든 '비쿠 클로' 매장의 탄생을 알리는 거리 간판, 2013년 신주쿠

리는 매일 자본들의 새로운 연합이 만들어내는 새로운 이름과 새로운 '신체'들과 마주한다. 그렇다면 이렇게 종횡무진으로 연합하는 자본의 경우와 대비하여 이른바 대안을 꿈꾸는 결사체들은 어떻게 연결체를 구성하고 있으며, 구성되어야 할까?

아래는 부산의 대안 문화 운동체 중 하나인 〈생활기획공간 통〉에서 안내하는 '10월 부산의 대안 문화 모임 소식'이다. 이 리스트를 나는 이른바 대안적 운동체들이 연결되는 하나의 결속체의 사례로서 다뤄보고자 한다.

〈사례 2〉 연결 혹은 소식
'생활기획공간 통에서 전하는 10월 네 번째 부산문화소식'
안녕하세요. 〈생활기획공간 통〉입니다.
10월 네번째 부산문화소식 알려 드립니다.

[생활기획공간 통 소식]

· 10.17.~25. 예술인문학강좌. 새로운 예술과 새로운 문화 — 미디어아트 …

3강 / 24일(목) — 미디어 아트의 확장 : 생활 속 미디어 아트 즐기기

4강 / 25일(금) — 미디어 아트의 확장 : 비주얼 미디어에서 소셜 미디어로

· 10.27. 생활기획공간 통 "The Art Spora — 홀씨프로젝트"

· 여행을 떠나요! 청소년을 위한 주말문화여행 — 꼼지락 6기 (11월) 모집 중입니다! (* 웹에서는 9월로 표시되오나, 11월 참가인원 모집 중입니다.)

· 생활예술워크샵 프로그램 '수상한 동아리' 10~11월 참가신청받습니다.

[부산문화소식]

· 김세연, 부산시장 후보 불출마 이유 따로 있다?! [배배소리 시즌2 : 4편]

· 특별시부산(YELLO LOKO — 락앤롤이 뭐 별거가) 영상!

· 10.9~27. [LIG 아트홀] 부산과 국내·해외 공연예술을 연결하는 LIG 아츠 플랫폼

· 10.22. [154번째 쌈수다] 변현주(극단 새벽)와 함께하는 〈어머니 날 낳으시고〉

· 10.24.~25 [예술인문학강좌] 새로운 예술과 새로운 문화 — 미디어아트

· 10.23.~11.5. 전시 — 조은지 EJ Cho_다시, 정의

· 10.23.~11.17. 일터소극장 — 회나뭇골 사람들

· 10.24. 〈다큐시사회〉이토록 자유로운낙태 이야기 〈자, 이제 댄스타임〉

· 10.24.~11.14 〈예술인문학강좌〉 색채의 상징과 문화적 심미적 현상으로 풀어보는 미술

· 10.25. 느근 어뗗노, 협동조합 둘러보기

· 10.25.~10.27. 사상인디스테이션 — 인디놀이판 부산스럽게

· 10.25. 제12회 경성대학교 인문과학연구소 전국학술대회

· 10.25. 부산온배움터 공개설명회 및 창립발기인대회

· 10.26. 연구모임 aff-com 주최 복합인문예술축제 〈환을 켜다〉

· 10.26. 달리는 부산문화 — 사상인디스테이션 합합공연

· 10.26. 민주수호 14차 부산시국대회_표창원교수 시국강연회

· 10.26. 금정구종합사회복지관 분관 가마실복지센터 나눔장터

· 10.26.~ 11.2. 제16회 요산문학제

· 10.26. 할로윈 파티 안내 : 부산대 주변 / 경성대 주변

· 10.27. "The Art Spora — 홀씨프로젝트 : GAS CUP 축구대회"

· 10.27. 제10회 아시아문화한마당

· 10.28. 카페 헤세이티 특강 〈또 하나의 심리학(메타심리학) — 비고츠키의 인간철학을 중심으로〉

· 10.29. [제20회 시사토크 정희준의 어퍼컷] 게스트 : 김영춘 전 16,17대 국회의원

· 10.30. 카페 헤세이티_글쓰기+통기타 교실 수강생 모집

· 10.30. 부산인문학강좌 '커피하우스 3기' 수강생 모집 안내
· 11.23. 부산·경남의 민주화 현장을 찾아가는 문학기행

[모집 등 기타 안내]
· 10월 해방글터 시노래 음반 '환하게'를 세상에 내놓습니다
· 〈생활기획공간 통〉의 친구들이 만든 책, 『레알 청춘 대폭 발 — 유쾌한 청춘들의 100일 문화 실험기』, 『창조도시 부산 을 꼐루다 — 99가지로 만나는 부산의 재미』

　서울에 비교하면 양적으로 많지는 않지만, 이 리스트를 보고 사람들은 '참, 많이도 하는구나.' 혹은 '뭐, 별거 다 하는구나.' 또는 '이게 대안적 인문학 운동과 도대체 무슨 관계가 있나?' 등등 다양한 반응을 보일 수 있다고 생각한다. 누군가는 부산의 인문학 운동의 다양성을 찬탄할 수도 있지만, 누군가가 보기에는 국회위원에서 청소년, 부산시장에서, 록앤드롤까지 도대체 이런 리스트가 대안으로서 어떤 함의를 지니는지 알 수가 없다는 불만을 토로할 것이다. 이 리스트로 상징되는 결속의 방식은 한편으로는 앞서의 '비쿠 클로'의 경우처럼 무차별적인 연합처럼 간주될 수 있다. 비쿠 클로가 양말에서 냉장고까지 팔 수 있는 것은 다 팔려 하듯이, 대안 인문학 운동 역시 할 수 있는 것은 다하려는 것인가? 비쿠 클로와 대안 문화공동체의 '별별 리스트' 사이에 당신은 어떤 유사성을 발견하는가? 사실 어려움은 여기 있다고 보인다. 둘 사이에 유사성

을 발견하는 이들은 대안적 운동의 무차별성을 걱정한다.

그리고 이렇게 대안적 인문학/문화 운동이나 결사체라는 것이 이렇게 무차별적이어도 되는가, 라는 회의가 대안적 인문학/문화 운동에 대한 피로를 유발한다. 리스트의 이미지의 표면을 보면 이러한 피로는 정당해 보이기도 한다. 마치 부산에서 진행 중인 '모든 문화 운동'을 다 포괄하겠다는 야심 찬 의도가 이러한 무차별적인 '연결체'를 구성하고 있다고 보이기도 하기 때문이다. 과연 그럴까? 이러한 결속체의 속내를 과연 어떻게 읽어낼 수 있을까? 이 질문은 아마 현재 이른바 대안적인 인문학 운동이 당면한 문제를 해결해 나가는 데 중요한 관건 중의 하나라고도 할 수 있을 것이다.

'팔 수 있는 것은 다 팔려고 하는 자본의 연합'에 대항하여 과연 대안적 인문학 운동은 어떻게 결속되어야 할까? 현재 '인문'은 '문화융성'에서 '인문SW'(삼성)까지 자본과 국가기구에 의해 무차별적으로 전유되고 있다. 이에 대해서는 5장에서 살펴보자. 그렇다면 이렇게 '인문'이 무차별적으로 전유되는 상황에 대항하기 위해서 우리는 인문학의 '순수성'을 복원해야 하는 것일까? 나는 오히려 현재 대안적 인문학 운동에 필요한 것은 '인문'에 대한 자본과 국가의 무차별적 포획에 대항하기 위한 더 많은 '발명과 실험'이라고 생각한다. 발명과 실험은 때로 '난잡하고' '정체를 알 수 없는' 기이한 모습으로 출현하고, '순수한' 인문학의 입장에서 볼 때 부적절한 것으로 보일 수도 있다. 그러나 바로 이 부적절하고 난잡해 보이는 실험과 발명들 속에서 '아직은 오지 않은' 새로운 해방의 기획은 '지금 여기'에 당도해있는 것이다. 나는 이를 '주제넘은 일'을 수행하는 것이라는 차원에서 잠시 살펴보려 한다.

2. 주제넘은 일 : 결속과 이행의 곤경들

자본과 국가기구는 '인문'을 종횡무진 전유하고, 어떤 형태로든 몸체를 불려가며, 무차별적으로 연결된다. 이에 반해 자본과 국가기구에 대항하는 인문학 운동은 자꾸만 작아지거나, 사라져버린다. 비쿠 클로나 '문화융성', '인문SW'처럼 안과 밖도 없이, 무차별적으로 연합하고, 결속되어 '다른 것'이 되는 이 자본과 국가 기구의 연합체와 대비되어 대안적 운동체들은 과연 어떠한가? '인문'을 새롭게 발명하고 다른 것으로 만들어내는 차원에서도 그 '역량'은 이미 자본과 국가에 의해 무차별적으로 장악되고 있다. 하여 자본과 국가에 빼앗기고 점령당하는 그 역량을 되찾아와야만 한다. 앞서 인문의 순수성만으로는 이러한 실험이 가능하지 않다고 지적한 것은 이러한 이유와 관련된다. 제도의 안과 밖을 오가며, 자본과 국가 기구에 대항하는 다양한 실험과 발명들로 연결된 새로운 결속체들을 무한히 발명해내야 하지 않을까? 그러나 이러한 발명을 위해서는 현실적인 곤경들이 산재한 것도 사실이다. 무엇보다 대학제도 안에서든 바깥에서든 '순수성'이나 '입장 차이'에 대한 강박은 대안적 인문학 운동이 결속해 나가는 데 있어서, 현실적인 장애물이 되곤 한다. 그리고 이러한 순수성에 대한 강박이 대안적 인문학 운동체들을 점점 더 작게 분열시키고, 결국 지속가능성에 문제가 발생한다. 표면적으로나 이론적으로 보자면 이는 입장에 따른 분화라고도 볼 수 있지만, 많은 경우 이는 결국 분열에 따른 지속가능성의 한계로 이어지곤 한다. 물론 이 경계를 엄밀하게 나누는 일은 참으로 어려운 일이고, 그 속내를 여기서 다 살펴볼 수는 없을 것이다. 여기서는 간략한 몇 가지 사례에 대해서만 논의를 하고자 한다.

속된 말로 '진보는 분열로 망한다.'라고 하지만, 이른바 진보진영이라고 불리는 특정한 영역뿐 아니라, 대안을 꿈꾸는 여러 시도들에서도 '분열들'은 대안적 결속을 지속하는 데 매우 어려운 난관이 되고 있는 실정이다. 특히 대안 인문학 운동을 활성화시켰던 여러 공동체들은 사정을 알 수 없는 채 분열에 분열을 거듭하면서 난관에 봉착하거나 다른 방향을 모색하고 있다. 물론 이와 대비하여 몇몇 거대 대학들이 인문학 연구에서 국내외로 거대 컨소시엄을 구축하고 있는 것은 대조적이긴 하다. 그렇다면 과연 기존의 관성적이고 제도적인 방식과는 다른 대안을 꿈꾸는 시도들은 과연 어떻게 결속하거나 분열하는 것일까? 여기서 이른바 제도의 안과 밖이라는 경계는 과연 어떻게 작동하는가?

그러나 사실 제도의 안과 밖이라는 것은 과연 어디일까. 제도의 경계는 과연 어디까지인가? 이는 사실 제도 바깥은 과연 어디인가, 라는 질문과도 맞닿아 있다. 그러나 이 질문 자체에는 이미 어떤 경계선이 획정되어 있다. 이런 질문은 인문학, 인문학 제도라는 것의 단일한 보편성을 상정하지 않고는 성립되지 않기 때문이다. 과연 단일한 인문학, 인문학 제도라는 것이 존재하는가? 인문학 제도의 안과 밖이라는 것을 묻는 질문은 실상, 이러한 대문자의 보편성을 계속 확인하는 것 외에는 다른 역할을 하지 않는다. 인문학 자체도 단일한 대표성을 지니지 않으며, 인문학 제도 역시 어떤 대표성에 의해 윤곽을 갖게 되지 않는다.

제도의 안과 밖이라는 질문을 해 보기 위해 이런 이야기를 경유해 보자. 나는 앞서 현재 이른바 제도 바깥의 대안적인 인문학 운동이나 문화 운동들이 지속가능한 결속들을 만들어 나가는 데 어떤 난관에 봉착했다고 말했다. 그러나 혹자는 이렇게 질문할 것이다. 과연 그런가? 오히려 너무 많은 인문학 대중 강좌, 인문학 운동체, 대안 운동, 협동조합이 '속출'하고 있지 않은가? 오히려 이렇게 '우후죽순'으로 너무 많이 '대안체'들이 생성되는 게 오히려 문제가 아닐까, 라고 질문을 할 사람들도 있을 것이다. 필자 역시 협동조합과 관련해서 이런 질문을 자주 듣곤 한다. 이런 우려의 목소리는 실은 '속출하는' 대안 운동체나 '제도 바깥'의 인문학 운동이 '과잉'되어 있다, 혹은 너무 넘쳐나고 있다는 근심에 다름 아니기도 하다. 그리고 이러한 우려와 근심의 목소리는 암암리에 그 발화의 주체를 '제도의 안', 혹은 '인문학의 대표성'을 지닌 위치로 정립한다.

하여 근심의 목소리를 통해 인문학의 대표성을 전유하는

주체들에게 대안적 인문학 운동이나, 제도 바깥의 인문학 운동은 항상 '너무 많고', '속출하고', '과잉되어 있다.' 그리고 이런 입장에서 '대중적' 인문학 운동이 인문학의 본질을 계승한다는 것은 '주제넘은 일'로 간주된다. 그런데 흥미로운 것은 이렇게 인문학을 둘러싼 '자격'에 대한 논란은 거꾸로 이른바 '대안적 인문학 운동 결사체'들에서도 나타나기도 한다는 점이다. 즉 스스로를 제도 바깥으로 정립하는 대안적 인문학 운동 결사체의 관점에서 보면 이른바 제도 내의 인문학은 이미 인문학으로서의 자격을 상실한 지 오래이다. 하여 제도 내의 인문학이 대안을 운운하는 것은 제도 바깥의 인문학 운동 결사체의 입장에서 볼 때 역시 '주제넘은 일'에 불과하다.

앞서 사례로 든 〈생활기획공간 통〉은 2013년 시작되어 4~5년간 활발한 활동을 했지만 현재 대외적인 활동을 중단한 상태다. 길지 않은 시간이지만 〈생활기획공간 통〉의 작업은 부산의 대안 문화 운동과 인문학 운동에 많은 역할을 수행했다. 부산 지역의 경우 몇 년 전만 해도 대안적인 인문학, 문화 운동 결속체들은 대부분 규모가 적고, 이들 사이에 어떤 유대나 네트워크가 형성되지 못했었다. 필자가 참여하는 연구모임 아프꼼과 웹진 아지트 역시 이러한 점에 관심을 두어 〈아지트에서 아지트로〉 등 부산 지역의 대안적인 모임들을 연결하는 시도들을 해 온 바 있다. 〈생활기획공간 통〉의 부산 문화 소식 알림판 역시 이러한 취지에서 비롯되었다. 그러나 이러한 취지에도 불구하고 이들의 작업에 대해 논란도 제기되었다. 이 논란은 일견 부산 지역의 문화 운동 주체들 사이의 '세대 논쟁'이나, 지역의 인문학 운동에서의 '토착적인 것'에 대한 강조가 갖는 문제점 등에 대한 논쟁의 형태를 띠기도 했다. 사실 〈생활기획공간 통〉의 작업은 부산의 대안 인문학과 문화 운동의 지속가능한 토대를 구축하는 데 매우 중요한 역할을 해 왔다. 그럼에도 불구하고 이들의 작업에 대해 이러한 갈등적인 입장과 논란이 끊이지 않는 것은 이른바 대안적 인문학, 문화 운동이 처한 갈등과 곤경을 분명하게 보여 준다고 생각된다. 이는 단지 부산의 경우에 국한되는 것은 아니다. 오랫동안 대안적 인문학과 문화운동의 주역을 맡아왔다고 자부하는 '선배 세대'들과 새롭게 부상하는 이러한 '젊은 세대' 사이의 갈등과 차이, 부산 지역 출신의 인문학, 문화운동 그룹과 외부 지역 출신의 인문학, 문화운동 사이의 갈등, 대학 내에 거점을 둔 연구자들과 대학의 '안과 바깥'을 오가려는 집단들 사이의 갈등 등 대안적인 인문학 운동은 이러한 갈등들에 의해 곤경에 처하게 되고, 결국 오래 지속하지 못한 채 소진되어 버린다.

예를 들어 지식순환 협동조합인 〈노나메기 대안 대학〉의 경우 기존의 다양한 인문학 운동과 문화 운동 결사체들을 연결하는 '허브' 역할을 수행하려는 취지를 갖고 있다.[1] 그러나 막상 입장과 역사와 주체들이 다양한 현실의 인문학 운동과 문화 운동 결사체들이 〈노나메기 대안 대학〉의 '선의'를 받아들일지는 사실 미지수이다. 과연 '무슨 자격'으로 어떤 단체가 '허브' 역할을 수행하는가라는 문제가 여기서 대두되기 때문이다. 〈생활기획공간 통〉이 부산에서 열리는 대안 문화 공간 행사를 소개한 '별별 리스트'에 대해서조차 이런 자격 논란이 제기되기도 했다. 마찬가지로 〈인문학협동조합〉의 경우도 현재의 주체가 서울의 몇몇 대학의 대학원생으로 구성되어 있기 때문에 다른 단체들과의 어소시에이션을 수행하는 데서 자격과 대표성의 문제가 잠재적인 문제로 남아있다고 할 수 있다.

물론 진보 대연합의 한계에서도 이미 나타난 바처럼, 대안적 인문학 운동체들이 모두 다 함께해야만 한다는 것은 아니다. 그럼에도 불구하고 대안적 인문학 운동이라는 표상을 두고 이른바 제도의 안과 밖을 둘러싼 자격 논란이 인문학 운동을 소모적으로 만들고 있는 것 또한 사실이다. 그러나 이른바 모든 '대안을 꿈꾸는 실천'이라는 것은 자기에게 주어진 몫과 자리를 넘어서, 지금까지와는 다른 삶을 향해 나아가는 일이라는 점에서 '주제넘은 일'에 다름 아니다. 이른바 제도의 안과 바깥이라는 주어진 몫으로부터 각자 바깥을 향해, 혹은 안에서 맡아오던 몫을 넘어 주제넘은 일을 수행하는 것이야말로 대안을 향해 나아가는 길에 다름 아니다. 그리고 그렇게 할당된 몫을 넘어가는 일은 그간의 견고하게 할당된 몫을 담보하고 있던 '안과 밖'의 주체 모두에게 '불편하고' '주제넘은 일'로 간주된다.

그러하니, 말을 바꾸자면, 주제넘은 일로 간주되는 바로 그 일이 기존의 할당된 경계를 와해시키는 '대안' 촉발의 기능을 하는 것이다. 혹자의 일이 주제넘은 일로 느껴질 때 발생하는 불편함, 짜증, 환멸, 혹은 분노야말로, 할당된 몫을 넘어서, 제도의 안과 밖이라는 것을 넘어서 나아가는 어떤 실천과 조우할 때 발생하는 정동이라 할 것이다. 하니 이른바 대학 제도의 '안'에서나 '바깥'에서나 이른바 대안적 인문학을 모색하는 여러 움직임들이 서로에게 '주제넘은 짓'으로 다가올 때, 그 주제넘은 짓에 대한 짜증과 성가심이야말로, 바로 새로운 이행의 정동이 촉발되고 있다는 증거이기도 할 것이다. 그러니 주제넘은 일을 하는 데 대한 강박관념을 버려도 좋지 않을까. 혹은 상대방의 주제넘은 짓에 대한 짜증이 과연 어디서 촉발되는지를 사유하는 데서, 바로 대안적 인문학 운동의 '안과 밖'의 경계를 다시 묻는 일이 가능할 것이다. 오히려 주제넘은 일을 더 많이 벌이는 것이 현재의 대안 인문학 운동에는 필요한 일이라고도 할 것이다.

3. 누구도 이 길을 가라 하지 않았네[2] — '계몽'인가 자기 해방인가?

대안적 인문학 운동은 종종 인문학의 대중화와 동일시되기도 한다. 시민 인문학이나 인문학 대중 강좌, 북콘서트 등 인문학 운동은 상아탑 속의 인문학이 대중을 향해, 혹은 '더 낮은 곳'을 향해 나아가는 것이라고도 간주되곤 한다. 물론 대안적인 인문학 운동이 대학이라는 제도 내에서의 생산과 재생산의 범위를 넘어서, 더 넓은 '시민', '대중', 서발턴에게로 나아가는 것을 한 축으로 한다는 점에서 '대중화'라는 점과 밀접하게 관련되어 있다. 이러한 경향은 인문학 운동을 인문학의 공공성을 확보하는 운동으로 간주하는 입장이라 할 것이다. 사실 이러한 입장은 인문학의 현장을 대학 바깥으로 확대했다는 점에서는 의미가 있지만, 인문학 자체에 대한 입장은 기존의 방식을 여전히 고수하고 있는 경우라 할 것이다.

예를 들어 대학에 몸을 담고 있는 연구자나 교수들은 왜 대학이 아닌 그 바깥으로 나아가는 것인가? 필자 역시 이러한 질문을 종종 받곤 한다. 물론 대학이라는 제한된 범위를 넘어 더 많은 이들과 인문학을 나눈다는 의미 또한 여기서 매우 중요할 것이다. 그러나 이렇게 몫을 '나눈다'는 좋은 취지에도 불구하고 자칫 이러한 움직임은 기존의 이른바 '대중운동'의 계몽적인 방식을 그대로 답습하는 한계를 반복하게 된다. 몫의 나눔과 함께 무엇보다 중요한 것은 대학 제도에서 '바깥'으로 나아가는 일이 이른바 대학 제도 내의 인문학(자)들의 자기 해방의 과정이 되어야 한다는 점이다.

물론 이런 문제들을 이미 충분히 인지하고 이론적·실천적 지향을 모색하는 다양한 운동들이 존재하는 마당에 이런 이야기는 그저 기우에 불과한지도 모른다. 다만 그동안의 대안적 인문학 운동의 경험 속에서 몇 가지 단편적인 고민거리를 나누는 것이 이 글의 쓸모일 터이다. 필자 역시 대안 인문학 운동을 해 나가면서 이러한 문제와 곤경에 처했다. 특히 정규직 교수로 자리를 잡은 후 본격적으로 가동된 연구모임 아프꼼의 경우는 그 출발에서부터 연구자 재생산 기제를 변화시키고, 비정규직 연구자들의 삶의 조건을 좀 더 안정적으로 만드는 것을 중요한 목표로 삼았다. 아무리 이념과 대의가 좋아도 대안적인 실천에 참여하는 사람들 각각의 헌신과 희생이 바탕이 된 운동의 한계를 실감한 터라, 연구모임 아프꼼의 경우는 무엇보다 모임 참가자들의 경제적, 실제적 자립 기반을 확보하고, 재생산 기반을 확충하는 것을 목표로 하였다. 물론 이러한 방식은 더할 나위 없이 중요한 것이었다. 그러나 이 과정은 실상 운동체 내부에 넘을 수 없는 비대칭성을 만들게 된다. 이런 방식은 천진난만한 선의에 입각한 것이긴 하지만, 그 선의는 사실 거꾸로 또 다른 희생과 헌신을 통해서만 지탱되기 때문이다. 이는 한국의 현실에서 재생산 기반을 확보하는 것 자체가 정규직 교수와 비정규직 연구자 사이에 비대칭성을 지니고 있다는 현실에서도 비롯되는 것이다. 즉 자기분석을 해본다면, 사실 아프꼼의 경우 비정규직 연구자들의 생존 기반을 확보한다는 '선의'가 앞선 나머지, 이러한 대안적 실천을 통한 자기해방의 계기를 충분히 사유하고, 만들어내지 못한 문제를 안게 되었다.

이런 실패의 경험을 통해 대안적 결속체 내부의 비대칭성을 가능한 줄이고, 다른 삶을 기획하면서 그것이 단지 생존과 자립의 문제만이 아니라, 자기 해방의 계기가 될 수 있는 방안에 대해 더 많이 사유하고 모색할 수밖에 없었다. 협동조합에 대한 관심은 이러한 실패에서 비롯된 모색의 하나이기도 했다. 협동조합은 조합원들의 자발적이고 평등한 참여를 가능하게 하는 형식을 제공한다는 점에서 의미가 있다고 할 것이다. 그러나 현재 한국의 협동조합법의 한계에서도 나타나는 것처럼 한국에서 협동조합 자체가 정치적 활동이 근원적으로 제한된 상황인 터라, 협동조합이 경제적 자립 기반과 평등한 참여라는 형식에서 더 나아가 자기해방으로서의 대안적 정치 기획이 되기 위해서는 여전히 당면한 문제는 많다. 그러나 협동조합을 만들고 참여하는 것 자체가 이러한 정치적 함의를 지니기도 한다. 예를 들어 〈인문학협동조합〉의 경우 대학제도 내에서의 '성과' 산출 경쟁에서 뒤처질 수 있는 위험성을 감수하고서 협동조합에 참여한다는 것 자체가 일종의 자기해방의 경험이 되기도 한다. 이렇게 자기해방의 경험을 지닌 이들이 협동조합이라는 '형식'을 매개로 결속해 나갈 때, 대안적 인문학 운동의 새로운 결속체의 모델도 발명될 수 있으리라 생각된다.

그런 점에서 대안적 인문학 운동에서 가장 중요한 문제는 '누군가를 위해서, 무엇을 위해'라기보다 자기 해방의 기획이자 실천이라 할 것이다. 랑시에르도 지적한 바와 같이 해방적 실천에서 중요한 것은 자기 해방의 경험인 것이다. 즉 이는 대안적 인문학 운동이 대학 안과 밖의 다양한 주체들의 자기 해방의 기획이자 실천으로서의 함의를 지닐 수 있다는 뜻이기도 하다. 대학 내의 인문학이 대중을 위해, 시민을 위해, 누군가를 위해 대학 바깥으로 나가는 것도 의미가 있지만, 무엇보다, 바깥으로 나아감을 통해 자기해방의 실천을 수행하는 것이 중요하다 할 수 있다. 그렇지 않을 경우 대안적 인문학 운동은 계몽적이거나 시혜적인 '대중운동'의 한계를 고스란히 반복할 수 있다고 보인다.

4. 〈환幻을 켜다〉: 저마다의 곤경에서 발생하는 실험들

대안적 인문학 운동이 인문학의 대중화로 환원되지 않는 다는 점은 앞서도 논의한 바 있다. 사실 〈수유+너머〉나 〈다중 지성의 정원〉과 같은 오래된 대안 인문학 운동들은 인문학의 대중화와는 다른 형태를 이미 실천해 왔다. 그러나 인문학 운동들이 '바깥'으로 펼쳐지는 형식이 주로 '대중 강좌'나 '북 콘 서트' 등을 통해 수행되는 경우가 많기에 대안적 인문학 운동이 대중 강좌나 북 콘서트 등과 동일시되기도 한다. 그런 점에서 대안적 인문학 운동의 형식이나 모델이 아직은 제한적인 것도 사실이다. 따라서 대안적 인문학 운동이 몇 가지 형식의 반복과 관성화를 벗어나기 위해서도 새로운 형식과 모델의 발명이 더욱 필요한 시점이다.

글을 마무리하며 필자가 참여하고 있는 아프꼼의 작업에 대해 간략하게 소개하면서 대안적 인문학 운동의 새로운 모델을 발명해 나가는 문제에 대해 독자들과 함께 의견을 나누고자 한다. 아프꼼은 2013년 〈환幻을 켜다〉라는 주제로 새로운 실험을 진행했다. 〈환을 켜다〉는 아프꼼의 이론적 토대인 정동 연구를 대학이라는 제도적 장과 그 바깥으로 연결하려는 실천적 작업의 일환으로 구상되었다. 정동 연구는 학문장에서도 아직은 본격화되지 않은 낯선 분야이므로 아프꼼은 학문장에서의 이론적 실천과 함께 삶과 일상의 경험 속에서 정동의 문제를 제기하는 작업을 고민하고 있다. 〈환을 켜다〉는 이러한 고민의 산물이다.

〈환을 켜다〉는 부산의 거리에서 정동 촉발하고 정동이 촉발되는 역능을 실험해 보는 작업으로 구상되었다. 특히 우리 삶의 물질성과 비물질성을 장소성과 기억, 시간의 켜와 이야기의 켜라는 차원에서 접근해 보는 작업이기도 했다. 이러한 목표하에 아프꼼의 작업은 중앙동이라는 특정한 장소를 중심으로 장소의 물질성 가운데 보이지 않는 시간의 켜를 만나는 실험을 수행하였다. 우리는 가시적이고 물질적인 장소에서 거주하지만 우리의 구체적인 삶은 각자의 고유한 이야기나, 내밀한 기억과 같이 비물질적인 환영으로 변용되지 않고는 구성되지 않는다. 〈환幻을 켜다〉는 물질적인 장소와 비물질적인 환이 이어지고 서로 펼쳐지는, 우리의 삶을 고정시키는 경계를 넘어서는 지점을 거리에서 퍼포먼스의 형식으로 시도하였다. 이 펼쳐짐은 또한 각각의 제도 영역(문학-역사-미술)을 접촉시키고, 거리에서의 펼쳐짐(거리 이야기-도심 답사-설치 퍼포먼스)이라는 실험으로 이끈다.

특히 대학 내의 제도 분과 학문의 경계를 넘어 문학-역사-예술이 만나고 겹쳐지는 실험은 현재 대학 내의 인문학과 예술에 대한 '구조조정'이 한창인 이 시점에서 중요한 의미를 지니는 실험이라고 생각할 수 있다. 우리는 인문학과 예술을 '거리로 내모는' 현실에 맞서, 적극적으로 '거리로 펼쳐지는' 새로운 장을 스스로 만들어나감으로써 오늘날 인문학과 예술, 특히 지역의 인문학과 예술이 처한 곤경을 헤쳐 나가는 하나의 실마리를 만들어보았다. 이를 통해 우리는 지금까지와는 다른 새로운 문학, 새로운 역사, 새로운 예술의 장으로 이행해 나갈 것이다.

이러한 이행의 작업을 통해서 우리 삶의 물질성이 '고정된 것'이 아니라, 무수하게 변형 가능하고 변화 가능한 것이라는 것을 경험할 수 있다. 이 가운데 우리의 삶은 이야기와 기억의 '환'을 통해 이른바 '고정된' 사실의 경계를 무수하게 변형시키는 이행과 능동의 과정으로서의 삶을 발견, 발굴할 수 있다.

이러한 작업에서 대중성과 전문성, 이론과 '대중화', 교실과 거리라는 구별은 중요하지 않았다. 오히려 이 문턱과 경계들, 차이들을 '넘기'보다, 연결하고, 재구축하려는 시도가 〈환을 켜다〉에서 중요한 작업이었다. 사실 이러한 실험은 아프꼼이 처한 곤경 그 자체를 해결하고자 하는 고민의 과정에서 가능해진 것이었다. 현재 많은 대학에서 인문대학의 각 학과는 구조조정이라는 위기에 직면하고 있다. 이러한 위기가 모든 대학의 인문학과가 당면한 문제는 아닐 것이다. 실상 대학 내의 인문학과들이 당면하고 있는 위기나 문제들은 동일하지가 않다. 사실 수많은 종별적인 위기들이 있고, 곤경들이 있다. 인문학자들이 겪는 불안도 동일하지가 않고, 불안의 층위도 다르다. 하여 인문학의 위기 일반이라는 것을 설정하기는 어렵다. 현실적으로는 이러한 위기들의 차이와 곤경들의 차이, 불안의 결의 차이는 인문학자들 사이에 공통적인 것을 사유하고 모색하기 어렵게 하는 요인 중의 하나이다.

많은 인문학자들이 미래에 대한 불안에 시달린다는 점에서 사실 불안은 인문학의 '공통적인 것'이라 할 수 있다. 그러나 현실적으로 무수한 인문학자들이 이 불안을 통해 공통적인 것을 창출해가기보다는, 저마다의 불안에 시달리며 뿔뿔이 흩어져 있다. 이에 대해서는 다음 장에서 살펴보자. 이런 현실 속에서 〈인문학협동조합〉이나, 〈지식순환협동조합〉과 같은 새로운 모색들은 불안을 공통적인 것으로 사유하고, 새로운 결속의 형식을 구상하고 실험하는 차원의 의미를 지닌다고 할 것이다. 물론 이러한 시도가 대안적 결속의 대표적 형식이라 할 수는 없다. 인문학의 위기들은 다층적이고, 불안의 층위 또한 복합적이며, 인문학들이 처한 곤경 또한 저마다 중층적이다. 이러한 복합성으로 인해 공통적인 것을 창출하는 것이 어렵기도 하지만, 동시에 저마다의 곤경으로부터만 생성되는 새로운 '실험들' 또한 가능하다고 할 것이다. 아프꼼의 실험이 아프꼼의 곤경으로부터 형성된 것이듯, 인문학들 저마다의 곤경에서 저마다의 결을 지닌 실험이 발생할 수 있다고 생각된다. 그 실험들을 통해 벗어날 길이 없어 보이는 곤경에서 벗어나려는 시도 자체가 자기해방의 실천이 아니라고 누가 말할 수 있겠는가.

4장

부대낌과 나아감

막장의 실험

1. 꼬뮌과 지역성 : '서울' 모델의 의의와 한계

아프꼼의 역사는 '실패'의 역사이다. 아프꼼의 화두 중 하나가 '꼬뮌의 부대낌'인 것은 이 때문이다. 아프꼼이 발행한 웹진의 주제가 '꼬뮌의 질병'이기도 했던 것은 이런 이유이다. 꼬뮌을 실험한다는 것은 사람들에게 '대안의 가능성이나 희망'을 주는 일일지 모르지만, 꼬뮌을 일구어 가는 사람들에게는 힘겨운 실패와 한계를 앓아내는 일이기도 하다. 언젠가 〈수유〉화토 발표에서 이런 실패담을 이야기했더니, 희망적인 이야기를 해주지 않는다고 질타를 받기도 했었다. 그 시기는 아프꼼의 한계가 너무 컸고, 개인적으로 '병이 깊었던' 시기이기도 했다. 이제는 '희망'을 말할 수 있을까? 아픔은 조금 가라앉았고, 실패와 한계에서 조금 나아가기 위해, 절망적으로 몸부림쳤으니, 그래도 좋을까?

하지만, 결국 이 이야기는 실패와 절망에 대한 이야기이다. 꼬뮌의 실험에 대한 '희망적 모델'이 되기는 어려울 터이지만,

이게 내가 아프꼼을 통해 꼬뮌에 대해 할 수 있는 가장 솔직한 이야기 방식이라고 생각한다. 아프꼼의 역사가 나의 이야기로 다 환원될 수도 없고, 그래서도 안 된다. 그러니 이 이야기는 아프꼼의 대한 나의 이야기일 뿐이다. 아프꼼의 이력을 토대로 그간의 실패의 역사를 잠시 돌아보려 한다.

· 2007년 연구자 권명아의 발의로 '연구자로서 독립적인 삶'을 구축하기 위한 목적하에 부산 지역 인문학 전공 대학원생 십여 명이 모인다.
· 2007~2008년까지는 일제 말기의 종합 잡지 『삼천리』를 중심으로 미군정기 잡지 『신천지』 등의 잡지 읽기와 '총력전'과 관련된 이론 세미나를 매주 진행. '집담회'라는 방식을 통해 각 지역의 연구자들과 교류를 맺으며 연구자 네트워크를 구축하려 시도.
· 2008년 '연구모임 〈a〉'라는 이름으로 '정념과 공동체'를 주제로 삼아 장기 세미나 및 외부 단체와 연계할 수 있는 기획들을 준비.

이 시기는 '서울'의 꼬뮌 모델과 경험을 부산으로 이주하여 '이식'해 보려던 시기였다. 가장 큰 실패는 서울과 지방 사이의 학문 제도와 학문장, 그리고 연구자 재생산 방식과 제도의 차이를 감당하지 못했던 데서 비롯되었다. 세미나의 성과도 있었지만, 역사 자료 읽기를 중심으로 장기적 전망하에서 구축한 세미나는 오히려 '협업과 분업'으로 구성되는 서울의 학문장에 대한 소외감을 반복하게 되었다. 자료 읽기에 기반한 연구 세미나와 연구팀을 해체하고, 이론적이고 게릴라적인 '비평'과 이론을 중심으로 연구 기반을 재구축하고, 지역에 연구자들과 호흡할 수 있는 근간을 만들기 위해, 대학 바깥의 대안 인문학 공동체를 만나러 나섰다.

2. '토착화'를 위한 실험과 실패 : 연구 공동체에서 지역 인문 공동체로

당시 지역의 대안 공동체는 소규모이고 잘 알려져 있지 않았다. 정보 공유 자체가 어려워서 알음알음 찾아, 모임에도 찾아가고 장소를 방문하고, 인터뷰를 하고 이야기를 나누는 일을 지속했다. 연구자 중심 공동체, 예술 공동체, 카페 운동, 소극장 운동 단체 등 만날 수 있는 모임은 다 만나보려 했다. '만나기 위해 읽고 써야 한다'는 기치를 내세워 이런 만남을 기록하고 지역의 대안 공동체를 기록하고 전하는 일을 이 시기에 소중하게 생각했다. 이런 만남 속에서 지역의 대안 공동체가 부대끼는 어려움이 거의 같다는 것을 알게 되었다. 소수의 운영자, 세미나 행사에 참여하는 인원은 거의 10명이 되지 않고, 사람들을 모으기 위해 대외적인 활동을 꾸려도, 결국 사람은 모이지 않고, 저마다 5~6명 내외의 인원으로 허덕대고 고립된다. 이런 공통의 문제를 오히려 함께 나누면 좋지 않을까?

서로의 세미나나 행사에 상호부조 식으로 참여하고 공유만 해도 고립감은 조금 나아지지 않을까? 그런 문제의식으로 〈정념과 인문 공동체〉라는 기획으로 부산, 경남 지역의 대안 공동체를 모시고 고민을 나누었다. 나름 길게 고민하고, 직접 움직여 만나왔기에, 모두 모여서 이야기를 나누면, 꼬뮌들의 연결체를 구성할 수 있지 않을까 희망을 가졌지만, 오히려 역효과를 낳았다.

· 2010년 〈정념과 삶의 정치〉라는 큰 주제하에 〈정념과 인문 공동체〉라는 소기획으로 연속 콜로키엄 개최. 철학자 김영민과 함께 '응해서 답하는' 형식으로 부산 지역의 대안 공간 및 인문 단체들을 대거 참여시켜 '인문공동체 네트워크'를 구축할 수 있는 발판을 마련. 이후 〈정념과 어소시에이션〉이라는 기획으로 국제학술대회를 개최.
· 2010년 웹진 『아지트』*agit*를 개설

이 시기의 실패는, 지역에 있지만 토착화가 불가능한, 나의 위치에서 전적으로 비롯된다. 외부인에 대한 선망과 거부감, 외부자들이 남겨놓은 나쁜 전례에 대한 기억들, 프로젝트나 도구적 목적으로 대안공간을 전유해버린 대학교수들의 전횡에 대한 반감과 우려들이 복잡하게 얽혀 있는 딜레마를 헤쳐 나가기는 어려웠다. '선의'가 관계의 구원이 될 수는 없다. 선의를 입증하려는 의도는 상대를 '호의를 받아들이지 않는 배타적 불한당'으로 전도시킨다. '서울로 돌아가지 않는다, 그런 전례를 반드시 넘어선다'며 이를 악물고 '토착화'를 시도했던 시기이다. 나의 이런 위치 때문에 아프꼼에 합류한 지역의 비정규직 연구자들에게도 불이익이 생길 수 있다는 것이 새로운 문제로 대두되었다. 나는 불가능한 토착화의 딜레마로 인해 '지역의 배타성'에 환멸을 토로하고, 아프꼼 멤버들에게는 무의식적으로든 의식적으로든 '지역의 재생산 제도'와 단절할 것을 강요하고 있었다. 토착화에 대한 절박함이 오히려 지역에서 더 '절박하게' 고립되게 만드는 악순환이었다. 나는 슬펐고, 아프꼼 멤버들은 절망 속에 고립되었다.

3. 연구(자)의 신체를 넘을 수 있을까: 네트워크 실험과 학문장의 딜레마

고립 속에서, 아프꼼 자체도 소수화되었다. 인원은 정말 소수만 남았다. 그렇게 '남은 사람들'이 아프꼼을 지켜 나가기 위해 남은 사람들의 힘을 키우는 일에 전념해야 했다. 아프꼼은 할 수 있는 일은 다 해 보는 시기로 접어들었다. 할 수 있는 일은 다 해 보기 위해, 서울도 부산도 아닌, 일본의 꼬뮌과 인문공동체와 접속하기 시작했다. 2011년은 아프꼼 역사에서 반복해서 호출되는 시기이다. 너무나 많은 일을 했기에 추억도 많고, 팀원들의 현재 역량을 가능하게 한 시기이도 하며, 아프꼼의 가장 큰 불행이 싹튼 시기이기도 하다. 연구자를 중심으로

한 연구 공동체로서의 실패 속에서 문화운동과 지역운동으로 이행하는 시기였다. 그리고 이 이행 과정에서 연구자나 대학원 제도에 소속감이 강한 구성원과 문화운동과 지역운동에 방향성을 더 크게 가진 구성원 사이에 건널 수 없는 대립과 갈등이 시작되었다.

또 아프꼼은 실패와 한계를 반복했지만, 몇 년간의 실험을 통해 나름의 역량이 축적되었고, 특히 구성원들은 눈에 띄게 성장했다. 각자 나름의 독립적인 실험을 해야 하고 할 수 있는 시기였지만, 나는 모든 활동을 아프꼼을 중심으로 하는 데 몰두해 있었다. 이 사이에서 촉발된 불화는 몇 년간의 불화로 이어졌고 마침내 팀의 분리로 이어졌다.

· 2011년 교토의 리츠메이칸대학의 한국학 연구소와 요코하마의 〈뱅크 아트 1929〉라는 예술 단체와 〈지역·네트워크·대안공간〉이라는 주제로 한일 국제 학술 심포지엄을 개최.
· 2011년 8월 요코하마 트리엔날레 참가
· 2011년 9월 구마모토 가쿠엔 대학과 국제 심포지엄
· 2012. 2. 3. 〈식민성과 제국의 네트워크, 정념의 공동체〉라는 주제로 국제학술대회를 개최
· 2012. 6. 5. 〈그린그림 출판 워크숍〉을 개최
· 2012. 8. 11. 일본 니혼대학과 〈냉전의 감각과 정념 공동체〉라는 주제로 국제학술대회 개최
· 2012. 8. 13. 〈일본 대안문화유통거점의 현황〉이라는 주제로

초청 강연회 개최

· 2012. 8. 14. 〈연구와 생애사 : 국경의 경험〉이라는 주제로 초청 강연회 개최

· 2012. 8. 15. 〈파리국제철학학교에 대하여〉라는 주제로 초청 강연회 개최

· 2013. 2. 1. 〈냉전의 감각과 정념 공동체〉라는 주제로 국제학술대회 개최

· 2013. 2. 2. 〈니시야마 유지 『철학에의 권리』 다큐멘터리 상영/토론회 : 문틱 없는 지식의 실험장〉이라는 주제로 워크숍 개최

· 2013. 4. 24. 〈대안을 준비하는 문화정책포럼 : 문화적인 삶의 방법들, 직접 만들어가는 삶〉을 개최

· 2013. 7. 10.~7. 15. 〈젠더연구와 정념의 공동체〉라는 주제로 한일워크숍 개최

4. 한계에서의 난파 : 깨지고 나아가기

결국 팀은 분리되었다. 일부 멤버들이 독립해서 따로 팀을 꾸렸다. 불화와 분열의 시기였다. 불화와 분열을 견디기 위해, '실패의 경험'을 나누는 일에 골몰했다. 꼬뮌의 질병을 찾아다니며 들으러 다니던 시기이기도 했다. 길고 긴 아픔의 시기였다. 분리되어 나간 멤버들도, 남은 멤버들도, 모두. 다시, 부산 지역으로 돌아와 거리로 나갔다. 대학은 구조조정 열풍이 불

었고, 아프꼼은 난파된 배처럼 중앙동 거리와 남포동 연극 연습실을 떠돌며, 신호를 보냈다. 조난 신호를 보내기 위해서일까? 별별 실험을 마다하지 않았다. 라디오, 연극, 거리 퍼포먼스, 설치형 문학 전시 등. 이건 실험이기보다, 환멸에 빠진 몸을 바꾸기 위한 안간힘이었다. 그렇게 이전과는 다른 사람들, 다른 모임을 만나고, 보이지 않게 슬픔은 가라앉고 있었다.

· 2013. 8. 11. 〈란파亂-波 : 인문계 라디오 혹은 인문학과 미디올로지, 마을 만들기〉라는 주제로 워크숍 개최

· 2013. 10. 26. 〈환幻을 켜다〉라는 주제로 워크숍 개최

· 2013. 12. 13. 〈배수아와 새벽의 극장〉 개최

· 2013. 12. 14.~12. 18. 〈대안 공동체 커뮤니티 탐방 및 커뮤니티 활동가들과의 만남〉이라는 주제로 일본 오사카 워크숍 개최

· 2014.1.6. 국내학술대회 〈글로벌 네트워크와 정념의 커뮤니티와 감각적 결속체의 포스팅-열정의 에너지 변환 가능성과 문화적 어소시에이션의 전망〉

· 2014.1.20. 〈로컬래인〉 네 번째 행사 〈아프꼼 실험의 기록 — 전시회 및 영화상영〉

· 2014.3.10. 다큐멘터리 〈아프꼼과 별자리들〉 DVD 발간

· 2014.4.7. 국제학술대회 〈류 — 흐름과 미래의 신체〉

· 2014.5.12. 〈2014 연리문화제 : 대안 세상을 향한 두드림〉 참가

· 2014.6.9. 국제 워크숍 〈정동과 어소시에이션〉

5. 다시, 한계에서 만나기 위해

긴 실패를 지나, 아직도 실패할 일만 남았다. 지금은, 다시 만나기 위해, 불화를 통해 새롭게 나아가기 위해 걷고, 또 걷고, 함께 걷고 있다. 언젠가, 실패의 역사를 또다시 함께 이야기하기 위해서.

5장

정동적 전환과 인문人紋의 미래

1. 정동적 사실과 인문학의 미래

사례 0 ─ 소문과 위협

A대학에는 지난 몇 년간 흉흉한 소문이 나돌고 있다. 소문은 처음에는 인문대의 몇몇 학과가 폐과 예정이라는 데서 시작되었다. 실상이 확인되기도 전에 소문은 다시 몇몇 학과의 폐과는 인문대 해소의 전 단계라는 식으로 확대되었다. 처음 소문이 나돌 때만 해도 소수의 학과가 폐과 대상으로 언급되었기에, 그 외 대다수의 인문대 교수나 학생들은 남의 일로 생각하거나, 그저 흉흉한 소문에 불과한 것으로 치부하였다. 최근 1~2년 사이 소문은 점점 구체성을 띠고 떠돌고 있었지만, 막상 폐과라던가 구조조정 등에 대한 어떤 사실도 구체적으로 확인된 바는 없었다.

하지만 소문은 '정통한 소식통에 의하면', '당국의 누구누구에 의하면' 하는 식의 구체적인 발신처까지 붙어가며 증폭되었다. 흥미로운 것은 처음에는 막연한 뜬소문처럼 번지던 폐과라던가, 해소 등의 위협적인 이야기들이 소문의 형식 내에서도 점차 구체성을 띠고 진행되었다는 점이다. 이런 소문이 흉흉하게 나돌던 몇 년 사이 인문대의 원로 교수 중에는 조기퇴직을 신청한 사람들이 부쩍 늘어나고, 많은 원로 교수들 사이에서는 조기퇴직에 대한 논의가 일상적으로 오가게 되었다. 또 이렇게 조기 퇴직을 논하는 말미에는 꼭 "우리는 퇴직하면 그만이지만, 젊은 교수들은 큰일이네."라는 염려인지, 안심인지 분간이 가지 않는 말들이 오가는 풍경도 일상이 되었다. 상대적으로 젊은 교수들 사이에서는 최근 몇 년 부쩍 다른 학교로 이직하는 빈도수가 잦아지고 있다. 또 젊은 교수들끼리는 이직을 못 하는 데 대해 "자괴감을 느낀다."는 토로까지 이어지고 있다.

대학원생들은 폐과나 해소 등의 어휘가 실감이 가지 않지만, 사라지는 교수들의 자리를 보며 말하기 어려운 희비의 교차를 느끼게 되었다. 사라진 교수의 자리가 후배 대학원생들의 차지가 될 것인지 영영 사라질 것인지 소문의 내러티브를 분석해 보아도 답은 나오지 않는다. 혹자는 위기가 기회라고도 하지만, 그 기회는 딱 한 사람의 것이 될 공산이 크니 말이다. 학부생들도 폐과니 해소니 따위의 위협적인 말들에 술렁이는 것을 넘어 체념적인 낙관 비슷한 모습을 보인다. "어차피 그럴 줄 알았다"라거나 "우리 학교가 그렇지"라거나, "학생들이 나서서 뭐 어떻게 되겠어."라거나 학교 일에 대해서는 체념적인 몇 마디의 대화가 전부이다. 체념은 때로 낙관을 낳는다. 체념이 삶이 될 때 그런 현상이 나타난다. 특히 오래전부터 인문대 내에서도 '굶는' 과로 정평이 난 국문학과 학생들은 이미 어떤 기대의 지평 자체가 없기에 역설적이게도 미래에 대해 낙관적이다. 이를 아마도 체념적 낙관이라고 할까.

A대학에 떠도는 소문은 아직까지도 구체적인 '사실'로 확인된 바는 없다.

인문학의 '미래'를 둘러싼 이러한 사태를 이즈음 한국 사회 도처에서 만날 수 있다. 대학 내에 학과가 사라지거나 더 나아가 인문대 자체의 존립이 위기에 처해있다는 불안감이 도처에 팽배해있는 것이다. 물론 실제로 학과가 없어지거나 통폐합되는 사례들이 나타나면서 미래에 대한 불안감이 당면한 현실로 실감되기도 한다. 오늘날 인문학의 미래는 사실 이처럼 임박하거나 도래한 위기에 대한 불안감을 떠나서는 논하기 어렵다. 그렇다면 여기서 인문학의 미래와 위기감, 불안감이라는 것에 대해 어떻게 대처해야 할까? 누군가는 파국에 대비하는 현실적인 대책을 함께 준비하기도 할 것이고, 누군가는 '대열'에서 이탈할 것이며, 누군가는 그저 체념과 무기력을 곱씹으며, 하루하루를 버텨나갈 것이다.

나는 여기서 불안감이나 위기감 없이는 설정할 수 없는 인문학의 미래라는 것, 바로 이 지점에서 논의를 출발하고자 한다. 앞서 논한 A 대학의 소문에서 다시 논의를 시작해 보자. 이 사례에서 흥미로운 점은 폐과, 해소 등의 위협적인 수사로 점철된 흉흉한 소문들이 아직은 어떤 사실로도 입증된 바가 없다는 점이다. 그러나 이미 A 대학의 구성원들은 이 소문을 사실로서 인지하고 있다. 즉 인문대 해소나 인문대 학과의 폐과 등은 아직 A 대학에서는 실제로는 사실로서 확증된 적이 없음에도 불구하고, 그 구성원들은 공히 이를 '사실'로 인지하고 있는 것이다. 소문이라는 형식으로 떠도는 불안감과 위기감이 바로 이 인문대의 위기를 현실화하고 있는 것이다. 물론 이 소문이 아직은 실제 사실로서 확인된 바는 없지만, 구성원들은 그 소문 속에서 어떤 사실을 인지한다. 즉 소문을 통해 사람들이 불안감을 느끼거나 위기감을 느끼는 것이 단지 근거 없는 것이라거나, 과대망상적인 것만은 아니다. 사람들은 이러한 소문을 들으면서 폐과나 인문대 해소라는 차원을 위협적으로 실감하는데, 흥미로운 것은 실상 여기서 폐과나 해소 등은 아직 현실화되지 않았고 그런 점에서 실제적 사실은 아니라는 것이다. 그런데 이러한 소문의 구조에는 실은 서로 상이한 현실이 작동한다. 즉 실제적 사실과 이와는 아주 다른 차원에서의 사람들이 감지하는 사실이 그것이다. 즉 사람들은 이러한 소문을 들으면서 폐과나 해소 등의 사실이 마치 임박한 것처럼 감지한다. 실상 폐과나 해소 등의 사실은 현재로서는 아직은 도래하지 않았지만, 실감의 차원에서는 이미 도래해 있다. 정동 이론의 개념을 따르자면 이러한 사실이 바로 정동적 사실affective fact이라고 할 수 있다.

브라이언 마수미는 사실fact과 실재성reality이 구성되는 체계에서 정동의 작동 방식을 설명하면서 실제적 사실이 구성됨에 있어서의 정동적 차원을 논의한다. 먼저 여기서 실제적인 사실이란 규범적인 체계normative system(규칙이나 관습 또는 합의와 같은)에 의해 규정된 상황을 의미한다. 규범적 체계에 의한 규정에 입각한 판단은(예를 들면 사법 체계나 행정 검토 체계 혹은 동료 간 검토 과정 같은) 공적으로 인지되고 인정되는 사실을 구성한다. 따라서 이러한 실제적인 사실을 둘러싼 판단 체계의 작동은 전혀 선제적preempted 1이지 않다. 그런데 어떠한 종류의 사실이 구성될 때 이와는 다소 다른 차원이 작동되는 사례들을 볼 수 있다. 일례로 앞의 사례에서 소문을 통해 사람들이 느끼는 위협과 불안은 실제적인 사실이라기보다 느껴진 실재felt reality로서의 위협이다. 이러한 위협은 실재라고 느껴졌기 때문에 실재가 되어 있을 수 있다. 즉 어떤 위협이나 위기가 실제로 존재하든 존재하지 않았던 그 위협은 두려움이라는 형식으로 감지되었다. 실제로는 실재가 아닌 것이 마치 존재하는 것처럼 감지될 수 있는 것이다. 이때 이런 종류의 위협은 현재에 임박한 실재성을 갖는다.2 소문을 전해 듣는 A 대학의 구성원들이 실제로는 폐과나 해소에 대한 위협적인 결정이 전혀 사실로서 확인된 바가 없음에도 불구하고, 이미 그것을 임박한 실재로 느낀 것은 바로 정동적 사실affective fact의 이러한 성격을 전형적으로 보여 주는 것이다.

위의 사례에서 또 한 가지 흥미로운 점은 폐과나 해소와 같은 위협이 미래와 현재를 특별한 방식으로 연결하는 지점이

다. 즉 A학교의 사례에서도 나타나듯이 실상 인문학이 사라
질 수도 있다는 불안한 미래에 대한 위협은 현재 임박한 현실
로서 감지된다. 위협이란 현재의 차원에서 임박한 현실이기 때
문이다. 또한 두려움이란 위협적인 미래를 현재의 형식으로 선
취한 리얼리티이다. 그런 점에서 두려움은 존재하지 않는 것의
감지된 리얼리티이며, 정동적 사실을 통해서 그러한 존재하지
않는 것이 희미한 윤곽을 갖게 되는 것이다.3

그런 점에서 인문학의 존재 기반을 뒤흔드는 외적 위협에
대한 두려움은 전형적인 정동적 사실의 속성들을 반복한다.
달리 말하자면 '인문학의 위기'라는 것이 제창된 이후 인문학
의 미래는 그런 점에서 항상 이러한 위협과 두려움을 통해서
구축되었다. 인문학의 위기가 제창된 이후 인문학의 미래는
항상 해소에 대한 위협과 두려움으로 구축되었다. 그런 의미
에서 인문학의 리얼리티는 인문학의 위기 담론을 기점으로 정
동적으로 전환되었다.

따라서 정동적 전환과 인문학의 미래는 정동이론이 도착
하기 전에 이미 인문학의 리얼리티 구성 방식의 변화 그 자체
로부터 도래했다. 즉 정동적 전환이란 단지 정동 이론의 '도래'
라는 이론적 국면에서 비롯된 차원만이 아니라, 이미 위기로
서 구성된 인문학의 현실로부터 '긴박성'의 형식으로 먼저 도
래했던 것이다.

그런 점에서 2000년대 중반 이래 관용어가 되어버린 '인문
학의 위기'라는 것을 단지 인문학의 현실적 조건의 변화라는

차원에서만이 아니라, 인문학 자체의 현실감이나 리얼리티 구성 방식의 변화라는 차원에서 살펴볼 필요가 있다. 인문학 위기 담론에 대해서는 여러 방향에서 비판이 제기된 바도 있다. 인문학 위기가 제도화된 대학 내의 인문학과나 인문학과 교수들의 지위의 위기에 국한된 것이라거나, 인문 정신을 망각한 제도 인문학의 위기에 국한될 뿐이라는 지적들, 혹은 인문학 위기 담론이 결국 국가에 의한 인문학 지원을 촉구하는 도구가 되어버렸다는 지적 등은 익숙한 비판 중 하나이다. 물론 이러한 비판은 그 자체로 현실적으로 중요한 함의를 지닌다. 그러나 내가 여기서 논하고자 하는 바는 이러한 문제들은 아니다. 오히려 인문학 위기 담론을 인문학이 그 자신의 리얼리티와 물질적 기반을 정동적 리얼리티와 비물질성으로 전환시킨 계기로서 다시 고찰해 보고자 한다. 순수학문의 위기가 어제 오늘의 이야기는 아니지만, 일례로 사회과학의 위기나, 자연과학의 위기라는 담론은 관용어법으로 정착되지 않은 것에 비교해 보자면, '인문학의 위기' 혹은 더 나아가 '문학의 위기'라는 것이 관용어법으로 정착된 것은 위기 담론이 인문학에 특유한 현실성을 구축하는 역할을 해 왔다는 것을 반증한다.

앞서 A대학의 사례에서도 유사하게 나타나듯이 위기 담론은 전형적인 정동 주도적 논리affect driven logic를 구축하여, 이른바 실제 사실과는 다른 방식으로 현실을 인지하거나, 감지된 현실을 구성한다. 여기서 이러한 정동적 리얼리티가 단지 허구이거나 과장된 위기감의 산물만은 아니라는 점을 다시 강조할 필요가 있다. 따라서 이러한 정동적 리얼리티로서 위기감이라는 것이 인문학이라는 주체성을 어떻게 재구성하였는지를 고찰하는 것이 오히려 중요할 것이다. 인문학 내부에 국한해서 보자면 인문학의 위기 담론은 인문학 혹은 인문학자의 주체성을 아직 도래하지도 않은 패배를 먼저 살고 있는 미래완료형 패배자로 구성한 것처럼 보인다. 앞서 A 대학의 사례에서, 아직 도래하지 않은 '해소'의 위기감이 대학 구성원으로 하여금 도래하지 않은 패배를 현실로서 받아들이고, 시작되지도 않은 싸움에서 이미 패배한 패배자로 만들었듯이 말이다. 즉 A 대학의 사례에서 이 대학의 인문대 구성원들은 어떤 점에서 미래에 도래할, 실은 아직 오지 않은 '미래'형의 패배를 현재형으로 '이미' 감지하고 있으며, 이러한 감지를 통해 그 패배는 미래가 아닌 현재에 도래한다. 물론 그 패배는 아직은 오지 않았다. 임박한 파국이란 그런 점에서 언제나 지연되는 미래형의 패배와 위협을 현재로 현실화한다. 그런 점에서 인문학의 위기 담론이 위기라는 정동적 리얼리티를 통해 구축한 인문학의 주체성 역시 그런 점에서 아직 도래하지 않은 패배를 현재형으로 실감하는, 미래완료형의 패배자의 형식이 아닐까.

그런 점에서 인문학의 위기 담론을 경유하면서 인문학자란 아직 도래하지 않은 패배를 미리 살고 있는 패배자가 되었다. 이 패배는 미래 완료의 형식을 지닌다. 미래가 이미 여기에 패배의 형식으로 도래해있는 것이다. 그런 점에서 위기와 불안으로 감지되는 인문학의 미래란 정동적 사실이라 할 수 있다.

그리고 이러한 정동적 사실에 의해 추동되는 인문학의 '미래' 속에서 오늘날 우리 인문학자들은 아직 전투를 시작하지도 않았는데 이미 패배자가 되었다.

인문학 위기 담론이 팽배하기 시작한 2000년대 중반 이래, 인문학에 대한 다양한 수요가 증폭해온 것은 주지하는 바이다. 여기에는 경합하는 두 세력이 작동하는데, 하나는 기존의 제도 교육의 한계를 돌파하려는 대안적인 인문학 운동이고, 다른 하나는 '인문'을 새로운 자본으로 전유하려는 힘들이다. 앞서 살펴본 A 대학의 사례에서 소문에 의존한 '구조조정' 전략은 정동에 대한 고전적인 정치 전략을 반복한다. 이는 정동과 인문의 관계가 단지 이러한 수세적인 측면에 국한된다는 것만을 의미하는 것은 아니다. 오랜 시간 정동의 정치적 함의는 주로 보수 정치 세력에 의해 전유되어 왔다면, 최근 들어 정동의 '가치'를 더 선점하고 있는 것은 자본과 시장 쪽이다.

사실 이러한 현상은 이른바 신지식인, 융합, 통섭 등의 기조에서도 이미 정동이 하나의 경쟁력으로서 간주되고 있는 것을 발견할 수 있다. 지난 이명박 정부가 상대적으로 경제적 지표나 '국민 성공' 등의 기치하에 주로 불안과 같은 정동을 전유하였다면, 박근혜 정부는 "국민 행복", "창조 경제" 등의 기치하에 정동 자체를 국가 전략과 통합의 핵심으로 전유했다. 서구 학계에서의 정동적 전환은 그런 점에서 지금까지 자본과 보수 진영에 의해 주도적으로 전유되어 온 정동을 비판적 이론 내로 재전유하려는 시도이기도 하다. 그러나 한국에서 정동은 이론의 차원에서보다는 현실적 긴급성이나, 자본과 국가 정책의 구호로서 독점적으로 기능하고 있는 측면이 더욱 강하다. 비판적 이론의 경우에서도 인문학의 위기에 대한 논의에서 살펴본 바와 같이 정동은 외적 위협의 차원, 즉 현실적 긴급성의 차원에 국한되어 작동할 뿐 이론적 사유와 실천의 대상으로는 '아직은' 본격화되지는 못하고 있다.

2. 자본이 시가 되는 시대, 시대착오적인 인문학 구조조정

2014년, 한국이 자신의 광대역이 더 우수하다며 차별화된 '기술적 우위'를 주장하는 LTE에 몰두해 있는 동안 전혀 다른 차원의 광고를 들고 도래한 것은 애플이다. 물론 애플 역시 기술경쟁의 대열에서 전혀 자유롭지 않지만, 애플의 광고는 기술을 전혀 언급하지 않고 완전히 미학적 텍스트로 시장을 사로잡았다. 대표적인 것은 애플 아이패드 에어의 "Your Verse"(당신의 시) 버전이다. 너무나 '시적인' 이 광고가 애플의 노동 착취를 가리고 애플 사용자의 우월감을 은근히 만족시킨다는 점은 먼저 전제로 해두자. 즉 너무나 미적이고 시적인 애플의 광고가 예술의 가치나 휴머니즘을 상업적 목적과 결합한 훌륭한 사례라고 말하고 있는 것이 아니다. 역으로 너무나 '시적인' 애플의 광고는 오늘날 자본과 시장이 어떤 방향으로 흘러가고 있는지를 보여 주는 경제적이고 현실적인 지표의 역할을 한다.

한국의 LTE 광고들이 '기술+스타'라는 한정된 프레임을 무한 반복하는 것과 달리, 애플은 전 세계, 아니 우주 전체로 프레임을 확장한다. 전 지구를 횡단하는 카메라의 시선과 저 멀리 우주에서 지구를 내려다보는 프레임을 가로지르며 휘트먼의 시를 인용하는 영화 '죽은 시인의 사회'의 키팅 선생의 대사가 흘러나온다. "시가 아름다워서 읽고 쓰는 것이 아니야. 인류의 일원이기 때문에 시를 읽고 쓰는 거야. 인류는 열정으로 가득 차 있지. 의학, 법률, 경제, 기술 등도 훌륭한 일들이고 삶을 지속하는 데 필요해. 그러나 시, 아름다움, 로맨스, 사랑, 이 것들은 삶의 목적이야." 너무나 미학적이고 시적인 텍스트의 효과는 복합적이다. 그러나 이해하기 쉽게 말하자면 애플은 경쟁 상대들에게 이렇게 말하고 있는 것이다. "얘들아, 이제 기술을 파는 시대는 끝났단다."

이렇게 자본이 마치 이전에 우리가 '시'라고 이름 붙인 어떤 영역이 하던 일을 대체해가는 것을 이론에서는 정동 자본이나, 비물질 노동과 같은 개념으로 설명한다. 이러한 시대의 변화는 우리가 산업 노동 시대의 틀에 박힌 사고방식을 비판적으로 검토할 때만이 파악할 수 있다. 경제적인 것, 실용적인 것을 기술 개발, 건설과 같은 물질적인 것으로 생각하고 문학이나 예술, 시는 "귀신 씨 나락 까먹는 소리"라고 비아냥대는 통속적 이해방식은 이런 산업 자본주의 시대의 산물이다.

오늘날은 산업 자본주의 시대의 물질성이 지배하던 시대에서 인지 자본주의의 비물질성이 지배하는 시대로 변화하는 거대한 전환기라 할 수 있다. 물론 산업 자본주의 시대의 패러다임이 모두 비물질 노동으로 대체되지는 않지만, 노동과 자본의 위계를 이전과는 다른 방식으로 만들어가고 있다.

한국 아이돌에게 초점을 맞춘 LTE 광고와 전 지구와 '인류'로 프레임을 확장한 애플 광고는 기술과 시가 어떤 식으로 우위를 다투는지를 전형적으로 보여 준다. 기술 입국이라는 산업 자본주의 시대의 표어가 상징하듯이 기술은 '일국'의 시장을 좌지우지할지 모르지만 '시'는 우주와 '인류'를 좌우하고 있다. 이제 이 우주와 인류는 '시'가 된 자본이 좌지우지하게 될 것이다. 그리고 이 시를 자신의 '자본'으로 삼은 자들이 이 새로운 우주의 '엘리트'가 될 것이다.

이미 이러한 전조는 나타나고 있다. 시, 예술, 미학의 '미래적 가치'를 글로벌 자본이 자신의 자양분으로 만들어가는 동안, 산업 역군의 후예들이 이끄는 지역 대학은 '의학, 법률, 경제, 기술'과 같은 산업화 시대의 '전통' 학문을 실용학문이라 떠받들며 시와 예술을 비실용적이고 무가치한 학문으로 폐기처분하고 있다. 이런 추세라면 한국의 지역 대학은 '시가 자본이 되는 이 시대'에 결코 '엘리트'를 양성할 수 없다. '기술을 파는 시대가 끝난' 이 시대에 기술 입국을 꿈꾸는 한, 지역 대학은 이 새로운 자본주의의 피라미드 속에서 하층에 배치되는 산업 역군을 길러내는 데 자족해야 할 것이다.

최근 이런 대학 구조조정을 담당하는 교육 관료들이 애용하는 표현이 있다. "Top/Down". 즉 경쟁력 있는 '탑'은 살리고 경쟁력 없는 '다운'은 없앤다. 지역의 행정 관료들, 대학의 교육 관료들에게 이 말을 되돌려주고 싶다. 자! 자본이 시가 되는 시대에 산업화 시대의 오래된 학문을 실용 학문이라고 떠받드는 당신들, 지역 인재의 미래는 탑입니까 다운입니까?

3. 위기감의 주체에서 정동 능력의 네트워크로 : 사회적 신체의 새로운 발명을 위하여

주지하다시피 이론적 맥락에서 정동적 전환이라는 용어는 비판적 이론과 문화 이론의 궤적에서 언어학전 전환과 문화론적 전환을 넘어서는 새로운 전환점이라는 의미로 사용되었다. 정동적 전환은 주로 서구 이론의 장에서 1990년대 중반 이래 이뤄진 것으로, 탈구조주의와 해체 이론의 한계에 대한 비판적 문제제기에서 출발하였다. 레이 테라다Rei Terada가 지적하듯이 탈구조주의나 해체 이론에 의해 비판적 이론은 '주체의 죽음'이라는 거대한 빙하기에 빠져버렸기에 정동이나 정서 등에 대해서 어떤 논의도 불가능해졌다.

정동적 전환이 학문장이나 비판적 이론의 궤적에서 차지하는 의미에 대해서는 다양한 논의들이 제기되었다.

마이클 하트는 학문 분야에서 지난 수십 년간 진행되었던 다른 전환들, 즉 언어학적 전환과 문화적 전환 등과 마찬가지로 정동적 전환은 현존하는 연구 영역에 있어서 가장 생산적인 문제제기를 해온 경향들을 통합하고 이들의 문제의식을 더욱 폭넓게 확산시켰다고 논한 바 있다. 마이클 하트는 미국 학계에 있어서 정동적 전환에 가장 주도적인 선구자 역할을 한 것은 페미니즘 이론에 의해 강력하게 선도되어 온 신체에 포커스를 둔 연구들과 대부분 퀴어 이론에 의해 생산된 정서emotions에 대한 탐구(수치나 자부심과 같은 "감정의 구조"에 대한 논의들) 두 영역이라고 논하기도 한다.

마이클 하트는 정동적 전환이 기여한 바를 이렇게 페미니즘과 퀴어 이론 두 분야의 선도적 작업을 계승한 차원에서 논의한다. 또 대부분의 다른 전환들이 그러했듯이 정동적 전환은 새로운 정치학의 가능성을 열어주었다고 강조한다. 정동 노동에 대한 마이클 하트의 논의는 한편으로는 페미니즘에 의해 구축된 젠더화된 노동 형식들에 대한 연구와 이탈리아 자율주의자들의 논의를 결합한 것이기도 하다.[4]

정동적 전환에 대한 논의를 비판적으로 검토하면서 패트리카 클라우가 지적하듯이 비판적 이론과 문화 이론에서 정동적 전환이 제기한 가장 중요한 기여는 신체에 내재한 역동성과 자기 조직화self-organaization의 역능성에 대한 논의를 개시한 점이라 할 수 있다. 주지하다시피 정동적 전환은 후기 자본주의의 기술정치로부터 촉발된 바이지만 동시에 사이버, 멀티미디어, 정보 등에 대한 과학의 여타 학문 분야들이 신체들과 물질, 존재와 시간에 대한 연구로 수렴되면서 가능해진 것이기도 하다. 다시 패트리카 클라우의 말을 빌자면 "정동적 전환은 비판적 이론으로 하여금 그 사유 속에 신체들과 테크놀로지 그리고 물질의 새로운 배열을 바꿀 수밖에 없도록 부추기는 것이기도 하다." 그런 점에서 "정동적 전환이란 사회적인 것을 새롭게 이론화한다는 의미에 다름 아니다."[5]

패트리카 클라우는 정동적 전환이 이론 내에 가져온 이러한 긍정적 기여를 인정하면서도, 때때로 많은 비평들이나 이론들이 정동적 전환을 통해서 이러한 신체의 내재적 역동성이나 잠재성의 차원보다 정동을 경유하여 정서나 감정emotion으로 다시 환원되어 버리는 경향이 빈번하다는 점을 비판한다. 이는 단지 정동과 정서, 혹은 감정의 범주를 뒤섞어버린다는 비판은 아니다. 즉 정동적 전환을 경유한 이론이 다시 정서의 문제로 귀결됨으로써 주체의 문제가 정서의 주체로서의 '주체'라는 범주로 다시 환원되어버리기 때문이다.[6]

비판 이론의 궤적에 있어서 정동적 전환이란 신체들에 대한 새로운 사유이자, 사회적인 것의 이론화이며 이를 통해 정치적인 것의 지평을 새롭게 개시하는 것이다. 그렇다면 인문학의 미래와 정동적 전환은 과연 어떻게 연결될 수 있을까.

다시 〈사례 0〉으로 돌아가 보자. A 대학의 경우는 인문학의 위기라는 국면의 다양한 사례에서 반복되어 발견된다. 이때 인문학의 불안한 미래에 대한 위협은 A 대학의 구성원들에게 불안감을 촉발하는데, 중요한 것은 이 불안감이 구성원들 각자가 대학이라는 사회 속에서 이미 할당받고 점유하고 있던 몫과 위치에 상응하는 방식으로 분할된다는 점이다. 불안은 이 대학의 구성원들에게 공통적인 것이지만, 실제로 작동할 때 불안은 이 대학의 구성원들로 하여금 이미 구성된 저마다의 몫과 자리를 다시 공고하게 만들었다. 하여 이러한 불안은 이미 구성된 사회적 힘들의 작용과 권력의 배치를 더욱 공고하게 만든다. 그런데 흥미로운 것은 표면적으로 볼 때 이 대학의 구성원들은 모두 '불안'이라는 공통성을 지니고 있다. 그러나 그 불안은 모두 저마다의 것일 뿐이다. 이때 이 대학 구성원들은 각자의 몫으로 불안을 소유한다. 이들은 여전히 각자의 불안을 소유한 주체일 뿐이다. 따라서 이처럼 저마다의 이미 구성된 몫으로 할당된 불안을 소유한 주체들은 이미 만들어진 기존의 권력 관계를 공고히 하면서, 역설적으로 그 권력 관계의 패배자의 자리를 미리 선취한다. 앞서 논한 바처럼 이런 역학 속에서 인문학의 위기 담론 속에서 인문학자들은 모두 패배자이며, 모두 불안을 나눠 갖고 있지만, 그것은 기존의 인문학을 둘러싼 제도적 권력 관계를 오히려 더욱 공고하게 만들 뿐이다.

그렇다면 이런 질문도 가능할 것이다. 사례 0의 경우 그 사회의 구성원들에게 불안은 공통적인 것이었는데, 왜 이 공통적인 것을 통해 기존의 소유권적으로 분할된 신체(주체)가 아닌 다른 신체를 발명하지 못하는 것일까? 혹은 그 발명은 어떻게 가능한 것일까? 정동적 전환이 결국 사회적인 것의 재구축과 이론화와 관련된다는 점은 바로 이 지점에서 실천적 맥락과 밀접한 관련을 맺는다. 정동적 전환이 결국 정서의 소유자로서의 근대적 주체의 상과 이념을 발본적으로 문제시하면서 인터페이스로서의 새로운 신체를 주체의 자리에 놓아야 함을 제기하는 것도 이러한 차원과 결부된다. 앞서 사례 0에서도 볼 수 있듯이, 저마다의 불안을 소유한 주체들 사이에는 어떤 연결(혹은 연대라는 고전적 함의를 빌어도)도 불가능하다. 이들은 '모두' 불안하지만, 서로 저마다의 몫의 불안으로 흩어져, 각자 패배할 뿐이기 때문이다. 그리고 이러한 패배의 반복 속에, 인문학의 미래는 불안의 도미노를 타고 현재 속에 '위기'의 형식으로 끝없이 출몰할 뿐이다.

따라서 문제는 임박한 파국, 혹은 정동적 현실이 전송하는 신호들(불안과 위기, 혹은 특정의 정념들/수동들)을 통해 또다시 소유자로서의 주체라는 위치를 다시 공고히 만드는 것이 아니라, 이를 통해 공통적인 것을 발명할 수 있는, 다른 신체들을 사유해 나가는 길일 것이다. 그렇게 구축된 신체에 더 이상 '인문학'이라는 이름이 걸맞지 않다고 해도 그리 슬퍼할 만한 일은 아닐지 모른다.

6장

무한한 상호작용, 데모

1. 사연을 들려주다

이 글은 '일본에 대한 이야기'는 아니다. 이것은 하나의 사연과 또 다른 사연이 만나서 이야기가 되고, 또 이어져서 새로운 이야기 연쇄를 만들고 그런 이야기를 주고받는 집합체로서 '역사'가 만들어지는 과정에 대한 하나의 보고이자 단상이다. 이 역사는 '나'와 부산, 아프꼼과 일본, 코엔지와 동일본 대지진, 교토 시청 앞과 전쟁법안을 반대하는 여러 형태의 데모를 오가는 발걸음에서 시작된다.

한국에도 많이 소개된 〈실즈〉SEALDs : Students Emergency Action for Liberal Democracy - s의 시위 현장을 보면 대학생들이 자신에 대해 소개하면서 의견을 표명하는 모습을 볼 수 있다. 자신이 누구이고, 그간 데모에 대해서 어떤 생각을 가졌고, 정치에 대해서나 사회 변화에 대해서 무슨 생각을 해 왔는지, 혹은 왜 관심이 없었는지, 그런데, 바로 그러한 자기 자신이 어떤 이유로 바로, 지금 여기에 서 있는지. 그들은 왜 이런 이야기를 하는 걸까? 데모의 역사가 희귀한 일본 사회에서 지금처럼 수만 명이 모인 데모를 지속할 수 있었던 요인은 여러 가지가 있을 것이다. 그중 중요한 요인은 내가 보기에 데모가 자신의 사연을 공적으로 말하고, 또 그렇게 서로의 사연을 주고받는 연결의 장을 다양하게 발명한 데 있다고 보인다.

일본 국회 앞 시위에 대한 한국 보도는 거의 하늘에서 카메라로 잡은 수만 명의 군중 사진을 내걸고 있다. 데모 보도를 하지도 않던 일본 거대 미디어도 주로 수많은 인파에 초점을 맞추었다. 일본 거대 미디어가 시위대가 몇 명이었는가에 대해 '과학적인 분석'을 내놓으면서 시위대 측에서 내놓은 군중 수가 과장된 것이라며 열을 올리는 모습은 '데모'에 대한 거대 미디어와 시위대 사이의 엄청난 시각 차이를 선명하게 보여 준다.

동일본 대진재 이후 수상 관저 앞과 국회 앞에 모인 사람들, 어디도 기록되지 못했지만, 일본 전 지역에서 모여 '원전 재가동 반대', '정보 공개'를 외친 무수한 사람들, 그리고 안보법안 철폐를 위해 여기저기 모여 정부를 향해 자신의 요구를 전한 사람들은 '수만 명의 군중'과 같은 양적 규모로 합산될 수 없다. 이들은 모두 각자 자신 나름의 사정과 경험과 이력을 통해, 그리고 서로 그 말을 전하고 듣기 위해 모이기 시작했고, 계속 모이고 있다. 2만 명이냐 20명이냐가 중요하지 않은 이유는 그 때문이다. 20명이 모여서도 데모를 이어나가고 있는 것이, 지금 여기의 일본에서의 데모가 가진 중요한 의미이다.

그래서 이 글에서도 '나의 사연'을 먼저 여러분께 들려드리고 이야기를 시작하려 한다. 내가 보고 만난 '일본'은 나의 사연을 통해 이어지고 그렇게 또 여러분의 사연으로 이어져서 새로운 이야기와 역사를 만들어낼 수 있기 때문이다. 파시즘을 전공하는 연구자로서 오랜 시간 일본은 파시즘 연구 자료를 찾는 하나의 '서고'였다. 대안 인문학 운동에 관심을 갖고, 또 부산으로 이주하면서 나에게 일본의 의미는 변하였다. 부산에 아무런 연고도 갖지 못한 이주자로서 부산에서 뿌리를 내리고, 또 지역 연구자들에게 터전이 될 만한 대안 공간을 만들고자 여러 모델을 찾아다녔다. 그렇게 대안연구모임 아프꼼을 만들었다. 아프꼼은 초기에 '삶의 반경을 넓히자'를 하나의 지향으로 삼았었다. 그것은 뿌리 깊은 지역 차별 구조와 학력 차별을 내면화한 '지방대학' 연구자들과 차별의 벽을 넘는 자기 긍정의 힘을 함께 만들고 싶었기 때문이었다. 서울의 여러 인문 공간과 부산을 연결하려는 시도는 반은 성공하고 절반은 실패했다. 서울을 '다녀오는 일'은 팀원들을 지치고 힘들게 만들었다. 오랜 시행착오 끝에 이 '피로'가 물리적 거리감에서 비롯되는 것만은 아니라는 것을 겨우 눈치챌 수 있었다.

　서울과 부산을 왕복하는 이동은 역설적으로 지역 차별의 구조적이고 심정적인 '벽'을 온몸으로 앓게 했다. 서울의 '친구와 동료들'은 아프꼼을 진심으로 환대해주었지만, 환대만으로 '벽'을 넘을 수는 없었다. 오히려 환대를 받고 있기 때문에 벽을 느끼는 '피로'는 고스란히 팀원들의 '자기 문제'가 되어버렸고, 현실의 장벽을 그저 온몸으로 앓는 수밖에 없었다. '권명아'라는 개인이 아니라, 아프꼼의 한 구성원으로 움직여야 한다는 강박에 가까운 생각을 가지고 있었기에 팀원들의 서울 몸살은 내게도 고스란히 전이되었다. 아니 서울 몸살의 이유는 그것만은 아니었다. 방대한 자료를 기반으로 한 연구와 비평적 실천을 '자연스럽게' 체화하고 있었기에 부산에서도 처음에는 이런 식의 연구와 실천의 장을 만들었다. 그러나 서울에서와 달리 자료를 찾기 위한 시간적, 물리적 소모가 너무나 컸다. 서울로 자료를 찾으러 가는 일은 지방과 서울의 격차를 느끼기에 충분했다. 또 주변의 선배 동료 후배들이 어떤 자료로 무슨 논문을 쓰고 있고, 그게 누구 논문의 후속편이고, 어느 자료가 어디서 세미나가 있고 하는 식의 협업과 분업으로 이뤄진 학문장이란, 서울만이 독점한 것이라는 것을 절실하게 느꼈다.

학문적 개입, 담론적 개입을 위해 글을 써야 한다는 나의 질타에 "학문장, 담론장에 대한 실감이 없다"는 지역 연구자들의 한탄을 나는 사실 실감하지 못했다. 아직도 그 실감을 내가 동일하게 이해할 수 있다고는 생각하지 않는다. 역사 자료를 기반으로 한 연구 공동체를 좀 더 게릴라적인 비평적 공동체로 전환한 것은 이런 이유가 크다. 그리고 아프꼼과 함께 '서울을 방문하는 일'을 그만두었다.

그리고 일본의 대안공간을 찾아 길을 나섰다. 서울과 부산 여타 지역의 대안 공간을 찾아다니던 방법을 이어나갔다. 서울의 대안 공간은 잘 알려져 있는 편이지만, 부산이나 지방의 대안공간은 그렇지 않다. 입소문과 알음알음의 정보를 통해 겨우 연락처를 알아내고 찾아가서 만나고, 인터뷰를 통해 기록하고 그들의 활동을 공유한다. 그렇게 먼저 만난 것이 코엔지 그룹이었다. 코엔지 그룹을 비롯하여 일본의 작은 공간들을 만나가던 도중 3·11이 발생했다. 동일본 대지진이 일어난 2011년, 아프꼼은 어느 때보다 더 자주 일본을 찾았다. 외국인들이 일본을 떠나기 바쁘고, 한국에서는 일본에 대한 괴담이 넘쳐나던 시간, 우리는 가능한 더 일본에 자주 가는 길을 택했다. 거기에 우리의 곤경을 함께 나눈 친구들이 있었기 때문이고, 무엇보다 이들이 걸어가는 길에 함께하고 싶었기 때문이다.

이런 개인적 이야기를 먼저 하는 것은 사실 이 글에서 일본에 대한 논의가 어떤 맥락을 배경으로 하는지를 조금은 밝히고 싶어서였다. 일본의 안보 법제 비판의 현장에 대해서는 많은 논의들이 이어지고 있지만, '혁명의 나비 효과'란 논리적이고 객관적인 지식 분석과는 다른 차원의 지평을 지시한다고 보이기 때문이다. 안보 법제 비판을 위해 수만 명이 국회 앞에 모여 시위를 벌이는 현재 일본의 '기적과 같은' 상황은 어떤 점에서 각자의 사연과 경험이 이어졌기 때문에 가능했다고 생각한다.

2. 이야기를 나누는 집합체 : 새로운 역사를 쓴다는 것

역사학자인 오구마 에이지가 감독한 다큐멘터리 〈수상 관저 앞에서〉가 2015년 9월 중순 일본 전역에 개봉되었다. 상업

영화의 개봉과는 다르게 각 지역의 여러 장소에서 다양한 형태로 자주 상영을 시작했다. 자주 상영이란 한국의 공동체 상영과 같은 형식이다. 일본은 한국처럼 멀티플렉스 영화관 등이 많지 않다. 하지만 곳곳에 회원제로 운영되는 작은 독립 영화관이 아직은 건재한 편이다. 교토에서도 2015년 10월부터 리쎄立誠 극장에서 상영이 시작되었다. 리쎄 극장은 고령화로 인해 폐교된 리쎄 초등학교를 개조한 문화 공간이다. 10월 24일은 〈수상 관저 앞에서〉의 첫 상영회가 있었다. 이날 리쎄 극장의 객석은 20대에서 80대까지, 남녀를 막론한 다양한 사람들로 가득 찼다.

다큐멘터리 영화임에도 불구하고 사람들은 영화를 보며 한숨짓고 울고, 안도감을 나누었다. 오구마 에이지는 『사회를 바꾸려면』이나 『일본 양심의 탄생』 등으로도 한국에 잘 알려진 역사학자이다. 오구마 에이지는 홈페이지에서 다큐멘터리 제작에 대해 다음과 같이 밝혔다.

역사학자이자 사회학자로서 나는 이 역사적 사건을 기록하고 싶었다. 나의 임무는 이 사건을 포착해서 미래 세대에게 건네주는 것이다. 나는 영화를 감독한 경험이 전혀 없었고, 영화 작업에 대해 지금까지는 전혀 관심도 없었다. 책을 쓰면서 나는 항상 과거의 역사 자료의 조각들이 자신의 이야기를 들려줄 수 있도록 재조합하곤 했다. 이 다큐멘터리 프로젝트를 하면서 이 독특한 사건을 들려줄 수 있는 자료가 문자인가 영상인가는 것은 별로 문제가 되지 않았다.

물론 나는 이 필름을 혼자 힘으로 완성할 수 있었던 것은 아니다. 동시대의 현장을 기록한 수많은 독립 제작자들은 그들의 필름을 내가 무상으로 사용할 수 있도록 선뜻 응해주었고, 전 수상조차 이 작업에 기꺼이 응해주었다.

내가 보기에 이 다큐멘터리에 나오는 사람들이야말로 진정한 스타이다. 그들은 젠더, 세대, 계급, 출신, 지위, 국적, 지향 등이 다 다르다. 이들이 항의를 하기 위해 수상 관저 앞에 함께 모였다는 것은 그야말로 흔치 않은, 강력하고도 아름다운 순간이었다.

한 국가나 사회에서 이러한 순간이 발생하는 것은 그야말로 기적과 같은 순간이다. 나는 역사학자이고 그것을 잘 알고 있다. 내가 할 수 있고, 또 하고 싶은 일은 다만 이 이례적인 순간을 포착해서 기록하는 그것뿐이다.

이 영화는 보는 사람에 따라 여러 방식으로 해석할 수 있는 작품이라고 생각한다. 이 영화를 보고 옆에 있는 사람과 영화에 대한 솔직한 생각들을 나눠주시기 바란다. 영화에 의미를 부여하는 것은 관객이고, 그 관객의 집합체가 사회이다. 이러한 상호작용에서부터 당신에게도 또 사회에 있어서도 새로운 것이 발생하리라 믿는다.[1]

'안보법안 반대' 데모는 도쿄 중심가인 국회 앞에서만이 아니라 일본 전역에서 다양하게 지속하고 있다. 한국 언론은 주로 도쿄의 국회 앞 시위에 초점을 두고 있지만 전국 곳곳, 작은 동네마다 열리는 데모의 존재 역시 중요하다. 일본 사회에서 데모가 민주주의의 중요한 형식으로 다시 등장한 것은 바로 동일본 대지진과 후쿠시마 원자력발전 사고의 경험과 깊이 연결되어 있다. 이 재난을 통해서 여러 가지 문제들이 제기되었지만, 재난의 경험조차 도쿄를 비롯한 중앙의 목소리에 전유되어 버린다는 점이 강력하게 문제시되었다.

2015년 수만 명의 군중이 모인 도쿄 국회 앞 데모에 대한 소식을 전하는 이 글에 2011년의 동일본 대지진과 후쿠시마 원자력 발전 사고에 대한 이야기로 거슬러 올라가는 것은 이런 이유 때문이다. 오구마 에이지의 〈수상 관저 앞에서〉는 데모를 민폐로 여기고, 사람들의 암묵적인 합의를 묵묵히 따라가는 데 익숙했던 일본 사람들(일본어로 '공기를 읽는다.'는 표현은 이런 사회적 분위기를 전형적으로 담고 있다.)이 어떻게 데모로 나아가게 되었는가에 대한 역사적 기록이다. 〈수상 관저 앞에서〉는 일본 사회에서 지난 몇 년간 데모를 지속하고, 데모를 통해 사회를 변화할 수 있다는 분위기가 어떻게 자리 잡게 되었는지에 대한 연구 작업이기도 하다.

동일본 대지진과 후쿠시마 원자력 발전 사고 이후 정부의 정보 통제로 인해 사람들은 스스로 정보를 모으고 나누어야만 했다. 초기에는 피폭에 대한 괴담이 퍼지기도 했고, 한국에는 주로 이런 괴담들이 널리 퍼졌다. 그러나 괴담만으로는 삶을 지속할 수가 없다. 삶을 지속하기 위해서는, 그리고 살아남기 위해서는 객관적이고 구체적인 정보가 필요했다. 동북 지방 주민들은 수상 관저 앞에서, 동경 전력 앞에서 자신들이 수집한 정보를 기반으로 구체적인 요구 사항과 정부의 대책을 촉구했다. 이런 과정을 거치면서 데모는 정보와 지식을 나누고 삶을 지속할 수 있는 구체적인 대책을 촉구하는 장이 되었다. 이런 과정에서 지식은 이전과는 다른 형태로 나아갈 수밖에 없었다. 아니 모두가 지식 생산의 주체가 되고 모두의 지식을 나누는 장이 데모 현장이 되었다.

일본의 데모 현장은 그런 점에서 파토스를 분출하는 장이라기보다 지식 생산과 공유의 장이 되었다. 과거 전공투 시대의 격렬한 데모가 지식을 기반으로 하면서도 파토스를 분출하는 장이었다면, 오늘날의 일본의 데모는 모두의 지식을 나누는 장이 된 것이다. 이는 매우 중요한 지점이다. 일본의 데모 현장을 구경한 한국 사람들이 "강력하지 않다"거나 "너무 진지하다"거나 하는 반응을 보이는 것도 이런 맥락에서 생각해볼 수 있다.

이런 변화를 보면서 한국에서의 데모 문화나 데모에 대한 입장들을 비교해서 생각해 보기도 했다. 물론 역사적 국면이나 조건이 다른 한국과 일본을 동일 선상에서 비교하기는 어렵다. 다만 일본 사회에서 데모에 대한 논의를 보면서 데모와 민주주의의 관계를 파토스와 지식의 나눔, 급진성과 지속성, 단일 입장의 주도성과 모두의 참여 가능성이라는 맥락에서 다시금 논의해 나가는 것이 매우 중요하다는 생각을 하게 되었다. 일본에서도 2011년 사람들은 불안, 공포, 두려움과 원한이라는 정동으로 거리로 나서게 되었다. 그러나 데모가 파토스를 분출하는 장에 그치는 한, 파괴된 삶을 지속해 나갈 수가 없다. 물론 이는 이항 대립적인 것은 아니다. 많은 이들이 데모를 통해서, 그리고 데모를 지속할 수 있다는 것만으로도 불안과 공포에서 벗어나, 삶을 변화시킬 수 있는 새로운 정동으로 이행할 수 있었다고 증언하고 있다. 그런 점에서 동일본 대지진 이후 일본에서 데모는 불안과 공포의 정동을 서로 나눔으로써 오히려 삶을 변화시키고 함께 살아남아야 한다는 변화의 열정으로 이행시킨 매개가 되었다고 할 수 있다. 그리고 이런 이행에서 불안을 해소하기 위한 지식 생산과 공유의 열정이 중요한 역할을 했다고 보인다.

동일본 대지진 이후 데모가 시작되고 사람들이 모이고 나아가는 과정은 그런 점에서 지식을 생산하고 나누는 방법을 전혀 다른 방식으로 전유하는 과정이기도 했다. 하나의 장면을 예로 들어보자. 2011년 8월 도쿄는 강제 절전 시행 중이라 불지옥처럼 뜨거웠다. 도쿄의 신주쿠에는 모사쿠사模索舍라는 허름한 '서점'이 있다. 1970년대 만들어진 모사쿠사는 "표현과 언론 활동의 다양성을 보장"하는 것을 목표로 하고 있다. 특히 표현과 언론 활동의 다양성이 보장되기 위해서는 이를 매개하는 미디어와 유통의 다양성을 지속해 나가는 것이 무엇보다 필요하다. 모사쿠사는 이러한 다양성을 지키는 역할의 하나로서 중개점을 매개로 한 주요출판물 유통 루트에 대항하는 또 다른 유통 루트를 만드는 것을 목표로 자주 유통 출판물을 취급하고 있다.

동일본 대지진 이전에 모사쿠사는 한국에는 이제 없어진 '사회과학서점'과 비슷한 역할을 했다. 냉전 체제가 계속된 한국과 달리 일본은 상대적으로 사상의 자유가 폭넓게 보장되어 온 게 사실이다. 물론 소비자본주의의 힘이 강력한 일본에서 사상의 다양성 역시 자본의 힘에 짓눌려있다. 그런데도 오랜 역사를 지니고 어렵게 '살아남은' 출판사, 서점, 네트워크는 사회 분위기가 이렇게 저렇게 변하는 와중에도 사회의 기저에 단단하게 뿌리를 내리고 있다. 모사쿠사도 그중 하나이다. 동일본 대지진 이후 모사쿠사에는 자주 출판물들이 폭발적으로 증가했다. "데모하는 법", "포스터 만드는 법" 등 데모의 기본 방법을 알려주는 작은 소책자부터 작은 모임들이 만든 출판물들이 전국에서 쇄도했다. 모사쿠사에는 1970년대 스타일의 고전적인 사회과학 서적과 막 출간된 쇼와시대 청년에 대한 박사논문 저서와 동인지 오타쿠들의 소책자, 데모에 처음 나선 사람들이 스스로 만든 〈데모하는 법〉 같은 책들이 나란히 자리 잡고 있다.

〈수상 관저 앞에서〉에도 등장하는 "수도권반원발反原發연합"의 미사오 레드울프도 일러스트레이터였다. 원래 아오모리 현의 핵연료 재처리 사업 반대운동을 했던 그녀는 2007년 "모든 핵에 대해 'No라고 말하기 위하여' 활동하는 비영리단체 "NO NUKES MORE HEARTS"를 만들게 되었다. 일러스트

레이터였던 그녀는 이런 활동을 널리 알리기 위해 포스터나 안내장, 로고 등을 만들고 다른 단체의 이런 작업을 도와주기도 하면서, 원래 직업은 그만두고 활동가로서의 삶에 전념하게 되었다.[2]

일본의 데모에 많은 사람들이 관심을 갖게 된 것은 '수만 명이 모인 도쿄 국회 앞 데모'라는 강력한 이미지 때문이기도 하다. 언제나 그렇듯이 이런 강력한 이미지가 사라지면 사람들의 관심도 사라진다. 그렇다면 계속 이러한 강력한 이미지를 만들기 위해 노력해야 할까? 그것도 필요할 것이다. 그러나 일본에서 지난 몇 년간 데모의 역사를 보면 사실 중요한 것은 강력한 이미지보다, 지속하고 나누기 위한 보이지 않는 무수한 노력과 네트워크라 할 것이다. 1970년대 만들어진 모사쿠사는 거의 사람들의 주목도 받지 못한 채 신기할 정도로 생존을 지속해 왔다. 모사쿠사가 있었기에 자주 출판을 지속할 수 있었고, 이제야 비로소 데모에 나가기 위해 새롭게 소책자를 만들고 나누고 싶은 사람들은 모사쿠사를 매개로 삼을 수 있었다. 물론 인터넷을 통한 빠르고 손쉬운 유통과 나눔도 중요한 역할을 했지만, 인터넷은 또한 그만큼 손쉽게 정보를 소멸시킨다.

거의 사람들의 눈에 띄지도 않지만, 대안과 사회 변화를 지향하면서 사회의 기저에 뿌리를 내리고, 어렵게 버텨온 오래된 네트워크와 미디어가, 새롭게 발생한 변화의 열정과 흐름을 실어 나르고 매개하는 창구가 된다. 어떤 점에서는 오늘날 일본 사회에서 데모는 활용할 수 있는 모든 미디어와 표현 방법을 새롭게 전유하고 발명하는 장이 되고 있다고 할 수 있다. 국적도 장르도 초월하여 소리를 내고 흥을 나누는 모든 도구를 데모의 표현 장르로 발명한 코엔지 그룹의 데모 역시 이런 사례라 할 것이다.

다양한 로고와 개성 넘치는 데모 방식으로 새삼 주목을 받고 있는 〈실즈〉는 사실 이러한 '데모'의 역사 속에서 형성된 것이다. 최근 〈실즈〉의 데모 방식과 생각들을 나누고 토론하는 책들이 대거 출판되고 있다. 서점에는 "〈실즈〉가 언급한 책" 코너가 마련되고 있기도 하다. 이렇게 미디어와 표현 방법을 새롭게 발명하면서, 데모는 지속되고 있다.

3. 돌아가기와 나아가기 : 무한한 연결의 발명

어쩌면 이 이야기들은 일본 전문가나 누군가에게는 임시 방문자이자 이방인인 필자의 과장된 희망적 이야기로 보일 수도 있다. 아마 그럴지도 모르겠다. 내가 길지 않은 시간 만난 건 일본 사람이나 일본 사회라기보다, '탈출구가 없는 상황에서 그저 나름의 안간힘을 쓰고 있는 사람들'이었기 때문이다. 그리고 그건 앞서 말한 것처럼 나의 사연과 상황을 엮어서 써나간 이야기의 조각에 불과하다. 실패의 연속, 견고한 체제에 되먹히기를 멈출 수 없는 반복, 관계의 절망과 자신에 대한 회한과 자학, 나의 사연은 그렇게 제자리걸음을 하고 있다. 안간

힘을 쓰고 있는 사람들 주변을 기웃거리며, 희망과 '대안'을 찾아 한 사람이라도 더 만나고자 애를 써보았다. 그래서 어떤 사람의 이야기도 내게는 너무나 크고 절실하게 보였다. 그렇게 안간힘을 쓰는 사람들의 이야기를 듣고 나누고, 또 전하면서 비로소 나의 사연도 다른 이야기로 나아갈 수 있지 않을까?

스스로가 역사를 만든다는 자의식을 내세우지 않지만, 결국 그렇게 다시 역사를 써나간 사람들. 그들의 이야기를 통해 비로소 역사란 단지 돌아가는 것이 아니라, 나아가는 것이라는 작은 결말을 되새겨본다.

투쟁과 싸움과 발명의 날들을 지나 길고 긴 소진과 자책의 터널 끝에서 그래도 계속 나아가기 위한 몇 마디 말을 얻었다. 많은 사람들이 그러했듯이 나도 세월호 사건을 겪으며, 어떤 성과를 기대하지 않고, 계속 싸워나가는 일, 그냥 싸워나가는 일을 몸으로 익히게 되었다.

2015년, 일 년이 지난 어느 날, 결국, 그것을 봤다고 친구가 말했다. 1년이 지나서야 겨우 끝까지 볼 용기가 났다고 한다. 나는 사실 아직 그것을 보지 못했다. 그것은 아이들이 마지막 남긴 동영상 기록이다. 그 죽음을, 비참을, 슬픔을 그 자체로 보는 것은 형언할 수 없는 고통을 촉발한다. 인류가 존재한 시초부터 상징과 제의를 통해 그냥 그대로의 슬픔에 직면하는 고통을 완화해온 것도 그런 이유다. 상징도 제의도 없이 슬픔을 그냥 마주하는 일은 무시무시한 일이다. 그런데 그냥 그러고 있어야만 하는 사람들이 있다.

"그냥 와서 피켓만 들고 있다구요. 그냥 이것만 한다구요." 아직 돌아오지 못한 아이, 은화의 엄마는 그냥 그러고 있다고 내내 말한다. 그냥 그렇게 서 있는 엄마를, 슬픔을 그냥 마주해야 하는 고통을 감히 상상하기 어려운 일이다. 고통의 크기를 상상하기 어렵기 때문이기도 하지만, '그냥'이라는 말의 의미를 이해하기 어려운 사회가 되어버렸기 때문이다. 어떤 이들은 유족들이 그냥 슬픔을 감당하고 있는 게 아니라, '뭔가 거저먹으려 든다'고 매도한다. 학교에서 아이들에게 밥을 그냥 준다고 할 때는 도둑이거나 '종북'으로 모욕 주기에만 바쁜 실정이다.

'그냥'은 이유를 따지고 도구적 계산을 앞세우는 입장에서 볼 때 텅 빈 무엇처럼 보인다. 그 텅 빔을 마주하는 건 또 다른 의미의 무시무시함이다. 세월호 사건이 일어난 뒤 1년, 한국 사회는 서로 상반된 맥락에서, '그냥'을 마주하는 섬뜩함에 사로잡혀 있다. 한국어에서 그냥은 공짜나 '거저'와 같은 뜻이 아니다. 한국어를 연구하는 학자들에 따르면 그냥은 단지 부사로서만이 아니라 맥락에 따라서 복합적인 의미를 지니는 담화 표지의 기능을 한다. 오늘날 한국 사회에서 '그냥'은 여러 사건을 거치면서 공짜라는 뜻으로 왜곡·축소되었다. 한국 사회는 '어떤 목적이나 조건 없이, 있는 그대로', 그냥 인간이나 세상을 이해할 능력을 상실했다. 있는 그대로, 그 자체의 모양을 이해하고 대면하는 것이야말로 무엇으로도 환원되지 않는 존재의 가치를 살피는 일이다. 슬픔과 밥이 '그냥'의 쓰임과 관련이 깊다는 것은 예사롭지 않다. 밥과 슬픔을 계산하지 않고 함께 나누는 게 당연했던 삶의 흔적이 언어의 쓰임에 남아 있다.

공짜가 아닌 그냥 나누는 밥, 계산될 수 없는 슬픔, 이는 인간 사회의 근원적인 영역이자 어떤 이유나 조건도 없이 모두에게 허용된 '공통의 것'이다. 그러니 그냥은 없고 공짜만 있는 사회란 공통된 것은 없고, 차별만 존재하는 사회이다. 근본은 없고 계산만 남은 사회이다. 결국 이 계산은 '목숨값'이라는 무시무시한 조어를 낳는다.

'그냥'의 세계를 매도하고, '그냥'을 나누려는 모든 움직임을 공짜나 거저 혹은 얼마인가의 맥락으로 환원해버리는 일은 세월호 이후 한국 사회를 지배하는 심각한 상징적 폭력이다. 하지만 이러한 상징적 폭력에 맞서 많은 사람들이 '그냥'의 세계를 살려내고 있다. 별다른 이해관계도 없는 무수한 이들이 그림, 사진, 플래시몹 등 자신이 할 수 있는 방법을 동원해서 슬픔과 분노를 나누었다. 상징도 제의도 박탈당한 채, 거꾸로 상징 폭력에 시달려야 하는 사람들의 슬픔과 분노를 나누며 그렇게 사람들은 예술을 만들어 왔다. 예술이 '무사심성'을 바탕으로 한다는 건 바로 이런 뜻이다. '공짜인가 아닌가?'만 묻는 상징 폭력에 맞서 '그냥 그렇게' 하기를 계속하는 일, 그것이야말로 세월호 이후 우리 앞에 도래한 '예술'의 세계이다. 함께 슬퍼하기를 거부하는 정치공동체(국가)와, 공짜냐 아니냐만 묻는 경제 집단을 넘어, 오늘 우리는 모두의 이름으로 그냥 그렇게 문득 출현한 새로운 '공동체'를 만나고 있는 것이다.[3]

"페미니스트인 게 무슨 큰 죄인가?"

사람들과 만나는 자리마다 나오는 질문이다. 젊은 세대는 페미니스트라는 이유로 인터넷에서 '신상털이'와 '조리돌림'에 시달린다. 학교 커뮤니티에 외설적으로 변형된 사진이 전시되고 다른 학생들이 학점 관리에 몰두할 때 대자보 쓰느라 정신이 없다. 그렇게 작성한 대자보도 칼로 난도질당하고 훼손되기 일쑤다.

나와 비슷한 또래나 조금 아래 세대의 연구자 중 페미니즘이나 여성과 관련된 연구를 전문으로 한 이들은 거의 대학에 자리를 잡지 못했다. 페미니즘 이슈가 부상하면서 이전보다 페미니즘 연구자나 활동가들과 자주 만나게 된다. 모두 과도한 노동, 감당하기 어려운 감정 노동 강도, 그럼에도 무엇인가 내가 더 잘했어야 했던 게 아닐까 하는 자신에 대한 자책과 윤리적 강박감에 몸과 마음이 소진되고 있다.

어느 때보다 페미니스트들이 모여 함께하는 연대의 쾌락이 커지기도 했지만, 서로 다른 지향점과 차이에서 촉발되는 부대낌의 강도는 무시무시하다. 모두가 지쳐가고 있지만, 누구도 지쳤다는 말을 하지 못한다. 운동에 '몸담은' 신체들의 부대낌과 소진, 그리고 거기서 어떻게든 더 나아가기 위한 애씀. 대안 인문학 운동과 페미니즘, 여러 종류의 데모와 대안 공동체의 실천 현장에서 마주친 그 고요하고도 격정적인 파동은 어쩌면 내가 정동 연구로 이끌리게 된 가장 중요한 계기였다. 또 정동 연구를 통해서 삶의 부대낌에서 직면한 한계를 어떻게든 밀고 나아갈 가능성을 계속 모색할 수 있었다.

이 책에서는 페미니즘과 젠더 정치, 그리고 정동 연구가 결합해서 다뤄야 할 많은 주제를 포괄하지는 못했다. 주로 실천적 현장에서의 정동과 이론에서의 정동적 전환을 결합한 어떤 사유의 단초를 모색해 보았다고 할 수 있겠다. 과도한 노동과 감정 노동, 환멸과 책임감과 좌절을 오가는 모든 페미니스트들에게 그 부대낌이 개인의 문제가 아니라는 것을, 오히려 그 부대낌이야말로 오늘 이곳에서 페미니즘이 만들어가는 새로운 연결, 사회적이고 정치적인 발명의 증거라고 이 책을 통해 말을 건네고 싶었다.

이 책은 많은 부분 트위터와 페이스북, 인터넷 커뮤니티에서 '암약하는' 페미니스트들에게서 영감을 받았다. 인터넷 기반 페미니즘을 낭만적으로 과대평가하려는 것은 아니다. 인터넷을 거점으로 활동하는 페미니스트들도 개별적 존재로서 각자의 지향점을 갖고 때로는 앞장서서 나아가고 때로는 치명적인 실수나 문제를 일으키기도 한다. 그리고 이런 양상은 인터넷 기반 페미니스트들에게서만 나타나는 게 아니고 어느 누구에게서나 나타날 수 있다.

그럼에도 불구하고 유독 인터넷 기반 페미니스트들에 대

한 공격은 날로 거세지고, 페미니즘 내부에서도 갈등은 격화되고 있다. 반페미니즘 증오선동으로 가득 찬 인터넷 공간에서 인터넷 기반 페미니스트들은 대체로 익명으로 활동하고, '명성'이나 상징 자본이 없는 채로 오직 '언어'에 의지하여 페미니즘 실천과 반페미니즘 공격에 맞서고 있다.

반페미니즘 공격이 더 거세지고 사회 전반에 젠더 불평등을 개선해 나갈 변화의 조짐은 예상보다 미미하다. 그러나 놀라울 정도로 페미니즘에 대한 관심은 높아지고 있고, 지적인 관심도 높아졌다. 이런 변화는 소수의 페미니즘 이론가나 활동가에 의해서 만들어진 게 아니라, 무수한 다수의 '익명의 페미니스트들'에 의해 추동되었고 지속되고 있다. 특정한 대표 아이콘이나 상징, 거점을 매개로 움직이는 것이 아니라서, 많은 실패나 좌절을 거치면서도 그 힘들은 사라지지 않는다.

이 새로운 정치적 힘들의 거대한 흐름 한가운데서 동료 페미니스트로서 살고, 토론하고, 싸우고 함께 나아갈 수 있다는 것은 정말로 드문 희귀한 경험이고 그런 점에서 사건적이다.

인터넷 기반 페미니스트들은 오늘도 여전히 '메뚜기 떼'라는 멸칭으로 조롱당하고 공격당한다. 남성의 모임은 정치적이고 의미를 갖는 관계 형식으로 해석되지만, 여성의 모임은 부적절하고 하찮은 소란으로 취급되며, 무의미한 관계로 평가 절하된다. 남성은 연결되면서 사회와 정치라는 거대하고 의미있는 신체를 건설하지만, 여성은 연결되면 무의미하거나 공허한 소용돌이만을 남긴다는 식의 패러다임은 거의 변하지 않고 있다.

바로 그렇기 때문에 "우리는 연결될수록 강하다!"는 최근 페미니즘의 구호는 바로 연결, 친밀감, 반려, 사회적 결속과 정치적 결사를 가로지르는 젠더 불평등의 구조를 절단한다. 연결되고 부대끼고 마주하면서 서로는 서로에게 더 이상 "떼거리", "패거리"로만 존재할 수 없다. 마주침과 부대낌은 강렬한 정동의 소진을 유발하기도 하지만, 비로소 익명의 덩어리가 아닌, 저마다의 음색과 표정과 목소리를 지닌 존재로서 서로를 바라보게 한다. 나 역시 긴 연구와 부대낌의 과정을 통해 무수한 익명의 존재를 고유한 얼굴로 마주하고 기억하게 되었다. 때로 잘 보여 주지 않는 자신의 얼굴, 목소리, 음조로 말을 건네준 그대들에게 감사를 전하고 싶다.

들볶이고 공격당해도 굳세게 말을 이어가던, 그러나 지금은 사라진 그 모든 페미니즘 계정을 기억하려 노력합니다. 당신들의 그 모든 수고와 애씀과 절망과 분노 덕분에 이 글은 세상에 남아 흔적을 남깁니다. 과분한 이 자리가 오로지 나의 몫이 아님을 언제나 되새기며, 당신들과 함께 계속 나아가겠습니다.

들어가는 말

1. 권명아, 『식민지 이후를 사유하다』, 책세상, 2009.

1부 페미니즘의 신체 유물론과 젠더 어펙트

1장 미투 운동과 페미니즘의 신체 유물론

1. KBS뉴스, 2019년 2월 6일, http://news.kbs.co.kr/news/view.do?ncd=4132779&ref=D

2. 2015년 발생한 이 사건에 대해 SBS 〈그것이 알고 싶다〉에서도 취재, 조사를 했다.

3. 조선 후기에서 일제 시기, 냉전 체제에 이르기까지 '여성범죄'를 다루는 법적, 과학적, 전문가적 인식과 인지는 오늘날 성폭력 판결이나 담론에서 거의 변하지 않고 반복된다. 이에 대해서는 한국 사회에서 반복된 '여성범죄' 담론과 '꽃뱀' 담론을 살펴보면서 뒤에서 자세하게 논한다.

4. 캐럴 페이트먼, 『남과 여, 은폐된 성적 계약』, 이충훈 외 옮김, 이후, 2001 참조.

5. 이에 대해서는 권명아, 『음란과 혁명: 풍기문란의 계보와 정념의 정치학』, 책세상, 2013에서 자세하게 다루었다.

6. 실비아 페데리치, 「실비아 페데리치 강연, 미투와 자본 축적의 새로운 형태들」, 다중지성의 정원 홈페이지, 김정연 옮김, 2018년 8월 16일, http://daziwon.com/?mod=document&uid=2595&page_id=600. 이 글은 2018년 2월 13일 실비아 페데리치가 '연구와 실천 조직가를 위한 새로운 센터'(The New Centre for Research & Practice Organizers)에서 진행한 강연의 녹화 영상을 녹취, 번역한 것이다. "내가 우리 세대의 여성, 또는 그전 세대의 여성에 대해 설명한 것과 무엇이 달라졌는가를 보면, 오늘날 여성들은 가정 내에서 한 명에게 봉사하는 것이 아니라 더 많은 수의 남성, 더 많은 수의 고객에게 봉사합니다. 오늘날 점점 더 가족의 붕괴와 남성 임금의 붕괴와 함께 발견하는 것은 여성이 한 명이 아닌 여러 명의 남성을 위해 요리하는 직업을 갖게 되고, 웨이트리스로 여러 남성의 시중을 드는 일을 하는 것처럼 그와 유사하게 점점 더 많은 여성들이 여러 명의 남성에게 성적 서비스를 제공해야 합니다. 성적 관계는 사회화되었고 가정 영역을 벗어나 확장되었습니다. 실제로 우리는 성노동의 대량화(massification)를 목격합니다. 황금장소였던 임금노동이 그나마 제공하던 여러 혜택들과 보장이 사라지고 입에 풀칠은 할 정도의 임금을 받을 가능성마저 사라지는 상황에서 여성들이 임금노동으로 진입하였고, 여성들이 신체, 외모, 성적 서비스를 팔아야 할 필요는 지속되고 있습니다."

7. 안토니오 네그리·마이클 하트, 『공통체: 자본과 국가 너머의 삶』, 윤영광·정남영

옮김, 사월의 책, 2014 참조.

8. 여성범죄 담론과 근대 정체성 정치와 파시즘 정체성 정치는 필자가 『음란과 혁명』, 『역사적 파시즘』(책세상, 2005)에서 다룬 주요 주제이기도 했다.

9. 여성범죄 관련 연구는 상당히 축적되어 있다. 최근 연구로는 소영현, 「식민지기 조선 촌부의 비/가시화 : 친밀성 범죄와 여성범죄에 관한 메타적 성찰」, 『동방학지』, 175권, 2016, 그리고 홍나래, 「조선 후기 가부장 살해 설화의 문화사회적 의미」, 『구비문학연구』, 42권, 2016 참조. 여성범죄에 대한 선행 연구를 정리한 소영현의 논문을 참조해서 정리하면 아래와 같다.

류승현, 「구한말~일제하 여성조혼의 실태와 조혼폐지사회운동」, 『성신사학』, 16호, 1998.

이종민, 「전통·여성·범죄 : 식민지 권력에 의한 여성범죄 분석의 문제」, 『한국사회학회 사회학대회 논문집』, 2000.

류승현, 「일제하 조혼으로 인한 여성범죄」, 『여성 : 역사와 현재』, 박용옥 편저, 2001.

김경일, 「일제하 조혼 문제에 대한 연구」, 『한국학논집』, 41, 2006.

장용경, 「식민지기 본부살해사건과 여성주체」, 『역사와 문화』, 13호, 2007.

최애순, 「식민지 조선의 여성범죄와 한국 팜므파탈의 탄생 : 방인근의 마도의 향불을 중심으로」, 『정신문화연구』, 32권 2호, 2009.

전미경, 「식민지기 본부살해(本夫殺害) 사건과 아내의 정상성 : '탈유교' 과정을 중심으로」, 『아시아여성연구』, 49권 1호, 2010.

홍양희, 「식민지 조선의 "본부살해(本夫殺害)" 사건과 재현의 정치학」, 『사학연구』, 102호, 2011.

홍양희, 「식민지시기 '의학' '지식'과 조선의 '전통'」, 『의사학』, 44호, 2013.

최재목·김정곤, 「구도 다케키(工藤武城)의 '의학'과 '황도유교'에 관한 고찰」, 『의사학』, 51호, 2015.

소영현, 「야만적 정열, 범죄의 과학 : 식민지기 조선 특유의 (여성) 범죄라는 인종주의」, 『한국학연구』, 41호, 2016.

Park, Jin-Kyung, "Husband Murder as the 'Sickness' of Korea : Carceral Gynecology, Race, and Tradition in Colonial Korea, 1926-1932", *Journal of Women's History*, vol. 25, 2013.

10. 이른바 '민비'에 대한 담론의 변화와 1990년대 '명성왕후' 담론에서 젠더, 민족의 교차에 대해서는 공임순의 일련의 연구가 명확하게 밝혀준 바 있다. 공임순, 『식민지의 적자들 : 조선적인 것과 한국 근대사의 굴절된 이면들』, 푸른역사, 2005.

11. 김어준, 〈다스뵈이다〉, 27회, 2018년 8월 13일, https://www.youtube.com/watch?v=NFuParleybY.

12. 파시즘의 몰락과 재생에 대한 판타지를 연구한 대표적 연구인 *male fantasie*는 수컷의 환상이라 할 수 있다. klaus theweleit, *male fantasie*, translated by Chris Turner, Carter Erica, and Stephen Conway, foreword by Jessica Benjamin

and Anson Rabinbach, University of Minnesota Press, 1987.

13. 저술가인 김민하는 안희정 무죄 판결 직후 『미디어스』에 게재한 글에서 홍대 사건, 불법촬영 성 편파 수사, 워마드에 대한 담론화 등을 사례로 여성에 대한 "법 차원의 형평성" 문제가 심각하다고 정당하게 지적한다. 또 이런 편파성이 일부 여성주의자가 파시즘화되는 요인이라고 지적하고 있다. 그러나 이런 지적은 아주 일부분만 동의할 수 있다. "최근 사례를 통해 지속적으로 확인되는 것은 여성을 남성의 욕망을 해소하기 위한 도구로만 여기는 세태는 매우 뿌리 깊다는 것이며 어느 하나의 괴물을 퇴치한다고 해서 해결되는 게 아니라는 거다. 여성이 불법촬영물과 일상적 성폭력의 피해에서 자유로워지기 위해서는 갈 길이 너무나 멀고 세상이 전부 바뀌어야만 한다. 그렇다면 천지개벽이 일어날 때까지 끝없이 기다려야 할까? 사실 이 구도는 오늘날 이뤄지는 정치의 여러 사례에서 동일하게 반복되어 왔다. 사람들의 불만이 쌓여갈 때 통치자와 기득권이 제대로 된 답을 내놓고 문제해결을 하지 못하면 대중은 급진화된다. 문제해결을 위한 노력은 너무나 어렵고, 최종적인 해결 가능성이 크지 않다는 사실이 드러나면 당장 눈앞에 보이는 쉬운 길을 선택하는 사람들이 늘어날 수밖에 없다. 이것이 오늘날에는 여성주의자를 자처하는 일부 사람들이 소수자나 난민 혐오로 빠지는 메커니즘이 되고 있다. 미국과 유럽 등 서구권에서 극우정치가 다름 아닌 노동자들의 의지로 확산되는 것도 같은 원리다. 과거 파시즘과 사회주의 혁명의 경우도 마찬가지였다"(김민하, 「분노한 여성들을 누가 대변하고 있나: 안희정 무죄에 민주당 '침묵', 여성이 믿을 정치세력 없는 현실」, 『미디어스』, 2018년 8월 16일, http://www.mediaus.co.kr/news/articleView.html?idxno=132024).

14. "미투 운동이 촉발된 뒤로 국회에는 성범죄 처벌을 강화하는 법안이 봇물 터지듯 쏟아졌습니다. 형법 제297조는 폭행 또는 협박으로 강간한 자에게 3년 이하의 유기징역에 처하도록 규정해 놓았는데 피해자가 거절했다고 해도 폭행과 협박의 증거가 불충분할 경우 현행법으로는 처벌이 어렵습니다. 이 때문에 동의 없는 성관계는 무조건 처벌하도록 하는 '비동의 간음죄' 도입 법안까지 국회에 제출됐습니다. 하지만, 이 법안들은 상임위에 계류 중입니다. 성범죄 처벌을 강화하는 법안이 국회의 문턱을 넘지 못한 겁니다. 이런 상황에서 안희정 전 충남지사에 대한 1심 무죄판결은 입법 미비 논란에 불을 붙였습니다. 재판부가 무죄 판결의 이유로 '처벌 규정의 미비'를 들며 책임을 국회로 돌렸기 때문입니다. 이에 대해 정치권은 사법부가 소극적으로 판단해 놓고 '입법부 탓'을 한다고 비판하면서도 보완 입법 논의에 속도를 내고 있습니다. 무엇보다 안 전 지사 재판에서 위력에 의한 간음죄가 인정되지 않은 부분이 보완 입법의 핵심 내용이 될 전망입니다. 형법 303조는 업무상 위력에 의한 간음죄를 규정하고 있지만 사법부는 '성적 자기결정권'이 침해됐다고 보기 어렵고, 일상생활을 이어갔다는 점에서 위력이 아니라고 판단했기 때문입니다"(「안희정 무죄는 국회 탓? … 잠자던 미투 법안 논의 재개」, 『연합뉴스』, 2018년 8월 18일, http://www.yonhapnewstv.co.kr/MYH20180818000500038/).

15. 「안희정 '무죄 판결문'의 결정적 의문점 4가지」에는 1심 판결 직후 재판 지원에 참가했던 활동가들의 문제제기를 토대로 주요한 법적 쟁점이 잘 정리되어 있다(『한겨레』, 2018년 8월 15일, http://www.hani.co.kr/arti/society/women/857716.html).

16. "폭력의 문제와 마찬가지로 성폭력에 대한 우리의 대응도 초기적인(primitive) 차원에 그쳐서는 안 된다는 것입니다. 우리의 불만들이 고민들이 거기서 해결될 것이라고 법적 시스템 등에만 의지하는 것처럼 말입니다. 왜냐하면 어떤 방식으로든 이 시스템이 학대의 지속에 공모하고 있기 때문입니다. 따라서 많은 젊은 여성들이 인식하게 되는 문제들은 정치적으로 우리 세대 여성들이 마주했던 문제들과 크게 다르지 않습니다. 그들은 전략들과 움직일 방향성을 찾고 있습니다"(실비아 페데리치, 「실비아 페데리치 강연, 미투와 자본 축적의 새로운 형태들」, 앞의 글).

17. 1부의 3장과 4장은 필자의 칼럼, 「미투에 고발자 보호와 적폐청산으로 응답하라」(『한국일보』, 2018년 2월 21일, http://www.hankookilbo.com/News/Read/201802211618102374), 「배후 공작과 성지수호의 메시아주의」(『한겨레』, 2018년 3월 1일, http://www.hani.co.kr/arti/opinion/column/834257.html), 「'나는 거기 없었다'와 미투의 발본적 유물론」(『한겨레』, 2018년 3월 29일, http://www.hani.co.kr/arti/opinion/column/838289.html), 「미투, 해결 주체를 만드는 게 변화를 위한 한 걸음」(『한겨레』, 2018년 4월 26일, http://www.hani.co.kr/arti/opinion/column/842248.html)을 바탕으로 집필했다.

18. 정혜진(전국대학원생 노동조합 교육선전국장), 「대학 내 성폭력 근절을 위한 노조의 책무」, 『교수신문』, 2018년 4월 23일, http://www.kyosu.net/news/articleView.html?idxno=41468.

19. 『노컷 뉴스』 보도에 따르면 "미투 후속 대책으로 문화체육관광부 등 일부 부처에 성희롱·성폭력 예방을 전담하는 부서를 신설하는 방안이 추진됐지만 행정안전부가 이를 전면 보류시킨 것으로 확인됐다." 조은정, 「[단독] 미투 전담 부서 신설 보류되고 예산도 삭감 위기」, 『노컷뉴스』, 2018년 8월 21일, https://www.nocutnews.co.kr/news/5017965. 아래는 기사 전문이다. "미투 후속 대책으로 문화체육관광부 등 일부 부처에 성희롱·성폭력 예방을 전담하는 부서를 신설하는 방안이 추진됐지만 행정안전부가 이를 전면 보류시킨 것으로 확인됐다. 성희롱·성폭력 관련 예산 확보도 기획재정부의 제동으로 어려움을 겪고 있는 것으로 알려져 정부의 미적지근한 대처에 우려의 목소리가 높다. 문화예술계와 교육계를 중심으로 미투가 들불처럼 번지던 올해 초, 정부는 부랴부랴 위원회를 출범시키고 대책 마련에 나섰다. 여성가족부를 중심으로 문화체육관광부, 교육부, 법무부 등이 범정부 회의체를 만들고 대책 마련을 위해 분주하게 움직였다. 특히 민간 위원들이 대거 참여한 문체부 성희롱·성폭력 예방대책위원회에서 핵심 대책으로 내놓은 것 중 하나가 바로 부처 안에 미투 담당자를 두는 것이었다. 성희롱·성폭력 관련 담당 부서와 공무원이 없다 보니 체계적으로 업무를 하기 어렵고 책임 소재

도 불명확하다는 이유였다. 부처 내 전담부서 신설은 여성계의 중점 요구사항이기도 했다. 하지만 이 대책은 결국 수포로 돌아가게 됐다. 조직 운영을 관할하는 행정안전부가 미투 부서 신설 권고안을 무기한 보류시켰기 때문이다. 행안부 조직 담당자는 CBS와의 통화에서 '몇 개 부처에 미투 전담 부서를 신설하자는 권고안이 있었지만 저희가 인정한 것은 없다. 내년도 정원 계획에 반영하지 않았다.'며 '현재까지 추가로 검토할 계획도 잡혀있지 않다'고 말했다. 특히, 지난달 2일 문체부 성희롱·성폭력 예방대책위에서 가칭 '성평등 문화정책관' 신설 방침을 발표하자 행안부에서 우리와 조율하지 않은 것을 섣불리 발표했다며 불쾌감을 내비쳤다는 소문도 돌고 있다. 행안부의 제동에 각 부처는 난색을 표하고 있다. 여성가족부 담당자는 '행안부에 직접 찾아가기도 하고, 계속 조율하고 있다.'고 말했고, 문체부 담당자는 '행안부에서는 예산과 조직 운영의 입장이 있기 때문에 일단은 신중한 입장이지만 계속 논의할 것'이라고 말했다. 내년도 정부 예산 심의가 한창인 가운데, 미투 관련 예산 확보도 어려움을 겪고 있었다. 문체부의 경우 문화예술계 성희롱·성폭력 전담 신고상담센터를 운영하고, 예방교육을 실시하기 위해 18억 원 가량을 요구했는데 기재부 심사 과정에서 원안보다 상당액 삭감되고 있는 것으로 전해졌다. 문체부 담당자는 '기재부와 아직 조율 중인데 현재까지는 예산을 원안 그대로 확보하지는 못한 상태'라고 분위기를 전했다. 물밑 상황이 이렇다 보니 미투 국면에서 떠들썩하게 내놨던 정부 대책이 결국엔 흐지부지되는 것 아니냐는 비판의 목소리도 높다. 여론이 들끓을 때 반짝 대책을 내놨다가 시간이 흐르면 현실적인 이유로 후퇴하는 양상이 반복되고 있다는 것이다. 이성미 여성문화예술연합 대표는 '정책이 제대로 실행되기 위해서는 예산과 인력 확보가 필수적인데 흐지부지되고 있다'면서 '국민 여론이 안 좋았을 때에 앞다퉈 발표한 대책들이 행안부, 기재부 등 힘 있는 부처들의 반대로 후퇴하는 양상'이라고 개탄했다. 그러면서 '이쯤 되면 과연 청와대가 미투 관련 대책을 실행할 의지가 있는지 의심마저 든다.'며 '거창하게 보여 주기 식 회의만 열 것이 아니라 그 열정과 공력으로 예산과 인력을 지원해 내실 있는 정책이 실행될 수 있도록 해야 한다.'고 지적했다."

20. 이에 대해서는 권명아, 「여성 살해 위에 세워진 문학/비평과 문화산업」, 『문학과 사회』(2018년 봄호)에서 자세하게 논했다.

21. klaus theweleit, *male fantasie*, 앞의 책.

22. 캐서린 헤일스, 『우리는 어떻게 포스트휴먼이 되었나 : 사이버네틱스와 문학 정보 과학의 신체들』, 허진 옮김, 플래닛, 2013.

2장 골품제 사회의 적자 재생산 구조와 권력형 성폭력

1. 정진석, 『한국언론사』, 나남, 1990, 221쪽. 채백, 「애국계몽운동기 일제의 언론 통제와 한국 언론의 대응」, 『언론과학연구』, 10권 2호, 2010, 611쪽에서 재인용.

2. 채백, 「애국계몽운동기 일제의 언론 통제와 한국 언론의 대응」, 앞의 글.

3장 해시태그의 정동이 재구축한 페미니즘 문학

1. 이러한 과정에 대해서는 권명아, 「여성 살해 위에 새겨진 문학/비평과 문화산업」, 앞의 글 참조.
2. 이에 대해서는 최근 칼럼에서 논의했다. 권명아, 「증오선동과 페미니즘 인증샷의 정치학」, 『한겨레』, 2018년 5월 24일, http://www.hani.co.kr/arti/opinion/column/846141.html.
3. 2018년 1월 11일 자 성명서, 「국립한국문학관 건립 방해 책동을 당장 멈춰라」.
4. 최재봉, 「국립문학관 설립 추진위 출범」, 『한겨레』, 2018년 5월 24일, http://www.hani.co.kr/arti/culture/culture_general/846098.html.
5. 이에 대해서는 권명아, 『식민지 이후를 사유하다』, 앞의 책 참조.
6. 「한국사회는 어떤 글로 기억되나」, 『한겨레』, 2018년 5월 14일, http://www.hani.co.kr/arti/culture/book/844587.html.
7. 권명아, 「증오선동과 페미니즘 인증샷의 정치학」, 앞의 글.

4장 소녀의 죽음과 퀸의 미로

1. Roger Luckhurst, "Beyond TraumaTorturous times", *European Journal of English Studies,* vol. 14, No. 1, April, 2010, p, 17.
2. 이에 대해서는 권명아, 『무한히 정치적인 외로움 : 한국 사회의 정동을 묻다』, 갈무리, 2012 참조.
3. Roger Luckhurst, "Beyond TraumaTorturous times", 앞의 글, 18쪽 참조.
4. 같은 곳.
5. 브라이언 마수미, 『가상계 : 운동, 정동, 감각의 아쌍블라주』, 조성훈 옮김, 갈무리, 2011, 79~80쪽.
6. 조윤호, 「겨울왕국 '엘사'-박근혜 공통점은 … 성문 닫고 불통」, 『미디어오늘』, 2014년 2월 3일, http://www.mediatoday.co.kr/?mod=news&act=articleView&idxno=114615.
7. 박근혜의 통치성에 대해서는 『문화과학』 77호의 특집에서 여러 필자들이 자세하게 논의를 한 바 있다. 이 글 역시 이러한 논의에서 많은 시사점을 받았다.
8. 최현정, 「NYT 광고가 나라 망신이라고? 미주여성 세월호 광고 어떻게 나왔나」, 『오마이뉴스』, 2014년 5월 12일, http://m.ohmynews.com/NWS_Web/Mobile/at_pg.aspx?CNTN_CD=A0001990488.
9. 존 거제마·마이클 단토니오, 『아테나 독트린여성적 가치의 부활』, 안명옥·길정우 옮김, 조윤커뮤니케이션, 2014.
10. 『우먼 센스』, 2014년 4월호, 154~165쪽.
11. 「'상고 출신'의 삼성전자 최초 여성 임원, 양향자 " '상고출신'이라는 편견과 싸워 이겨냈다」, 『우먼 센스』, 앞의 책, 159쪽.
12. 「국민건강보험공단 최초 여성 임원, 박경순 : 결핍을 채우기 위해 두세 배 더 뛰었다」, 『우먼 센스』, 앞의 책, 160쪽.

13. 1930년대 자수성가로 상징되는 남성 판본의 입신 출세주의가 파시즘에 동조하는 주요 세력의 이념적 기반이 되었다.

14. 『아테나 독트린』의 북콘서트에서도 역시 김연아가 대표 사례가 거론되었다. 『우먼 센스』, 앞의 책, 165쪽.

15. 권명아, 「길라임과 사이다, 입신출세와 대중정치」, 『한겨레』, 2016년 12월 22일, http://www.hani.co.kr/arti/opinion/column/775765.html.

16. 권명아, 「영혼을 탈환하라」, 『한겨레』, 2015년 2월 11일, http://www.hani.co.kr/arti/opinion/column/677951.html.

17. 이토 마모루, 『정동의 힘』, 김미정 옮김, 갈무리, 2016.

18. 권명아, 「파동, 죽음과 삶 정치」, 『한겨레』, 2016년 9월 29일, http://www.hani.co.kr/arti/opinion/column/763415.html을 재구성함.

2부 여자떼 공포와 시민성의 경계

1. 권명아, 「영애 시대, 소년·소녀담」, 『한겨레』, 2016년 3월 16일, http://www.hani.co.kr/arti/opinion/column/735277.html.

2. 권명아, 「가르침의 질서와 해방된 주체」, 『한겨레』, 2016년 11월 24일, http://www.hani.co.kr/arti/opinion/column/771857.html.

3. 권명아, 「혁명은 못 하고 아비의 이름만 바꾸었구나」, 『한겨레』, 2017년 2월 16일, http://www.hani.co.kr/arti/PRINT/782986.html.

1장 여자떼 공포와 다스려질 수 없는 자들의 힘

1. 권명아, 「홀로 깨어있는 자와 포스트잇 하나」, 『한겨레』, 2018년 7월 19일, http://www.hani.co.kr/arti/opinion/column/854049.html.

2. 페미니즘에 우호적이고 페미니스트에 의해 구성된 담론에서조차 이런 식으로 한국 페미니즘 역사가 배제되고, 역사적 원천에서 사라지는 일은 자주 드러난다. 최근 페미니즘 붐을 계기로 페미니즘 저서나 페미니즘 읽기 목록을 알려주는 기사나 정보 모음은 최근 출간된 페미니즘 서적이나 해외 페미니즘 고전 번역으로 채워져 있다.

3. 대표적으로는 최원, 「정동 이론 비판」, 『문화과학』, 2016년 6월, 82~111쪽.

4. 진태원, 「정동인가 정서인가」, 『현대시학』, 2016년 4월호. 인용은 블로그에 게재된 버전임. http://blog.aladin.co.kr/balmas/8386452.

5. 안토니오 네그리·마이클 하트, 『공통체』, 앞의 책, 108~109쪽.

6. 멜리사 그레그·그레고리 시그워스 편저, 『정동 이론』, 최성희·김지영·박혜정 옮김, 『정동 이론』, 갈무리, 아프꼼 총서 02, 2015, 24~25쪽.

7. 이정숙, 「"프레스 정동"의 탄생과 문학자의 "선언": 『동아일보』 "백지광고"에 나타난 시민성을 중심으로」, 『민족문학사연구』, 60호, 2016.
조강석, 「시 이미지 연구 방법론」, 『한국시학연구』, 42호, 2015.

조강석, 「1960년대 한국시의 정동(情動)과 이미지의 정치학 (1)」, 『한국학연구』, 38
집, 2015.

이정숙, 「1970년대 한국 소설에 나타난 가난의 정동화」, 서울대학교 박사학위논
문, 2015.

최성희, 「『햄릿』 영화들과 정동」, 『새한영어영문학』, 58권 1호, 2016.

진태원의 논의는 조강석의 위의 논문을 사례로 한 것이다.

8. 유재홍, 「들뢰즈의 문학비평 : 비인칭적 자아를 중심으로」, 『한국프랑스학논집』,
41호, 2003.

김성호, 「존재 리얼리즘을 향하여 : 최근의 총체성과 리얼리즘 논의에 부쳐」, 『창작
과 비평』, 42권 3호(통권 165호), 2014.

이수안, 「감각중심 디지털 문화와 포스트휴먼 징후로서 '호모 센수스(homosen-
sus)'의 출현」, 『문화와 사회』, 18호, 2015.

박기순, 「들뢰즈와 스피노자 : 무한의 사유」, 『진보평론』, 31호, 2007.

유재홍, 「들뢰즈의 문학비평 : 비인칭적 자아를 중심으로」, 『한국프랑스학논집』,
41호, 2003.

홍지영, 「들뢰즈의 '되기' 개념을 통해 재고하는 섹슈얼리티의 문제」, 이화여자대학
교 철학과 석사학위논문, 2012.

김재인, 「지젝의 들뢰즈 읽기에 나타난 인간주의적-관념론적 오독」, 『진보평론』,
56호, 2013.

박현선, 「정동의 이론적 갈래들과 미적 기능에 대하여」, 『문화과학』, 86호, 2016.

9. 김은주, 「에토스로서의 윤리학과 정동」, 『시대와 철학』, 26권 1호, 2015.

김은주, 「여성주의와 긍정의 윤리학 : 들뢰즈의 행동학을 기반으로」, 이화여자대학
교 철학과 박사학위논문, 2013.

문강형준, 「재난 시대의 정동」, 『여성문학연구』, 35호, 2015.

조경희, 「전후일본 70년과 복수의 평화주의 : SEALDs의 운동과 정동」, 『사이』, 20
권, 2016.

김종갑, 「혐오와 여성의 살 : 정동과 감정」, 『안과 밖』, 40권, 2016.

김현희, 「외국인 범죄/테러리즘과 반다문화 정서의 "글로벌화"」, 『OUGHTOPIA』,
30권 1호, 2016

김정하, 「트라우마와 정동」, 『비평과 이론』, 19권 2호, 2014.

오명석, 「지식의 통섭과 인류학」, 『비교문화연구』, 18권 2호, 2012.

임옥희, 『젠더, 감정, 정치』, 여이연, 2016.

송제숙, 『혼자 살아가기 : 비혼여성, 임대주택, 민주화 이후의 정동』, 황성원 옮김,
동녘, 2016.

10. 조정환, 『인지자본주의 : 현대 세계의 거대한 전환과 사회적 삶의 재구성』, 갈무리,
2011,

조정환, 『예술인간의 탄생 : 인지자본주의 시대의 감성혁명과 예술진화의 역량』,
갈무리, 2015.

이항우, 「'이윤의 지대되기'와 정동 엔클로저」, 『한국사회학』, 50권 1호, 2016.

이항우, 「구글의 정동 경제(Affective Economy)」, 『경제와사회』, 102호, 2014.

이항우, 「동료 생산(peer production)과 시장」, 『경제와사회』, 99호, 2013.

윤영도, 「소셜 미디어 장과 리액션의 정동역학(情動力學)」, 『중국현대문학』, 77호, 2016.

서동진, 「우울한 가족 : 금융화된 세계에서의 가족과 정동」, 『한국고전여성문학연구』, 31권, 2015.

이강형, 김상호, 「감정과 공론장」, 『언론과 사회』, 22권 1호, 2014.

정수영, 「공감과 연민, 그리고 정동(affect)」, 『커뮤니케이션 이론』, 11권 4호, 2015.

11. 이묘랑, 차현숙(다문화+인권을 생각하는 모임), 「교과과정 속의 인종주의 혹은 인종차별」, 『2014 인종차별 실태보고대회 자료집』, UN 인종차별특별보고관방한 대응 시민사회단체 공동 사무국, 2014.

김현미, 「인종주의 확산과 '국가없음'」, 『2014 인종차별 실태보고대회 자료집』, 앞의 책.

정혜실, 「미디어 속의 인종주의」, 『2014 인종차별 실태보고대회 자료집』, 앞의 책.

학생인권조례 성소수자 공동행동, 『성적소수자 학교 내 차별 사례모음집』, 2011.

이찬행, 「그들은 왜 빈센트 칭을 죽였을까?」, 『역사문제연구』, 35호, 2016.

허윤, 「냉전 아시아적 질서와 1950년대 한국의 여성혐오」, 『역사문제연구』, 35호, 2016.

임국희, 「맨스플레인, 폭로의 정치를 넘어서」, 『여/성이론』, 33호, 2015.

유민석, 「혐오발언에 관한 담화행위론적 연구」, 동국대 철학과 석사학위 논문, 2015.

유민석, 「혐오발언에 기생하기 : 메갈리아의 반란적인 발화」, 『여/성이론』, 33호, 2015.

이승현, 「혐오표현(hate speech)에 대한 헌법적 고찰」, 연세대학교 법학과 박사학위논문, 2015.

『혐오표현의 실태와 대책』, 토론회 자료집, 서울대학교 인권센터, 2016.

『여성혐오와 수치 ; 테러시대 도시의 불안』, 심포지엄 자료집, 서울시립대 도시인문학연구소, 여성문화이론연구소 공동 개최, 2016.

엄진, 「전략적 여성 혐오와 그 모순 : 인터넷 커뮤니티 '일간베스트저장소'의 게시물 분석을 중심으로」, 이화여자대학교 여성학과 석사학위논문, 2015.

이연식, 「해방 직후 '우리 안의 난민·이주민 문제'에 대한 시론」, 『역사문제연구』, 35호, 2016.

한국 성소수자 연구회, 『혐오의 시대에 맞서는 성소수자에 대한 12가지 질문』, 2016, https://drive.google.com/file/d/0B_KKVEdDQqDfOXZzV3ZSVDF-hZmc/view?usp=sharing

손희정, 「혐오의 시대」, 『여/성이론』, 32호, 2015.

정희진 외, 『여성혐오가 어쨌다구』, 현실문화연구, 2014.

천정환, 「강남역 사건부터 '메갈리아' 논쟁까지」, 『역사비평』, 116호, 2016.

12. 물론 정동 연구에서 중요하게 착목하는 지점은 논자마다 상이하다. 이는 앞의 논의 지형을 참조해도 분명하다. 필자는 역사적 파시즘에 대한 연구의 문제틀(『역사적 파시즘 : 제국의 판타지와 젠더정치』, 책세상, 2005)을 토대로, '다스려질 수 없는 자들'의 정치학과 역사유물론을 재구성하는 작업(『음란과 혁명』, 『무한히 정치적인 외로움』)을 진행해 왔고, 혐오발화에 대한 연구 역시 이 연장에서 진행하고 있다.

13. 새로운 여성 집단 주체의 부상을 세대론적 차원에서 접근하는 여성주의적 논의는 그 정치적 함의에도 불구하고, 역설적으로 한국 페미니즘의 역사와 이론을 부정하는 반페미니즘의 담론 형식에 대해 효과적인 대항을 하기 어려워 보인다.

14. 김현미는 마일즈의 인종화 개념을 빌어 한국 사회에서 다문화 개념이 인종화되었다는 점을 비판적으로 논의한 바 있다. 김현미, 「인종주의의 확산과 '국가없음'」, 『2014년 한국사회 인종차별 실태 보고대회』 자료집, 앞의 책, 9쪽.

15. 이선옥, 「메갈리안 해고 논란? 이건 여성 혐오의 문제가 아닙니다 : 선택적 정의와 진보의 가치 … 극단주의자들이 우리의 신념을 대표하게 해서는 안 됩니다」, 『미디어 오늘』, 2016년 7월 25일, http://www.mediatoday.co.kr/?mod=news&act=articleView&idxno=131249.

16. 같은 글.

17. 이토 마모루, 『정동의 힘』, 앞의 책, 76~77쪽.

18. 천정환, 「강남역 사건부터 '메갈리아' 논쟁까지」, 앞의 글.

19. 이선옥, 「메갈리안 해고 논란?」, 앞의 글.

20. 이토 마모루, 『정동의 힘』, 앞의 책, 130쪽.

2장 정동의 과잉됨과 시민성의 경계

1. 권명아, 『식민지 이후를 사유하다』, 앞의 책.

2. 〈악어〉에서 이 무리가 무언가 '인간의 얼굴'을 한 '가족' 비슷한 것이 되는 장면은 앵벌이와 할아버지, 그녀와 악어가 한데 모여 생일 케이크를 자르는 장면이다. 여기서 앵벌이는 축하 노래로 "엄마야 누나야 강변 살자"로 시작하는 노래를 부른다. 그리고 이 노래는 악어의 서식지를 조망하는 장면에서 배경음악으로 이어진다.

3. 캐럴 페이트먼, 『남과 여, 은폐된 성적 계약』, 앞의 책.

4. 서구 미학사에서도 근대적 주체의 발명은 '범람'의 수사와 이에 대한 불안을 기반으로 했다. 이에 대해서는 오인용, 「범람의 수사와 근대적 주체의 발명 : 『서곡』의 숭고미학」, 『19세기 영어권 문학』, 15권 1호, 2011, 79~113쪽 참조.

5. 브라이언 마수미, 『가상계』, 앞의 책.

6. 벤 앤더슨, 「정동의 과잉 조절하기 : '총력전' 상황의 사기진작」, 『정동 이론』, 앞의 책.

7. 염상섭, 「사랑과 죄」, 『염상섭 전집 2권 : 사랑과 죄』, 권영민 외 엮음, 민음사, 1987, 12~13쪽. 「사랑과 죄」는 『동아일보』에 연재된 작품이다(1927년 8월 5일~1928년 5

월 4일). 여기서는 전집을 인용 텍스트로 삼는다. 김경수는 「사랑과 죄」에 나타난 대중성을 염상섭이 심취했던 서양 소설과 번역의 영향을 받은 것으로 평가한 바 있다. 또 김경수는 「사랑과 죄」가 한국 근대 소설에서 최초로 악녀(팜파탈)를 중요 인물로 등장시킨 소설이라고 평가한다. 그런 점에서 「사랑과 죄」에서 홍수와 하층 계급 사이의 범람과 무질서와 과잉으로 이어지는 의미 연쇄는 악녀 표상으로도 연계된다. 김경수, 『염상섭과 현대소설의 형성』, 일조각, 2008, 178쪽.

8. 김종근, 「일제하 京城의 홍수에 대한 식민 정부의 대응 양상 분석 : 정치 생태학적 관점에서」, 『한국사연구』, 157호, 2012.

9. 서은혜는 이광수 소설에 나타난 재난 모티프의 변용 과정을 분석하면서 『무정』을 비롯한 초기 작품에서는 "홍수나 파선(破船) 모티프를 통하여 공동 운명에 놓인 타자를 발견하고 그를 '구제'하는 윤리적 책임에의 각성이라는 주제를 형상화하였다."고 분석한다. 서은혜, 「이광수 소설에 나타난 재난(catastrophe) 모티프와 공동체의 이상」, 『한국현대문학연구』 36호, 2012, 6쪽.

10. 서형범, 「'홍수'의 서사화를 통해 본 재난 서사의 의미」, 『한국현대문학연구』, 36호, 2012, 78쪽.

11. No pasaràn. 스페인 내전 당시 프랑코의 파시즘에 맞선 공화파의 구호로 "너희가 건너지 못하리라"는 뜻.

12. 글자 그대로 옮기면 일각수. 사회주의자였던 첼란의 고향 친구 이름이다.

13. 스페인 내전 당시 피해가 혹심했던 남서부 지역.

14. 이하의 용어 설명은 『죽음의 푸가 : 파울 첼란 시선』의 번역자인 전영애의 용어 설명을 인용하였다. 파울 첼란, 『죽음의 푸가 : 파울 첼란 시선』, 전영애 옮김, 민음사, 2001, 89쪽.

15. Jacque Derrida, *Sovereignties in Question : The Poet of Paul Celan*, Fordham University Press, 2005, pp. 1~65.

16. 도미야마 이치로, 『폭력의 예감』, 손지연·김우자 옮김, 그린비, 2009 참조.

17. 따라서 파울 첼란을 논하는 데리다의 책의 한 장의 제목이 「누구도 언어를 소유할 수 없다」인 것은 당연한 귀결일지 모른다. 데리다와 Evelyne Grossman의 인터뷰인 이 글에서 데리다는 파울 첼란의 쉬볼렛을 주권성과 언어, 그리고 소유권이라는 차원에서 논한다. "Language Is Never Owned", *Sovereignties in Question*, 앞의 책, pp. 97~107.

18. Jacque Derrida, 같은 책, pp. 99~101. 이와 관련해서는 권명아, 『무한히 정치적인 외로움』에서 자세하게 논한 바 있다.

19. 장-뤽 낭시, 『코르푸스』, 김예령 옮김, 문학과지성사, 2012, 18쪽.

3장 사촌과 아이들, 토대 상부 구조론을 질문하다

1. Guy Standing, *The Precariat : The New Dangerous Class*, Bloomsbury, 2011 참조.

2. 배수아, 「나의 문학적 연대기」, 『소설집 no 4』, 생각의 나무, 2005. 백지은, 「더 많

은 더 멀리 그쪽으로」, 『작가세계』, 74호, 2007년 가을호에서 재인용.

4장 정치경제학 너머의 빈곤

1. 배수아, 『일요일 스키야키 식당』, 문학과지성사, 2003, 28쪽.
2. 같은 책, 262쪽.
3. 같은 책, 54쪽.
4. 같은 책, 80쪽.
5. 같은 책, 119쪽.
6. 같은 책, 129쪽.

5장 정동 네트워크와 정치, 사랑과 환멸의 '대중탕'

1. 권명아, 「사랑과 환멸의 대중탕」, 『한겨레』, 2015년 5월 13일, http://www.hani.co.kr/arti/opinion/column/691044.html.
2. 권명아, 「PK 스트롱맨, 고향의 정치 그리고 여성정치」, 『한겨레』, 2017년 4월 13일, http://www.hani.co.kr/arti/opinion/column/790621.html.

3부 서로—여럿의 몸들과 '기념'을 넘어선 페미니즘 정치

1. 권명아, 「원혼과 증오와 국정화」, 『한겨레』, 2015년 12월 23일, http://www.hani.co.kr/arti/opinion/column/723196.html.
2. 권명아, 『역사적 파시즘』, 앞의 책.
3. 이 과정에 대해서는 권명아, 『식민지 이후를 사유하다』, 앞의 책 참조.
4. 이에 대해서는 권명아, 『음란과 혁명』, 앞의 책 참조.
5. 권명아, 「식민주의, 파시즘, 법」, 『한겨레』, 2016년 2월 17일, http://www.hani.co.kr/arti/opinion/because/730933.html
6. 권명아, 「지옥에서의 의무와 평화」, 『한겨레』, 2018년 1월 25일, http://www.hani.co.kr/arti/opinion/column/829415.html
7. 권명아, 「위대한 히트작과 집합적 쓰기의 역사」, 『한겨레』, 2017년 9월 28일, http://www.hani.co.kr/arti/opinion/column/812972.html
8. 권명아, 「페미니즘의 미래와 여성가족부의 과거」, 『한겨레』, 2017년 12월 28일, http://www.hani.co.kr/arti/opinion/column/825466.html

1장 전쟁 상태적 신체와 슬픔의 공동체

1. 박노자는 대선 직후 한 논설에서 이번 대선 결과에 대해 "결국 고속성장 시대에 취업이 쉽고 오지의 시골 학교 출신도 열심히만 하면 서울대 갈 수 있었던 데에 대한 기억의 힘으로 다카키 관 장사가 노무현 관 장사를 누른 셈이죠. 우리의 주류정치는 관 장사 이상이 될 수 없다는 점은 좀 아픈 이야기긴 하지만, 현실을 직시할 수밖에 없죠. 지금대로 가면 그 어떤 미래도 없는, 인제 조금 가다가는 엄청난 경제

적 재앙이 올 게 뻔한 나라에서는 남은 게 과거기억뿐입니다. 우리가 아마도 무의식적으로 우리 미래가 뭘 가져다줄 것인가를 똑바로 감지해서인지 안정한 과거 속으로 회귀하려 합니다."라고 진단하고 있다. 박노자, 「슬픈 생각 : 대선이 끝나고」, 『레디앙』, 2012년 12월 24일, http://www.redian.org/archive/48243.

2. 권명아, 『식민지 이후를 사유하다』, 앞의 책 참조.

3. 권명아, 「위기감과 불안, 그리고 파시즘의 정체성 정치」, 『무한히 정치적인 외로움』, 257~287쪽 참조.

4. 나오미 클라인, 『쇼크 독트린 : 자본주의 재앙의 도래』, 김소희 옮김, 살림Biz, 2008, 15쪽.

5. 같은 책, 349~357쪽.

6. 브라이언 마수미, 『가상계』, 앞의 책, 84쪽.

7. 대표적으로는 김상봉, 『서로주체성의 이념 : 철학의 혁신을 위한 서론』, 도서출판 길, 2007. 김상봉의 논의는 그간의 민족주의적 맥락에서 한과 같은 민족 정서를 논하는 차원과는 달리 슬픔을 비서구적 주체의 자기의식의 계기로서 철학적이며 실천적인 차원에서 이론화하는 작업을 지속하고 있다. 이에 대해서는 이 글 뒤편에서 다루고자 한다. 이외에도 슬픔과 한국적 자기인식에 대한 철학적 논의로는 정대현, 「슬픔, 또 하나의 실존 범주」, 『철학』, 제100집, 2009 ; 김경호, 「슬픔은 어디에서 오는가? − 신체화된 마음을 중심으로」, 『철학탐구』, 31집, 2012. 김경호의 논의는 "세계적 소통 코드로서 한국감성체계의 정립"이라는 주제에서 다루어지며, 여기에서 슬픔은 한국적 감성코드의 대표로 규정된다.

8. 이에 대해 필자는 선행 연구 작업을 통해 다양한 각도로 문제제기해 왔다. 자세한 논의는 권명아, 「'식민지 이후'라는 감정과 전후」, 『식민지 이후를 사유하다』, 앞의 책 참조.

9. 권명아, 『음란과 혁명』, 앞의 책 참조.

10. 권명아, 「'식민지 이후'라는 감정과 전후」, 『식민지 이후를 사유하다』, 앞의 책 참조.

11. 김상봉, 『서로주체성의 이념』, 앞의 책, 참조.

12. 나오미 클라인, 『쇼크 독트린』, 앞의 책, 572~579쪽.

13. 박완서의 『나목』을 해석하면서 필자는, 전쟁 상태적 신체는 생존과 죽음, 점령자와 학살당한 자, 현재와 기억의 시간을 왕복하는 진자 운동 속에서 분열되는 주체의 표상에 다름 아니라고 규정한 바 있다. 좀더 자세한 논의는 권명아, 「전쟁 상태적 신체의 탄생, 혹은 점령당한 영혼에 관한 보고서」, 『나목』, 박완서 전집 1, 세계사, 2012, 379~396쪽 참조.

14. 필자는 냉전기 한국문학이 형성되는 과정을 "냉전의 신체 조형술"이라는 차원에서 규명한 바 있다. 여기서 냉전의 신체(국/가와 국/민, 혹은 사회체에 이르기까지)는 일제하의 사회주의적 유산을 말소하면서 그 말소된 자리를 '민족적 형식'으로 대체하면서 조형되었다. 이를 선명하게 보여 주는 것이 백철의 문학사 개작 과정이다. 백철은 1948년 『조선신문학사조사』를 출간한 이후 한국 전쟁과 유신을

거치면서 강박적으로 문학사를 수정, 개정하였고 그 작업은 1968년에 정점에 이르렀다. 이러한 수정은 여러 면에서 이뤄지지만, 본고의 논의와 관련해서 중요한 점은 일제 시기의 주요 문학사적 경향에서 1920년대의 사회주의 문학에 대한 서술이 거의 삭제되면서, 이 자리에 김소월로 상징되는 '민요시'가 한국적인 전통의 기원으로 대체되는 지점이다. 실상 1948년 판본에서 이 자리에는 카프로 상징되는 사회주의 문학이 놓여있었다. 백철은 이러한 개작 과정에서 카프 대신 김소월로 상징되는 민요시를 "우리나라 전래의" 전통의 자리에 놓게 된다. 이후의 문학사나 한에 관한 논의에서 김소월은 대표적인 "정한의 시인", "슬픔의 시인"으로 간주된다. 한에 관한 논의의 대부분이 김소월을 논거로 하고 있다는 점은 주지의 사실이다. 그러나 김소월이 슬픔의 시인으로, 민족정서를 대표하는 자리에 놓이게 된 것은 해방 이후에서 냉전을 경과하며 진행된 '민족문학사'의 이러한 개작과 교정 작업의 산물이다. 이러한 교정을 통해 한국 사회에서 냉전의 신체는 슬픔으로 가득 찬, 그러나 분열된 신체로 구성된다. 이에 대해서는 권명아,「정조 38선, 퇴폐, 그리고 문학사」,『음란과 혁명』, 앞의 책 참조.

15. 장-뤽 낭시,『코르푸스』, 앞의 책, 29~30쪽.

16. 이하의『나목』에 대한 분석은 권명아,「전쟁 상태적 신체의 탄생, 혹은 점령당한 영혼에 관한 보고서」의 논의를 압축적으로 요약 정리한 것이다.

17. 박완서,『나목』, 앞의 책, 373쪽.

18. 같은 책, 278쪽.

19. 문정현,〈할매꽃〉, 2007.

20. 조르조 아감벤,『아우슈비츠의 남은 자들』, 정문영 옮김, 새물결, 2012. 양운덕,「침묵의 증언, 불가능성의 증언 – 아감벤의 생명 정치의 관점에서」,『인문학연구』, 37집, 2009, 90쪽에서 재인용.

21. 대표적인 예로 〈제주 4·3 항쟁 관련 집단학살 증언〉, 양복천, 자료번호 1911 ; 〈제주 4·3 항쟁 관련 표선백사장 학살 증언〉, 현기만, 자료번호 1929 ; 〈북촌학살 증언〉, 정윤조, 자료번호 180.

22. 아감벤은 수용소의 무젤만을 이렇게 표현했다. "무젤만은 수용소 용어로 동료들을 포기하고 동료들에 의해서 버림받은 죄수를 가리킨다. 그의 의식에 선이나 악, 고상함이나 비천함, 지적인 것이나 그렇지 않은 것의 대조가 들어설 자리가 없는 자를 가리키는 말이다. 그는 걸어 다니는 시체이고 마지막 경련을 일으키는 신체적 기능들의 집합체였다." "이런 무젤만은 인간과 비-인간, 삶과 죽음 간의 구별이 무너진 비구별의 지역을 가리킨다. 무젤만은 인간 존재가 "인간이기를 그친" 지점에 서 있다. '살아있는 死者'이자 무관심하고 아무런 감정이 없는 식물적인 존재로 축소된 무젤만은 인간의 零點 수준에 있는 까닭에 상징화될 수도, 분절될 수도 없다." 양운덕,「침묵의 증언, 불가능성의 증언」,『인문학연구』, 37집, 앞의 글, 87쪽.

23. 장용학,「요한 詩集」,『장용학 문학전집』, 국학자료원, 2002, 223~224쪽.

24. 김경호,「슬픔은 어디에서 오는가? – 신체화된 마음을 중심으로」,『철학탐구』,

31집, 앞의 글, 131쪽.

25. 호르헤 루이스 보르헤스 외, 『상상동물 이야기』, 남진희 옮김, 까치, 1994, 223쪽.

26. 김상봉, 「시인은 쏟아지는 눈물 속에서 무엇을 보았다는 것인가」, 『철학과 현실』, 39호, 1998.

27. 김상봉, 『서로주체성의 이념』, 앞의 책, 217~218쪽.

28. 김상봉, 『서로주체성의 이념』, 앞의 책, 234쪽.

29. 김상봉, 『서로주체성의 이념』, 앞의 책, 176~177쪽.

2장 증강 현실적 신체를 기반으로 한 반기념 정치 구상

1. " '#○○계_내_성폭력' 해시태그를 달고 문학·미술·영화·음악·공연 등 문화예술계에 만연한 성폭력을 트위터로 알리는 폭로 운동이 시작된 지 100여 일이 지났다. 가해자로 지목된 인사 중 일부는 잘못을 인정하고 활동을 중단했다. 하지만 대다수 가해자는 처벌받지 않았고, 오히려 성폭력 피해를 폭로한 이들이 무더기 형사 고소를 당하고 있다. 피해자들을 위한 법률지원 비용을 마련하기 위한 모금 운동까지 벌어졌다. 9일 성폭력 피해자를 돕는 연대 단체 '셰도우핀즈' 설명을 들어보면, 지난해 10월부터 12월까지 '해시태그 폭로를 이유로 고소당했다'거나 '고소하겠다는 협박을 받았다'는 내용으로 상담을 요청해온 이들이 50여 명에 달했다." 고한솔 기자, 「'#문화계_성폭력' 폭로했다가…'명예훼손' 무더기 고소 당한 피해자들」, 『한겨레』, 2017년 2월 9일, http://www.hani.co.kr/arti/society/society_general/782039.html.

2. 이에 대해서는 권명아, 「신냉전 질서의 도래와 혐오발화/증오정치 비교역사 연구」, 『역사문제연구』, 35호, 2016 참조.

3. 권명아, 『식민지 이후를 사유하다』, 앞의 책.

4. 『문학과 사회』, 2016년 겨울호, 147~216쪽.

5. 대표적으로는 신상숙, 「여성폭력추방운동의 역사적 맥락과 제도화 과정의 차이」, 『한국여성학』, 23권 3호, 2007, 그리고 신상숙, 「제도화 과정과 갈등적 협력의 동학」, 『한국여성학』, 24권 1호, 2008. 또한 3·8 여성행진에 대한 신상숙의 논문은 한국에서 '페미니즘과 기념'과 관련된 중요한 논점을 제공하고 있다.

6. 정현주, 「젠더화된 도시담론 구축을 위한 시론적 검토: 서구 페미니스트 도시연구의 기여와 한계 및 한국 도시지리학의 과제」, 『한국도시지리학회지』, 19호, 2016. 황진태·정현주, 「페미니스트 공간연구에 다중스케일적 접근 접목하기」, 『대한지리학회지』, 50호, 2015.

7. 조정래, 〈귀향〉, 2015.

8. 〈눈길〉은 2015년 KBS에서 특집 드라마로 만들어졌고, 2017년 영화화되었다. 드라마를 만든 이나정 감독이 영화 연출도 맡았다.

9. 〈어폴로지〉(티파니 슝, 2016)는 길원옥(한국), 차오(중국), 아델리(필리핀) 3인의 위안부 피해자의 삶의 일상적, 정치적 순간을 곁에서 함께 한 감독의 작업을 기록한 다큐멘터리이다.

10. 김숨, 『한 명』, 현대문학사, 2016.

11. 슬라보예 지젝, 『폭력이란 무엇인가』, 정일권 외 옮김, 난장이, 2008 참조. Judith Butler, "Survivability, Vulnerability, Affect", *Frames of War : When Is Life Grievable?*, Verso, 2009, pp. 33~63.

12. 지젝, 『폭력이란 무엇인가』, 앞의 책. Judith Butler, *Frames of War*, 앞의 책.

13. 조르조 아감벤, 『아우슈비츠의 남은 자들』, 앞의 책 참조.

14. 페미니스트 지리학에 대해서는 몇 권의 중요 저작이 번역 소개되어 있다. 대표 저작은 다음과 같다.
린다 맥도웰, 『젠더, 정체성, 장소 : 페미니스트 지리학의 이해』, 여성과공간연구회 옮김, 한울, 2010.
돈 미첼, 『문화정치, 문화전쟁 : 비판적 문화지리학』, 류제헌·진종헌·정현주·김순배 옮김, 살림, 2011.
질 밸런타인, 『공간에 비친 사회, 사회를 읽는 공간 : 사회지리학으로의 초대』, 박경환 옮김, 한울, 2014.
페미니스트 지리학의 번역과 한국에서의 연구 상황에 대해서는 정현주, 「젠더화된 도시담론 구축을 위한 시론적 검토 : 서구 페미니스트 도시연구의 기여와 한계 및 한국 도시지리학의 과제」, 『한국도시지리학회지』, 19권 2호, 2016 참조.

15. 김현미, 「페미니스트 지리학」, 『페미니즘의 개념들』, (사)여성문화이론연구소 엮음, 동녘, 2015, 491쪽.

16. 임레 케르테스, 『청산』, 정진석 옮김, 다른우리, 2005.

17. 장 아메리, 『자유죽음』, 김희상 옮김, 산책자, 2010.

18. 엘스페스 프로빈, 「수치의 쓰기」, 『정동 이론』, 앞의 책, 147~148쪽.

19. 김민수, 「르포 '포켓몬 고, 속초 Go!'… 속초는 지금 치열한 격전장」, 『노컷뉴스』, 2016년 7월 14일, http://www.nocutnews.co.kr/news/4623074.

20. http://hyperrhiz.io/hyperrhiz12/augmented-maps/1-freeman-auchter-border-memorial.html.

21. 장정일은 "대사관 주위는 대사관을 설치한 나라에 대한 공격이나 혐오가 금지된 공간이다. 그렇지 않다면 전 세계의 대사관 주위는 총성 없는 전쟁이 벌어지는 전장이 될 것이다."라고 주장했다. 또 "자국의 대사관 앞에 설치된 '혐오·적대' 시설은 평범한 일본인마저 혐한으로 돌아서게 해주니 말이다."라며 소녀상 철거를 주장했다. 장정일, 「'제국의 위안부' 기소에 부쳐」, 『한국일보』, 2015년 11월 27일, http://www.hankookilbo.com/News/Read/201511271016326728. 이후 2015년 12·28 한일 일본군 위안부 합의가 발표되었다.

22. 이러한 식으로 위안부 담론을 해석하는 것이 의도된 프레임을 반복하는 해석의 폭력이 되는 과정에 대해서는 4장에서 자세하게 논하고자 한다.

23. 박상현, 「두 소녀 이야기 : 두 나라는 왜 서로 다른 소녀상을 갖게 되었을까」, 『Deepr』, 2017년 3월 10일, http://deepr.kr/42/.

24. Jillian Steinhauer, "The Sculpture of a "Fearless Girl" on Wall Street Is Fake

Corporate Feminis", *HYPERALLERGIC,* March 10, 2017, https://hyperal-lergic.com/364474/the-sculpture-of-a-fearless-girl-on-wall-street-is-fake-corporate-feminism/.

25. https://themonumentquilt.org/. 연대체들은 이 네트워크를 통해 연결된다. http://www.upsettingrapeculture.com/.

26. 이 부분은 권명아, 「점령당한 신체와 저항의 '오큐파이', 포켓몬고와 소녀상」, 『여성신문』, 2017년 2월 10일, http://www.womennews.co.kr/news/articleView.html?idxno=111595의 내용을 바탕으로 다시 구성한 것임.

3장 홀로-여럿의 몸을 서로-여럿의 몸이 되도록 하는, 시적인 것의 자리

1. 이 장은 김숨, 『숭고함은 나를 들여다보는 거야』(현대문학, 2018)에 수록된 글을 바탕으로 하였다.

4장 '대중 혐오'와 부대낌의 복잡성

1. 선거 과정의 예측과 비평이 완전히 어긋나면서 이에 대한 사과와 진단, 그리고 태도 변화를 논하는 기사들이 선거 직후 이어졌다. 「모두 빗나간 예측, 유권자들 '산수'를 '수학'으로 풀었다」, 『한겨레』 정치BAR 좌담, 2016년 4월 18일, http://www.hani.co.kr/arti/politics/polibar/740049.html. 정석구, 「총선보도 반성합니다」, 『한겨레』, 2016년 4월 19일, http://www.hani.co.kr/arti/opinion/column/740316.html. 정환봉, 「숫자 놀음의 참패」, 『한겨레 21』, 1108호, 2016년 4월 20일, http://h21.hani.co.kr/arti/politics/politics_general/41560.html. 이 기사에서 여러 전문가들은 선거 예측의 실패를 엉성한 여론조사의 문제로 지적하면서 여론조사에 더 많은 비용을 들여 전문성과 정확성을 높여야 한다고 제안한다.

2. 이에 대해서는 다양한 영화 비평이 진행된 바 있다. 가장 상반된 관점을 보인 글은 다음 글들을 들 수 있다. 황진미, 「'귀향' 마음이 무거워질까 봐 관람을 꺼리는 사람들에게」, 『엔터미디어』, 2016년 2월 29일, http://www.entermedia.co.kr/news/news_view.html?idx=5251. 손희정, 「어떻게 새로운 '우리'를 상상할 것인가」, 『씨네 21』, 2016년 3월 16일, http://www.cine21.com/news/view/?mag_id=83396.

3. 이에 대해서는 좀 더 지속적인 연구와 조사가 필요하다. 〈귀향〉 크라우드 펀딩에 참여한 이들, 상영관을 확보하기 위해 나선 사람들, 〈귀향〉을 보러 간 사람들의 동기와 정치적 지향성, 마음 씀 그리고 그 복잡성에 대해 장기간의 조사가 필요하다고 보인다. 유사한 정치적 성향을 지닌 지인들이나 SNS의 극단적 언급과 같은 단편적인 자료로 이런 부대낌(affect)의 복잡성을 단순화할 수는 없다. 필자가 참여하고 있는 연구모임 아프꼼은 이런 의미로 〈귀향〉에 대한 여러 사람의 부대낌을 듣고 기록하는 연속 좌담 〈귀담〉을 진행하고 있다. 이 연속 좌담의 결과가 어느 정도 축적되면 이 문제에 대해 구체적인 논의를 이어나갈 생각이다.

4. 최근 『사울의 아들』에 대한 비판을 담은 작품 비평도 나온 바 있다. 남다은, 「익명의 고통을 외면한 카메라」, 『한겨레 21』, 1109호, 2016년 4월 30일, http://h21.hani.

co.kr/arti/culture/culture_general/41609.html.

5. 손희정, 「어떻게 새로운 '우리'를 상상할 것인가」, 『씨네 21』, 앞의 글.
6. 이에 대해서는 권명아, 「신냉전 질서의 도래와 혐오발화/증오 정치 비교역사 연구」, 『역사문제연구』, 35호, 2016 참조.

4부 마음을 놓다

1. 권명아, 「반려의 권리, 홀로 내버려지지 않을 기본권」, 『한겨레』, 2017년 1월 19일, http://www.hani.co.kr/arti/opinion/column/779485.html
2. 권명아, 「불화 속에서 고독하게 죽고 싶지 않아서 투쟁」, 『한겨레』, 2017년 11월 2일, http://www.hani.co.kr/arti/opinion/column/817233.html.

1장 마음을 놓다

1. 낭시는 소통이라는 용어 사용에 대해 유보적 단서를 달고 사용한다. 소통이란 단어는 마치 고립과 반대되는 개념처럼 간주되며 고립/소통이라는 이원적 환상을 유지하기 때문이다. 이 때문에 낭시는 소통이라는 용어를 바타유가 해체했던 방식을 따라 그 용례로서만 사용한다. 즉 소통은 상호 이해가 아니라 "어떤 메시지나 의의의 전달을 밖으로 드러내는" 것이다. 이는 바타유가 소통이라는 단어를 변형시켜 사용한 데서 가장 잘 드러난다. 낭시는 자신이 소통(communication)이라는 단어를 사용할 때 이런 바타유적 맥락에서 사용한다고 강조한다. 낭시는 자신은 실상 소통이라는 단어를 받아들일 수 없음에도 불구하고 이 단어가 공동체(communauté)라는 말과 공명하기 때문에 그대로 사용하고 있다고 밝히고 있다. 그리고 낭시 자신은 소통이라는 단어를 분유(partage)에 겹쳐놓는다고 전제를 한다. 바타유와 데리다, 들뢰즈 가타리가 했던 소통에 대한 해체 작업이 중요하다고 논하면서 낭시는 이러한 해체에서 고립과 소통을 구별하는 것의 한계를 지적한다. 즉 바타유의 말을 빌자면 "고립과 소통은 단 하나의 현실을 갖고 있을 뿐이다. 소통하지 않는 '고립된 존재'들은 어디에도 존재하지 않으며, 고립된 지점에 결코 처해 있지 않으면서 이루어지는 소통도 존재하지 않는다. 그 잘못된 두 개념을, 순진한 믿음의 결과들을 조심스럽게 제쳐두도록 하자. 그 대가로 가장 잘못 구성된 문제가 해결될 것이다." 낭시는 이러한 해체의 작업들이 "필연적으로 공동체 내에서의, 공동체의(말의, 문학의, 교환의, 이미지의, 또한 다른 것들의) 소통에 대해 일반적으로 재평가할 것이라고 기대한다. 따라서 "'소통'이라는 단어는 예비적으로만 잠정적으로만 쓰일 수 있을 것이다."라고 긴 전제를 달고 있다. 장-뤽 낭시, 『무위의 공동체』, 박준상 옮김, 인간사랑, 2010, 55~56쪽.
2. 같은 책, 67쪽.
3. 같은 책, 66쪽.
4. 같은 책, 67쪽.
5. 같은 책, 69쪽.

6. 같은 책, 69쪽.

7. 질 들뢰즈, 『소진된 인간』, 이정하 옮김, 문학과지성사, 2013, 24쪽.

8. 같은 책, 24쪽.

9. 이정하, 「들뢰즈/베케트의 '마지막 인간': 소진된 인간, 이미지를 만들다」, 『소진된 인간』, 앞의 책, 83~84쪽.

10. 같은 글, 86쪽.

11. 같은 책, 29쪽.

12. 이정하, 「들뢰즈/베케트의 '마지막 인간'」, 『소진된 인간』, 앞의 책, 86~87쪽.

13. 같은 글, 88쪽.

14. 『소진된 인간』에서 들뢰즈가 주요하게 논의하는 베케트의 작품은 「쿼드」이다. 쿼드는 " '어디까지' 혹은 '어느 지점(정도)까지'(jusqu'a quel point)라는 사태의 한계를 묻는 라틴어 의문사 '쿠아드'(quad-quoad-quaad)이기도 하다." 같은 글, 88~89쪽.

15. 낭시가 바타유로 상징되는 공동체 사유와 실험의 역사적 한계를 논하는 것은 '인간주의적 공동체'의 한계와도 관련된다. 마찬가지로 소진된 인간의 상태는 '자아의 환상'이라는 인간주의적으로 사유된 신체의 마지막 상태이기도 하다. 그런 점에서 지금, 여기서 공동체의 한계를 다시 되돌아보는 것은 인간주의적 공동체의 한계와 신체에 대한 인간주의적 사유의 한계를 되돌아보는 일이기도 하다. 그리고 실제적인 공동체 실험에서 이 양자가 '한계'라는 상태로 혼재되어 빈번하게 나타나는 것은(때로는 실패로 때로는 환멸로, 때로는 개인적 소진 상태로) 어떤 점에서 '필연적'이다.

16. 들뢰즈 역시 소진된 인간의 상태는 신체의 물질적인 소진(생리적 소진)을 동반한다고 논한다. "베케트가 논리학에 끼친 큰 공헌은 소진(온전히 다 소모하기)은 일정 정도의 생리적 소진이 따르지 않고는 일어날 수 없음을 보여 준 것이다. 예를 들어 뇌에 대해 모든 것을 알고자 했던 정신의 양심인인 거머리 인간을 통해, 이상적인 과학자에게는 일종의 생태적 퇴화가 일어날 수밖에 없음을 보여 준 니체처럼 말이다." 질 들뢰즈, 『소진된 인간』, 앞의 책, 28쪽.

17. 안토니오 네그리·마이클 하트, 『공통체』, 앞의 책, 514~516쪽.

18. 김미례, 「'노가다'가 좋아하는 영화: 독립영화 〈노가다〉 제작 후기」, 『한국노동사회연구소 웹진』, 107호, 2006, http://klsi.org/content/%E2%80%98%EB%85%B8%EA%B0%80%EB%8B%A4%E2%80%99%EA%B0%80-%EC%A2%8B%EC%95%84%ED%95%98%EB%8A%94-%EC%98%81%ED%99%94.

19. ○○은대학연구소, 「떫은 감은-버리는 게 아니야」, 『2013 ○○은 대학 심포지엄 자료집』, 15쪽.

20. 히라카와 다카아키, 「가마가사키를 알게 된다는 것」, 『플랫폼』, 33호, 2012년 5~6월호, 107쪽.

21. 같은 글, 108쪽.

22. 이동현, 「노숙자 당사자 모임과 함께하는 주거인권학교 : 일용 노동의 거리, 요세바와 일본 노숙인 운동」, 『인권오름』, 제2호, 인권운동사랑방, 2006년 5월.

23. 아프꼼과 코코롬의 인터뷰, 2013년 12월 17일, 녹취록 중에서.

24. ○○은대학연구소, 「떫은 감은—버리는 게 아니야」, 『2013 ○○은 대학 심포지엄 자료집』, 앞의 책, 15~16쪽.

25. 이에 대해서는 4부 3장을 참조.

26. 신현아(아프꼼 래인커머), 「영혼의 안녕을 묻는 방식의 발명을 위하여」, 『아프꼼 웹진』, 2014년 1월. 나는 4장의 글들을 대안 공동체를 운영하기 위해 헌신하는 모든 지킴이들의 안부를 묻기 위해 썼다. 그 안부에 대해 아프꼼의 래인커머들이 다시 안부를 전해 왔다. 신현아의 글 역시 이러한 안부의 글 중 한편이다.

27. 장-뤽 낭시, 『무위의 공동체』, 77쪽.

28. 나는 이전의 글에서 공동체(commune) 실험의 역사적 한계를 지금 여기의 한계로 되비추는 방식을 '입맞춤'의 형상으로 사유한 바 있다. 이에 대해서는 권명아, 『음란과 혁명』, 앞의 책 참조.

29. 아프꼼과 KEY(재일코리안청년연합)의 간담회, 2013년 12월 16일, 녹취록 중에서.

30. 아프꼼과 아망토의 인터뷰, 2013년 12월 14, 15일, 녹취록 중에서.

31. 아프꼼과 코코롬의 인터뷰, 2013년 12월 17일, 녹취록 중에서.

32. 주디스 버틀러, 『불확실한 삶』, 양효실 옮김, 경성대학교 출판부, 2008, 19쪽.

33. 안토니오 네그리·마이클 하트, 『공통체』, 앞의 책, 513쪽.

34. 사라 아메드, 「행복한 대상」, 『정동 이론』, 앞의 책, 29쪽.

35. 주디스 버틀러, 『불확실한 삶』, 앞의 책, 54쪽.

36. 같은 책, 52쪽.

37. 같은 책, 52쪽.

38. 같은 책, 54쪽.

39. 장-뤽 낭시, 『무위의 공동체』, 앞의 책, 74쪽.

40. 진태원은 알튀세르의 사상적 궤적을 마주침의 유물론의 맥락에서 다시 사유한다. 진태원에 따르면 알튀세르는 마주침의 유물론을 통해서 "어떤 체계 속에 존재하지만, 그 체계로 환원되지 않는 요소"를 고심했다. 이는 "그 체계의 바깥에 있는 요소를 어떻게 사고할 것인가라는 문제였다"고 논한다. 마주침의 유물론은 우발성의 유물론이라고도 할 수 있다. 진태원, 「과잉결정, 이데올로기, 마주침」, 『알튀세르 효과』, 진태원 엮음, 그린비, 2011, 106쪽. 알튀세르를 우발성의 유물론의 차원에서 재해석한 논의로는 사토 요시유키, 『권력과 저항』, 김상운 옮김, 난장, 2012 참조. 사라 아메드나 네그리와 하트가 행복을 존재론적이고 정치적인 기획으로 재설정하는 것은 기본적으로 행복(happiness)을 우발성(happening)과 연결하는 사유 방식에서 출발한다.

41. 사라 아메드, 「행복한 대상」, 『정동 이론』, 앞의 책, 29쪽.

42. 『공통체』의 저자들은 이를 다음과 같이 정리한다. "행복은 활동을 가라앉히는 만족의 상태가 아니라 욕망에 가하는 박차이며 우리가 원하는 것과 우리가 할

수 있는 것을 증가시키고 증폭시키는 메커니즘이다. 물론 인간이 스스로를 다스리고 갈등을 완전히 발전된 상태로 가지고 태어나는 것은 아니지만, 우리 모두는 그럴 수 있는 잠재력을 가지고 있다. 그러므로 행복의 마지막 특징은 우리의 민주적 결정 능력을 발전시키고 자치를 훈련하는 과정이라는 점에 있다." 안토니오 네그리·마이클 하트, 『공통체』, 앞의 책, 514쪽.

43. 같은 책, 518쪽.

2장 현장은 낮은 곳이 아니다

1. 호시노 도모유키, 『오레오레』, 서혜영 옮김, 은행나무, 51쪽.
2. 발터 벤야민, 「일방통행로」, 『일방통행로/사유이미지』, 김영옥·윤미애·최성만 옮김, 도서출판 길, 2009, 69쪽.
3. 2011년 4월 10일 〈아마추어의 반란〉 팀이 이끈 원자력발전 반대 시위가 일본 도쿄 스기나미구의 코엔지에서 열렸다. 이 시위에는 1만 5,000여 명 군중이 몰려들었다. '초거대원전반대록페스티벌데모 in 코엔지'라는 기치로 열린 이 집회는 2011년 3월 11일의 후쿠시마 원전사태 이후 처음 열린 반원전시위였다. 〈아마추어의 반란〉은 마쓰모토 하지메의 저서 『가난뱅이의 역습』(김경원 옮김, 이루, 2009)을 통해서도 한국에 알려진 바 있다. 〈아마추어의 반란〉은 재활용 가게로서 청년의 자립 운동의 일환으로 시작되었다. 현재 코엔지에는 십여 개가 넘는 〈아마추어의 반란〉 분점이 있으며, 이로부터 비롯된 다양한 네트워킹이 코엔지 거리를 중심으로 퍼져나갔다. 코엔지 그룹은 『Tokyo Nantoka』라는 제목으로 동경 일대의 자립 운동 네트워크를 소개하는 잡지를 운영 중이다. "난토카"란 일본어로 "무엇이건"이라는 뜻으로 성공하든 못하든, "무엇이건" 해 보자는 코엔지 그룹의 캐치프레이즈이기도 하다.
4. 발터 벤야민, 『일방통행로/사유이미지』, 앞의 책, 108쪽.
5. 장-뤽 낭시, 『코르푸스』, 앞의 책, 12쪽.
6. 같은 책, 7~11쪽.
7. 같은 책, 15쪽.
8. 같은 책, 18~20쪽.
9. 같은 책, 14쪽.

3장 이행과 자기해방의 결속체들

1. 지식순환협동조합 〈노나메기 대안 대학〉의 기본 이념에 대해서는 심광현, 「진보적 대안대학의 전망 : 지식순환협동조합 설립운동을 중심으로」, 강내희, 「변혁운동의 거점에서 신자유주의 지배공간으로」, 『역사비평』, 2013년 여름호 참조. 이외에도 급진민주주의조합 〈데모스〉에 대해서는 장훈교, 조희연의 「제4세대 대항 학술운동」, 『역사비평』, 2013년 여름호 참조.
2. 잘 알려져 있다시피 이 구절은 유명한 민중가요의 한 대목이다. 최근 〈인문학협동조합〉은 오덕인문학이라는 흥미로운 강좌를 개설했는데, 그 제목에 이 구절을 패

러디하여 사용하였다. "누구도 나에게 이 길을 가라 하지 않았네 — 오덕인문학 강좌", 인문학협동조합 주관, 푸른역사 아카데미, 2013년 10월 25일~11월 29일.

5장 정동적 전환과 인문의 미래

1. 브라이언 마수미, 「정동의 미래」, 『정동 이론』, 앞의 책.

2. 같은 글.

3. 브라이언 마수미는 이른바 이라크의 잠재적 위협에 대한 부시 정권의 선제 공격을 분석하면서 이러한 논의를 진행한다. 나는 여기서 마수미의 논의를 A 대학의 사례를 분석하는 방법론으로 빌려 쓰고 있다. 브라이언 마수미, 「정동의 미래」, 앞의 글 참조. 부시 정부의 경우 이라크의 잠재적 위협을 '이중가정'의 형식을 통해 실제화하는 방식으로 위성 촬영 장치와 이에서 전송된 이미지를 전 지구적으로 발송하는 다양한 테크놀로지를 총동원하였다. 그리고 이러한 전송 자체가 이미 "잠재적인 위협"에 대한 선제적 공격을 예비하는 역할을 하였다. 이에 비해 A대학의 경우는 소문이라는 다분히 전근대적으로도 보이고, 고전적인 산업 자본주의 시대를 풍미한 것과 같은 오랄 미디어의 매개들을 통해서 위협을 가시화한다. 그런 점에서 오늘날 정동적 현실의 구축은 단지 신자유주의 시대의 최첨단 미디어의 전송뿐 아니라, 소문과 같은 오랄 미디어를 작동한 '고전적' 전략까지도 동원된다는 점에서 총력전적인 과잉의 형식을 보여 준다.

4. Michael Hardt, "What Affects are Good For", *The Affective Turn : Theorizing the Social*, Edited by Patrica Ticineto Clough with Jean Halley, Duke University Press, 2007, pp. 4~7.

5. 패트리카 클라우, 「정동적 전환」, 『정동 이론』, 앞의 책.

6. 같은 글.

6장 무한한 상호작용, 데모

1. 오구마 에이지, '감독의 말', 〈수상관저 앞에서〉, 2015.

2. 미사오 레드울프, 「직접행동의 힘」, 『首相官邸前抗議』, 크레용하우스, 2013.

3. 권명아, 「그냥이 맞서다」, 『한겨레』, 2015년 4월 15일, http://www.hani.co.kr/arti/opinion/column/686989.html.